COLLECTION
DES MÉMOIRES

RELATIFS

A L'HISTOIRE DE FRANCE.

MÉMOIRES DE MADAME DE MOTTEVILLE, TOME II.

DE L'IMPRIMERIE DE A. BELIN.

COLLECTION
DES MÉMOIRES

RELATIFS

A L'HISTOIRE DE FRANCE,

DEPUIS L'AVÉNEMENT DE HENRI IV JUSQU'A LA PAIX DE PARIS
CONCLUE EN 1763;

AVEC DES NOTICES SUR CHAQUE AUTEUR,
ET DES OBSERVATIONS SUR CHAQUE OUVRAGE,

Par M. PETITOT.

TOME XXXVII.

PARIS,

FOUCAULT, LIBRAIRE, RUE DE SORBONNE, N°. 9.

1824.

MÉMOIRES

DE

MME DE MOTTEVILLE.

SECONDE PARTIE.

RÉGENCE DE LA REINE,

LE 15 MAI 1643.

Le lendemain de la mort du roi Louis XIII, le roi Louis XIV, la Reine, Monsieur duc d'Anjou, le duc d'Orléans, et le prince de Condé, partirent de Saint-Germain pour venir à Paris; et le corps du feu Roi demeura seul à Saint-Germain, sans autre presse que celle du peuple, qui courut le voir par curiosité plutôt que par tendresse. Le duc de Vendôme y resta pour faire les honneurs, et le marquis de Souvré, gentilhomme de la chambre en année, pour y faire sa charge. De tant de gens de qualité qui lui avoient fait la cour la veille, personne ne demeura pour rendre ses devoirs à sa mémoire : tous coururent à la Régente.

Pendant les derniers jours de la maladie du feu Roi, le duc d'Orléans et le prince de Condé se regardèrent avec quelque défiance l'un de l'autre. On vit beaucoup de visages nouveaux, et chacun avoit plus de suite qu'à l'ordinaire. La Reine ne manqua pas de faire doubler ses gardes, et de prendre ses précautions contre les princes du sang, quoique ses soupçons fussent mal fondés. Sa cabale pour lors étoit celle de MM. de Vendôme, auxquels la disgrâce avoit donné du lustre et des amis. Le père avoit beaucoup d'esprit (1), et c'étoit tout le bien qu'on en disoit. Pour les deux princes ses enfans, ils n'en avoient pas tant que lui; mais ils étoient tous deux bien plus estimés par la profession qu'ils faisoient l'un et l'autre d'être fort hommes d'honneur, quoique d'une manière fort différente : le duc de Mercœur ayant une douceur naturelle, qui faisoit croire qu'il avoit pour tout le monde quelque bonté; et le duc de Beaufort ayant une mine plus haute, ou pour mieux dire plus fière, qui faisoit imaginer qu'il avoit quelque chose de grand dans l'ame, quoiqu'au fond il y eût bien autant d'ostentation que de générosité; car il n'eut aucune éminente qualité capable de le soutenir dans un premier degré de faveur. L'évêque de Beauvais (2), grand aumônier de la Reine, étoit à elle depuis long-temps, et la place qu'il tenoit dans sa confiance le faisoit regarder comme celui qui, étant ami de MM. de Vendôme, devoit gouverner pendant la régence. Il avoit de la piété, et la Reine paroissoit l'estimer et le considérer. Cette grande cabale étoit composée de tous ceux qui, étant mal contens du règne précédent, désiroient de se venger des maux que le cardinal de Richelieu leur avoit faits, sur ce qui restoit de ses parens et de ses amis, et ne doutoient pas que la Reine, qui en avoit souffert autant et plus qu'eux,

---

(1) *Le père avoit beaucoup d'esprit.* Le manuscrit porte : « Le père « étoit un homme d'esprit sans réputation, sans bonté et sans fidélité. » — (2) *L'évêque de Beauvais* : Auguste Potier. Il mourut en 1650.

n'en eût la pensée. Mais ils trouvèrent en elle le même changement qu'on loua tant autrefois en Louis XII, qui, étant devenu roi, ne voulut point venger les querelles du duc d'Orléans; et c'est ce qui a causé la plupart des désordres qui ont troublé sa régence.

La Reine, en arrivant à Paris, y trouva une aussi grande foule de peuple et de gens de qualité qu'il y en a dans les entrées pour lesquelles on fait les plus grands préparatifs. Depuis Nanterre jusqu'aux portes de cette grande ville, toute la campagne étoit remplie de carrosses; et ce n'étoit partout qu'applaudissemens et bénédictions. Elle fut saluée à l'ordinaire par les cours souveraines, qui la regardoient comme celle qui, par sa piété et sa bonté naturelle, alloit rendre à la France le bonheur après lequel il y avoit long-temps qu'elle soupiroit, et dont elle avoit grand besoin. Ils voyoient entre les bras de cette princesse, qu'ils avoient vue souffrir de grandes persécutions avec beaucoup de fermeté, leur jeune Roi enfant, comme un présent du ciel donné à leurs vœux : ce qui augmentoit en eux l'amour et la fidélité que les Français ont naturellement pour leurs princes, et l'affection qu'ils avoient pour elle; si bien qu'on peut dire que jamais régence n'a eu de si heureux commencemens, et que jamais reine de France n'a eu tant d'autorité ni tant de gloire. Monsieur ne lui contesta point la régence, plutôt par impuissance que faute de bonne volonté. On venoit de voir une régence sous Marie de Médicis, et l'on n'avoit point encore oublié celle de Catherine du même nom, auxquelles on ne l'avoit point contestée. Le feu Roi son mari, malgré le peu d'amitié qu'il avoit eu pour elle, l'avoit déclarée Régente, et elle avoit l'amitié des peuples. Sa naissance étoit plus illustre que celle des deux princesses qui l'avoient précédée. Elle avoit beaucoup de créatures que ses malheurs avoient mises dans ses intérêts. Cela fit que le duc d'Orléans n'osa pas seulement former de souhaits contre une puissance si légitimement établie. Le prince de Condé, par son inclination, n'auroit pas été si docile. Il étoit jaloux de la maison de Vendôme, qu'il n'aimoit pas, et qu'il croyoit avoir mis dans l'esprit de la Reine les soupçons qui lui avoient fait doubler les gardes lors de la mort du feu Roi, et fait empresser le duc de Beaufort de paroître veiller à la sûreté de la famille royale. Mais l'exemple du duc d'Orléans l'obligea d'être sage; et comme il eut peur de n'être pas aussi considéré qu'il le désiroit, il pria une personne (1), qui pour lors étoit bien dans son esprit, de parler de lui à la Reine, et, en l'assurant de ses bonnes intentions et de sa fidélité, lui faire voir qu'il étoit facile et en même temps nécessaire de l'entretenir dans ses intérêts. La Reine, qui lui avoit fait bonne mine, dans son ame ne l'aimoit pas. Il avoit beaucoup d'esprit et de savoir; mais, outre qu'il étoit fort désagréable de sa personne, on l'accusoit de n'avoir pas trop de bonté, et d'avoir une grande avarice. La princesse sa femme, qui le haïssoit, et qui avoit une espèce d'ascendant sur la Reine qui l'aimoit fort, l'avoit entretenue dans l'aversion de son mari, jusqu'au point de travailler auprès d'elle à lui faire perdre son estime.

(1) *Une personne* : Selon le manuscrit, cette personne étoit le comte de Maure.

La première action de régente que fit la Reine fut de mander la dame de Senecé, sa dame d'honneur, qui avoit été exilée par le feu Roi pour des raisons que je n'ai point sues. Elle traita de même madame de Hautefort, que le Roi avoit chassée pour avoir donné à la Reine une préférence dans son cœur, qu'il croyoit lui seul pouvoir posséder. Cette princesse, pour lui faire goûter son retour avec plus de plaisir, en lui envoyant sa litière du corps voulut lui écrire de sa propre main, et le fit en des termes si obligeans et si tendres, qu'il étoit impossible de pouvoir rien ajouter de plus agréable à la manière dont elle étoit traitée. Elle devoit seulement souhaiter la durée de ces sentimens dans le cœur de sa maîtresse, qui, n'ayant point encore choisi de ministre, suivoit librement ses inclinations et les conseils de ceux qui paroissoient avoir plus de crédit auprès d'elle.

Outre les princes de Vendôme et l'évêque de Beauvais, le prince de Marsillac, fils du duc de La Rochefoucauld, avoit quelque part à ses bonnes grâces.

Les assistances qu'il avoit données à la duchesse de Chevreuse, dans les disgrâces qu'elle avoit souffertes pour la Reine, persuadoient le public qu'il étoit destiné à ce qui pouvoit être de plus grand et de plus éclatant. Il y avoit encore beaucoup d'autres personnes de cette cabale, dont la Reine avoit été jusqu'alors le chef, qui s'attendoient à avoir part à ses bienfaits. Elle avoit des créatures dans le parlement; et entre autres le président Barillon avoit été de tout temps attaché à son service. Tous furent d'avis que la Reine ne se devoit point contenter d'une régence bornée, et qu'il falloit se servir du parlement pour la rendre maîtresse de toutes choses. Elle goûta avec plaisir cette proposition, qui la mettoit en état de rompre ses chaînes, en éloignant les personnes que le Roi avoit établies pour avoir part à toutes les délibérations. Chavigny et son père étoient ceux qu'elle avoit le plus envie de chasser, comme créatures du cardinal de Richelieu, et haïs de ceux qui alors étoient les plus puissans auprès d'elle; et toute cette cabale avoit peur que le fils, qui avoit eu le maniement de toutes les affaires sous un si habile ministre, et qui avoit été fort bien auprès du feu Roi, après sa mort n'acquît aussi bientôt quelque crédit auprès de la Reine. Il fut donc servi à la mode de la cour, et ses ennemis ne songèrent qu'à l'en faire sortir.

Le parlement désiroit de trouver une occasion qui lui pût redonner l'autorité qu'il avoit perdue du temps du feu Roi; et les habiles gens de cette compagnie l'estimoient heureuse que la Reine, qui trouvoit que le feu Roi ne l'avoit pas bien traitée par son testament, se voulût servir d'eux pour recevoir de leurs mains la puissance souveraine qu'il sembloit lui avoir ôtée, en ordonnant que, dans le conseil établi pour sa régence, les affaires passeroient à la pluralité des voix. Elle avoit peine à souffrir cette contrainte; et ceux qui espéroient avoir part à sa confiance vouloient qu'elle fût en pouvoir de chasser ceux qui y avoient été établis, afin de pouvoir entrer en leur place.

Les offres que messieurs du parlement lui faisoient de casser cette déclaration dans la forme qu'elle étoit furent acceptées; et j'ai depuis ouï dire au cardinal Mazarin qu'elle leur avoit fait trop d'honneur de les mettre au-dessus des volontés du feu Roi, et de leur donner le pouvoir d'ordonner d'une chose de si grande conséquence. Elle alla donc au parlement, où, du consentement de Monsieur duc d'Orléans, et du prince de Condé, on la déclara régente, sans lui prescrire aucun conseil. La Reine y fut en grand deuil, et y mena le Roi, qui étoit à la bavette, porté par le duc de Chevreuse son grand chambellan, accompagné du duc d'Orléans son oncle, et du prince de Condé, premier prince du sang, des ducs et pairs, et des maréchaux de France, et de tout le conseil. Le chancelier Seguier fit une harangue digne de l'estime qu'il avoit acquise; et après avoir exalté les vertus de la Reine, il rendit grâces au ciel d'avoir donné à la France une Régente de qui on devoit espérer la paix générale et le repos de l'Etat. Il demanda ensuite les voix sur l'article de la régence. Monsieur, oncle du Roi, tout d'un coup et sans hésiter donna la sienne en sa faveur, déclarant de sa propre volonté qu'il remettoit à la Reine tout le pouvoir que, comme frère unique du feu Roi, il pouvoit prétendre dans le royaume, pour rendre sa régence plus absolue et ses volontés sans bornes. Le prince de Condé dit à son tour que, puisqu'on le désiroit de cette manière, il y consentoit aussi. J'ai ouï dire à la Reine, sur ce consentement, qu'il n'avoit pas été si franc que celui de Monsieur; qu'elle avoit remarqué sur son visage qu'il avoit eu de la répugnance à le donner: et la difficulté qu'il parut avoir à se résoudre lui fit avoir plus d'obligation à Monsieur, dont la puissance auroit été beaucoup plus grande si celle de la Reine avoit été bornée, comme elle l'auroit été s'il avoit voulu comme le prince de Condé le vouloit. Beaucoup de gens attribuèrent cette facilité du duc d'Orléans aux intérêts de l'abbé de La Rivière son favori, qu'on accusoit de l'avoir détourné des sentimens ambitieux qu'il avoit eus tant de fois, bien plus mal à propos que dans cette conjoncture, où il avoit raison de faire ses conditions meilleures qu'il ne les fit; car il se contenta de la qualité de généralissime des armées de France, qui ne laissa pas de lui donner une grande puissance dans le royaume. Enfin, soit que cette facilité fût un effet de la considération qu'il avoit eue pour elle dans les temps où il avoit pu lui nuire plutôt que la servir, dans lesquels il ne lui avoit jamais manqué ; soit qu'elle lui fût inspirée par ceux qui étoient près de lui et dont il pouvoit prendre conseil, qui lui avoient dit sans doute qu'il lui auroit été difficile, quand il l'auroit voulu, dans la disposition où étoient les esprits dans le parlement, d'empêcher que la régence de la Reine n'y fût confirmée et enregistrée sans aucunes bornes, il se déclara pour cela de la meilleure grâce du monde.

Sitôt que la Reine se vit indépendante et maîtresse absolue, elle chassa Chavigny du conseil, et ôta les finances à Boutillier son père pour les donner au président de Bailleul, en qui elle connoissoit beaucoup de probité, sans savoir s'il avoit du talent pour cette charge. En même temps elle envoya à Rome demander le chapeau de cardinal pour l'évêque de Beauvais ; rappela la duchesse de Chevreuse de son exil, et fit des grâces à plusieurs particuliers, sans y observer la juste mesure que les grands sont obligés d'examiner, et qu'elle ne garda pas trop exactement, parce qu'elle ne connoissoit pas encore le prix de ses libéralités, que chacun se pressoit de lui demander trop hardiment, et qu'elle avoit trop de peine à refuser. Le duc de Vendôme, et toute sa famille, avoit jusques-là gagné plus que personne à la mort du feu Roi, et particulièrement le duc de Beaufort son cadet; car la Reine, dans les derniers jours de la maladie du Roi, lui avoit confié la garde de ses enfans. L'éclat de cette confiance attira tant de gens à sa suite, qu'il parut quelque temps le maître de la cour.

La Reine eut intention en ce temps-là d'ôter le gouvernement du Havre à la duchesse d'Aiguillon, et de le donner au prince de Marsillac, ami de madame de Chevreuse et de la dame de Hautefort, qui étoit fort bien fait, avoit beaucoup d'esprit et de lumières, et dont le mérite extraordinaire le destinoit à faire une grande figure dans le monde. Cette duchesse, nièce du cardinal de Richelieu, qui en avoit fait une si belle pendant le ministère de son oncle, commandoit dans cette place, et ce gouvernement lui avoit été laissé par lui, du consentement du feu Roi, pour le garder à ses neveux. Cette dame, qui par ses belles qualités surpassoit en beaucoup de choses les femmes ordinaires, sut si bien défendre sa cause, qu'elle persuada quasi à la Reine qu'il étoit nécessaire pour son service qu'elle lui laissât cette importante place, lui disant que, n'ayant plus en France que des ennemis, elle ne pouvoit trouver de sûreté ni de refuge que dans la protection de Sa Majesté, qui en seroit toujours la maîtresse; qu'au contraire celui auquel elle vouloit donner ce gouvernement avoit trop d'esprit, qu'il étoit capable de desseins ambitieux, et pourroit, sur le moindre dégoût, se mettre de quelque parti ; et qu'ainsi il étoit important pour le bien de son service qu'elle gardât cette place pour le Roi. Les larmes d'une femme qui avoit été autrefois si fière arrêtèrent d'abord la Reine, qui, après avoir fait réflexion sur ses raisons, trouva à propos de laisser les choses en l'état où elles étoient.

Les plaintes du prince de Marsillac furent grandes : il murmura publiquement contre la Reine ; et, à la première occasion qui s'en présenta, il lui fit voir qu'il avoit senti son changement, qu'il étoit résolu d'abandonner ses intérêts, et d'en prendre d'autres pour s'en venger : ce qui fut en partie cause de tous nos maux.

L'évêque de Beauvais ne soutenoit pas les affaires avec la force et la capacité qu'un premier ministre doit avoir ; et la Reine, qui sortoit d'une grande oisiveté, et qui de son naturel étoit paresseuse, se trouva tout-à-fait accablée d'un si grand fardeau. Elle ne fut pas long-temps sans connoître qu'elle manquoit de secours, et qu'il lui étoit impossible de gouverner un Etat aussi grand que la France, ni démêler toute seule les intérêts des particuliers ni des grands du royaume, qui sont fort différens ; et il est certain qu'il faut un grand temps pour examiner ce détail qui fait de la peine aux plus beaux esprits qui ne sont point accoutumés au travail, et qui n'ont aucune connoissance des affaires. Ce qui donnoit un plus grand chagrin à la Reine étoit l'envie qu'elle avoit de satisfaire, autant qu'elle le pourroit, ceux qui lui demandoient justice sur les pertes qu'ils prétendoient avoir faites sous le ministère du cardinal de Richelieu, qui étoient en grand nombre, et qui étoient difficiles à contenter. Dans cet intervalle de dégoût et d'embarras, le cardinal Mazarin, nommé par le feu Roi pour un de ceux de son conseil, fut assez heureux pour être destiné et ensuite choisi par elle pour remplir cette place. La Reine ne l'avoit point éloigné, parce qu'elle n'avoit point de haine contre lui; et comme il étoit habile il sut gagner M. le prince, qui n'aimoit point les Vendômes, et mettre dans ses intérêts le favori du duc d'Orléans, qui n'étoit pas de leur parti. En même temps il acquit pour amis ceux qui étoient serviteurs de la Reine, sans être de la cabale de MM. de Vendôme, qui faisoient tant de bruit ; car il y en avoit qui n'en faisoient point, et qui n'étoient pas moins considérés, comme le marquis de Liancourt (1), le marquis de Mortemart, Beringhen, et milord Montaigu, un Anglais que la Reine connoissoit depuis long-temps : gens sages auxquels elle étoit accoutumée, et qui avoient toujours été attachés à son service. Les deux premiers

---

(1) *Le marquis de Liancourt*: Roger Du Plessis, duc de Liancourt. Il épousa Jeanne de Schomberg, qui l'entraîna dans les querelles du jansénisme. — *Le marquis de Mortemart*: Gabriel de Rochechouard, depuis duc de Mortemart. — *Beringhen*: Henri de Beringhen. Il devint premier écuyer de la petite écurie : son père avoit été très-attaché à Henri IV. — *Milord Montaigu*: c'étoit un gentilhomme catholique qui depuis peu s'étoit fait prêtre. Du temps du cardinal de Richelieu, il avoit été employé par la Reine dans beaucoup d'intrigues. Le manuscrit explique plus clairement les moyens qu'employa Mazarin pour parvenir à la faveur. « Il sut acquérir pour amis tous ceux qui étoient de la cour, et
« qui n'étoient point de cette cabale qui pour lors faisoit tant de bruit,
« dont se trouva M. de Liancourt, le marquis de Mortemart, Beringhen,
« et un certain Anglais nommé Montaigu, que la Reine connoissoit du
« temps de Buckingham, et qui avoit toujours conservé beaucoup de fa-
« miliarité avec elle. Ces personnes, opposées à la faveur présente, qui

étoient recommandables par l'estime que le feu Roi avoit eue pour eux ; et les deux derniers par la confiance que la Reine avoit en eux, les considérant comme des anciens courtisans qui estimoient le cardinal Mazarin, et l'avoient, il y avoit long-temps, vu en France chez le cardinal de Richelieu avec Chavigny, qui employoient tous leurs soins à persuader la Reine de son habileté ; et ils n'eurent pas beaucoup de peine à réussir dans ce dessein : car cette princesse n'étant pas satisfaite de l'évêque de Beauvais, et ayant aperçu du vivant du feu Roi que le cardinal Mazarin avoit de la capacité, elle se trouva toute disposée à se servir de lui. Son esprit et sa docilité lui plurent dès les premières conversations qu'elle eut avec lui : et assez souvent, parlant à ceux en qui elle se confioit, elle avoit témoigné n'être pas fâchée de le voir, pour s'instruire avec lui des affaires étrangères dont il avoit une parfaite connoissance, et dans lesquelles le feu Roi l'employoit. Suivant donc son sentiment particulier, les conseils de quelques-uns de ses meilleurs serviteurs, et le désir de M. le duc d'Orléans et de M. le prince qui témoigna l'estimer, elle lui donna part à sa confiance, elle lui céda son autorité, et il se vit en faveur, lorsque ceux qui croyoient la posséder tout entière ne s'imaginoient pas qu'il osât seulement y penser. Cette insinuation se fit facilement dans l'ame

« étoient amis de M. de Chavigny, et qui étoient fort considérables,
« crurent qu'il leur étoit de grande conséquence de détruire ceux qui
« régnoient avec trop de faste, et d'établir un ministre auprès de la Reine
« qui leur dût sa grandeur, et qui pût sauver leur ami. De sorte qu'ils
« travaillèrent premièrement à garantir le cardinal de sa chute ; puis,
« l'ayant empêché de tomber, ils travaillèrent à l'établir dans l'esprit
« de la Reine. »

de la Reine : il devint en peu de temps le maître de ce conseil ; et l'évêque de Beauvais diminuant de puissance à mesure que celle de son compétiteur augmenta, ce nouveau ministre commença dès lors à venir les soirs chez la Reine, et d'avoir avec elle de grandes conférences. Sa manière douce et humble, sous laquelle il cachoit son ambition et ses desseins, faisoit que la cabale contraire n'en avoit quasi pas de peur, et qu'ils le regardèrent d'abord avec la présomption que la faveur inspire. Mais cette volage à qui les païens, sous le nom de la Fortune, ont donné de l'encens, voulant à son ordinaire se moquer de ceux qui la suivent, les abandonna pour se donner tout entière à un étranger, et l'élever tout d'un coup du premier échelon au plus haut où un particulier puisse monter, le mettant au-dessus des princes et des grands du royaume.

Pendant que ces intrigues se déméloient dans le cabinet, Dieu se mêloit de nos affaires dans la campagne. M. le prince avoit un fils, duc d'Enghien. Il avoit épousé malgré lui une nièce du cardinal de Richelieu, et commandoit l'armée du Roi quand il mourut. Dans ce commencement de régence, il gagna une bataille devant Rocroy, qui fut l'affermissement du bonheur de la Reine, et la première des belles actions de ce jeune prince âgé de vingt-deux ans, si brave et d'un si grand génie pour la guerre, qu'à peine les plus grands capitaines de l'antiquité lui peuvent être comparés. Le feu Roi, peu de jours avant de mourir, songea qu'il le voyoit donner un combat et défaire les ennemis en ce même lieu. C'est une chose digne d'admiration, et qui doit donner quelque respect pour la mémoire de ce prince, qui, mourant dans les souffrances et quittant ce monde avec joie, parut avoir quelques lumières de l'avenir.

Cette victoire, remportée dans le commencement de la régence de la Reine, fut un bon augure du bonheur qu'elle devoit avoir dans la suite, et, la faisant craindre au dehors, la mettoit en état de disposer au dedans de toutes choses. La disgrâce de Chavigny fut celle dont elle reçut le plus de plaisir; car outre qu'elle y étoit poussée par toute la cabale contraire au cardinal de Richelieu, je lui ai ouï dire qu'elle l'avoit cru auteur du testament du feu Roi, afin de se donner par là une part tout entière à la régence, en se faisant nommer dans la déclaration. Chavigny, voulant se justifier de ce reproche, m'a dit depuis (et je doute qu'il m'ait dit la vérité) qu'il avoit voulu servir la Reine auprès du Roi, et faire qu'elle demeurât plus absolue, et qu'il s'étoit même opposé à l'honneur que le Roi lui avoit voulu faire en son particulier : mais que le Roi lui avoit toujours dit qu'il vouloit brider la Reine; et, d'autre côté, j'ai vu la Reine se moquer de Chavigny, qui, pendant qu'il traitoit cette affaire, lui venoit dire avec empressement qu'elle prît garde à ce qu'elle promettoit d'observer, puisque cette déclaration devoit être irrévocable, et aussi difficile à détruire que la loi salique; car elle espéroit dès lors qu'elle rendroit, quand il lui plairoit, toutes ses peines inutiles, et qu'elle la feroit casser aussitôt qu'elle témoigneroit le désirer.

Le cardinal Mazarin, dont la puissance commençoit à s'établir, devoit travailler à sauver Chavigny, comme il l'avoit promis à ses amis, à cause des obligations qu'il lui avoit; mais le cardinal Mazarin leur disoit qu'il n'étoit pas en état de s'opposer à l'aversion que la Reine avoit pour lui, qui pourroit diminuer quand la cabale de ses ennemis n'auroit plus de forces; qu'il avoit encore à craindre pour lui-même, et qu'il falloit attendre que sa faveur, qu'il n'étoit pas fâché de leur cacher, fût solidement affermie. Cependant, comme les habiles gens sont toujours à craindre, et que les rivaux, autant dans la faveur que dans la galanterie, déplaisent naturellement, on le soupçonna d'avoir vu la disgrâce de Chavigny sans beaucoup de chagrin. C'est pourquoi, encore qu'il l'eût servi pendant le règne précédent auprès du cardinal de Richelieu pour le faire cardinal, et auprès du feu Roi pour le faire mettre à la place du feu cardinal, il le connoissoit trop bien pour ne pas savoir qu'il n'étoit pas d'humeur à désirer seulement d'avoir part au gouvernement; mais que s'il ne vouloit pas être le seul, du moins il vouloit être le premier, comme il l'avoit été. Il n'avoit pas moins d'audace et moins de génie que lorsqu'il avoit su se faire aimer du feu cardinal et du feu Roi, et avoit de plus beaucoup d'amis puissans qui désiroient sa grandeur. C'est ce qui fit dire à bien des gens de ce temps-là que ce cardinal n'avoit pas d'envie que cet ancien ministre fût rétabli, à cause qu'il avoit pris liaison avec l'abbé de La Rivière, favori du duc d'Orléans, qui, voulant le chasser d'auprès de son maître, lui fit perdre une charge de chancelier qu'il avoit eue du temps du cardinal de Richelieu, pour être le pédagogue de ce prince. Le cardinal Mazarin allant à ses fins, lui faisant néanmoins de si grandes promesses, affectoit de lui montrer tant d'affection, que ses amis, quoique anciens courtisans et fort habiles, qui, à sa considération, le portoient à la première place, furent pris pour dupes. Les princes de Vendôme et l'évêque de Beauvais commencèrent enfin à s'inquiéter. Ils voulurent, comme les maîtres, s'opposer au nouveau venu, et le chasser comme un importun, ne trouvant pas à propos que personne vînt partager avec eux le crédit qu'ils avoient auprès de la Reine. Mais ils ne purent y réussir, et ce qu'ils firent ne servit qu'à les perdre. J'ai ouï dire au maréchal d'Estrées (1), oncle du duc de Vendôme et frère de la duchesse de Beaufort que le roi Henri IV avoit pensé épouser, que le cardinal Mazarin, dans les premiers jours de la régence, ne sachant de quel côté se tourner, voulut d'abord s'approcher de cette cabale, comme celle qu'il voyoit la mieux établie dans l'esprit de la Reine ; qu'il le pria d'en être le négociateur ; et que comme il s'intéressoit au bonheur de ces princes, comme leur proche parent, il fit tout son possible pour les attirer au parti du cardinal Mazarin, qu'il avoit connu à Rome où il avoit été ambassadeur. Ce seigneur étoit grand politique et grand courtisan. Il l'aimoit alors doublement, car il croyoit que son habileté et l'adresse de son esprit le porteroient infailliblement à la faveur. Il ne tint donc qu'à eux qu'il ne se joignît à leur fortune ; mais ces princes refusèrent son amitié, par la haine qu'ils avoient pour tout ce qui avoit quelque rapport au cardinal de Richelieu. Mais ils ne pouvoient pas s'empêcher de voir que c'étoit un homme à crain-

(1) *Au maréchal d'Estrées* : François-Annibal, duc d'Estrées, pair et maréchal de France, déjà fort âgé, mourut en 1670 à quatre-vingt-dix-huit ans. Ses Mémoires font partie du tome XVI de cette série.

dre, non-seulement par son habileté, mais par ses manières si agréables qui pourroient le faire aimer de la Reine. Ils ne furent pas assez persuadés de cette vérité pour rien faire de toutes les choses qui auroient pu les maintenir dans le crédit où ils étoient, et eurent une trop grande opinion de leurs forces pour croire avoir besoin de se lier ni avec le cardinal ni avec Chavigny, dont les amis servirent à soutenir le cardinal Mazarin, et qui étoit moins à craindre pour eux, parce qu'il avoit moins de dignités, et qu'il étoit haï de la Reine. Les princes de Vendôme ayant manqué ce coup, et refusé cette liaison avec le cardinal Mazarin, la fortune de ce ministre prit un autre tour, et ce fut seulement pour aller plus vite et pour faire voir l'inconstance des choses de ce monde. Je sais de la Reine qu'un soir des premiers jours de sa puissance elle avoit demandé à milord Montaigu, qui lui parloit souvent du cardinal Mazarin, si elle pouvoit se fier à lui, et de quelle humeur il étoit; et que lui ayant dit, pour le bien louer, qu'il étoit en tout l'opposé du cardinal de Richelieu, cette réponse lui parut une si grande louange, par la haine qu'elle avoit pour la mémoire du mort, qu'elle aida fort à la déterminer à se servir de lui. Et quand elle eut pris cette résolution, elle s'y confirma tous les jours tellement qu'elle s'y rendit inébranlable; et, comme premier ministre, il prit la coutume, ainsi que je l'ai dit, de venir les soirs chez la Reine l'entretenir : et cette conférence commença dès lors à s'appeler *le petit conseil*. Il demeuroit long-temps avec elle, et lui rendoit compte des affaires étrangères, dont il étoit le maître du vivant du feu Roi.

On ne devoit pas s'étonner qu'elle suivît ses conseils. La grande réputation qu'il s'étoit acquise en Italie, où, d'un coup de chapeau, il avoit eu le crédit d'arrêter des armées prêtes à combattre, n'étant encore qu'*il signor Giulio*, lui avoit fait donner celui de cardinal; et les grandes affaires qu'il avoit traitées avec le cardinal de Richelieu lui avoient fait concevoir depuis une si grande estime pour lui, que, dans la pensée qu'il avoit de l'établir son successeur, il lui avoit donné toutes les instructions nécessaires pour servir la France, à laquelle il l'avoit obligé de se donner tout entier, afin de suivre ses maximes et de s'y perfectionner. Tout le monde savoit qu'il avoit été nommé dans la déclaration du feu Roi comme premier ministre, parce que ce grand homme avoit assuré le Roi, avant que de mourir, qu'il ne connoissoit personne plus capable que lui pour remplir cette place; et cette nomination fut une raison dont la Reine se servit pour faire approuver le choix qu'elle en avoit fait. Je sais sur cela que cet heureux ministre, étant persuadé de son bonheur par celui qu'il avoit eu déjà dans toutes les rencontres de sa vie, dit à une de ses amies, dans le temps de la décision de son établissement, qu'il n'étoit pas en peine de sa fortune, mais seulement qu'il ne voyoit pas bien encore de quelle manière il pourroit *spiegar le vele piu large* (voguer à pleines voiles). Voilà donc le cardinal Mazarin qui fait déjà éclater sa faveur par la foule qui commence à l'environner. Il remit Chavigny dans le conseil du Roi en qualité de ministre, ne pouvant plus long-temps différer à tenir sa parole, et le refuser à ses obligations et à ceux qui l'avoient servi auprès de la Reine; mais il le retint éloigné de sa confiance. Il confirma cette princesse dans l'inclination qu'elle avoit de conserver le Havre à la duchesse d'Aiguillon, et l'empêcha de ruiner les parens du cardinal de Richelieu, lui disant que ceux-là, qui alors n'avoient nulle protection que la sienne, seroient sans doute ceux dont elle seroit la mieux servie. Il faisoit son devoir en soutenant ceux qui restoient d'un homme à qui il devoit toute sa grandeur; mais, outre cette raison, il étoit d'un habile politique, voyant qu'il alloit avoir sur les bras toute la troupe favorite, de se faire des amis puissans qui étoient saisis de toutes les places, et qui se trouvoient avoir les plus grandes dignités du royaume. Il y réussit si bien que, malgré les oppositions des anciennes créatures de la Reine, elle se relâcha du dessein qu'elle avoit eu de les perdre, et de cette aversion qu'elle avoit paru avoir contre eux dans les premiers jours de sa régence. Elle passa aisément pour eux à la plus grande douceur du monde; et, sous son autorité, ils ont été presque tous ses confidens et les mieux traités. Ce changement, qui fut d'abord un conseil reçu et donné par des maximes politiques, devint aisément dans l'ame de la Reine une maxime chrétienne que sa vertu et sa clémence lui firent estimer: et comme elle étoit capable d'être trompée sous l'apparence du bien, il est à croire que le cardinal Mazarin, sans être généreux, lui conseilla d'en user généreusement, afin de pouvoir affoiblir les mouvemens de son cœur sur la haine comme sur l'amitié; et qu'étant plus indifférente à la vengeance, elle fut plus susceptible des impressions qu'il vouloit lui donner pour ses propres intérêts. La Reine, qui crut que ses conseils étoient bons et sincères, les suivit sans peine et même avec quelque satisfaction, croyant y rencontrer le bien de l'Etat et le plaisir de se vaincre elle-même dans son ressentiment.

Le chancelier Seguier se sentit de cette bénignité. Les premiers jours lui furent dangereux, et il s'en fallut si peu qu'il ne perdît la place où il étoit, qu'il se crut long-temps disgracié, se souvenant de tout ce qu'il avoit fait au Val-de-Grâce. Et l'on disoit tout haut que Châteauneuf, autrefois garde des sceaux, et qui sous le règne précédent avoit été chassé de la cour et mis en prison pour avoir eu part à sa confiance, y reviendroit, et seroit bientôt rétabli. Mais madame la princesse, qui le haïssoit à cause qu'il avoit été le juge du duc de Montmorency son frère, s'y opposa vigoureusement, et fit que MM. le prince et le duc d'Enghien son fils entrèrent dans ses intérêts. Cette résistance fit retarder l'exécution de la disgrâce du chancelier jusqu'à cet instant favorable où tous les parens et amis du cardinal de Richelieu furent regardés plus favorablement; et la tempête étant cessée pour tous, elle cessa aussi pour lui. Le cardinal Mazarin avoit un grand intérêt de lui sauver ce coup[1], parce que Châteauneuf étoit lié avec les princes de Vendôme et madame de Chevreuse, comme ayant été autrefois de la cabale de la Reine; que c'étoit un habile homme, d'une grande expérience, le chef d'un grand parti, et qui, selon les apparences, n'appro-

---

(1) *De lui sauver ce coup.* Le manuscrit porte: « Non pas que l'amitié « l'y obligeoit, car cette belle habitude de l'ame lui a toujours été in- « connue; mais parce que Châteauneuf étoit lié, etc. »

cheroit point de la Reine sans reprendre son ancien crédit auprès d'elle. Sa présence auroit fortifié les ennemis du cardinal Mazarin, et les auroit indubitablement mis en état de le chasser du poste où il commençoit d'être. Il sut donc si bien ménager cette affaire auprès de la Reine, qu'un matin, à son lever, le même chancelier venant lui parler de quelque affaire qui regardoit sa charge, elle le confirma dans ce bel établissement qu'il possédoit depuis long-temps. Milord Montaigu fit aussi ce qu'il put pour le servir; il étoit son ami, et d'une sœur qu'il avoit, qui étoit carmélite (1), que la Reine aimoit : si bien que toutes ces choses ensemble l'empêchèrent de périr. Le chancelier en reçut beaucoup de joie (2) : il aimoit la faveur; et, s'il l'avoit moins révérée, il auroit été plus digne de la posséder, vu sa science, sa capacité pour les affaires du conseil et ses bonnes intentions. Les amis de Châteauneuf, déchus de leur espérance, ne purent obtenir de la Reine que la fin de son exil; mais il ne revint point à Paris : il demeura à Montrouge chez lui, où, malgré cette surséance de bonheur que ses amis supportèrent avec impatience, il eut toujours une grande cour de ses parens et de ceux qui prenoient part à sa destinée, dont le nombre n'étoit pas petit. Le marquis de Villeroy (3), le maréchal

(1) *Qui étoit carmélite :* Jeanne Seguier, supérieure des carmélites de Pontoise. — (2) *Le chancelier en reçut beaucoup de joie.* Le manuscrit porte : « Car il étoit d'humeur à estimer davantage l'honneur de posséder « des dignités, que celui de les mériter par une justice et une vertu sé- « vères; et il auroit été le premier homme de son siècle, si, avec sa « science et sa grande capacité, il eût eu une ame assez élevée pour « préférer la gloire à la fortune. » — (3) *Le marquis de Villeroy :* Nicolas de Neufville, depuis duc de Villeroy; il fut gouverneur de

d'Estrées, le marquis de Souvré, de Séneterre et plusieurs autres portoient ses intérêts avec ardeur; ils le servirent tous si puissamment auprès du cardinal, qu'encore que ce ministre eût sujet de l'appréhender, il le laissa long-temps vivre de cette manière : peut-être aussi afin de montrer qu'il ne craignoit rien, et qu'il vivoit dans une sûreté entière de sa faveur. Châteauneuf ne perdit pas de temps : il fit en ce lieu de nouvelles intrigues contre lui ; et le cardinal n'osant choquer tant de personnes qui le protégeoient, ou dédaignant de le pousser, il lui en arriva de grands maux, et le crédit de cet ennemi déclaré contribua sans doute beaucoup aux mauvaises aventures qui dans la suite de ce temps lui arrivèrent.

La faveur du cardinal s'établissoit toujours de plus en plus dans l'esprit de la Reine, et les Vendômes en eurent une véritable peur. Ils firent alors tous leurs efforts pour s'y opposer, et pour faire revenir en la Reine ses premiers sentimens. Mais l'opposition a cela de propre, qu'elle excite le désir et la volonté à la résistance et au combat. La Reine voulut défendre et maintenir son nouveau ministre par la force de la raison. Elle déclara ouvertement qu'elle vouloit s'en servir, et dit, à tous ceux qui lui en parlèrent, que sa politique lui avoit paru bonne de lui conseiller de ne pas entrer dans des desseins de vengeance, indigne d'une ame chrétienne et royale. Elle témoigna librement à quelques-uns de ses serviteurs qu'elle seroit bien aise qu'on s'accommodât à ses volontés ; et, sans trop écouter l'évêque de Beauvais, elle mon-

---

Louis XIV. — *Souvré :* Jean, marquis de Souvré. — *Seneterre :* Henri de Seneterre.

tra par toutes ses actions qu'elle vouloit donner son entière confiance au cardinal Mazarin. Il étoit capable de plaire par son esprit adroit, fin et habile à l'intrigue, et par une manière d'agir pleine de douceur, fort éloignée de la rigueur du règne précédent, et fort accommodante à la bonté naturelle de la Reine. On a cru qu'il n'étoit point digne de l'estime de cette princesse; mais il est vrai néanmoins qu'il avoit de louables qualités qui ont eu le pouvoir de réparer fortement les défauts qui étoient en lui, et qui, joints à l'envie, l'ont fait haïr et mépriser des peuples et de beaucoup d'honnêtes gens.

La Reine eut donc raison d'estimer la beauté de son esprit, sa capacité, et les marques qu'il lui donna de sa modération. Elle crut facilement qu'il étoit vertueux en toutes choses, parce qu'il n'avoit point de vice apparent, ni de mauvaises qualités qu'elle pût connoître alors; et quoiqu'elle en jugeât un peu trop favorablement, la différence infinie qu'il y avoit de lui à l'évêque de Beauvais fait que la Reine doit être louée d'en avoir su faire le discernement.

La cour en cet état, la faveur étoit encore dispersée : car, aux yeux du public, elle ne paroissoit pas aussi fixée qu'elle l'étoit en effet, à cause du grand bruit que les princes de Vendôme faisoient encore. Mais cet éclat n'avoit plus de force qu'en l'audace démesurée du duc de Beaufort, qui, jeune, bien fait, et qui avoit beaucoup d'amis, avec une mine altière, paroissoit vivre à la mode des favoris. On ne pouvoit pas non plus s'imaginer que la Reine pût abandonner sitôt ceux qu'elle avoit aimés et considérés jusqu'alors avec tant de marques d'une véritable amitié. Le cardinal Mazarin ne faisoit que de naître dans sa bonne volonté, et elle ne lui faisoit pas en apparence un si favorable traitement qu'au duc de Beaufort; mais la nécessité d'être servie, et l'application que ce ministre avoit à lui faire paroître qu'il étoit sincère et plein de bonté, lui facilitoit à tous momens l'entière conquête de sa confiance. Ce prince, son compétiteur, mêloit à ce qu'il avoit de bon et de louable beaucoup de défauts; sa jeunesse le privoit d'expérience, ses lumières naturelles étoient fort bornées; il parloit haut, et parloit mal: il ne faut pas s'étonner si tant de mauvaises choses ne purent produire rien d'avantageux pour lui. Cette incertitude extérieure, qui tenoit en suspens les affaires et les esprits, étoit cause que la foule étoit grande auprès de la Reine, et les prétendans en grand nombre. Elle en étoit si embarrassée, que souvent elle gardoit la chambre pour en éviter l'importunité. Comme elle n'étoit pas accoutumée à régner, elle ne savoit refuser les importuns, ni donner à ceux qui étoient sages et modérés. Ce discernement est difficile à faire, et méritoit toute l'occupation d'une Reine moins paresseuse que la nôtre. Dans cette confusion, chacun lui demandoit des grâces, et chacun se faisoit un mérite auprès d'elle des choses passées. Ses créatures ne croyoient pas qu'elle pût leur faire assez de bien pour payer leurs services; et les nouveaux enrôlés, à la moindre protestation de services et de fidélité, prétendoient aussitôt de grandes récompenses. Le cardinal Mazarin se servit utilement pour lui des importunités qu'elle recevoit de l'avidité impétueuse des Français; car, étant étranger, il haïssoit la foule, et ne pouvoit souffrir ce désordre. Il étoit avare; et l'injuste hardiesse des hommes, à lui qui vouloit gouverner, lui faisant de la peine, il augmenta le dégoût que la Reine lui témoignoit avoir de cet accablement avec tous les soins imaginables. Comme il en avoit une ample matière, ses complaisances ne lui furent pas inutiles; et la conseillant selon son humeur, il la fit aisément résoudre à se décharger sur lui de tous ces soins. Ce fut un assez précieux dépôt au cardinal Mazarin, pour croire qu'il le reçut volontiers; et je m'assure, de l'humeur dont nous l'avons connu, qu'il fit ce qu'il put pour lui persuader que c'étoit pour lui plaire qu'il se chargeoit d'un fardeau aussi pesant que celui-là.

La France eût évité bien des maux, si la cour se fût trouvée remplie de gens assez sages pour savoir qu'il est impossible de trouver un homme parfait; et si, préférant la paix à leur ambition, ils eussent doucement suivi les volontés de la Reine, puisqu'ils étoient destinés à être gouvernés par un ministre. Celui-là qui, étant étranger (1), n'avoit nul attachement ancien au prince; qui étoit habile, et qui n'étoit point tyran, étoit digne d'être préféré à beaucoup d'autres. Mais, pour notre malheur, la Reine lui abandonna trop absolument son autorité, et cet excès

---

(1) *Celui-là qui, étant étranger.* L'auteur, dans le manuscrit, fait ici un portrait satirique de Mazarin. « Il est ennemi des grâces, il fait
« peu de cas de ses amis et des gens de bien; la vertu ne touche point
« son estime; l'honneur est une qualité honteuse à son égard, et jamais
« ou rarement il n'a fait du bien qu'à ceux qui ont mal servi le Roi, et
« qu'il a crus capables de lui nuire en son particulier. N'ayant jamais
« voulu prendre le chemin d'un juste châtiment, plutôt par foiblesse
« que par bonté, il a fallu qu'il ait toujours pris celui d'acheter ses en-
« nemis. »

de puissance déplut à tous, et fit que les choses en quoi il pouvoit manquer par ses sentimens et sa conduite furent senties et blâmées avec trop de sensibilité et d'emportement.

Les courtisans, qui se dégoûtèrent bientôt après de ce ministre, l'accusèrent de ne pas faire assez de cas des gens de bien, et disoient que l'honneur, la probité et le mérite n'avoient point de prix dans son estime. En effet, le règne de la régence a été stérile en bienfaits, particulièrement pour les personnes fidèles et attachées au Roi et à cette princesse. Le cardinal Mazarin en avoit reçu toute sa grandeur, et ne lui en voulut laisser aucune part, pas même en apparence. Le désir et l'espérance des grâces et des bienfaits donne de grandes forces pour endurer les fourberies des ennemis, les bassesses des flatteurs, et les inquiétudes qu'on trouve dans les cabinets des rois. On a donc raison de se plaindre d'un siècle où souvent les maux ont été soufferts sans aucun soulagement; mais comme la vie n'est qu'un mélange continuel de bien et de mal, ce ministre mérite des louanges de ce qu'il a su par son habileté et la force de son génie porter sa fortune jusqu'au dernier période de la grandeur, et de ce qu'il n'a pas été cruel; que le sang des courtisans a été épargné, et que jamais homme, avec tant d'autorité et parmi tant d'ennemis, n'a eu plus de facilité à pardonner, et n'a moins que lui rempli les prisons et les cachots.

Dans ces jours où l'intrigue occupoit toute la cour, le service du feu Roi se fit avec toutes les cérémonies accoutumées. Peu après, madame de Senecé, que la Reine avoit rappelée de son exil, revint à Paris; elle fût bien reçue de sa maîtresse, et par conséquent regardée et recherchée de tout le beau monde. Madame de Brassac (1), qui avoit été mise dans sa charge de dame d'honneur par le feu cardinal de Richelieu, en fut éloignée; mais ce fut quasi malgré la Reine, qui avoit de l'estime pour elle, et à qui son procédé avoit infiniment plu. C'étoit une dame de grand mérite, savante, modeste et vertueuse. Avec ces qualités, elle étoit la plus humble des femmes. La Reine, qui vouloit chasser madame de Lansac (2), gouvernante du Roi, l'antipode de madame de Brassac, et qui destinoit sa place à madame de Senecé, eût bien désiré qu'elle se fût contentée de cet illustre emploi; mais elle, qui croyoit que la Reine ne pouvoit jamais lui faire autant de bien qu'elle le méritoit, qui étoit depuis long-temps à la cour, et qui espéroit tenir une grande place, voulut ravoir celle de dame d'honneur. Elle répondit à la Reine, qui lui fit faire la proposition de se contenter de celle de gouvernante du Roi, qu'elle désiroit rentrer dans sa charge; et que pour celle de madame de Lansac, qu'elle l'accepteroit volontiers, si la Reine vouloit lui faire cet honneur. Elle remplit toutes les deux, parce qu'elle ne voulut pas se contenter de n'en avoir qu'une, ni même de la partager : ce que la Reine auroit souhaité de pouvoir faire avec son agrément. Madame de Lansac fut donc chassée, comme une personne qui avoit vécu avec la Reine d'une manière qui lui avoit déplu ; et madame de Brassac en fut éloignée de sa part avec douceur,

---

(1) *Madame de Brassac :* Catherine de Sainte-Maure, femme de Jean Galard de Béarn, comte de Brassac. — (2) *Madame de Lansac :* Françoise de Souvré, femme d'Artus de Saint-Gelais de Lansac.

parce qu'elle avoit été un exemple de vertu, et qu'elle en avoit été fidèlement servie. La Reine lui témoigna fort obligeamment le déplaisir qu'elle avoit de la perdre, et lui a toujours conservé beaucoup de part dans son estime. Quelques jours après, étant à son lever en l'absence de madame de Senecé, et la première femme de chambre lui ayant présenté la chemise pour la donner à la Reine, elle la refusa honnêtement, comme n'étant plus en droit d'avoir cet honneur ; et la Reine, voyant son humilité, la prit des mains de la première femme de chambre, et la présenta elle-même à madame de Brassac, et la convia fort obligeamment à la lui donner. Cette illustre et vertueuse dame en fut touchée, et l'ayant prise, elle la donna à la Reine les larmes aux yeux ; non pas qu'elle regrettât la cour : elle avoit une vertu trop solide pour avoir cette foiblesse ; mais parce qu'en effet la manière dont la Reine l'avoit traitée en cette occasion l'avoit obligée à quelque sentiment de tendresse pour elle.

La marquise de Senecé avoit beaucoup d'esprit, de vertu et de piété, un cœur fort noble, joint à une amitié sincère, et de la chaleur pour les intérêts de ses amis ; mais elle étoit ambitieuse et trop sensible à la grandeur de ses proches : le nom de La Rochefoucauld seulement à prononcer lui donnoit une joie extrême. Son esprit alloit toujours à l'extrémité de toutes choses ; il étoit plein d'emportement et d'impétueuse vanité, de sorte que la modération n'y avoit pas beaucoup de place : et ses défauts se mêlant à ses bonnes qualités, on peut dire qu'elle n'étoit pas toute parfaite. Elle étoit très-bien dans l'esprit de la Reine, qu'elle avoit long-temps servie. Je sais que le car-

dinal de Richelieu crut avoir sujet de se plaindre
d'elle en son particulier; et quoique ce ne fût point
pour les intérêts de sa maîtresse, qui n'eurent point
de part à sa disgrâce, elle en fut assez bien traitée
par le don qu'elle lui fit de deux charges aussi considérables qu'étoient celles qu'elle venoit de recevoir.
On crut qu'elle avoit beaucoup de crédit auprès d'elle.
Les premiers jours de son retour, tant de gens la furent visiter, que je lui ai ouï dire à elle-même qu'ayant
gardé le lit, elle avoit été si long-temps appuyée sur
ses coudes, occupée à saluer ceux qui l'étoient venue
voir, qu'ils en avoient été écorchés. On en fit autant
et plus à madame de Chevreuse, comme à celle qui
avoit régné dans le cœur de la Reine, et qui dans
toutes ses disgrâces avoit toujours conservé ses intelligences avec elle, et avoit paru posséder entièrement
son amitié. On y pouvoit ajouter les obligations de ses
souffrances, qui l'avoient menée promener par toute
l'Europe; et quoique ses voyages eussent servi à sa
gloire et à lui donner le moyen de triompher de mille
cœurs, ils étoient tous, à l'égard de la Reine, des
chaînes qui la devoient lier à elle plus étroitement
que par le passé. Mais les choses de ce monde ne
peuvent pas toujours demeurer en même état. Cette
vicissitude, naturelle à l'homme, fit que la duchesse
de Chevreuse, qui étoit appréhendée et mal servie
par ceux qui prétendoient au ministère, ne trouva
plus en la Reine ce qu'elle y avoit laissé; et ce changement fit aussi que la Reine de son côté ne trouva
plus en elle les mêmes agrémens qui l'avoient autrefois charmée. La souveraine étoit devenue plus sérieuse et plus dévote, et la favorite étoit demeurée

dans les mêmes sentimens de galanterie et de vanité, qui sont de mauvais accompagnemens à l'âge de quarante-cinq ans. Ses rivaux et ses rivales dans la faveur avoient dit à la Reine qu'elle vouloit la gouverner ; et la Reine étoit tellement prévenue de cette crainte, qu'elle eut quelque peine à se résoudre à la faire revenir si vite, vu les défenses que le Roi lui en avoit faites : ce qui en effet étoit louable en la Reine, et qui lui devoit être d'une grande considération. Madame la princesse, qui haïssoit madame de Chevreuse, et qui étoit alors d'humeur approchante de celle de la Reine, avoit travaillé de tout son pouvoir à la dégoûter d'elle. L'absence, en quelque façon, avoit servi à détruire l'ancienne favorite dans l'esprit de la Reine, et la présence avoit beaucoup contribué à l'amitié, ou plutôt à l'habitude qu'elle avoit prise avec madame la princesse. Quand cette importante exilée arriva, la Reine néanmoins parut avoir beaucoup de joie de la revoir, et la traita assez bien. J'étois revenue à la cour depuis peu de jours. Aussitôt que j'eus l'honneur d'approcher de la Reine, j'en vis les sentimens sur madame de Chevreuse, et je connus que le nouveau ministre avoit travaillé autant qu'il lui avoit été possible à lui faire voir ses défauts, et à la lui faire haïr. La facilité qu'elle eut à la chasser tout de nouveau, pour avoir voulu s'opposer comme tous les autres à l'établissement du cardinal Mazarin, en furent des marques infaillibles.

Il semble qu'on pouvoit accuser madame de Chevreuse d'imprudence, puisqu'elle devoit suivre les inclinations de la Reine, qui l'avoit tant aimée, et à qui elle devoit un attachement indispensable ; mais qui connoît la cour ne s'en étonnera pas, vu qu'il est difficile de manquer aux liaisons anciennes, et aux amis à qui on a promis fidélité et service. Elle revenoit alors de Flandre, où elle avoit été bien reçue à cause de la Reine, et de la haine que les étrangers avoient pour le cardinal de Richelieu. Cette princesse, qui avoit laissé la Reine dans de grands sentimens de tendresse pour le roi d'Espagne son frère, crut que, portant les intérêts de cette cour où la Reine avoit pris sa naissance, elle lui seroit mille fois plus agréable ; mais elle se trompa : elle la trouva mère de deux princes, et Régente. Par conséquent, elle n'étoit plus si bonne sœur. Son cœur suivant son devoir, elle n'avoit plus de désirs que pour les prospérités de la France : si bien que l'amour que madame de Chevreuse rapportoit pour le roi d'Espagne n'avoit plus guère de charmes pour Anne d'Autriche, parce que les intérêts du Roi son fils occupoient alors son ame.

Madame de Hautefort étoit aussi revenue, à qui la Reine avoit, comme j'ai déjà dit, écrit de sa propre main qu'elle la prioit de revenir promptement ; qu'elle ne pouvoit goûter de plaisir parfait si elle ne le goûtoit avec elle ; et ces mêmes mots : « Venez, ma chère « amie, je meurs d'impatience de vous embrasser. » Elle vint donc, la lettre de la Reine à sa main, c'est-à-dire la montrant à ses amis avec joie. Elle crut que la fortune s'étoit rendue constante en sa faveur, et que jamais elle ne pourroit perdre les bonnes grâces de la Reine, qu'elle avoit acquises par la perte de celles du feu Roi, et par une grande fidélité à son service. Mais, pour son malheur, elle revint dans le même esprit qui n'étoit plus celui de sa maîtresse : et comme parmi ses bonnes qualités, dont j'ai déjà parlé ailleurs, sa fermeté; qui en étoit une, n'étoit point accompagnée de douceur, ne pouvant s'accommoder de la faveur naissante du cardinal Mazarin, elle blâma le choix de la Reine avec une liberté qui tenoit de la rudesse. Le commandeur de Jars revint aussi de Rome, le lieu de son dernier exil. Celui-là avoit connu à Rome le cardinal Mazarin : et par conséquent il se rangea facilement aux inclinations de la Reine sur ce sujet, et devint son ami, ou tout au moins en fit le semblant; mais jamais il ne put l'être tout-à-fait, à cause des grandes liaisons qu'il avoit avec Châteauneuf. Il avoit de la probité, de l'esprit et du courage à soutenir ses sentimens; mais il étoit de son naturel l'homme du monde le plus injuste dans ses jugemens, et le plus emporté. Il arriva depuis que, voyant le cardinal Mazarin persécuter ou éloigner ses amis de la cour, et particulièrement celui-là, il vint à le haïr d'une haine mortelle, quoiqu'en effet le cardinal Mazarin lui fît recevoir beaucoup de grâces de la Reine, et qu'il les reçût de la main du ministre; parce que la Reine voulut toujours, dans le cours de sa régence, que ses créatures lui eussent l'obligation de ce qu'elle leur donnoit, afin de les obliger de s'attacher à lui. Par cette raison, le commandeur le devoit considérer et servir, car il lui fit du bien, c'est-à-dire en gardant une entière fidélité à ses autres amis, et en les servant auprès du ministre, sans lui faire en son particulier aucune injure. Mais il n'observa pas cette exacte justice à son égard.

Voilà donc la cour belle et grande, mais bien embrouillée. Chacun pensoit à son dessein, à son intérêt et à sa cabale. Le cardinal, d'un esprit doux et adroit, alloit travaillant à se gagner les uns et les autres ; M. le prince le protégeoit, et le duc d'Orléans, quoique affectionné aux Vendômes, le portoit tout-à-fait à la suprême puissance : le duc d'Orléans, comme je l'ai déjà écrit, à cause que son favori haïssoit les importans (c'est ainsi qu'on appeloit le duc de Beaufort et ses amis) ; le prince de Condé, parce que directement il leur étoit opposé. Ce fut ce qui sauva ce ministre au milieu de tant de périls, et qui fit faire naufrage à ceux qui paroissoient devoir être les maîtres, et qui, enflés de présomption, refusèrent son amitié et la méprisèrent. Il fit tout son possible pour acquérir celle de madame de Hautefort, comme la plus utile à son établissement ; car elle paroissoit posséder fortement l'inclination de la Reine : mais il ne put réussir dans son dessein. La Reine même en parla à cette dame, et lui dit les raisons qu'elle avoit de le vouloir élever au premier rang du ministère, qui étoient l'opinion de sa capacité, son désintéressement étant étranger, et la croyance qu'elle avoit que, n'ayant nulle cabale en France ni d'autres intérêts que ceux de l'Etat, elle en seroit mieux servie. Elle lui dit encore qu'elle croyoit qu'il soutiendroit mieux les siens entre Monsieur et M. le prince, que ceux qui par leurs liaisons avoient eu de l'affection ou de l'opposition pour l'un ou pour l'autre de ces deux princes. Ces bonnes raisons ne purent rien gagner sur un esprit aussi attaché à son sens qu'étoit le sien : elle ne se contentoit pas de désapprouver dans son ame le choix que la Reine avoit fait, et de la contredire à tous momens en particulier sur ce sujet, mais elle la blâmoit publiquement en des termes de mépris qui devoient l'offenser, et l'offensèrent en effet. Car comme elle commençoit à s'attacher à ce ministre et à se détacher des autres, elle ne pouvoit souffrir que ceux qu'elle considéroit eussent des sentimens différens des siens : et madame de Hautefort, par cette raison, commençoit à lui déplaire. Cette princesse étant donc au Louvre dans son grand cabinet, les fenêtres ouvertes à cause du grand chaud, et ce lieu sans lumière, elle appela Beringhen et mademoiselle de Beaumont. Cette fille avoit été à la reine d'Angleterre, et depuis son retour en France elle avoit trouvé le moyen d'entrer dans la confiance de la Reine, pour avoir eu part à l'amitié de madame de Hautefort. La Reine leur fit de grandes plaintes de leur amie : car Beringhen l'aimoit aussi. Elle blâma son procédé, et l'aversion qu'elle montroit à lui obéir ; elle leur dit qu'elle ne pouvoit plus souffrir son emportement à censurer les actions et le choix qu'elle avoit fait du cardinal Mazarin, et leur ordonna de lui en dire quelque chose, afin qu'elle se corrigeât et devînt plus raisonnable. Ces deux personnes, qui étoient fâchées de ce désordre, et qui ne vouloient pas se brouiller à la cour, blâmèrent madame de Hautefort, et louèrent la bonté et la patience de la Reine. Nous pouvons dire nos avis à nos maîtres et à nos amis ; mais quand ils se déterminent à ne les pas suivre, nous devons plutôt entrer dans leurs inclinations que suivre les nôtres, quand nous n'y connoissons point de mal essentiel, et que les choses par elles-mêmes sont indifférentes. Il est difficile de savoir en de telles occasions ce qui a plus de raison ou ce qui sera le meilleur, et la volonté de

celui qui agit dans son propre fait en doit être la règle
nécessaire. Dans le temps de cette conversation qui
fut longue, et où apparemment toutes ces choses furent décidées, madame de Hautefort se trouva dans
le petit cabinet proche de celui où étoit la Reine.
Comme elle avoit accoutumé d'être de tous ses secrets,
elle s'impatienta tout-à-fait de celui-là, et témoigna
le souffrir avec peine. J'étois seule avec elle, mais
si nouvellement revenue à la cour que je n'y connoissois presque personne : et la Reine étoit celle avec qui
j'avois plus de familiarité. Je ne souffris donc pas
comme elle de cet entretien : je me lassai d'en attendre la fin, et la quittai pour aller me coucher. Je
n'avois pas de part dans ces premiers jours à aucune
affaire, et j'étois résolue de suivre doucement les
résolutions de la Reine. Ainsi je ne songeois pour
lors qu'à me divertir de tout ce que je voyois, comme
d'une belle comédie qui se jouoit devant mes yeux,
où je n'avois nul intérêt. Madame de Hautefort n'étoit
pas si indifférente que moi; et pénétrant peut-être
qu'elle avoit part à cet entretien, quand elle se vit
seule, l'occasion et son impatience lui donnèrent
envie de s'approcher, et d'écouter ce que la Reine disoit aux deux personnes que j'ai nommées. A la faveur
de la nuit, elle se glisse le long des fenêtres, et ayant
ouï une partie des plaintes de la Reine et le blâme
que lui donnoient ses amis, elle endura le plus long-
temps qu'elle put; mais enfin, ne pouvant plus souffrir
d'être accusée et mal défendue, elle se montra à la
Reine, et fit connoître qu'elle avoit entendu tout ce
qui avoit été dit contre elle. Elle s'en plaignit sensiblement, disant que cela étoit bien étrange que sa fidé-

lité fût mal expliquée. Elle n'oublia rien pour sa justification, et s'emporta même, à ce que j'ai ouï dire à ces mêmes témoins, à des reproches qui pouvoient déplaire à sa maîtresse, et qui ne furent pas approuvés de ses amis. La Reine fut surprise de la voir inopinément en ce lieu ; mais, sans en témoigner de la peine ; elle lui dit qu'elle étoit bien aise de la supercherie qu'elle leur avoit faite, et qu'elle eût appris par elle-même ce qu'elle venoit de commander à Beringhen de lui dire. Les larmes furent grandes du côté de l'accusée, et les sentimens de même ; mais enfin ayant témoigné un grand désir de ne plus déplaire à celle à qui elle devoit toutes choses, elle lui dit tout ce qu'elle put pour justifier ses intentions et l'emportement qu'elle avoit eu d'abord : elle promit de suivre entièrement les volontés de la Reine en se faisant amie du cardinal. La Reine, qui étoit bonne et naturellement aimable, lui pardonna de bonne grâce, et, lui donnant sa main à baiser, lui dit en riant, pour apaiser son amertume : « Il faut donc aussi, madame, baiser « le petit doigt, car c'est le doigt du cœur, afin que « la paix soit parfaite entre nous. » Ce procédé si doux et si obligeant devoit produire un attachement entier en madame de Hautefort pour toutes les volontés de la Reine, car elle étoit infiniment louable de l'avoir traitée si cordialement. Mais sa bonté ne fut point récompensée ; et le tempérament, qui se change difficilement, portant madame de Hautefort à désapprouver ce qui n'étoit pas dans son sens, il lui fut impossible de montrer le contraire de ce qu'elle pensoit. Cette sincérité, peu de temps après, lui causa la perte entière des bonnes grâces de la Reine.

Il arriva cependant une aventure qui démêla toutes les intrigues de la cour, et qui fut cause que le cardinal Mazarin se vit bientôt après parfaitement établi dans l'élévation et la puissance qu'il désiroit d'avoir. Ce fut une providence de Dieu toute particulière qui fit que les mêmes choses dont les brouillons voulurent se servir pour renverser la cour furent ce qui la régla, aux dépens néanmoins de beaucoup d'honnêtes gens; mais, de tant d'événemens extraordinaires, il s'en faut rapporter à cette cause première qui veut le bien et permet le mal, soit pour notre récompense, soit pour notre punition. Les dames sont d'ordinaire les premières causes des plus grands renversemens des Etats; et les guerres, qui ruinent les royaumes et les empires, ne procèdent presque jamais que des effets que produisent ou leur beauté ou leur malice. La duchesse de Montbazon, qui a tenu dans notre siècle le premier rang de la beauté et de la galanterie, étant belle-mère de la duchesse de Chevreuse, étoit aussi bien qu'elle de la cabale des Vendômes, non tant par l'intérêt de sa belle-fille que parce que le duc de Beaufort étoit amoureux d'elle. Par conséquent ces dames étoient opposées à madame la princesse qui n'aimoit ni l'une ni l'autre, et qui, selon ce que j'ai dit, favorisoit le cardinal Mazarin, par la haine qu'elle avoit contre le garde des sceaux de Châteauneuf. Outre ces différens intérêts, il y en avoit encore un fort grand entre madame de Longueville, fille de madame la princesse, et la duchesse de Montbazon. Cette belle demoiselle de Bourbon, forcée par M. le prince son père, avoit épousé le duc de Longueville, qui étoit le plus grand seigneur qu'elle pût épouser, à cause de ses grands biens, et qui suivoit immédiatement les princes du sang, et ne pouvoit se considérer comme tout-à-fait digne d'elle, soit à cause de la naissance, soit à cause de son âge; outre qu'il étoit amoureux de madame de Montbazon. Ces deux personnes, parmi tant de raisons de ne se pouvoir aimer, avoient de grandes dispositions à se nuire ; et la parfaite beauté de madame de Longueville, sa jeunesse et sa propre grandeur, la convioient souvent à regarder sa rivale avec mépris. Il arriva donc qu'un jour madame de Montbazon étant chez elle dans un grand cercle, une de ses demoiselles trouva une lettre dans sa chambre, et, l'ayant ramassée, la porta à sa maîtresse. Cette lettre se trouva d'une écriture de femme qui écrivoit tendrement à quelqu'un qu'elle ne haïssoit pas. Comme pour l'ordinaire de telles matières sont toujours l'entretien de toutes les compagnies, et qu'on préfère celles-là à toute autre chose, on ne négligea pas le sujet de risée que cette lettre donna à ceux qui composoient celle de madame de Montbazon. De la gaieté on vint à la curiosité, de la curiosité au soupçon, et du soupçon on passa jusqu'à décider qu'elle étoit tombée de la poche de Coligny qui venoit de sortir; et qui, à ce qui se disoit à l'oreille, avoit de la passion pour madame de Longueville. Cette princesse étoit alors dans une grande réputation de vertu et de sagesse, mais elle ne laissoit pas d'être soupçonnée de ne pas haïr l'adoration et les louanges. Les premiers qui chez madame de Montbazon dirent après elle que cette lettre étoit de madame de Longueville ne le crurent pas en effet. Ce ne fut alors qu'une histoire plaisante dont chacun faisoit le conte à son ami fort en secret, pour seulement divertir celui qui l'ignoroit. Il ne demeura pas long-temps sans parvenir aux oreilles de madame la princesse, qui, selon son naturel altier et vindicatif, le ressentit vivement; et il est presque impossible de dire jusqu'où elle porta sa colère et sa douleur. Madame de Longueville, qui n'étoit pas moins sensible, mais qui étoit plus retenue, fut d'avis de n'en pas faire de bruit. La jalousie qu'elle avoit contre la duchesse de Montbazon, étant proportionnée à l'amour qu'elle avoit pour son mari, ne l'emportoit pas si loin qu'elle ne trouvât plus à propos de dissimuler cet outrage; car il étoit d'une nature à devoir souhaiter plutôt de l'étouffer que d'en faire une solennelle vengeance. Madame sa mère étoit animée par beaucoup d'autres grands intérêts : elle savoit profiter de l'avantage qu'elle avoit d'être entrée dans la maison de Bourbon; et, ne pouvant se retenir, elle fit de cette querelle une affaire d'Etat. Elle vint trouver la Reine, lui demanda justice, et se plaignit hautement de madame de Montbazon. Voilà toute la cour partagée. Les femmes, qui avoient du respect pour madame la princesse, se rangèrent de son côté, pendant que tous les hommes furent chez madame de Montbazon; et l'on compta jusqu'à quatorze princes qui la furent voir. Mais tous ces approbateurs, dont le nombre lui donnoit tant d'avantage, furent bientôt après contraints de se séparer d'elle : ils eurent peur du jeune duc d'Enghien qui, au bruit de la colère de madame la princesse, fit paroître vouloir porter hautement les intérêts de madame de Longueville; et ce redoutable protecteur diminua l'audace de ceux qui avoient osé perdre le respect qui est dû au sang royal.

La Reine, qui avoit toujours aimé madame la princesse, se trouva fort disposée à la favoriser : elle étoit mère du duc d'Enghien, qui venoit de gagner une bataille et qui se faisoit déjà craindre : il falloit l'épargner tout-à-fait, de peur que le repos de la régence n'en fût troublé. Ces considérations devoient l'emporter sur tout le reste : la chose de soi l'obligeoit aussi, et le droit des gens vouloit qu'elle défendît la gloire de madame de Longueville, qui outre sa naissance avoit de belles qualités, dont la réputation n'étoit point encore attaquée, et qui étoit fort aimable de sa personne. Cette princesse étoit grosse : elle étoit allée à La Barre, maison auprès de Paris qu'elle avoit choisie pour aller passer les premiers chagrins de son aventure, et pour s'y reposer. La Reine la fut voir pour la consoler et lui promettre sa protection. Après les premiers discours de civilité, madame la princesse la mena dans un cabinet où la mère et la fille se jetèrent à ses pieds, et lui demandèrent justice de l'outrage que madame de Montbazon leur avoit fait. Ce fut avec tant de sentimens et tant de larmes, que la Reine, m'ayant fait l'honneur à son retour de La Barre de me conter ces particularités, me dit que ces princesses lui avoient fait pitié, et qu'elle leur avoit promis qu'elles seroient entièrement satisfaites. Cela se fit en effet avec toute la cérémonie requise, et de manière qu'elles en furent contentes. Le duc de Beaufort, le grand soutien de madame de Montbazon, commençoit à déchoir de cette première faveur qui avoit d'abord ébloui tout le monde. Malgré l'amour qu'il avoit pour madame de Montbazon, la Reine favorise madame la princesse et madame de Longueville: Il demande l'amirauté : on la lui refuse, parce que déjà le cardinal Mazarin avoit fait résoudre la Reine de la laisser au duc de Brezé, neveu du cardinal de Richelieu. Il en étoit saisi, et avoit du mérite; mais on la lui auroit ôtée, sans la protection du cardinal. Ce changement dans l'esprit de la Reine déplut infiniment à toute la cabale contraire, mais il toucha vivement le duc de Beaufort en son particulier. Il s'étonna de se voir refuser une grâce qu'il avoit espérée, et qu'il disoit tout haut que la Reine lui avoit promise. Son ressentiment le fit résoudre de se défaire de ce ministre, qui commençoit à le braver en toutes occasions : et le nouveau venu, qui voyoit combien ces gens-là le devoient souhaiter, se voulut servir de la colère de madame la princesse pour les pousser et pour les perdre s'il le pouvoit. Ce qui procéda de la malice de madame de Montbazon, tant pour satisfaire sa passion particulière que pour faire du mal à ceux qui soutenoient le parti du cardinal Mazarin, servit utilement au même cardinal pour se défaire de ses ennemis, et pour anéantir les cabales qui lui étoient opposées. Comme il avoit de l'esprit, et de cet esprit de cabinet qui fait jouer tant de grandes machines, il lui fut aisé de se bien servir de ces petits événemens pour parvenir à ses grands desseins. Il étoit insinuant; il savoit se servir de sa bonté apparente à son avantage; il avoit l'art d'enchanter les hommes, et de se faire aimer par ceux à qui la fortune le soumettoit. J'ai ouï dire à la maréchale d'Estrées, qui l'avoit vu à Rome et qui le connoissoit à fond, qu'il n'étoit capable de juger bien des choses que dans la médiocre fortune. C'étoit l'homme du monde le plus agréable.

Il ne faut donc pas s'étonner s'il a su se faire estimer par une grande Reine, et pour quelque temps des princes du sang, dont il a eu plusieurs fois l'amitié (1).

La Reine, pour remédier par la paix à ces petits désordres de la cour qu'elle regardoit comme des bagatelles, ordonna que la duchesse de Montbazon iroit chez madame la princesse lui faire non-seulement des excuses, mais une réparation publique sur ce qui avoit été dit, ou par elle, ou par ceux qui étoient chez elle. Ce qu'elle devoit dire pour cet effet, et les paroles qu'on lui devoit répondre, furent écrites dans le petit cabinet du Louvre, sur les tablettes du cardinal, qui travailloit en apparence pour apaiser toutes ces querelles au contentement des deux parties. J'y étois le soir que toutes ces importantes façons furent examinées; et je me souviens que j'admirai dans mon ame quelles sont les folies et les vaines occupations de ce monde. La Reine étoit dans son grand cabinet; et madame la princesse étoit avec elle, qui, tout émue et toute terrible, faisoit de cette affaire un crime de lèse-majesté. Madame de Chevreuse, engagée par mille raisons dans la querelle de sa belle-mère, étoit avec le cardinal Mazarin, pour composer la harangue qu'elle devoit faire. Sur chaque mot, il y avoit un pourparler d'une heure. Le cardinal, faisant l'affaire, alloit d'un côté à l'autre, pour accommoder leur diffé-

(1) *Dont il a eu plusieurs fois l'amitié.* Le manuscrit ajoute : « Et « si en même temps il a pu se faire haïr de toute la France avec tant « de marques de mépris et de rage. Puisque notre nation, assez légère « de son naturel, ne sauroit guère souffrir de favoris sans les haïr beau- « coup, quelque mérite qu'ils aient, et sans se lasser aisément de leur « domination, à plus forte raison de celui-ci, dont les défauts ont « déplu quasi à tout le monde, et même aux plus sages. »

rend, comme si cette paix eût été nécessaire au bonheur de la France, et au sien en son particulier. Je ne vis jamais, selon mon avis, une momerie si complète; car enfin la chose de soi n'étoit rien : et chaque jour il arrive de ces aventures et de pires, non-seulement aux particuliers, aux princes et princesses, mais aux rois et aux reines. Les têtes couronnées sont de toutes façons les plus exposées à l'injustice de la médisance ; les plus raisonnables ne s'avisent pas seulement de les sentir, ni de les vouloir punir : ils savent et doivent connoître que c'est un mal irrémédiable (1). Il fut donc arrêté que la criminelle iroit chez madame la princesse le lendemain, où elle devoit dire que le discours qui s'étoit fait de la lettre (2) étoit une chose fausse inventée par de méchans esprits ; et qu'en son particulier elle n'y avoit jamais pensé, connoissant trop bien la vertu de madame de Longueville, et le respect qu'elle lui devoit. Cette harangue

(1) *C'est un mal irrémédiable.* Après cette observation on trouve dans le manuscrit la réflexion suivante : « Il n'y a point de lieu au « monde comme notre France, où les langues soient plus licencieuses « et les esprits plus déchaînés à mal juger et à mal parler de leurs souve- « rains. On peste librement contre le Roi et contre ses ministres, et « chacun se mêle de les censurer fort librement, sans que personne le « trouve mal à propos. Enfin ce qui ne devoit fâcher personne, ou qui « par prudence devoit être dissimulé, la fatalité voulut qu'en cette « rencontre ce fut une chose de grande considération. » — (2) Je suis obligée de dire ici qu'on a su certainement que cette lettre, trouvée chez madame de Montbazon, étoit écrite à Maulevrier par une dame fort indigne (*) d'être comparée à madame de Longueville.

(*) *Par une dame fort indigne :* Cette dame étoit madame de Fouquerolles (Jeanne-Lambert d'Herbigny). Il existe, dans le volume manuscrit où se trouve le commencement de l'ouvrage de madame de Motteville, des Mémoires de madame de Fouquerolles, page 1375. Ces Mémoires n'offrent aucun intérêt.

fut écrite dans un petit billet qui fut attaché à son éventail, pour la dire mot à mot à madame la princesse. Elle le fit de la manière du monde la plus fière et la plus haute, faisant une mine qui sembloit dire : *Je me moque de ce que je dis.*

Madame la princesse, après cette satisfaction, supplia la Reine de lui permettre de ne se point trouver en lieu où seroit la duchesse de Montbazon : ce que la Reine lui accorda facilement. Elle voulut lui faire ce plaisir, et crut que la chose n'étoit pas de grande conséquence, quoique difficile à exécuter. Il arriva quelques jours après que madame de Chevreuse s'engagea de donner une collation à la Reine dans le jardin de Regnard, au bout des Tuileries. La Reine y voulut mener madame la princesse : elle l'assura que madame de Montbazon n'y seroit pas, parce qu'elle savoit qu'elle avoit pris médecine ce jour-là. Sur cette certitude, elle se hasarda de la suivre ; mais quand la Reine arriva dans ce jardin, on lui dit que la duchesse de Montbazon y étoit, et qu'elle prétendoit faire l'honneur de la collation, comme belle-mère de celle qui la donnoit. La Reine en demeura surprise ; car elle avoit promis à madame la princesse sûreté là-dessus, et fut embarrassée de cette mauvaise rencontre. Madame la princesse fit semblant de vouloir s'en aller et de ne pas vouloir troubler la fête ; mais la Reine la retint, et lui dit qu'elle étoit obligée d'y remédier, puisque c'étoit sur sa parole qu'elle s'étoit résolue d'y venir. Pour le faire sans bruit, elle envoya prier madame de Montbazon de faire semblant de se trouver mal et de s'en aller, afin de la tirer par là de la peine où elle étoit. Cette dame, sachant la cause de ce petit bannissement, ne put consentir à fuir devant son ennemie, et fut si peu habile qu'elle refusa cette complaisance à celle à qui elle en devoit de plus grandes. La Reine se sentit offensée de cette résistance : elle ne voulut pas laisser aller madame la princesse, et, refusant la collation et la promenade, revint au Louvre fort irritée contre le peu de respect que madame de Montbazon avoit eu pour elle. Comme les rois sont pour l'ordinaire fort au-dessus de ceux qui les offensent, il leur est facile de s'en venger. Le lendemain la Reine lui envoya commander de s'absenter de la cour, et de s'en aller à l'une de ses maisons. Elle le fit aussitôt, au grand regret de ses amis, et même du duc d'Orléans, qui l'ayant aimée autrefois s'en souvenoit encore. Il ne put néanmoins y apporter aucun remède, parce que la Reine étoit en colère. Elle en avoit sujet, et son ministre trouvoit à propos qu'elle le fût plus encore pour ses intérêts que pour avoir manqué d'obéissance.

Cette disgrâce fut aussitôt suivie de celle du duc de Beaufort et de toute la troupe des importans. L'engagement qu'il avoit avec cette dame exilée ; la douleur qu'il avoit de voir qu'une autre lui venoit d'enlever sa faveur ; la haine que M. le prince, madame la princesse et madame de Longueville avoient contre cette cabale (1), et surtout la nécessité où se trouvoit le cardinal Mazarin de le perdre, firent enfin sa disgrâce, et composèrent le malheur de sa vie.

Le duc de Beaufort fut accusé d'avoir voulu faire

---

(1) *Contre cette cabale.* Le manuscrit ajoute : « Et que l'abbé de La « Rivière lui portoit par l'opposition de leurs intérêts, car ils prétendoient à la faveur du duc d'Orléans. »

assassiner le cardinal Mazarin, et la Reine fut persuadée que par deux fois il avoit pensé l'exécuter ; mais d'autres m'ont assuré qu'il vouloit seulement lui faire peur. J'ai ouï dire aussi qu'il y avoit quelque vérité dans cette accusation. Des gens dignes de foi, et peu affectionnés au cardinal, m'ont avoué qu'un jour, comme il vouloit aller dîner à Maisons, il y avoit eu des soldats affidés qui devoient s'en défaire sur le chemin ; que le duc d'Orléans, étant arrivé par hasard comme il alloit monter en carrosse, voulut se mettre de la partie ; et que sa présence avoit empêché ce dessein. Une autre fois l'histoire assure que le cardinal allant de sa maison au Louvre, qui étoit tout contre, on devoit encore le tuer par une fenêtre ; que ce soir il fut averti de n'y pas aller, et que dans les coins des rues voisines il y avoit beaucoup de troupes de gens à cheval. Il est vrai aussi que le lendemain de ce même jour le bruit fut grand à la cour qu'on avoit voulu tuer le cardinal Mazarin. Sur ce bruit, il y eut beaucoup de monde au Louvre ; et la Reine me parut mal satisfaite du duc de Beaufort et de toute la cabale des importans. Elle me fit l'honneur de me dire, comme je m'approchai d'elle et que je lui demandai raison de ce tumulte : « Vous verrez « devant deux fois vingt-quatre heures comme je me « vengerai des tours que ces méchans amis me font. » Je gardai secrètement dans mon cœur ce que la Reine m'avoit fait l'honneur de me dire, et demeurai fort attentive à voir le succès des deux jours dont la Reine m'avoit avertie. Jamais le souvenir de ce peu de mots ne s'effacera de mon esprit. Je vis en ce moment par le feu qui brilloit dans les yeux de la Reine, et par les choses qui en effet arrivèrent le lendemain et le soir même, ce que c'est qu'une personne souveraine quand elle est en colère, et qu'elle peut tout ce qu'elle veut.

Ce même soir, le duc de Beaufort revenant de la chasse qui fut peu de jours après l'exil de madame de Montbazon, rencontra, en entrant au Louvre, madame de Guise et madame de Vendôme sa mère, avec la duchesse de Vendôme sa sœur, qui avoient accompagné la Reine tout ce jour. Elles avoient appris le bruit de cet assassinat, et vu l'émotion qui avoit paru dans le visage de la Reine. Elles firent ce qu'elles purent pour empêcher ce prince de monter en haut, et lui dirent que ses amis étoient d'avis qu'il s'absentât pour quelques jours, afin de voir ce qu'il devoit faire; mais lui sans s'étonner continua son chemin, et leur répondit ce que le duc de Guise avoit répondu à un billet qui l'avertissoit qu'on le devoit tuer : « On n'o-
« seroit. » Il étoit encore enivré de l'opinion de sa faveur : il avoit vu la Reine le matin ou le soir du jour précédent, qui lui avoit parlé avec la même douceur et familiarité ordinaire, et il ne s'imagina pas que sa destinée pût changer si facilement. Il entra donc chez la Reine dans cette sécurité. Il la trouva dans son grand cabinet du Louvre, qui le reçut amiablement, et qui lui fit des questions sur sa chasse, comme si elle n'eût eu que cette pensée dans son esprit. Elle avoit appris à bien dissimuler du feu Roi son mari, qui avoit pratiqué cette laide mais nécessaire vertu, plus parfaitement qu'aucun prince du monde; mais enfin, après avoir satisfait par un beau semblant à tout ce que la politique l'obligeoit de faire, le cardinal étant arrivé sur cette douce conversation, la Reine se

leva et lui dit de la suivre. Il parut qu'elle vouloit aller tenir conseil dans sa chambre. Elle y passa, suivie seulement de son ministre. En même temps le duc de Beaufort, voulant sortir par le petit cabinet, trouva Guitaut, capitaine des gardes de la Reine, qui l'arrêta, et lui fit commandement de le suivre de la part du Roi et de la Reine. Ce prince, sans s'étonner, après l'avoir regardé fixement, lui dit : « Oui, je le veux ; mais « cela, je l'avoue, est assez étrange. » Puis se tournant du côté de mesdames de Chevreuse et de Hautefort qui étoient dans le petit cabinet, et qui causoient ensemble, il leur dit : « Mesdames, vous voyez, « la Reine me fait arrêter. » Sans doute qu'elles furent surprises de cette aventure, et qu'elles en eurent de la douleur, car elles étoient de ses amies : et pour lui, je crois que le dépit et la colère occupèrent entièrement son ame. Il ne s'imaginoit pas qu'après avoir été serviteur de la Reine pendant ses malheurs, elle pût jamais se résoudre à le traiter de la sorte. Ce n'étoit pas un homme détrompé des vanités du monde, ni qui sût en faire les solides jugemens qu'un esprit du commun eût pu faire : il étoit homme d'esprit en beaucoup de choses, mais fort attaché à la fausse gloire qui suit la faveur, et par conséquent il fut mal content de se voir trompé et déchu de ses belles espérances ; mais comme il avoit du cœur, il fit bonne mine dans son malheur.

Quand le duc de Beaufort fut entré dans la chambre de Guitaut, où d'abord on le mena, il demanda à souper. Il mangea de grand appétit, et dormit de même. Aussitôt qu'il fut arrêté, le bruit de sa détention fit venir madame sa mère et madame de Nemours sa sœur au Louvre, pour se jeter aux pieds de la Reine pour lui demander sa grâce. Mais elle étoit enfermée, et leurs larmes ne furent point vues; et leurs cris ne furent entendus que de peu de personnes, qui furent les consoler. Je fus de ce nombre; et nous leur dîmes qu'elles ne la pouvoient pas voir; que ses résolutions ne pouvoient se changer, et qu'elles feroient mieux pour le présent de se soumettre à la volonté de Dieu. La duchesse de Vendôme, qui étoit une sainte et la mère des pauvres, ne manqua pas de prendre ce parti. Barrière, serviteur de la Reine, devoit être arrêté ce même jour. Cette princesse s'étoit autrefois servie de lui pour des commissions où il falloit du secret et de la résolution; et quand elle avoit appréhendé qu'on lui ôtât ses enfans, c'étoit lui qu'elle avoit envoyé trouver le grand écuyer, pour le prier de travailler à détourner le Roi de cette pensée. Mais Barrière ayant trouvé ce favori peu assuré de la bonne volonté de son maître, il n'avoit pas été en état de lui rendre ce service, et, craignant de s'embarrasser dans le malheur qui lui arriva peu de temps après, il n'avoit songé qu'à se sauver. Elle étoit prête à le récompenser, lorsque le cardinal Mazarin, craignant la liaison que ceux qui étoient attachés à elle avoient avec le duc de Beaufort, eut dessein de l'envelopper dans sa disgrâce. Il en fut averti par la marquise de Hautefort; et au lieu d'en aller parler le lendemain à la Reine, il alla d'abord, suivant son conseil, trouver son ministre, qui le reçut si bien qu'il lui dit que, le croyant homme d'honneur, il vouloit bien se fier à sa parole; et l'on sut en effet qu'il avoit envoyé prier la Reine de ne rien faire contre Barrière qu'il ne l'eût vue. Il eut donc la bonté de le sauver de la prison; mais comme il savoit bien que ce gentilhomme avoit offert à la Reine de tuer le cardinal de Richelieu, il ne trouva pas à propos de lui laisser donner par elle la lieutenance de ses gendarmes, qu'elle lui avoit promise. Il crut qu'un homme intrépide et capable de tout entreprendre, étant ami de ses ennemis, ne lui étoit pas propre en cette charge, qui fut donnée à Saint-Mesgrin (1). Quand Barrière en fit ses plaintes à la Reine, elle tourna la conversation sur les offres qu'il lui avoit faites, et lui dit, en parlant du cardinal de Richelieu : « Vous savez, Barrière, que je « vous dis et vous le répétai : Il est prêtre, je n'y puis « consentir. » Tous ses amis lui dirent, quand il leur en parla, que, n'ayant pas accepté ses offres, il ne devoit pas s'étonner si elles lui avoient été nuisibles en cette occasion ; et je lui ai depuis ouï dire que cela avoit été pour lui une grande leçon, qui lui avoit appris que Dieu seul méritoit d'être aimé et servi, et qu'on ne devoit jamais le quitter pour des créatures.

Le prisonnier fut mené au bois de Vincennes. On lui donna un valet de chambre pour le servir, et un cuisinier de la bouche. Ses amis se plaignirent de ce qu'on ne lui avoit pas donné quelqu'un de ses domestiques ; mais la Reine, à qui j'en parlai à leur prière, me répondit que ce n'étoit pas l'usage. On envoya ordre à M. et à madame de Vendôme, et à M. de Mercœur, de sortir incessamment de Paris. Le duc de Vendôme s'en excusa d'abord sur ce qu'il étoit malade ; mais, pour le presser d'en partir et lui faire

---

(1) *Saint-Mesgrin* : Jacques Stuert, marquis de Saint-Mesgrin. Il rendit ensuite à Mazarin de grands services.

faire son voyage plus commodément, la Reine lui envoya sa litière. Quelques personnes affectionnées à cette maison disgraciée trouvèrent que la Reine avoit fait une trop grande affaire d'une bagatelle ; mais ses ennemis, qui étoient les amis de madame la princesse et de toute la cabale de l'hôtel de Condé, envenimant les moindres choses, le cardinal ne fut pas fâché de profiter de la colère de la Reine, pour éloigner de la cour tous ceux qui s'opposoient à son établissement, en lui faisant comprendre que les princes de Vendôme n'avoient une si grosse cour qu'à cause qu'ils souffroient qu'on dît qu'ils la gouvernoient absolument : ce qui faisoit croire qu'elle ne feroit du bien à personne qu'à leur recommandation (1). Le grand nombre de gens de cette cabale, qui l'importunoient tous les jours de leurs prétentions, fit qu'elle se laissa aisément persuader qu'elle n'étoit point obligée de les récompenser des pertes dont elle n'étoit point cause, et qu'il falloit arrêter la présomption de ce jeune prince, qui marquoit assez par son peu de conduite qu'il étoit plus propre à brouiller l'Etat qu'à le servir. Elle trouva elle-même qu'étant régente, et par

---

(1) *Qu'à leur recommandation :* Dans le manuscrit, madame de Motteville fait beaucoup de réflexions sur cette arrestation ; elle se plaint de ce que les rois agissent presque toujours par une impulsion étrangère, et de ce que leurs caresses sont d'ordinaire *fort trompeuses et fort décevantes.* « J'estime bien heureux, ajoute-t-elle, celui qui ne « les connoît que par le respect qu'on doit à leur nom, et qui peut « jouir de la vie douce et tranquille d'un bon citoyen qui est homme « de bien, qui a de quoi vivre, et qui n'est point empoisonné par l'am- « bition. Voilà où toute ame raisonnable doit chercher la véritable féli- « cité ; obscure, il est vrai, mais tranquille et innocente.

Povera si, ma quieta e candida gannella.

conséquent chargée du soin de gouverner un grand royaume; elle étoit obligée de se dépouiller de ses inclinations particulières pour ne songer qu'au bien public, et de n'avoir plus d'autres intérêts que ceux de l'Etat, qui étoient tout-à-fait opposés à ceux qu'elle avoit eus quand elle n'avoit point d'enfans, et qu'on la menaçoit à tous momens de la renvoyer en Espagne: car en ce temps-là elle n'avoit que fort peu d'amis et de serviteurs à qui elle devoit avoir de la reconnoissance; mais que depuis ce temps-là, outre le souvenir de leurs services qu'elle ne devoit pas perdre, elle devoit rendre la justice à tous les sujets du Roi son fils. Le prétendu assassinat dont on accusoit en général ceux de cette cabale ne lui paroissoit pas même trop incroyable à elle, qui savoit, à n'en pouvoir douter, qu'il avoit effectivement eu dessein de tuer le cardinal de Richelieu : ceux qu'on s'imagine pouvoir avoir eu dessein d'assassiner le cardinal Mazarin étant du nombre des importans, qui n'en faisoient point de scrupule dans le règne du feu Roi. Le lendemain de la détention du duc de Beaufort, pendant qu'on peignoit la Reine, elle nous fit l'honneur de nous dire, à deux de ses femmes et à moi, ce que ce prince avoit dit à Guitaut quand il fut arrêté. Elle estima la grandeur de son courage d'avoir marqué tant d'indifférence pour son malheur, et nous dit qu'elle l'avoit plusieurs fois averti de changer de conduite, et que s'il avoit cru ses conseils il auroit évité sa disgrâce ; et nous assura qu'elle s'étoit résolue de le faire arrêter avec une douleur incroyable, le plaignant de tout ce qu'il alloit souffrir lui et toute sa famille ; et que dans le moment qu'elle sut qu'on exécutoit l'ordre qu'elle en avoit donné, elle sentit un grand battement de cœur. Elle nous conta ensuite que deux ou trois jours auparavant, étant allée se promener au bois de Vincennes où Chavigny lui donna une magnifique collation, elle avoit vu ce prince fort enjoué, et qu'alors il lui vint dans l'esprit de le plaindre, disant en elle-même : « Hélas ! ce pauvre garçon dans trois jours « sera peut-être ici, où il ne rira pas. » Et la demoiselle Filandre, première femme de chambre, me jura que la Reine pleura ce jour-là en se couchant ; qu'elle lui avoit dit fort bonnement que comme elle les avoit tant aimés du temps du feu Roi, et que cette amitié avoit duré fort long-temps, elle avoit eu de la peine à s'en détacher et à les perdre. Voilà des marques estimables de sa bonté. Aussi je crois pouvoir dire, sans flatterie de la Reine, qu'il n'y a jamais eu une si véritable douceur, ni jamais une personne si droite dans ses intentions que la Reine, quand elle agissoit par elle-même. Elle étoit éclairée sur tout ce qu'on appelle la raison ; mais, malgré ses belles lumières naturelles, il étoit facile à ceux qui avoient du pouvoir auprès d'elle de la rendre un peu trop préoccupée. Ses oreilles n'étoient pas toujours également susceptibles d'écouter le pour et le contre ; et outre son ministre principal, il y a eu encore d'autres personnes qui ont pu en de certaines occasions lui cacher la vérité. Mais il étoit rare de la voir en cet état.

La disgrâce du duc de Beaufort fut suivie de celle de l'évêque de Beauvais, qui ne put pas tenir contre un compétiteur aussi puissant que l'étoit le cardinal Mazarin. Le chapeau qu'on avoit demandé pour lui fut contremandé ; et il parut quitter la cour sans regret, pour aller dans son évêché de Beauvais la faire à un meilleur maître que les plus grands et les meilleurs rois du monde ne le peuvent être, où il a vécu saintement le reste de sa vie (1).

Ce prélat étoit si peu habile, qu'il fut aisé à ses ennemis de lui faire perdre l'estime de la Reine. Le cardinal Mazarin se servit d'une chose dite par lui trop légèrement, pour la persuader qu'il étoit incapable d'aucun secret. Après la prison du duc de Beaufort, cet évêque dit à M. le prince qu'il s'étonnoit qu'il eût consenti à cette détention. M. le prince, qui n'en étoit point affligé, lui répondit : « Et vous, monsieur, « qui êtes le ministre de la Reine, comment ne l'avez-« vous pas empêché? — Je l'aurois fait, lui dit l'évêque « de Beauvais, et je l'aurois averti si je l'avois su. » M. le prince, qui trouva cette réponse indigne d'un homme employé dans les affaires d'Etat, s'en moqua, et la conta à quelques-uns de ses familiers. Brancas, fils du duc de Villars, la sut, et quelques-uns de ses amis. Comme il étoit attaché au duc d'Orléans, et qu'il étoit ami de l'abbé de La Rivière, il lui en fit l'histoire. L'abbé la dit à son maître, à la Reine et au cardinal Mazarin; et le cardinal ne manqua pas d'en faire son profit, faisant voir à cette princesse combien un

(1) *Le reste de sa vie.* Le manuscrit offre quelques autres détails sur l'évêque de Beauvais. « C'est une chose dont on ne sauroit parler sans « blâmer la Reine, puisqu'elle pouvoit faire cet évêque cardinal pour « récompenser ses services, sans le laisser dans le ministère. Il étoit « homme de bien, fort pieux et fort paisible : de sorte qu'il pouvoit « vivre dans la cour auprès d'elle, sans soupçon que ses intrigues « pussent jamais troubler l'Etat. Il avoit du mérite envers elle (et « même elle lui devoit beaucoup d'argent) et beaucoup de vertu. L'ar-« gent sans doute a été payé ; mais la fidélité, qui vaut mieux que tous « les trésors des Indes, fut fort mal récompensée. »

homme en qui elle ne pouvoit trouver de sûreté dans ses secrets lui étoit dangereux. Cette imprudence contribua beaucoup à le faire éloigner ; mais par elle-même, comme je l'ai déjà dit, elle avoit aperçu qu'il n'étoit pas capable de lui aider à soutenir le sceptre, dont la pesanteur l'incommodoit. La Reine n'étoit pas habituée au travail, et les continuelles fonctions de la Régence lui faisant peur, elle désiroit un homme habile et intelligent qui pût la soulager ; et ne le trouvant point en la personne de l'évêque de Beauvais, elle choisit le cardinal Mazarin, qui lui parut avoir toutes les qualités qui sont nécessaires à un grand ministre.

Madame de Chevreuse, dégoûtée de voir tous ses amis exilés et maltraités, et son crédit diminuer tous les jours, se plaignit à la Reine du peu de considération qu'elle avoit pour ses anciens serviteurs. La Reine la pria de ne se mêler de rien, de la laisser gouverner l'Etat, et disposer de ses affaires à son gré. Elle lui conseilla, à ce qu'elle m'a fait l'honneur de me dire, de vivre agréablement en France, de ne se mêler d'aucune intrigue, et de jouir sous sa régence du repos qu'elle n'avoit pu avoir du temps du feu Roi. Elle lui représenta qu'il étoit temps de se plaire dans la retraite, et de régler sa vie sur les pensées de l'autre monde. Elle lui dit qu'elle lui promettoit son amitié à cette condition ; mais que si elle vouloit troubler la cour, qu'elle la forceroit de l'éloigner, et qu'elle ne pouvoit lui promettre de grâce plus grande que celle d'être au moins chassée la dernière. Madame de Chevreuse ne reçut pas ces remontrances et ces conseils avec la soumission d'esprit pratiquée dans les couvens : elle ne crut pas que la charité et le soin de son salut en fussent la principale cause. Ce n'est pas dans la cour où se débite cette marchandise de bonne foi ; ce n'est pas aussi dans ce lieu où elle est reçue avec humilité. Les pensées saintes n'entrent point dans les cœurs par des motifs humains : au contraire, rien ne révolte tant les esprits que les prédications à contre-temps. Celle-là eut son effet de cette manière ; et comme la Reine n'eut pas de satisfaction de sa réponse ni de sa conduite, le dégoût s'augmenta de son côté, et madame de Chevreuse, connoissant que la bonté de la Reine diminuoit pour elle, ne s'étonna point quand enfin elle reçut commandement d'aller à Tours ou à l'une de ses maisons. Elle partit de la cour, et fut quelques jours chez elle ; mais ne pouvant se tenir en repos, elle en partit déguisée, elle et mademoiselle sa fille ; et voulant gagner l'Angleterre, elle demeura malade dans les îles de Guernesey, où elle souffrit beaucoup de misères. De là elle revint en Flandre, où le duc de Lorraine, tout banni qu'il étoit, la reçut et l'assista beaucoup. Le cardinal Mazarin disoit, pour se disculper de sa disgrâce, qu'elle avoit trop d'amour pour l'Espagne ; qu'elle vouloit absolument faire faire la paix à l'avantage des Espagnols, et qu'il n'avoit jamais pu acquérir son amitié. J'ai ouï dire, à ceux qui l'ont connue particulièrement, qu'il n'y a jamais eu personne qui ait si bien connu les intérêts de tous les princes, et qui en parlât si bien, et même je l'ai entendue louer de sa capacité ; mais il ne m'a pas paru par sa conduite que ses lumières aient été aussi grandes que sa réputation. Comme elle avoit de l'esprit, et qu'elle avoit pratiqué les étrangers, il est à croire que, sans lui faire de grâce, on pouvoit lui donner cette louange, et peut-être qu'elle étoit assez capable de donner son avis sur la paix ; mais on peut dire d'elle, avec justice, que ceux qui ont examiné ce qui paroissoit de bon en elle lui ont trouvé beaucoup de défauts. Elle étoit distraite en ses discours, et très-occupée des chimères que son inclination à l'intrigue lui donnoit. Il est à présumer aussi que ses jugemens n'ont pas toujours été réglés par la raison, et que ses passions ont beaucoup contribué à les former en elle. La Reine et son ministre pouvoient donc la craindre avec quelque sujet. Je lui ai ouï dire à elle-même, sur ce que je la louai un jour d'avoir eu part à toutes les grandes affaires qui étoient arrivées dans l'Europe, que jamais l'ambition ne lui avoit touché le cœur, mais que son plaisir l'avoit menée ; c'est-à-dire qu'elle s'étoit intéressée dans les affaires du monde seulement par rapport à ceux qu'elle avoit aimés.

Dans le même temps, ou peu après, on fit commandement à tous les évêques de s'en aller à leurs diocèses. Cet ordre fut donné, afin que l'évêque de Lisieux (1) se retirât dans le sien. Il étoit dévot, grand prédicateur, et libre à dire la vérité. Il étoit le saint de la cour ; il avoit toujours appelé la Reine sa bonne fille, et la Reine avoit toute sa vie marqué l'estimer infiniment. Le feu cardinal, quoiqu'il ne l'aimât pas, à cause qu'il étoit bon ami de la Reine, ne l'avoit jamais voulu chasser, et avoit toujours quelque vénération pour sa vertu et pour sa barbe grise ; mais enfin il fallut qu'il s'en allât bientôt, aussi bien que les

(1) *L'évêque de Lisieux* : Philippe de Cospeau. Il avoit été évêque de Nantes.

autres. Il devina aisément que le commandement général n'étoit donné que pour lui, et que la fortune du ministre, plutôt que la piété de la Reine, l'envoyoit satisfaire à ses obligations. Il étoit intime ami des princes de Vendôme, il logeoit dans leur maison, et parloit librement à la Reine : si bien que le cardinal, le craignant avec sujet, fut bien aise de s'en défaire. Il vint trouver la Reine un matin pour prendre congé d'elle. Elle étoit à sa toilette, qui s'habilloit ; et ne sachant que lui dire, dans l'embarras que la présence de ce bonhomme lui causoit, elle le pria fort succinctement de se souvenir d'elle dans ses bonnes prières. Pour lui, il ne lui parla point : il lui voulut montrer sans doute par son silence qu'il obéissoit sans estimer le commandement. J'y étois, et je le remarquai avec peine pour la Reine et pour celui qu'elle chassoit si doucement. La Reine ensuite, étant au Val-de-Grâce, dit à la marquise de Maignelay (1), dame de grande qualité et de grande vertu, amie de cet évêque, qu'elle avoit été obligée par beaucoup de considérations de l'éloigner ; mais qu'elle lui juroit, par le Dieu qu'elle venoit de recevoir (car elle sortoit de la sainte communion), qu'elle en avoit été très-fâchée, et qu'elle avoit eu autant de peine à se résoudre à le perdre que s'il eût été son véritable père.

Vers ce même temps se fit un combat à la place Royale entre le duc de Guise (2), un des principaux

---

(1) *La marquise de Maignelay* : Claude-Marguerite de Gondy. Elle étoit tante du coadjuteur, depuis cardinal de Retz. — (2) *Le duc de Guise :* Henri de Lorraine. Il avoit un esprit romanesque, et fit des extravagances qui attirèrent sur lui de grands malheurs. Ses Mémoires font partie de cette série.

soutenans de madame de Montbazon, et le comte de Coligny (1). C'étoit une suite de la lettre qui fut trouvée chez cette duchesse, qu'on avoit faussement attribuée à Coligny, et qu'on avoit voulu dédier à madame de Longueville. Le duc de Guise, brave comme ses aïeux, eut de l'avantage sur le martyr de madame de Longueville : il lui donna un grand coup d'épée dans le bras. Il mourut de sa blessure quelque temps après, affligé de son malheur qui lui fut sensible. L'Estrade lui servit de second ; il étoit son parent : et désirant sa conservation, il lui dit, quand il le pria d'aller appeler le duc de Guise, que si ce prince, qui n'avoit nulle part à la raillerie de chez madame de Montbazon, l'en assuroit encore, qu'il croyoit qu'il devoit en demeurer satisfait. Mais Coligny, sur ce conseil, lui répondit : « Il n'est pas question de cela ; je me suis « engagé à madame de Longueville de me battre contre « lui à la place Royale, je n'y puis manquer. » Bridieu servoit le duc de Guise, et L'Estrade eut de l'avantage sur lui ; et après l'avoir blessé et mis hors de combat, il alla pour secourir son ami, qu'il trouva en mauvais état. Ce seigneur, à qui il offrit de recommencer le combat quoiqu'il fût blessé, lui demanda son amitié, et voyant qu'il perdoit beaucoup de sang, ne voulut point par grandeur d'ame accepter sa proposition. Madame de Longueville, à ce qu'on a cru, étoit chez la vieille duchesse de Rohan, qui les vit battre, cachée à une fenêtre ; mais elle eut peu de satisfaction de sa curiosité. On fit cette chanson sur ce combat :

   Essuyez vos beaux yeux,
   Madame de Longueville,

(1) *Coligny* : Maurice, comte de Coligny.

Essuyez vos beaux yeux ;
Coligny se porte mieux.
S'il a demandé la vie,
Ne l'en blâmez nullement ;
Car c'est pour être votre amant
Qu'il veut vivre éternellement.

Ce combat donna beaucoup de gloire au duc de Guise, qui en méritoit par sa valeur et par son esprit ; mais il avoit une légèreté qui le rendoit méprisable : car outre qu'il ne s'appliquoit point au soin de sa grandeur, et qu'en toute sa conduite on voyoit manquer la prudence, il a donné de si grandes marques de sa légèreté, soit dans la galanterie, soit dans l'amour légitime, qu'une femme ne sauroit jamais le louer sans manquer à ce qu'elle doit à son sexe. Il avoit été, dans ses premières années, amoureux de la princesse Anne de Gonzague ; il lui avoit promis qu'il seroit son mari, et, sur ses promesses, elle crut qu'il l'épouseroit ; mais il la laissa bientôt après dans la liberté d'en prendre un autre. Cette princesse avoit de la beauté et de grands charmes dans l'esprit : si bien qu'il ne lui fût pas difficile de prendre un autre parti. Peu d'années après elle épousa le prince palatin, fils du roi de Bohême ; et nous la verrons pendant cette régence, sous le nom de la princesse palatine, faire de grandes choses, et avoir part dans beaucoup d'événemens à la cour. Le duc de Guise, après avoir manqué à cette princesse, s'en alla en Flandre, où il épousa publiquement la comtesse de Bossu. Le mariage fut célébré par un évêque, parent de la dame : il lui mangea cinquante mille écus pendant son exil, et ensuite il s'en dégoûta. Il étoit alors revenu en France, où il ne songeoit plus à elle que pour lui faire des outrages (1).

[1644] Voyons accomplir en la personne de madame de Hautefort la destinée de toute la troupe des importans. La Reine avoit quitté le Louvre à cause que son appartement ne lui plaisoit pas, et avoit pris pour sa demeure le Palais-Royal, que le cardinal de Richelieu en mourant avoit laissé au feu Roi. Dans le commencement qu'elle occupa ce logis, elle fut fort malade d'une jaunisse effroyable, qui fut jugée par les médecins ne provenir que de chagrins et de tristesse. Les chagrins qu'elle avoit reçus de tant de plaintes qui se faisoient contre son gouvernement lui avoient donné de la peine. L'occupation des affaires lui causa beaucoup d'embarras ; et la douleur qu'elle sentit, se voyant forcée de faire des malheureux, lui fit une si grande impression que son corps, participant aux

---

(1) *Pour lui faire des outrages.* Le manuscrit ajoute : « Pendant « notre régence, nous l'avons vu amoureux d'une fille de la Reine, « qu'il montroit de vouloir épouser ; et on parloit de ce mariage aussi « bien que s'il n'eût point été marié. Mademoiselle de Pons, qui n'étoit « pas fâchée d'avoir un amant sous figure d'un mari, a maintenu long-« temps cette illusion comme une chose réelle. Nous l'avons vue depuis « quitter la cour pour vivre sous les ordres de ce prince. Plusieurs an-« nées se sont passées sous ce prétexte fabuleux : elle a été long-temps « son amie ; enfin le détrompement et la haine ont suivi cette amitié. « Pour la comtesse de Bossu, elle est venue souvent de Flandre en « France chercher son mari, rebutée de madame de Guise la mère, et « chassée de ce royaume, tantôt par les ordres de la Reine, tantôt par « elle-même. Cette amante désolée donna dans le commencement de la « compassion à tous ceux qui la virent, car elle étoit belle et malheu-« reuse ; et sa nécessité fut telle dans son premier voyage, qu'il fallut « que les dames de Normandie lui donnassent de quoi retourner dans « son pays. Dans les derniers elle perdit ses avantages, en faisant voir « qu'elle étoit femme ; et même j'ai ouï dire que, sans la jalousie, il « y auroit eu alors de favorables momens pour elle dans l'âme de ce « prince. »

souffrances, en eut une trop grande part. Sa tristesse s'étant dissipée et sa maladie aussi, elle se résolut de ne plus penser qu'à jouir du repos qu'elle se donnoit, en se déchargeant sur son ministre des soins et des affaires de l'Etat, et crut alors pouvoir être toujours aussi heureuse qu'elle étoit puissante. Madame de Hautefort, qui n'avoit pu se vaincre sur la haine qu'elle portoit au cardinal Mazarin, étoit la seule qui lui causoit encore de l'inquiétude, non-seulement parce qu'elle ne pouvoit souffrir ce ministre, mais parce que son esprit, qui commençoit à prendre par beaucoup de dévotion des sentimens qui la rendoient sévère, un peu contrariante et trop critique, tout ce que la Reine faisoit lui étoit à dégoût, et l'ancienne familiarité qu'elle avoit eue avec elle lui donnoit la liberté de lui dire quelquefois des choses qui marquoient qu'elle n'approuvoit nullement sa conduite. La Reine ne pouvoit souffrir cette manière d'agir ; et le cardinal, qui souhaitoit la perte de cette dame, ne manquoit pas d'aigrir l'esprit de la Reine contre elle. Ses sermons sur sa générosité passoient pour des reproches tacites ; et sa conduite enfin, manquant de prudence, fut cause qu'elle perdit les bonnes grâces de celle qui auparavant l'avoit traitée de chère amie.

Un jour donc de l'année 1644, qu'à notre ordinaire nous avions eu l'honneur de passer le soir jusqu'à minuit auprès de la Reine, nous laissâmes madame de Hautefort causer avec cette princesse en toute liberté, et avec le plaisir que sa présence et la grâce qu'elle nous faisoit de nous souffrir nous donnoit. La Reine étoit près de se mettre au lit : elle n'avoit plus que sa dernière prière à faire quand nous la quittâmes, et que mademoiselle de Beaumont, le commandeur de Jars, ma sœur et moi sortîmes pour nous retirer. Dans ce moment il arriva que madame de Hautefort, toujours occupée à bien faire, en déchaussant la Reine appuya la recommandation d'une de ses femmes qui parloit en faveur d'un vieux gentilhomme servant qui depuis long-temps étoit son domestique, et qui lui demandoit quelque grâce : et madame de Hautefort ne trouvant pas dans la Reine trop bonne volonté pour lui, elle lui dit et lui fit entendre par des souris dédaigneux qu'il ne falloit pas oublier ses anciens domestiques. La Reine, qui n'attendoit qu'une occasion pour se défaire d'elle, contre sa douceur ordinaire ne manqua pas de prendre feu là-dessus, et lui dit avec chagrin qu'enfin elle étoit lasse de ses réprimandes, et qu'elle étoit fort mal satisfaite de la manière dont elle vivoit avec elle. En prononçant ces importantes paroles, elle se jeta dans son lit, et lui commanda de fermer son rideau, et de ne lui plus parler de rien. Madame de Hautefort, étonnée de ce coup de foudre, se jeta à genoux, et, joignant les mains, appela Dieu à témoin de son innocence et de la sincérité de ses intentions, protestant à la Reine qu'elle croyoit n'avoir jamais manqué à son service ni à ce qu'elle lui devoit. Elle s'en alla ensuite dans sa chambre, sensiblement touchée de cette aventure, et je puis dire fort affligée. Le lendemain, la Reine lui envoya dire de sortir d'auprès d'elle, et d'emmener avec elle mademoiselle d'Escars sa sœur, qui avoit toujours été avec elle.

Je ne fus jamais plus étonnée que le matin, quand je sus à mon réveil ce qui étoit arrivé à madame de

Hautefort en ce peu de temps que nous l'avions laissée auprès de la Reine, et qui avoit causé de si grands effets contre elle. On doit dire, par justice et pour sa défense, que ses bonnes intentions la rendoient excusable ; mais les meilleures choses sont presque égales aux pires quand elles ne sont pas bien conduites, et la vertu prise de travers peut quelquefois causer autant de mal que son contraire. Comme j'estimois la sienne, quoique j'en visse l'imprudence, je l'allai voir dans sa chambre, où elle me parut assez forte dans ce moment sur son malheur, si ce peut être un malheur que de quitter la cour. Après une conversation d'une demi-heure, où elle se justifia à moi du mieux qu'elle put, je fus trouver la Reine, à qui je dis la visite que je venois de faire, en excusant cette dame avec le plus de soin qu'il me fut possible. La Reine me fit l'honneur de me dire que j'avois tort de ne pas entrer dans les justes raisons qu'elle avoit de se plaindre d'elle ; que je ne la connoissois presque pas, et que déjà ma bonté alloit l'excuser, quoique je dusse bien voir qu'elle n'avoit point de raisons. Outre les plaintes qu'elle me fit alors, elle dit encore à Beringhen qu'elle avoit senti de la peine de me voir si légèrement engagée dans l'amitié de madame de Hautefort, moi qui n'étois de retour à la cour que depuis peu, et qui n'y devois pas avoir de meilleure amie qu'elle. Cette plainte étoit obligeante, venant d'une grande Reine qui certainement étoit la personne du monde à qui je devois le plus, et que j'aimois aussi le plus véritablement; mais le cœur ne se voyant pas, la Reine fut quelque temps un peu froide pour moi. Ma conduite me fit beaucoup de tort auprès du ministre; il crut que j'étois contre ses intérêts, puisque je paroissois prendre part à la disgrâce d'une personne qui lui étoit si opposée. Je n'entrois néanmoins dans nulle cabale; mes intentions étoient droites, et la pitié seule me faisoit agir. Je ne laissai pas le soir de retourner voir madame de Hautefort, qui, pour avoir voulu paroître forte, avoit tellement renfermé en elle toute sa douleur et sa foiblesse, qu'elle l'avoit pensé faire mourir. Son mal fut si violent qu'elle n'avoit pu sortir de sa chambre, selon le commandement qu'elle en avoit reçu. Nous la trouvâmes, le commandeur de Jars, mademoiselle de Beaumont, ma sœur et moi, dans un état pitoyable. Son cœur, qui n'avoit pas seulement soupiré tout le jour, renonçant par force à la fierté dont il avoit voulu paroître rempli, étoit par sa douleur si étouffé, si saisi et si abandonné à son ressentiment, que je puis dire avec vérité n'avoir jamais rien vu de pareil. Elle sanglottoit d'une manière si sensible, qu'il étoit aisé de juger qu'elle avoit beaucoup aimé la Reine, que sa disgrâce étoit dure, et qu'elle ne l'avoit pas prévue. Nous la consolâmes le mieux que nous pûmes. Nous aurions fort souhaité que la Reine eût été capable de s'adoucir et de lui pardonner; mais le lendemain, étant un peu remise et même soulagée par deux saignées qu'il lui fallut faire la nuit, elle sortit du Palais-Royal, regrettée de tout le monde. Car comme la disgrâce sans crime a cela de propre qu'elle détruit l'envie dans l'ame des ennemis, et les fait passer aisément de la haine à la pitié, elle augmente l'amitié dans celle des amis, qui sont assez honnêtes gens pour aimer la générosité et excuser les fautes que fait faire une vertu si extraordinaire. Cette illustre malheureuse alla s'enfermer dans une religion, où elle demeura quelque temps; puis elle en sortit et vécut fort retirée, ne voyant que ses amis particuliers. Je n'osai plus l'aller voir, parce qu'en parlant d'elle à la Reine, et lui demandant en grâce qu'elle ne trouvât pas mauvais que je l'allasse voir, cette princesse m'avoit répondu froidement que j'étois libre, et que j'en pouvois user comme je voudrois. Je lui dis, en lui baisant la main, que je ne la voulois pas être pour faire jamais aucune chose qui pût lui déplaire; et lui devant tout, et rien à madame de Hautefort que de la civilité et de l'estime, je m'engageai à la Reine de ne la plus voir. Le commandeur de Jars, beaucoup plus son ami que moi, qui ne manquoit pas de fidélité pour ses amis, en fit autant que moi, et ne la vit plus que quand elle se maria (1).

Voilà donc la cour sans trouble et la Reine sans importans. Tout le reste se rangea du côté du ministre, et chercha son établissement par sa protection. Il ne restoit plus auprès de la Reine que la marquise de Senecé, qui, n'étant pas mise de sa main, n'en pouvoit être aimée, d'autant plus qu'elle la vouloit gouverner à sa mode, et qu'elle avoit voulu placer l'évêque de Limoges, son parent, au premier degré de la faveur. Elle prétendit qu'on la fît duchesse, et qu'on déclarât ses petits-enfans princes, à cause du nom de Foix qu'ils portent; de sorte qu'elle avoit de la peine à se voir contrainte sous une autorité qui resserroit son ambition dans les seules prérogatives de sa charge. Mais, comme elle étoit fort inégale, elle avoit de ces

(1) *Quand elle se maria*: Elle épousa le maréchal de Schomberg, duc d'Halluin.

contrariétés que les Espagnols appellent *altos y baxos;* car tantôt elle pestoit comme les autres, tantôt elle le recherchoit avec de grandes soumissions, et se louoit de la moindre douceur qu'il lui disoit; et comme ces mouvemens d'amitié et de haine pour et contre lui étoient alternatifs, les bonnes ou les mauvaises paroles qu'elle tiroit de lui étoient différentes; et l'on ne pouvoit dire si elle étoit bien ou mal à la cour, où elle demeuroit sans aucun crédit.

Au commencement de la régence, la Reine avoit établi un conseil de conscience où se jugeoient toutes les affaires qui concernoient les bénéfices qu'elle vouloit donner à des gens de bien. Ce conseil subsista tant que le ministre, voyant son autorité traversée, demeura dans quelque retenue; mais aussitôt qu'elle fut tout-à-fait affermie, il voulut disposer à son gré et sans aucune contradiction des bénéfices, comme de tout le reste : ou que ceux à qui la Reine les donneroit fussent de ses amis, sans trop se soucier qu'ils fussent bons serviteurs de Dieu, disant qu'il croyoit qu'ils l'étoient tous. Ce conseil ne servit donc qu'à exclure ceux qu'elle ne vouloit pas favoriser; et quelques années après il fut entièrement aboli, à cause que le père Vincent (1), qui en étoit le chef, étant un homme tout d'une pièce qui n'avoit jamais songé à gagner les bonnes grâces des gens de la cour dont il ne connoissoit pas les manières, fut aisément tourné en ridicule, parce qu'il étoit presque impossible que l'humilité, la pénitence et la simplicité évangélique s'accordassent avec l'ambition, la vanité et l'intérêt qui y règnent. Celle qui l'avoit établi auroit fort sou-

(1) *Le père Vincent* : Saint Vincent de Paul.

haité de l'y maintenir : c'est pourquoi elle avoit encore quelques longues conversations avec lui sur les scrupules qui lui en étoient toujours demeurés ; mais elle manqua de fermeté en cette occasion, et laissa souvent les choses selon qu'il plut à son ministre, ne se croyant pas si habile que lui, et ne croyant pas l'être autant qu'elle l'étoit en beaucoup de choses : ce qui fut cause qu'il lui étoit aisé de la persuader de tout ce qu'il vouloit, et de la faire revenir, après quelque résistance, aux choses qu'il avoit résolues. Je sais néanmoins que, dans le choix des évêques particulièrement, elle a eu une très-grande peine à se rendre, et qu'elle en a eu bien davantage quand elle eut reconnu qu'elle avoit suivi ses avis trop facilement sur cet important chapitre : ce qu'elle ne faisoit pas toujours, et jamais sans consulter en particulier ou le père Vincent tant qu'il a vécu, ou d'autres qu'elle a cru gens de bien ; mais elle a été quelquefois trompée par la fausse vertu de ceux qui prétendoient à la prélature, et dont les personnes de piété, sur qui elle se reposoit de cet examen, lui répondoient peut-être un peu trop légèrement. Cependant, malgré l'indifférence que son ministre a paru avoir sur ce sujet, Dieu a fait la grâce à cette princesse de voir la plupart de ceux qui pendant sa régence ont été élevés à cette dignité satisfaire à leur devoir, et faire leurs fonctions avec une sainteté exemplaire.

La Reine avoit mis dans les finances le président de Bailleul [1], homme de bien et juge fort intègre, mais

---

[1] *Le président de Bailleul* : Nicolas de Bailleul. Son éloignement fut une des principales causes de la haine que le parlement de Paris conçut contre Mazarin.

trop familiarisé et trop doux pour cette charge, où la justice n'est pas la principale qualité qui soit nécessaire. Il étoit important au cardinal Mazarin de le changer pour un moins régulier et plus dur que lui. Il ne voulut pas d'abord le chasser; mais il mit sous lui d'Emery (1) pour contrôleur général, avec le pouvoir dont cette charge le rendoit capable, pour l'installer peu à peu et en faire un surintendant de finances tout-à-fait à sa dévotion: ce qui arriva bientôt après. En même temps la Reine, qui vouloit ôter Chavigny du conseil, où le cardinal n'étoit pas bien aise de le voir exercer la charge de secrétaire d'Etat des affaires étrangères, dont il étoit fort capable, et qu'il avoit eue de Boutillier son père, et par laquelle, ayant le maniement des plus grandes affaires qui s'y examinent, il avoit nécessairement quelque part au ministère, lui ordonna de s'en défaire et de la vendre au comte de Brienne (2), qui vendroit celle qu'il avoit de la maison du Roi à Duplessis-Guénégaud: et comme elle le considéroit non-seulement par sa probité et par l'amitié qu'elle avoit pour la comtesse de Brienne, elle lui fit donner deux cent mille livres, pour aider à payer celle qu'on lui vendoit cinq cent mille livres. Le cardinal Mazarin n'ayant plus personne dans le conseil qui pût lui donner quelque jalousie, le comte de Brienne ne faisoit aucune difficulté de signer toutes les dépêches comme on les lui envoyoit. Il ne restoit plus que la charge de secrétaire d'Etat de la guerre, que des Noyers, qui avoit été disgracié par le feu

---

(1) *D'Emery*: Michel Particelli. Il avoit servi autrefois dans les vivres à l'armée d'Italie. — (2) *Au comte de Brienne*: Henri-Auguste de Loménie. Ses Mémoires font partie de cette série.

Roi, avoit, et dont il fit donner la commission à Le Tellier (1) qu'il avoit connu en Italie, et qui en eut bientôt le titre par la mort de des Noyers; et par ce moyen il eut le plaisir de faire tout seul les quatre charges de secrétaires d'Etat, et les titulaires ne furent que ses commis.

Après avoir parlé de l'état où étoit la cour, je crois qu'il est juste de dire quelque chose de particulier de la Reine. Elle s'éveilloit pour l'ordinaire à dix ou onze heures, et les jours de dévotion à neuf, qu'elle faisoit une longue prière avant que d'appeler celle qui couchoit auprès d'elle. Quand on avoit annoncé son réveil, ses principaux officiers lui venoient faire leur cour, et souvent d'autres personnes y entroient, et particulièrement certaines dames qui lui venoient parler des aumônes de charité qui étoient à faire à Paris, dans toute la France, et même au dehors : car ses libéralités en tout temps étoient grandes, et s'étendoient généralement sur tout ce qui regardoit la piété, son application étant sans relâche à tous les besoins qu'on avoit de sa protection et de sa justice. Les hommes n'étoient pas exclus de ses audiences. Dans ces premières heures, elle en donnoit souvent à plusieurs, et entroit dans toutes les affaires dont ils lui parloient, selon qu'elle le jugeoit nécessaire. Le Roi ne manquoit jamais, non plus que Monsieur, de la venir voir dès le matin, pour ne la quitter qu'à l'heure de leur retraite, excepté dans les heures de leur repas et de leurs jeux : l'enfance ne leur permettant pas encore de manger avec elle, comme ils firent depuis.

---

(1) *Le Tellier* : Michel Le Tellier fut par la suite l'un des ministres les plus illustres de Louis XIV, et devint chancelier de France.

Quand ceux qui avoient eu à parler à elle avoient eu leur audience, elle se levoit, prenoit une robe de chambre, et, après avoir fait une seconde prière, elle déjeûnoit de grand appétit (1). Elle prenoit ensuite sa chemise, que le Roi lui donnoit en la baisant tendrement ; et cette coutume lui a duré long-temps. Après avoir mis son corps de jupe, avec un peignoir, elle entendoit la messe fort dévotement ; et, cette sainte action finie, elle venoit à sa toilette. Il y avoit alors un plaisir non pareil à la voir coiffer et habiller. Elle étoit adroite, et ses belles mains en cet emploi faisoient admirer toutes leurs perfections. Elle avoit les plus beaux cheveux du monde : ils étoient fort longs et en grande quantité, qui se sont conservés long-temps, sans que les années aient eu le pouvoir de détruire leur beauté. Elle s'habilloit avec le soin et la curiosité permise aux personnes qui veulent être bien sans luxe, sans or ni argent, sans fard, et sans façon extraordinaire. Il étoit néanmoins aisé de voir à travers la modestie de ses habits qu'elle pouvoit être sensible à un peu d'amour-propre. Après la mort du feu Roi, elle cessa de mettre du rouge : ce qui augmenta la blancheur et la netteté de son teint. Au lieu de rien diminuer de son éclat, on l'en estima davantage, et l'approbation publique obligea les dames à suivre son exemple. Elle prit alors la coutume de garder la chambre un jour ou deux, pour se reposer de temps

---

(1) *Elle déjeûnoit de grand appétit.* Le manuscrit ajoute : « Son dé-
« jeûner étoit toujours fort bon, car elle avoit une santé admirable. On
« lui servoit, après son bouillon, des côtelettes, des saucisses, et du
« pain bouilli. Elle mangeoit d'ordinaire de tout cela un peu, et n'en
« dînoit pas moins. »

en temps, et ne voir que les personnes qui lui étoient plus familières et la pouvoient moins importuner. Dans les autres jours, elle donnoit facilement audience à tous ceux qui la lui demandoient, tant sur les affaires générales que sur les particulières. Comme elle avoit du bon sens et beaucoup de raison, elle les satisfaisoit tous par des réponses accompagnées de bonté; et ceux qui l'aimoient auroient toujours voulu qu'elle eût agi par ses propres lumières, comme d'abord elle en avoit eu l'intention, pour éviter le blâme qu'elle avoit vu donner au feu Roi, qui avoit trop abandonné son autorité au cardinal de Richelieu, disant souvent à ses serviteurs qu'elle n'en vouloit pas faire autant. Mais, par malheur pour ceux qui étoient à elle, ses résolutions furent affoiblies par le désir du repos, et par la peine qu'elle trouva dans la multiplicité des affaires qui sont inséparables du gouvernement d'un grand royaume. Dans la suite des temps, elle devint plus paresseuse, et apprit par son expérience que Dieu n'a pas placé des rois sur des trônes pour ne point agir, mais pour souffrir quelques-unes des misères qui sont attachées à toutes sortes d'états.

La Reine ne dînoit pas souvent en public servie par ses officiers, mais presque toujours dans son petit cabinet, servie par ses femmes. Après son dîner (1), elle alloit tenir le cercle, ou bien elle sortoit et alloit voir des religieuses, ou faire quelques dévotions; d'où étant revenue, elle se donnoit encore quelque temps

---

(1) *Après son dîner :* « Au sortir de son dîner, dit le manuscrit, « elle se retiroit un peu dans sa chambre, pour être quelque temps « seule, et donnoit souvent une heure à Dieu par quelque lecture dé- « vote qu'elle faisoit dans son oratoire. »

aux princesses et aux dames de qualité qui venoient faire leur cour. M. le duc d'Orléans, M. le prince et le duc d'Enghien la venoient voir; et le cardinal Mazarin n'y manquoit jamais à la belle heure du soir, que la conversation se faisoit publiquement entre la Reine, les princes et le ministre : ce qui faisoit qu'en ce temps la cour étoit fort grosse. La Reine se retiroit ensuite en son particulier. Le duc d'Orléans, après un entretien secret, s'en alloit au Luxembourg, et laissoit le cardinal Mazarin avec la Reine. Ce ministre y demeuroit quelquefois une heure, quelquefois plus. Les portes du cabinet demeuroient ouvertes. Après la sortie du duc d'Orléans, les gens de la cour, soit par leur dignité, soit par leur faveur, pouvoient entrer dans la petite chambre du Palais-Royal joignant le cabinet, et y demeurer attendant la fin du conseil. Quand il étoit fini, la Reine, peu de temps après, donnoit le bon soir à tout ce qui s'appeloit le grand monde. La foule des grands seigneurs et des courtisans demeuroit dans le grand cabinet, et c'étoit là que se pratiquoit sans doute tout ce que la galanterie et les folles intrigues pouvoient produire. Peu d'hommes, avec quatre ou cinq personnes de notre sexe, avoient l'honneur de rester avec la Reine, à toutes les heures où elle étoit en son particulier. Ces hommes étoient le commandeur de Jars, Beringhen, Chandenier (1), capitaine des Gardes du Roi, Guitaut, capitaine des Gardes de la Reine, et Comminges, son neveu et son lieutenant. Quelquefois d'autres s'y fourroient,

(1) *Chandenier:* François de Rochechouart, marquis de Chandenier. — *Guitaut:* François. — *Comminges:* Jean-Baptiste, comte de Comminges.

et la Reine se plaignoit en riant de ce qu'ils y prenoient racine. Outre ceux que j'ai nommés, il y en avoit d'autres qui lui étoient agréables quand ils y vouloient demeurer, comme le maréchal de Gramont, Créqui, Mortemart; ceux enfin dont les grands noms ou leurs charges portent leurs priviléges avec eux. Pour des femmes, il n'y avoit que mademoiselle de Beaumont, madame de Bregis, ma sœur et moi; et madame Hebert, mère de madame de Bregis, quelquefois, mais rarement, qui n'étoit ni muette ni philosophe, et qui n'étoit guère écoutée : car madame de Senecé, dame d'honneur, étoit auprès du Roi; et la place de madame de Hautéfort n'étant pas remplie, nous avions seules cet avantage de passer plusieurs heures en particulier avec la plus grande reine du monde, et qui avoit beaucoup de bonté pour nous. Quand elle avoit donné le bon soir, et que le cardinal Mazarin l'avoit quittée, elle entroit dans son oratoire, où elle demeuroit en prière plus d'une heure; puis après elle en sortoit pour souper à onze heures. Son souper fini, nous en mangions les restes sans ordre ni mesure, nous servant pour tout appareil de sa serviette à laver, et du reste de son pain; et quoique ce repas fût mal ordonné, il n'étoit point désagréable, par l'avantage de ce qui s'appelle privauté, pour la qualité et le mérite des personnes qui s'y rencontroient quelquefois. Ensuite de ce festin, nous allions la trouver dans son cabinet, où recommençoit une conversation gaie et libre qui nous conduisoit jusqu'à minuit ou une heure; et quand elle étoit déshabillée, et souvent couchée et prête à s'endormir, nous la quittions pour en aller faire autant. Nous avons fait cette vie ponctuellement pendant plusieurs années, la suivant dans les petits voyages de Fontainebleau, jusqu'à ce que la guerre civile, le siége de Paris et les troubles furent assez grands pour interrompre souvent cet ordre : je veux dire à l'égard de notre assiduité, mais non à l'égard de la Reine, car c'étoit la personne du monde la plus égale dans toute la conduite de sa vie. Elle tenoit conseil les lundis et les jeudis : et ces jours-là elle étoit obsédée d'une foule de monde. Elle jeûnoit tous les jours commandés; et, malgré son appétit, elle jeûnoit tout le carême entier. Etant à Paris, elle alloit tous les samedis à la messe à Notre-Dame; et pour l'ordinaire elle demeuroit le reste de ce jour-là à son repos, prenant le plus grand plaisir du monde à se dérober à la presse qui l'environnoit ordinairement, mais qui s'étoit à la fin accoutumée à ne la pas tant importuner que les autres jours. Elle communioit réglément les dimanches et les fêtes. Les veilles des bonnes fêtes, elle alloit coucher au Val-de-Grâce, où elle avoit résolu de faire bâtir un nouveau monastère plus beau que celui qui y étoit quand elle en avoit été la fondatrice, et d'y joindre une église digne d'une Reine mère d'un si grand Roi : elle en avoit donné le soin à Tubœuf (1). Elle demeuroit là quelques jours, retirée de tout le monde, et elle prenoit plaisir d'y faire des conversations avec des religieuses. Elle cherchoit les plus saintes, et s'accommodoit de celles qui n'avoient qu'un mérite médiocre; mais quand elles avoient pu toucher son estime, elle les honoroit de son amitié. Les bons sermons et les plus sévères pré-

---

(1) *A Tubœuf :* Cet édifice fut bâti sur les dessins de François Mansard.

dicateurs étoient ceux qui lui plaisoient le plus. Elle a été quelquefois, mais rarement, visiter les prisons, déguisée en suivante; et, de ma connoissance, je sais qu'elle suivit un jour madame la princesse à cette intention. Elle avoit une femme de chambre, dame pieuse et dévote, qui, dans les premières années de sa régence, s'enfermoit les soirs avec elle dans son oratoire. Toute l'occupation de cette dame étoit d'instruire la Reine des nécessités journalières, publiques et particulières de tous les pauvres, et de lui demander de l'argent pour y remédier.

La Reine alors n'avoit pas renoncé à tous les plaisirs qui lui avoient plu autrefois, et qu'elle croyoit innocens (1). Elle avoit aimé le bal. Elle en avoit perdu le goût avec la jeunesse; mais elle alloit à la comédie, à demi cachée par une de nous, qu'elle faisoit asseoir auprès d'elle dans une tribune où elle se mettoit, ne voulant pas, pendant son deuil, paroître publiquement à la place qu'elle devoit occuper dans un autre temps. Ce divertissement ne lui étoit pas désagréable. Corneille, cet illustre poète de notre siècle, avoit enrichi le théâtre de belles pièces dont la morale pouvoit servir de leçon à corriger le déréglement des passions humaines; et, parmi les occupations vaines et dangereuses de la cour, celle-là du moins pouvoit n'être pas des pires. La Reine étoit grave et discrète en toutes ses manières d'agir et de parler; elle étoit judicieuse et fort secrète pour toutes les confiances que ses

---

(1) *Qu'elle croyoit innocens.* « Ses divertissemens, dit le manuscrit, « étoient médiocres, et elle n'aimoit rien avec ardeur. Elle n'aimoit « point à lire, et ne savoit guère de choses; mais elle avoit de l'esprit, « et l'esprit aisé, commode et agréable. »

familiers osoient lui faire. Elle étoit libérale par ses propres sentimens : car ce qu'elle donnoit, elle le donnoit de bonne grâce ; mais elle manquoit de le faire souvent, faute de s'en aviser : il falloit trop s'aider auprès d'elle pour obtenir ses bienfaits. Ce défaut, qui n'étoit ni dans son cœur ni dans sa volonté, procédoit de ce qu'elle laissoit insensiblement régler ses résolutions sur les volontés de ceux dont elle estimoit les conseils, et ses créatures en souffroient beaucoup. Elle a même donné avec profusion à certaines personnes qui ont eu le pouvoir de la persuader en leur faveur, et qui, par de grandes applications à leur fortune, ont su trouver le moyen de la faire. Cette princesse avoit l'esprit aisé, commode et agréable. Sa conversation étoit sérieuse et libre tout ensemble ; et ceux pour qui elle avoit de l'estime trouvoient en elle un bonheur qui se rencontre rarement avec les grands. Elle entroit dans les intérêts et les sentimens de ceux qui lui ouvroient leur cœur, et ce bon traitement faisoit une grande impression dans l'ame de ceux qui l'aimoient. J'ai parlé ailleurs de sa beauté : je dirai seulement qu'étant aimable de sa personne, douce et honnête dans son procédé, et familière avec ceux qui avoient l'honneur de l'approcher, elle n'avoit qu'à suivre ses inclinations naturelles, et à se montrer telle qu'elle étoit, pour obliger et pour plaire. Malgré ses vertueuses dispositions, il étoit aisé au cardinal Mazarin, en se servant de la raison d'Etat, de changer ses sentimens, et de la rendre capable de sévérité envers ceux qu'elle avoit accoutumé de bien traiter. Dans le commencement de sa régence, sa bonté a été fort louée ; mais quand on la vit disgracier aisément ceux qu'elle avoit considérés autrefois, on pesta hautement contre elle. Plusieurs écrits se firent pour décrier cette bonté dont chacun étoit persuadé avec tant de raison; et cette vérité fut mise pour quelque temps au rang des choses douteuses, par ceux qui alors n'étoient plus assez heureux pour être contens.

On fit le bout de l'an du Roi avec les cérémonies ordinaires [mai 1644]: La Reine quitta son grand deuil, qui l'avoit fait paroître belle : l'âge de quarante ans, si affreux à notre sexe, ne l'empêchoit point d'être fort aimable. Elle avoit une fraîcheur et un embonpoint qui lui pouvoit permettre de se compter au rang des plus belles dames de son royaume, et nous l'avons vue depuis augmenter en âge sans perdre ces avantages.

Dans le commencement de cette année, on se prépara à la guerre. Le duc d'Orléans alla commander l'armée de Flandre, et le duc d'Enghien celle d'Allemagne. Nous verrons le premier conquérir quelques places, et le second battre les ennemis avec beaucoup de gloire et de réputation.

Le président Barillon et quelques autres principales têtes du parlement, qui avoient servi la Reine, n'étoient pas satisfaits de ce qu'ils n'étoient pas considérés comme ils l'avoient espéré. La première occasion qui se présenta de mutiner, ils le firent : ils commencèrent à se plaindre de ce que le chancelier au conseil cassoit tous les arrêts du parlement, et crièrent contre leur premier président, qui sembloit y consentir avec trop de complaisance. Ils s'assemblèrent et parlèrent contre l'autorité royale, censurèrent toutes choses, et firent appréhender à la cour quelque commencement de désordre et de brouillerie.

Le lendemain de cette assemblée [le 22 mai 1644], on envoya commander au président Barillon et au président Gayant, et à quelques autres de même cabale, de se retirer. Le président Barillon étoit honnête homme et fort estimé : il avoit servi la Reine dans le parlement, où il avoit beaucoup de crédit et de réputation. Les importans étoient de ses amis : lui et eux avoient été serviteurs de la Reine, et ne l'étoient plus. On l'envoya à Pignerol, au grand déplaisir de beaucoup d'honnêtes gens, où il mourut un an après, regretté de tout le monde. Il étoit homme d'honneur(1), mais de ces gens chagrins qui haïssent toujours ceux qui sont en place, et croient qu'il est d'un grand cœur de n'aimer que les misérables. J'ai ouï dire à la Reine que pendant la vie du feu Roi elle n'avoit pas eu de serviteur plus fidèle que ce président; et qu'aussitôt qu'elle avoit été régente, il l'avoit abandonnée, et désapprouvé toutes ses actions. Quelque temps après cette disgrâce, ceux du parlement, mutinés de la rigueur qu'ils prétendoient avoir été faite à leur compagnie, firent plusieurs assemblées. Ils arrêtèrent de venir trouver la Reine pour se plaindre du mal qu'elle leur avoit fait, et résolurent d'y venir sans demander

---

(1) *Il étoit homme d'honneur.* Le manuscrit donne plus de développemens sur le caractere de Barillon. « Il étoit estimé homme d'honneur
« et généreux; mais outre qu'il avoit un peu de chagrin de n'avoir pas
« eu de part à la faveur, il avoit un peu de cette teinture de quelques
« hommes de notre siècle qui haïssent toujours les heureux et les puis-
« sans. Ils estiment qu'il est d'un grand cœur de n'aimer que les misé-
« rables, et cela les engage incessamment dans les partis qui sont con-
« traires à la cour. »

audience. Monsieur n'étoit point encore parti pour l'armée : il étoit à une de ses maisons ; et le cardinal Mazarin étoit allé faire une petite course pour voir le cardinal de Valençay qui venoit de Rome, et à qui on avoit défendu d'approcher de Paris.

La Reine étoit au lit, seule dans le Palais-Royal. J'avois l'honneur d'être alors auprès d'elle. On lui vint dire que le parlement venoit en corps à pied, pour lui faire des remontrances sur l'affaire du président Barillon. Il étoit assez aisé de voir que le dessein de cette compagnie étoit d'émouvoir le peuple ; et les premières personnes qui en donnèrent avis m'en parurent effrayées. La Reine, qui avoit l'ame ferme et qui ne s'étonnoit pas aisément, n'en témoigna nulle inquiétude : elle envoya chercher le président de Bailleul, surintendant des finances, assez aimé dans son corps ; et sans vouloir qu'on leur fermât la porte, comme quelques-uns lui conseillèrent, elle les envoya recevoir sous l'arcade qui sépare les deux voûtes. Elle leur manda, par son capitaine des Gardes et par le surintendant, qu'elle ne trouvoit pas bon qu'ils fussent venus sans sa permission et sans demander audience ; qu'ils devoient retourner au lieu d'où ils étoient partis, et qu'ayant pris médecine, elle ne les pouvoit voir. Il fallut qu'à leur honte ils fissent ce qu'elle leur commanda ; et la Reine se moqua de moi de ce que ces barbons m'avoient fait une grande peur, et de ce que je fus d'avis qu'on envoyât chercher le maréchal de Gramont, mestre-de-camp du régiment des Gardes, afin d'avoir de quoi se défendre, si le peuple eût voulu se mettre de la partie. On leur donna quelques jours après l'audience qu'ils demandoient ;

et leurs harangueurs, qui demandoient le président de Barillon, ne furent point écoutés à son égard; mais on leur accorda les autres points, qui n'étoient pas d'un si grand poids. Le parlement, ensuite de cette première émotion, demeura pour quelque temps assez paisible, ruminant les desseins, qui parurent quelques années après, d'empiéter sur l'autorité royale.

Quand la belle saison eut convié les princes de quitter les plaisirs de la cour pour les fatigues de la guerre, la Reine trouva à propos d'aller chercher du frais hors de Paris. Elle voulut passer les grandes chaleurs à Ruel, chez la duchesse d'Aiguillon. Cette maison est commode par le voisinage de Paris, et fort agréable par la beauté des jardins, et par la quantité des sources, qui sont fort naturelles. La Reine se plut dans ce lieu, où son ennemi le cardinal de Richelieu avoit si long-temps reçu les adorations de toute la France. Ce ne fut pas néanmoins par ce motif qu'elle le choisit : elle avoit l'ame trop belle pour vouloir troubler le repos des morts par un si petit triomphe (1). Ce fut au contraire pour obliger la duchesse d'Aiguillon sa nièce, et lui donner quelques marques de sa protection royale contre M. le prince, avec qui elle avoit de grands différends à démêler ; et il est à présumer que la Reine, agissant par générosité, eut néanmoins quelque joie de se voir en état de faire du bien, par sa seule présence, à ceux qu'elle croyoit lui avoir fait tant de maux. Elle se divertissoit à se promener les soirs ; et, pendant le temps qu'elle fut dans ce lieu délicieux, elle faisoit chanter souvent

---

(1) *Par un si petit triomphe.* Ici finit le manuscrit de la bibliothèque de l'Arsenal.

la *signora Leonor, una virtuosa* que le cardinal avoit fait venir d'Italie, et qui avoit la voix belle. Elle prenoit tous les plaisirs innocens que la beauté et la commodité de ce lieu lui pouvoient permettre ; mais il plut au peuple de Paris de s'émouvoir sur certains impôts qu'on avoit voulu mettre sur les maisons. Le Roi et elle en partirent au bout de six semaines, avec beaucoup de précipitation, pour les aller apaiser ; et toute la cour les suivit volontiers pour retourner à Paris.

Pendant le séjour de la Reine à Ruel, un jour qu'elle se promenoit dans les allées du jardin en calèche, elle remarqua que Voiture (1) rêvoit en se promenant. Cet homme avoit de l'esprit, et par l'agrément de sa conversation il étoit le divertissement des belles ruelles des dames qui font profession de recevoir bonne compagnie. La Reine, pour faire plaisir à madame la princesse qui l'aimoit, et qui étoit assise auprès d'elle, lui demanda à quoi il pensoit ? Alors Voiture, sans beaucoup songer, fit des vers burlesques pour répondre à la Reine, qui étoient plaisans et hardis. Elle ne s'offensa point de cette raillerie ; elle les a trouvés si jolis qu'elle les a tenus long-temps dans son cabinet. Elle m'a fait l'honneur de me les donner depuis ; et, par les choses que j'ai déjà dites de sa vie, il est aisé de les entendre. Ils étoient tels :

(1) *Voiture :* Vincent Voiture, né en 1598, mort en 1648. Il fut l'un des premiers membres de l'Académie française, et jouit d'une grande réputation. Ses écrits en vers et en prose ont contribué aux progrès de la langue ; mais ils pèchent par trop d'affectation. L'un de ses meilleurs morceaux de prose est une lettre sur la campagne de 1636, que nous avons placée dans le onzième volume de cette série.

Je pensois que la destinée,
Après tant d'injustes malheurs,
Vous a justement couronnée
De gloire, d'éclat et d'honneurs;
Mais que vous étiez plus heureuse
Lorsque vous étiez autrefois
Je ne veux pas dire amoureuse:
La rime le veut toutefois.

Je pensois que ce pauvre Amour,
Qui toujours vous prêta ses armes,
Est banni loin de votre cour,
Sans ses traits, son arc et ses charmes;
Et ce que je puis profiter,
En passant près de vous ma vie,
Si vous pouvez si mal traiter
Ceux qui vous ont si bien servie.

Je pensois (car nous autres poëtes
Nous pensons extravagamment)
Ce que, dans l'humeur où vous êtes,
Vous feriez, si dans ce moment
Vous avisiez en cette place
Venir le duc de Buckingham;
Et lequel seroit en disgrâce
De lui ou du père Vincent.

Il faut finir la promenade de Ruel par cette bagatelle, et reprendre avec Paris le sérieux et la gravité requise pour cette grande ville. Un de nos rois a dit que cette tête du royaume étoit trop grosse; qu'elle étoit pleine de beaucoup d'humeurs nuisibles au repos de ses membres, et que la saignée de temps en temps lui étoit nécessaire. Pour cette fois, la présence du Roi et de la Reine apaisa toutes choses; et ce ne fut qu'un petit feu de paille, qui n'empêcha nullement toute la cour de jouir paisiblement des commodités et des plaisirs qui se trouvent dans cet agréable séjour.

Le pape Urbain VIII mourut en juillet 1644. Il avoit tenu le siége long-temps avec la réputation d'habile homme et de grand politique. Les cardinaux Barberin ses neveux, qui étoient les protecteurs de la France, demeurèrent les maîtres de l'élection de leur successeur. On s'opposa à quelques partisans d'Espagne qui prétendoient être élevés à cette dignité, particulièrement le cardinal Pamphile, qui paroissoit y avoir plus de part qu'aucun autre; mais enfin le Roi ne fut pas le plus fort, et les Barberins servirent fort mal la France en cette occasion.

En ce même mois, la reine d'Angleterre, que ses peuples révoltés avoient réduite dans un petit coin de son royaume pour y faire ses dernières couches, après dix-sept jours seulement fut contrainte de se sauver en France, pour éviter le malheur qu'elle avoit sujet d'appréhender de la haine de ses sujets, qui étoient en guerre ouverte avec leur Roi, et vouloient la prendre prisonnière, pour commencer peut-être par elle à perdre le respect qu'ils devoient avoir pour la royauté. Cette princesse, après avoir été la plus heureuse des femmes et la plus opulente de toutes les reines de l'Europe, avec trois couronnes qu'elle avoit sur la tête, fut réduite en tel état que pour faire ses couches il fallut que la Reine lui envoyât madame Peronne sa sage-femme, et jusques aux moindres choses qui lui étoient nécessaires. Elle avoit été conduite à Oxford par le Roi son mari, qui l'y avoit laissée; mais ayant sujet de craindre que ses ennemis ne l'y vinssent assiéger, elle en partit avec précipitation pour aller à Exeter, où elle accoucha dans cette nécessité que je viens de représenter. Elle étoit malade d'une grande maladie qui avoit précédé sa grossesse, et peu en état de secourir le Roi son mari. En cette extrémité, elle fut contrainte de se mettre à couvert des maux dont sa personne et sa santé étoient menacées. Elle voulut venir en son pays natal boire des eaux de Bourbon, et chercher quelque sûreté pour sa vie. Elle fut reçue en France avec joie. Les peuples, qui la regardoient comme sœur, fille et tante de leurs rois, la respectèrent; et la Reine fut ravie de la pouvoir secourir dans ses malheurs, et de contribuer à les adoucir en tout ce qui étoit en son pouvoir, quoiqu'elle n'en eût pas été bien traitée, et en eût reçu de grands chagrins quand elle étoit encore en France : car cette princesse étant soutenue de la Reine sa mère, qui n'aimoit point la Reine, elle lui faisoit de ces petites malices qui sont de grands maux à ceux qui les reçoivent dans les temps présens, mais qui ne sont pas capables d'altérer l'amitié quand ils sont passés. Le roi d'Angleterre avoit contribué à l'adoucissement de ces dégoûts; car depuis son mariage il avoit pris plaisir en toutes rencontres d'obliger la Reine, particulièrement en la personne de madame de Chevreuse pendant son exil : si bien que la reine d'Angleterre venant ici, la Reine eut une belle occasion de rendre en la personne de cette princesse affligée ce qu'elle devoit au roi d'Angleterre; et ces deux princesses ayant changé de sentimens, l'une fut bien aise d'obliger l'autre : et celle qui fut bien reçue et bien traitée en témoigna une grande reconnoissance. La reine d'Angleterre demeura à Bourbon environ trois mois, pour tâcher de rétablir sa santé ; et la Reine lui offrit tout ce qui dépendoit du Roi et d'elle. J'ai eu l'honneur d'approcher familièrement de cette Reine malheureuse. J'ai su par elle-même le commencement et la suite de ses disgrâces ; et comme elle m'a fait l'honneur de me les conter exactement dans un lieu solitaire où la paix et le repos régnoient sans aucun trouble, j'en ai écrit les plus remarquables événemens, que j'ai cru devoir mettre ici. La digression en sera un peu longue ; mais les aventures d'un si grand roi et d'une princesse du sang de France nous touchent de si près, qu'on ne peut pas dire qu'elles soient mises hors de leur place dans des Mémoires où je ne peux pas m'empêcher d'en dire quelque chose ; et je ne puis en rien dire de plus particulier et de plus considérable que ce que cette grande princesse m'en a appris. Je la laisserai à Bourbon, où la Reine, ne se contentant pas des offres qu'elle lui avoit faites, et qui n'étoient que des complimens, lui envoya tout l'argent qui étoit nécessaire pour sa subsistance, avec de grandes sommes qu'elle fit tenir au Roi son mari. Mais comme ce malheureux prince, qui n'avoit que trop de bonté, étoit destiné à servir d'un exemple formidable à tous les rois de la foiblesse de leur puissance, et du plaisir que la fortune prend quelquefois à se jouer des couronnes et renverser les trônes les mieux établis, pour les en ôter et les y remettre suivant son caprice, tout cela lui fut inutile.

Voici, selon ce que j'ai appris de cette princesse, quel a été le sujet de sa venue en France, et de tous ses déplaisirs. Quoique plusieurs personnes aient voulu dire qu'elle en étoit la cause, on verra dans cette relation des preuves de sa générosité, et du zèle qu'elle a eu pour tâcher de remédier aux maux qui ont affligé ce grand royaume, qui étoit, lorsqu'elle y a été reçue, le plus florissant de l'Europe, et le soin qu'elle a pris d'apaiser les différens mouvemens qu'on y avoit suscités : et je ne vois pas que ceux qui prétendent qu'elle a fait de si grandes fautes en citent aucune considérable, excepté une qu'elle m'a avouée ingénument ; et quand elle en auroit fait un plus grand nombre, il n'y en pouvoit pas avoir qu'on pût penser devoir attirer ni sur elle, ni sur le Roi son mari, ni sur tous ses peuples, une si grande punition que de violer le caractère que Dieu imprime sur les personnes des rois, et le bouleversement d'un si grand royaume. Pour sa conduite particulière, je n'en puis rien savoir ; mais s'il est vrai qu'elle en ait manqué, pour l'ordinaire il n'y a rien qui nous soit plus inconnu que nos propres défauts ; et quand nous les voyons, nous n'avons pas assez de sincérité pour en convenir, et nous ne sommes pas obligés de les apprendre à ceux qui les ignorent, puisque nous sommes obligés de cacher ceux des autres. Mais je suis persuadée, à l'égard de la reine d'Angleterre, qu'elle m'a fait l'honneur de me dire les choses qui lui sont arrivées de la manière qu'elle les a vues et comme elle les a comprises : et quant à ce qu'elle a bien voulu y joindre par tradition pour l'avoir appris dans sa cour, elle me l'a voulu dire, à cause qu'elle a cru être obligée de me le faire savoir, pour rappeler en sa mémoire les grands périls qu'elle a évités : ce qui fait du plaisir à raconter, et pour satisfaire ma curiosité. Pour cela, elle s'est occupée quelques jours à se donner la peine de me faire le récit de ses malheurs avec assez d'ordre et de netteté pour les pouvoir retenir, et j'ai écrit tous les soirs fort exactement ce qu'elle m'a conté, sans rien changer au fond de cette histoire.

ABRÉGÉ [1]

DES RÉVOLUTIONS D'ANGLETERRE.

Henri VIII, roi d'Angleterre, avoit été défenseur de la religion catholique tout le temps qu'il avoit bien vécu avec la reine Catherine d'Autriche, fille de Ferdinand, sa première femme; mais comme ce mariage avoit été fait par considération d'Etat, il n'avoit été heureux qu'en cela. Il en avoit été bientôt dégoûté, et n'étoit pas content de n'en avoir qu'une fille, qui étoit madame Marie. D'ailleurs le cardinal Volsey, qui avoit gagné ses bonnes grâces en le déchargeant du soin des affaires d'Etat et le laissant abandonner à toutes ses passions, lui faisoit entendre qu'on pouvoit disputer la couronne à Marie, qu'on pourroit considérer comme bâtarde à cause que Catherine étoit veuve d'Artus son frère; et encore qu'il l'eût épousée avec dispense, il lui étoit fort aisé de faire déclarer ce mariage nul. Ce prince, qui auroit bien voulu épouser Anne de Boulen dont il étoit fort amoureux, trouvant par les consultations faites en France et en

[1] *Abrégé* : Cette relation est très-curieuse en ce qu'elle contient des anecdotes peu connues. Nous n'en releverons ni les omissions ni les inexactitudes, parce que nos remarques exigeroient trop de développemens, et que d'ailleurs l'histoire de la révolution d'Angleterre n'entre pas dans le plan de cette collection.

Angleterre qu'il étoit fait contre les canons, fit demander cette grâce au Pape, qui y trouva si peu de difficulté qu'il envoya la bulle qui portoit la dissolution de son mariage par son légat, mais avec défense de la délivrer qu'à certaines conditions et en certaines manières. La reine Catherine à laquelle on la proposa en étant fort offensée, et l'Empereur y formant de grands obstacles, Henri, impatient de satisfaire sa passion, se résolut de demeurer ferme dans sa religion, et de se soustraire seulement de l'obéissance due au Pape, auquel il y en a qui ont cru qu'il s'étoit soumis à la mort, et qu'il en avoit demandé pardon avec soumission, et des marques d'un véritable repentir. Son fils Edouard, qui mourut jeune, fut dissuadé par ceux qui avoient autorité auprès de lui de suivre les derniers sentimens du Roi son père, et se rendit le chef de la religion d'Angleterre. Il fit donc une liturgie, c'est-à-dire une règle de religion qui approchoit de la nôtre, ordonnant l'invocation des saints, la prière pour les morts, les autels, les cierges ardens, les prêtres, les surplis, les évêques : ce qui faisoit un corps de religion comme la nôtre, ôté l'obéissance au Saint-Siége, et la croyance de la transsubstantiation du Saint-Sacrement. Après sa mort régna Marie, fille aînée d'Henri VIII et de Catherine d'Autriche, sa première femme, qui, bonne catholique, renversa la liturgie et rétablit la vraie religion. Elle mit en prison Elisabeth, sa seconde sœur, fille d'Henri VIII et d'Anne de Boulen, disant qu'elle étoit bâtarde, qu'elle ne pouvoit succéder ; et balança même si elle la feroit mourir. Philippe II, roi d'Espagne, mari de Marie, ayant eu la curiosité de voir cette illustre prisonnière, demanda permission à sa femme de l'aller voir. Il en devint amoureux, à ce qu'on dit; et l'inclination qu'il eut pour elle fut cause qu'il favorisa cette princesse autant qu'il le put, empêchant la Reine sa femme de la faire mourir; et même après la mort de la Reine, qui vécut peu, il l'assista de ses forces et de ses conseils pour la faire parvenir au royaume. Elisabeth, étant déclarée reine d'Angleterre après la mort de sa sœur, eut quelque dessein de rentrer dans la religion de ses pères, qu'elle trouva rétablie dans le royaume; mais ceux qui étoient demeurés affectionnés au libertinage et à la fausse doctrine l'en détournèrent. Ils lui remontrèrent que le Pape ayant déclaré le mariage du feu Roi son père et d'Anne de Boulen sa mère invalide, il ne pouvoit la reconnoître pour légitime, et qu'il valoit mieux qu'elle se fît maîtresse et de l'Etat et de la religion. Ce conseil lui plut; et l'ayant suivi, elle retrancha beaucoup de choses de la liturgie, et fit approcher sa religion de celle de l'Ecosse, qui est environ comme celle de nos huguenots de France, qu'ils appellent puritains.

Le roi Jacques, fils de Marie reine d'Ecosse, héritier du royaume d'Angleterre, régna après Elisabeth. Ce fut un bon prince, et fort savant. Il composa deux livres pour la défense de la fausse religion d'Angleterre, et fit réponse à ceux que le cardinal Du Perron écrivit contre lui. En défendant le mensonge, il conçut de l'amour pour la vérité, et souhaita de se retirer de l'erreur. Ce fut en voulant accorder les deux religions, la nôtre et la sienne; mais il mourut avant que d'exécuter ce louable dessein.

Le roi Charles Stuart son fils, quand il vint à la

couronne, se trouva presque dans les mêmes sentimens. Il avoit auprès de lui l'archevêque de Cantorbéry, qui, dans son cœur étant très-bon catholique, inspira au Roi son maître un grand désir de rétablir la liturgie, croyant que s'il pouvoit arriver à ce point, il y auroit si peu de différence de la foi orthodoxe à la leur, qu'il seroit aisé peu à peu d'y conduire le Roi. Pour travailler à ce grand ouvrage, qui ne paroissoit au roi d'Angleterre que le rétablissement parfait de la liturgie, et qui est le seul dessein qui ait été dans le cœur de ce prince, l'archevêque de Cantorbéry lui conseilla de commencer par l'Ecosse, comme plus éloignée du cœur du royaume ; lui disant que leur remuement seroit moins à craindre. Le Roi, avant que de partir, voulant envoyer cette liturgie en Ecosse, l'apporta un soir dans la chambre de la Reine, et la pria de lire ce livre, lui disant qu'il seroit bien aise qu'elle le vît, afin qu'elle sût combien ils approchoient de créance. Ce livre fatal étant arrivé ne manqua pas de faire aussitôt beaucoup de bruit. Déjà les Ecossais étoient mutinés contre le Roi de ce qu'il leur avoit envoyé des évêques. Il ne vouloit point qu'ils fussent simplement gouvernés par leurs ministres par paroisses, comme ils ont ici en chaque canton leur prêche. La première révolte qu'ils font, voyant les ordres du Roi, qu'ils appellent une violence faite à leur conscience, fut de chasser les évêques qu'il avoit voulu leur donner ; et ils se déclarèrent contre lui, par une grande armée qu'ils mirent en campagne. Le Roi, à cette nouvelle, ne s'étonna point : il en leva une plus grande à ses dépens pour aller contre eux. Ses sujets, qui n'étoient pas encore corrompus, l'assistèrent volontiers : tous ne respirèrent que la guerre ; et le Roi, se mettant à la tête de cette armée, alla travailler au châtiment des rebelles.

Le cardinal de Richelieu, qui gouvernoit en France, haïssoit le roi d'Angleterre, parce qu'il avoit le cœur espagnol. Il savoit aussi que la Reine s'étoit toujours servie de ce royaume pour toutes ses affaires ; que c'étoit par cette voie qu'elle écrivoit au roi d'Espagne son frère, et que madame de Chevreuse, qui avoit passé dans cette cour à son retour d'Espagne quelques années de sa disgrâce, avoit fait leur liaison. Le cardinal de Richelieu avoit de grandes frayeurs d'un roi voisin qui étoit puissant et paisible dans ses Etats ; et, suivant les maximes d'une politique qui consulte plutôt l'intérêt que la justice et la charité pour le prochain, il crut qu'il étoit tout-à-fait nécessaire pour le bien de la France que ce prince fût troublé dans son pays. Ce désir lui fit envoyer le marquis de Seneterre, ambassadeur du Roi auprès de lui, pour tâcher de lui aliéner les esprits des grands et du peuple, et, en répandant beaucoup d'argent à Londres, y exciter la rebellion et la révolte ; à quoi il réussit. Ces pratiques et les mécontentemens du royaume obligèrent quelques-uns des plus considérables de cette cour de favoriser sous main les Ecossais : ils furent conseillés par eux de faire la paix avec leur Roi ; et ils leur firent savoir qu'avec le temps ils avoient dessein d'embrouiller si bien les affaires, qu'ils auroient après toute la satisfaction qu'ils pouvoient désirer ; mais qu'il falloit faire rompre cette belle armée du Roi leur maître, et laisser refroidir la chaleur de ceux de son parti, avant que de pouvoir rien faire à leur avantage. La reine d'Angleterre n'étoit point d'avis de cette paix : l'archevêque de Cantorbéry n'en étoit point aussi. Le vice-roi d'Irlande, un de ceux qui avoit le plus de crédit auprès du Roi, fut fort du même sentiment ; mais les belles apparences de la paix eurent tant de pouvoir sur beaucoup de ceux qui étoient bien intentionnés, qu'il ne faut pas s'étonner si ceux qui avoient eu de mauvais desseins dans le cœur les purent cacher sous le masque de la fidélité, et si le conseil de cette paix, approuvé de la multitude, fut reçu du Roi comme une chose avantageuse. Après qu'elle fut faite, chacun en parut content, et quelque temps s'écoula que ce royaume paroissoit en bon état. Ce fut en l'an 1639 que cette guerre s'éleva dans l'Ecosse et l'Angleterre, et qu'elle s'apaisa aussitôt par des conseils malicieux qui ont depuis causé de grands maux à cet Etat.

L'année suivante, les esprits factieux d'Angleterre ayant pris leurs mesures avec les Ecossais, ces deux partis si puissans se joignirent à un troisième, qui est une autre secte qu'on appelle anabaptistes, autrement les indifférens, qui souffrent toutes les religions, et qui ne savent quelle est la leur. Quand la contagion du libertinage se glisse parmi les peuples, comme ils ont les premiers abandonné la vérité, il est juste aussi que Dieu les abandonne. La véritable religion n'étant plus dans l'Angleterre, plusieurs sortes d'hérésies y ont été introduites, et chacun y est hérétique à sa mode. Toutes ces factions ensemble en firent une puissante, qui, soutenue par les intrigues de la France, prit de fortes racines et produisit de grands effets. Le premier qui parut fut une nouvelle armée en Ecosse, que ces peuples remirent sur pied par les conseils des mutins et des mécontens. Le roi d'Angleterre connut alors qu'il auroit bien fait de châtier ces peuples quand il avoit eu les armes en main, et qu'il étoit maître d'une puissante armée. Cela ne guérissoit pas le mal présent. Il fallut faire de secondes levées, et mettre sur pied une armée capable d'achever ce qu'il avoit manqué de faire l'année précédente. L'argent lui étoit nécessaire pour ce grand dessein : il fallut en chercher les moyens et les demander à ses peuples. Pour cet effet, il convoqua le parlement, et lui témoigna désirer qu'il imposât quelques subsides pour subvenir aux frais de la guerre. Le parlement témoigna peu de dessein de lui complaire. Il trouva que les demandes du Roi étoient trop fortes, et que le peuple en seroit surchargé. Par là les parlementaires commencèrent à le mettre en mauvaise odeur parmi les peuples, qui tous, et en tous pays, n'aiment point à donner de l'argent. Dans cette conjoncture il arriva qu'un secrétaire d'Etat en qui le Roi avoit de la confiance, et que la Reine même, le croyant fidèle, lui avoit donné, fit à ce prince, en haine de Strafford, vice-roi d'Irlande et premier ministre, une insigne trahison ; car ayant pris liaison avec les ennemis du Roi, et reçu ordre de lui d'aller au parlement de sa part porter ses volontés, il leur fit voir que le sentiment de ce prince étoit fort contraire à leur désir. L'intention du Roi avoit été de se contenter à bien moins qu'il n'avoit demandé, pourvu que ce moins lui fût accordé sûrement, et qu'il en pût faire état ; et comme le Roi se mettoit entièrement à la raison, il commanda à ce secrétaire d'Etat, si ce parlement ne s'y mettoit pas aussi, qu'il le congédiât de sa part, et qu'ainsi le parlement fût fini. Cet homme malintentionné leur dit tout le contraire : il demeura ferme dans la première résolution du Roi ; et comme le parlement y résista, il leur fit commandement de se séparer. Ce procédé si dur, mais qui ne venoit point du Roi, aigrit tout-à-fait les esprits contre lui, et lui fit perdre beaucoup de serviteurs du parlement, qui étoient affectionnés à son service. Les affaires du roi d'Angleterre étant en cet état, il résolut d'emprunter de l'argent, et de faire des levées par lui-même. Il donna le commandement de son armée au vice-roi d'Irlande, qui étoit un grand homme, et le serviteur le plus habile et le plus fidèle qu'il eût. Comme le Roi le connoissoit pour tel, il se confioit en lui plus qu'en nul autre. Par cette même raison, les malintentionnés lui portoient envie, et ne le pouvoient souffrir.

Cette armée commandée par un bon chef, et pleine de méchans capitaines, s'en va droit contre celle des Ecossais, qui, soutenus par les trahisons de ceux qui les favorisoient, emportèrent la victoire sans combattre. Presque toute l'armée du Roi prit la fuite, et ceux qui la composoient montrèrent clairement à celui qui les commandoit qu'ils ne vouloient pas combattre. Cette déroute volontaire fit connoître au roi d'Angleterre la mauvaise intention de ses sujets, et lui fit chercher un remède pire que le mal même. Il assembla les pairs du royaume pour aviser aux remèdes de ce désordre, et au moyen de s'opposer aux révoltés qui étoient entrés en Angleterre en armes. Parmi ces pairs qui étoient mécontens, ou Ecossais ou indépendans, ceux-là conseillèrent au Roi de convoquer le parlement, afin d'aviser aux moyens de finir la guerre et de faire des levées sur le peuple. Le roi d'Angleterre, qui ne connoissoit pas la malice de ce conseil, se résolut à le suivre, et cette résolution fut sa perte : car ce parlement fut si long-temps assemblé, que ceux qui le composoient eurent le pouvoir de faire périr leur Roi. La première chose qui y fut résolue fut de faire une trêve entre les Ecossais et le Roi ; et cependant on ordonna que les deux armées seroient payées, parce qu'ils voulurent prendre du temps pour travailler à brouiller les affaires du Roi, et trouver les moyens de perdre son ministre, dont la ruine rendoit celle de leur Roi plus aisée.

Ce secrétaire d'Etat, dont j'ai déjà parlé, seconda les desseins du parlement par les intérêts de sa haine, et de la jalousie qu'il avoit contre Strafford son rival. Il porta au parlement des papiers qui leur découvrirent un grand dessein que le vice-roi avoit conçu pour leur abaissement, et pour le service du Roi son maître. Voilà le parlement qui se mutine, qui crie, et qui veut la mort de ce fidèle serviteur. Les parlementaires viennent la demander au Roi, disant qu'il est criminel, qu'il trouble le repos de l'Etat, qu'il met des défiances dans l'esprit de son maître contre ses bons sujets, et désirent qu'il soit puni. Le Roi d'abord leur résiste, et ne veut point entendre leur demande : il tient bon quelque temps ; mais comme il résiste sans puissance, et qu'il n'a pas de quoi donner de la terreur à ses ennemis, son opposition ne fit qu'augmenter leur fureur. Ce désordre enfin en produisit tant d'autres, que le même vice-roi d'Irlande conseilla le Roi de l'abandonner à ces mutins, disant qu'il ne craignoit rien, qu'il étoit impossible qu'on le pût convaincre d'aucune faute, et qu'il prenoit sur lui le soin de sa justification. Le Roi, trop foible, fait ce que ce généreux ministre lui conseille, et le laisse mettre en prison dans la tour de Londres. Dès qu'il y fut, ses ennemis le chargèrent de calomnies et de crimes. On fut long-temps qu'on l'amenoit tous les jours au parlement pour être interrogé. Il répondit sur tous les articles de ses accusations avec tant de liberté d'esprit, tant de vigueur et de fermeté, que ses propres ennemis en demeuroient confondus; et pour peu que ceux qui l'écoutoient fussent indifférens, ils devenoient aussitôt ses partisans. Il étoit laid, mais assez agréable de sa personne; et la Reine, me contant toutes ces choses, s'arrêta pour me dire qu'il avoit les plus belles mains du monde. Le Roi et la Reine faisoient tout leur possible pour le tirer de l'état où il étoit : ils employoient toutes leurs créatures, ils offroient toutes les charges du royaume aux plus mutins; mais toute leur application n'y servit de rien. Ces esprits factieux étoient touchés du désir de la liberté : ils vouloient abaisser l'autorité royale, et voyoient clairement qu'ils n'y pourroient jamais réussir, tant que leur Roi seroit servi par un habile et fidèle ministre. La Reine, pendant cet intervalle, travailloit à le sauver; elle ne passoit point de jours sans avoir des rendez-vous avec les plus méchans, qu'elle faisoit venir par de petits escaliers dérobés dans l'appartement d'une de ses dames qui étoit proche du sien, et qui étoit à la campagne. Elle seule, avec un flambeau à la main, sans se vouloir confier à personne, les alloit trouver les soirs, et leur offroit toutes choses; mais ce fut inutilement.

Leurs Majestés alloient entendre interroger leur fidèle sujet par une petite tribune qui donnoit sur la salle où se tenoit le parlement, afin que leur présence donnât du courage à leur serviteur de bien faire; et jamais ils n'en revenoient que le cœur saisi de douleur et leurs yeux pleins de larmes. La Reine avoit gagné milord Damby, l'un des plus passionnés des parlementaires, et de ceux qui s'étoient déclarés le plus contre Strafford. Aussitôt qu'il se fut engagé au service du Roi son maître, il passa d'une extrémité à l'autre, et fit en faveur du prisonnier une harangue si belle qu'elle auroit été capable de le justifier tout-à-fait, si les oreilles qui l'écoutoient eussent pu entendre la raison, et que leurs cœurs eussent pu aimer la justice. Dans ce même temps, le parlement conseilla au Roi de faire la paix avec les Ecossais; et comme l'argent qu'il avoit ordonné pour payer l'armée du Roi qui favorisoit le parlement ne se trouvoit pas assez vite, les soldats se plaignirent et crièrent même contre le parlement, quoiqu'ils parussent lui être plus attachés qu'au Roi. Il y avoit alors dans l'armée deux serviteurs de ce prince, Gorrein et Hailmot, qui prirent cette conjoncture pour l'engager à son service, et lui amener les troupes sujettes à ses volontés. Ces deux hommes ayant vu Strafford en prison, et croyant qu'il n'échapperoit point des mains des parlementaires, s'étoient tous deux mis dans la tête le désir de commander l'armée en chef. Chacun avoit eu ce dessein sans en faire part à son compagnon; et l'un et l'autre avoient gagné quelques principaux officiers, sans qu'ils eussent aperçu l'un par l'autre qu'ils avoient chacun un compétiteur en leur personne. Hailmot alla parler au Roi de cette affaire en même temps que Gorrein en parla à la Reine pour le faire savoir au Roi; et Leurs Majestés se trouvèrent en même temps par leur confidence commune dans la joie et dans l'inquiétude tout ensemble. La Reine ayant dit au Roi le dessein de Gorrein, le Roi lui ayant confié celui de Hailmot, ils jugèrent aussitôt que l'ambition égale de ces deux hommes rendroit un d'eux leur ennemi par la préférence de l'autre; et qu'ainsi leur aventure seroit sue des parlementaires avant qu'ils se pussent servir des bonnes volontés de l'armée. Pour remédier à ce malheur, ils conclurent qu'il falloit travailler à les accorder, donnant à quelqu'un d'eux le commandement des troupes, et à l'autre quelque chose de si grand qu'il pût être content. Le Roi proposa à la Reine d'envoyer milord Germain, son premier écuyer, négocier cet accommodement avec eux, comme étant ami commun de tous les deux, d'un esprit doux et capable par ses avis de mettre la paix où elle ne pouvoit plus être lorsqu'ils seroient avertis de l'état où ils étoient. La Reine ayant de nouveau pensé au péril que couroit milord Germain de se mêler de cet accommodement, l'appela dans son cabinet; et après lui avoir appris le dessein du Roi, elle lui dit aussi son inquiétude, et la peur qu'elle avoit que le parlement venant à savoir cette intrigue ne chassât et lui et les plus confidens, et que le Roi et elle ne demeurassent sans avoir personne à qui pouvoir se confier. La conclusion de cet entretien fut de lui défendre de s'en mêler, et qu'elle le feroit trouver bon au Roi. Le Roi entrant en ce même temps en son cabinet, qui entendit qu'elle lui défendit quelque chose, répéta les mots de la Reine, et lui dit en riant : « Si fait, il le « fera. » Et la Reine du même ton lui répondit aussi en riant : « Non fait ; il ne le fera pas ; et quand je « vous aurai dit ce que c'est, je suis sûre que vous « serez de mon avis. — Dites donc, madame, lui dit « le Roi, afin que je sache ce que vous défendez, et « ce que j'ordonne. » La Reine lui fit part de son raisonnement, et lui dit que s'ils employoient à leur négociation ceux qui étoient nécessaires à leur service pour le secours de Strafford qu'ils vouloient sauver, ce secret venant à se savoir, qu'infailliblement le parlement les chasseroit, et que leur exil augmenteroit le mauvais état de leurs affaires. Le Roi trouva toutes ces raisons fort bonnes. Après avoir balancé ensemble l'importance de la chose avec la crainte du mauvais succès, ils conclurent néanmoins à la fin qu'il falloit hasarder tout pour un si grand bien, et que Germain iroit travailler à cet accommodement. Il y fit en effet tout son possible : il parla à tous deux ; il leur représenta l'importance de se démettre l'un ou l'autre du désir d'être général ; fait espérer à celui qui ne le sera pas la plus belle charge du royaume, et n'oublie rien pour bien servir son maître et ses amis. Mais la mauvaise destinée de cette maison royale, et du Roi en son particulier, firent que ces deux lords ne purent jamais se consoler d'être deux. Ils firent bonne mine ; et Gorrein, le soir même, emporté par l'ardeur de son ambition, qui lui fit manquer à l'honneur et à la fidélité, alla découvrir ce dessein au parlement. Il rendit par conséquent toutes ses peines inutiles et nuisibles au service de son Roi, et empira par cette lâche action les affaires de ce prince; au lieu que ses premiers desseins en devoient être le remède. Aussitôt le parlement envoya vers le Roi pour le supplier très-humblement de commander que personne de sa cour ne sortît de Whitehall, et lui dirent qu'ils avoient découvert une grande trahison où ils croyoient que Sa Majesté n'avoit point de part, et qu'elle seroit bien aise sans doute que les coupables en fussent punis. Hailmot, étant averti que tout étoit découvert, prit aussitôt la fuite. Milord Perci étoit chez le Roi, et milord Germain étoit dans Londres, qui se divertissoit et ne songeoit à rien. La Reine lui écrivit aussitôt de sa main par milord Perci, et lui manda de ne point revenir au palais, et d'aller à son gouvernement qui est une place forte et un port de mer, par où elle crut que lui et milord Perci pourroient se sauver en France. Elle lui donna aussi un passeport de la main du Roi, afin de les faire échapper ensemble de la persécution parlementaire. Le Roi et elle les envoyoient à Portmore, ne croyant pas que Gorrein eût rien découvert de leur entreprise; car ils s'imaginoient que la négociation de Germain étoit en bon état, et que par quelque autre biais ils avoient été découverts. Milord Perci, apprenant de quelqu'un qu'il rencontra au sortir de la maison royale que c'étoit Gorrein qui avoit trahi le Roi, ne s'amusa point à chercher milord Germain; il lui envoya le billet de la Reine, et se servant du passeport du Roi, il s'échappa et passa en France. Milord Germain, avec l'ordre de la Reine sans passeport, part aussitôt, et s'en va à Portmore trouver Gorrein qui étoit son ami, bien éloigné de penser qu'il avoit manqué de fidélité à son maître et à eux; il arriva dans sa place presque aussitôt que lui, quoiqu'il eût parti pour s'y rendre dans le moment qu'il eut découvert son secret au parlement. Gorrein fut surpris quand il vit son ami dans sa place : il lui demanda avec étonnement où il alloit? Milord Germain lui montra le billet de la Reine, et lui dit qu'ils étoient découverts; que lui-même devoit craindre aussi ; et qu'il n'avoit pas revu Leurs Majestés, mais qu'il étoit parti, aussitôt qu'il en avoit eu l'ordre, pour se rendre auprès de lui, selon leur commandement. Cet infidèle, le regardant avec douleur, lui dit : « Vous « n'avez rien à craindre pour moi, ni pour vous aussi ; « car j'ai assez de crédit pour vous sauver. Je suis « marri d'avoir fait une faute; mais je la réparerai à « votre égard, et je périrai plutôt que de vous manquer de fidélité. » Bientôt après il reçut un ordre du parlement d'arrêter Germain : il le mit dans sa poche, et n'en parla point. Les parlementaires lui dépêchèrent un homme exprès pour le presser de l'arrêter. Il nia d'avoir reçu leur ordre, et fit aussitôt embarquer son ami, disant à l'envoyé du parlement qu'il étoit parti, et qu'il n'étoit plus temps de demander de lui qu'il l'arrêtât. Il se déclara ensuite hautement contre le Roi, avouant ce qu'il avoit fait, et prenant pour son excuse envers le Roi qu'il n'avoit pu souffrir de compagnon dans le mérite ni dans la récompense du service qu'il avoit voulu lui rendre.

Voilà Leurs Majestés sans serviteurs ni sans conseil. Elles continuèrent leur assistance pour leur prisonnier Strafford; mais elles étoient plus foibles. Strafford, sachant qu'il avoit perdu ses deux amis Germain et Perci, eut alors fort mauvaise opinion de sa destinée, et dit lui-même qu'il étoit mort. Tous deux avoient de grands desseins de le sauver, et avoient résolu de le faire échapper par finesse, si la protection royale n'en pouvoit venir à bout. Ce n'est pas que le vice-roi d'Irlande se souciât de sa vie : il avoit pu se sauver plus d'une fois, qu'il ne l'avoit pas voulu faire, et toute son ambition étoit de confondre la malice de ses ennemis par les marques véritables de son innocence ; mais ses amis l'auroient peut-être forcé de prendre la voie la plus sûre. Il avoit été brouillé avec la Reine, mais depuis quelque temps il étoit lié à ses intérêts ; et après ce changement elle l'avoit beaucoup considéré, et lui l'avoit bien servie. La reconnoissance qu'elle en eut, jointe à sa considération propre et à celle du Roi son mari, fit qu'elle n'oublia rien pour le secourir, et pour lui donner la force de se retirer des mains de ses iniques accusateurs; mais il ne lui en resta que la satisfaction qui se rencontre toujours à faire des actions de bonté et de justice.

Leurs Majestés étant demeurées sans serviteurs, et le vice-roi sans amis auprès de son maître, ces cruels ennemis commencèrent à presser le Roi plus hardiment de leur abandonner ce ministre. Ils lui envoyèrent les évêques en corps, qui lui vinrent dire qu'il étoit obligé en conscience de perdre un seul homme pour sauver tout le royaume, sa personne et ses enfans. Il y résista, puis il douta s'il le devoit faire ; mais enfin il s'y résolut, et trois jours après la trahison de Gorrein, le Roi leur abandonna cet illustre prisonnier. Il avoit envoyé lui-même supplier le Roi de le faire, afin de les contenter : espérant qu'en lui donnant sa grâce aussitôt après sa condamnation, ils n'auroient peut-être pas la hardiesse de le faire mourir. Il prit néanmoins la résolution de s'exposer à tous les événemens que pouvoit produire la rage de ses méchans juges, et se résolut à la mort comme un homme sage et courageux, qui savoit connoître l'état où il étoit. Le Roi donc, pressé de tant de malheurs, se laissa vaincre à sa mauvaise fortune qui le forçoit à travailler lui-même à sa ruine, puisqu'en signant l'arrêt de son ministre il signa aussi celui qui peu de temps après fut prononcé contre lui.

Aussitôt que ces barbares révoltés eurent le consentement du roi d'Angleterre, sans écouter ni grâce ni commandement contraire, ils le firent mourir dans la place de la Tour de Londres; et, l'exposant au public, ils firent voir la beauté de son esprit et son admirable fermeté. Il parla fortement à ses ennemis; et, malgré leur barbarie, il les força de le regretter, et d'avouer sans doute, mais tacitement, qu'ils faisoient une injustice. Le Roi souffrit beaucoup de douleur, la Reine jeta beaucoup de larmes; et ils sentirent tous deux que cette mort leur feroit perdre quelque jour à l'un la vie, à l'autre le repos.

Après cette résolution, le Roi résolut d'aller tenir les Etats, parce qu'eux-mêmes le souhaitoient, et crut avec raison que sa présence remettroit les esprits de ce royaume dans une meilleure disposition. Il partit au mois de mai ou de juin, et laissa la Reine à Londres, qui partit aussitôt pour aller à Otland, une de leurs maisons, et mena ses enfans avec elle. Les parlementaires, quelque temps après, voulurent les lui ôter. Ils lui mandèrent qu'il seroit bon qu'elle les mît entre leurs mains pendant l'absence du Roi, parce qu'ils n'apprenoient rien auprès d'elle, et qu'ils craignoient qu'elle ne les fît papistes. La Reine répondit qu'ils se trompoient; que les princes avoient des maîtres et gouverneurs, et qu'elle ne les feroit point papistes, puisqu'elle savoit bien que ce n'étoit pas la volonté du Roi qu'ils le fussent. Mais, pour éviter leur insolence, elle fut contrainte de les envoyer à une autre maison voisine de celle-là, pour leur montrer qu'elle ne les tenoit pas toujours avec elle, d'où ils la venoient voir quelquefois. Les ennemis de cette princesse voulurent ensuite l'obliger à s'en aller hors du royaume, en lui faisant croire qu'ils avoient dessein de l'enlever. Ils envoyèrent, de la part du parlement, ordre à un gentilhomme qui commandoit le village où étoit sa maison, de se tenir prêt avec une certaine quantité de ses paysans armés, et en état de servir le Roi à leur commandement. Ce même ordre portoit de les attendre jusqu'à minuit au parc d'Otland, où il trouveroit de la cavalerie et des officiers qui lui devoient prescrire ce qu'il avoit à faire. Ce gentilhomme vint trouver la Reine, lui montra son ordre, et lui témoigna vouloir lui être fidèle. Elle lui dit de ne point obéir à ce que le parlement désiroit de lui, et de se tenir en repos. Cependant, sans s'étonner, elle envoya avertir ses principaux officiers qui étoient à Londres pour leurs propres affaires, et leur manda de se rendre auprès d'elle avant minuit, avec le plus de monde qu'il leur seroit possible; puis fit armer tous ses petits officiers, jusqu'à ses marmitons de cuisine. Elle alla ensuite se promener dans le parc, sans montrer aucune inquiétude ; et la nuit se passa sans qu'on vît aucune marque du dessein du parlement. Il y eut seulement vingt hommes à cheval ou environ, fort mal montés, qui parurent rôder autour du parc. Elle avoit déjà regagné Gorrein ; et croyant avoir besoin de lui, elle lui manda de se tenir prêt à Portmore, et que peut-être il la verroit bientôt dans sa place. Elle ordonna aussi des relais sur les chemins, en cas qu'elle fût forcée de fuir ; mais ne le voulant faire qu'à l'extrémité, elle ne se hâta point, et crut qu'il suffisoit de se tenir en état de n'être pas surprise. Elle envoya chercher milord Damby, et lui dit d'envoyer chez ses amis, afin d'avoir cent gentilshommes pour se tenir auprès d'elle : ce qui fut fait aussitôt. Afin que cette précaution ne parût point, la Reine vint à Hamptoncourt, pour s'approcher d'un gentilhomme voisin de cette maison, qui avoit toujours une grande quantité de beaux chevaux chez lui. On y mit ceux de la Reine, afin de les tenir prêts ; et après avoir donné les ordres nécessaires à sa sûreté, elle se tint en repos, et on l'y laissa sans la troubler. Au contraire, on lui fit de grandes excuses de ce commandement extraordinaire qui avoit été envoyé dans son village, et chaque membre du parlement nia d'en savoir quelque chose.

Pendant cet intervalle la Reine tâcha de gagner des créatures au Roi son mari : il y en avoit plusieurs qui témoignoient vouloir rentrer en leur devoir. Elle ramena à son service le maire de la ville de Londres, et celui-ci avec les autres firent que le Roi à son retour d'Ecosse, d'où il revint sans beaucoup de fruit, fut bien reçu dans sa ville capitale. Le peuple lui témoigna son affection par des cris de *vive le Roi*, par un grand concours de monde, et par tant de marques de joie, qu'il ne douta nullement que les cœurs de ses sujets ne fussent en bon état. La Reine, qui avoit été au devant de lui pour lui apprendre la disposition suivante de ses créatures, le suivit dans ce triomphe. Elle avoit ses enfans avec elle, et le prince entra dans Londres à cheval avec le Roi son père, et toute la famille royale eut part à toutes ces bénédictions publiques, qui eurent toutes les marques de bonne volonté qu'on pouvoit souhaiter. Le Roi étant arrivé voulut profiter de ces belles apparences pour tâcher, par un coup hardi, de se rendre maître de trois ou quatre personnes qui étoient les chefs de toutes les factions qui se faisoient contre lui, voyant bien qu'il ne pouvoit être paisible dans son royaume sans les arrêter; et se résolut d'exécuter lui-même son dessein dans le parlement, croyant qu'en traitant bien les autres, tous se rendroient à lui.

Le jour fut choisi pour faire cette grande action, qui apparemment devoit produire beaucoup de bien ou beaucoup de mal. Cette pensée étoit un important secret entre le Roi et la Reine, et très-peu de personnes étoient dans leur confidence. Ce prince partit d'auprès d'elle bien résolu de changer sa destinée par la perte de ses ennemis, et la laissa dans son cabinet, faisant des vœux pour cette entreprise. Le Roi, allant au parlement, rencontra quelques misérables qui lui présentèrent des requêtes et des supplications de peu de conséquence. Pour ne point faire l'empressé, il les écouta, et parla assez long-temps aux uns et aux autres. En quittant la Reine, il lui avoit dit en l'embrassant qu'il alloit être le maître, et qu'il espéroit dans une heure la venir trouver avec plus de puissance qu'il n'en avoit à leur séparation. Elle étoit demeurée avec l'émotion et l'impatience qu'elle devoit avoir. Elle avoit souvent regardé à sa montre pour voir si l'heure étoit passée, et écouta si les survenans ne lui apportoient point quelque nouvelle. Quand elle crut enfin que l'affaire étoit faite ou faillie, elle dit à madame de Carlisle, une de ses favorites qu'elle vit entrer dans son cabinet : « Réjouissez-vous, « car à l'heure qu'il est, le Roi est, à ce que j'espère, le « maître dans son Etat; et tels et tels sont sans doute « arrêtés. » Cette dame fut surprise du discours de la Reine. Elle avoit quelque parent ou quelque intime ami dans le nombre de ceux qu'on vouloit opprimer. Sans montrer aucune inquiétude de cette nouvelle, elle sortit, et alla vitement écrire un billet à un de ceux qu'on vouloit prendre, pour l'avertir du dessein du Roi. Ce prince ne faisoit que d'entrer au parlement. Aussitôt ils éclatèrent contre lui par mille plaintes, et dirent hautement que cet avis regardoit toute la compagnie. De cette sorte le parlement se sépara en l'état qu'on peut juger. Tous parurent fort mal contens. Ils voyoient qu'ils avoient offensé leur Roi, et qu'il vouloit les châtier, et jugèrent par conséquent qu'il n'y avoit point de remède pour eux que celui de pousser leur révolte à l'extrémité. La Reine, qui en cet endroit avoit fait une faute notable, en me contant sa légèreté se condamna elle-même; mais ce qui est admirable, quoiqu'elle l'eût avouée au Roi, je n'ai point remarqué qu'il l'en eût moins bien traitée. Elle en a fait pénitence par son repentir, et point du tout par aucun reproche que ce prince lui en ait fait.

Aussitôt après cette malheureuse indiscrétion, ce même peuple, qui venoit de combler le Roi de souhaits pour sa prospérité, ne manqua pas de se tourner contre lui, et de se laisser gagner à ses ennemis. Les peuples se mutinèrent dans Londres, et le Roi fut contraint d'en sortir, lui et toute la famille royale. Le lendemain de sa sortie de Whitehall, on vit six mille hommes, chacun un bâton à la main, où ils avoient attaché au bout un papier avec ce mot : *Liberté*.

Le Roi et la Reine n'allèrent pas plus loin que Hamptoncourt. Ils vouloient voir ce que deviendroient ces désordres, et croyoient être toujours en état d'en sortir quand il leur plairoit; mais ils se trompèrent, car le parlement envoya un ordre à toute la noblesse de se mettre sous les armes, et empêcher le Roi de s'en aller plus loin. Dans cette extrémité, ils firent semblant de ne point vouloir quitter leur maison, et montrèrent ne penser qu'à se divertir. Le Roi cependant fit dessein de s'échapper et de s'en aller à Hull en Yorkshire, qui est une place forte où il y avoit un magasin d'armes qui lui étoit nécessaire. Elle lui étoit encore commode parce que c'étoit un port de mer, et que cette province, voisine de l'Ecosse, lui étoit affectionnée; mais ne voulant pas laisser sa famille au pouvoir du parlement, il fit courir le bruit que la Reine vouloit aller conduire la princesse royale en Hollande. C'étoit une chose nécessaire de la mener à son mari le jeune prince d'Orange, qu'elle avoit épousé depuis peu. Ils la tenoient séparée de lui à cause de leur jeunesse. Les ennemis du Roi ne furent pas fâchés de cette absence : ils crurent peut-être qu'ils disposeroient du Roi plus aisément quand la Reine n'y seroit pas, et ils favorisèrent ce dessein autant qu'il leur fut possible. Elle, de son côté, vouloit aller en Hollande, pour pouvoir envoyer du secours au Roi son mari, et faire toutes les généreuses actions qu'elle a faites depuis.

Le Roi fit semblant de conduire la Reine jusqu'à Douvres, parce que c'est le chemin de Hull, et montra n'avoir autre dessein que celui de la chasse et du plaisir. Il fit partir tous ses équipages de chasse ; il se divertit plus en apparence qu'en effet. Il étoit touché d'une vive douleur de se voir en l'état où il étoit, gourmandé par ses propres sujets, et contraint de se séparer de sa femme qu'il aimoit chèrement, sans savoir ce qui arriveroit de leur destinée. La Reine s'embarqua à Douvres, et le Roi, pour la voir plus long-temps, côtoya plus de quatre lieues. Pendant qu'il chassoit et qu'il s'amusoit avec la Reine, il envoya le duc d'Yorck devant à Hull, pour en prendre possession. Le duc d'Yorck y fut reçu par le gouverneur, quoiqu'il y eût été mis à la prière du parlement depuis que le Roi n'agissoit plus de lui-même. Ce prince suivit le duc d'Yorck de fort près ; et néanmoins son malheur fut tel qu'entre le père et le fils il arriva au gouverneur une lettre par laquelle on l'avertissoit que le Roi avoit dessein d'aller à Hull, pour le faire arrêter et prendre sa place, et qu'il se donnât de garde de lui ouvrir les portes. Cet homme, effrayé de cet avis, ferma la porte au Roi à son arrivée, et retint le duc d'Yorck en son pouvoir. La faute de ce prince fut grande, de n'avoir pas prévenu les mauvaises intentions de ses rebelles sujets, qu'il falloit toujours gagner par la vigilance, plutôt que d'attendre de recevoir les premiers coups de leurs mains. Il n'étoit pas temps alors de s'amuser avec la Reine sa femme. Voilà peut-être comme on peut dire qu'elle étoit cause du malheur du Roi son mari.

La Reine fut bien reçue en Hollande par Henri, prince d'Orange; et comme il étoit aimé et respecté des Etats, cette princesse y reçut à sa considération toutes sortes de bons traitemens, de respects et de services de la part de son fils; car pour les bourgmestres, ils ne révèrent pas beaucoup la royauté. Ces hommes, peu accoutumés à la soumission et à l'obéissance due aux têtes couronnées, se venoient asseoir auprès d'elle dans des chaises, et se mettoient en conversation avec elle de la même manière qu'ils en usoient avec leurs égaux à La Haye. Ils entroient où elle étoit, le chapeau sur la tête; et après l'avoir regardée, ils s'en retournoient sans la saluer. La petite princesse, qui n'avoit que dix ans, demeura comme un enfant auprès de la Reine sa mère; et le prince de même, qui n'en avoit que quatorze, ne songeoit qu'à bien employer cet âge sous la conduite de ses maîtres qui étoient en grand nombre, le prince son père le voulant rendre digne successeur de ses ancêtres.

La Reine demeura une année tout entière en ce pays; et toute son occupation fut d'envoyer au Roi son mari de l'argent et des armes. Elle y mit ses pierreries en gage, et avec ce qu'elle put avoir des Etats et du prince d'Orange, elle envoya au Roi son mari de quoi armer quarante mille hommes. Ce qui lui servit beaucoup pour lever des troupes dans les provinces voisines de l'Ecosse, où il étoit demeuré depuis qu'il eut manqué le dessein d'Hull, et que le duc d'Yorck en fut sorti. Avec un si grand secours, la Reine voulut aller partager tout de nouveau les peines du Roi son mari. Elle se mit en mer avec onze vaisseaux remplis d'armes et de munitions, et laissa la princesse sa fille auprès de la princesse d'Orange sa belle-mère. La fortune, qui ne lui étoit pas favorable, ou pour mieux dire la volonté de Dieu qui règne sur les hommes, permit que son dessein fût traversé par une tempête de neuf jours, la plus forte et la plus grande qu'on ait jamais vue. Cette princesse souffrit pendant ces jours-là les frayeurs d'une mort continuelle et presque assurée, liée dans un petit lit, et ses femmes auprès d'elle liées de même. Quelques-uns de ses officiers, quelques prêtres et quelques capucins y étoient aussi. Elle et les catholiques se confessèrent, et l'horreur de la mort leur faisoit oublier la honte des offenses qu'ils avoient commises contre Dieu : ils s'accusoient tout haut, recevant les bénédictions à tous les effroyables momens qu'ils croyoient être les derniers de leur vie. Elle s'accoutuma à la mort ; et les premiers jours passés, quoiqu'elle et les siens fussent quasi sans espérance de se pouvoir sauver, ils ne laissoient pas de rire quand quelque occasion s'en présentoit ; et ils reprirent le manger et le boire, qui se mêloit aux cris, aux frayeurs et à toutes les autres misères naturelles. La tempête ayant enfin ramené la Reine à un petit port qui est près de La Haye, elle y descendit dans un état si étrange qu'il étoit impossible de l'approcher, par la puanteur de ses habits. Ils étoient pleins de tout ce qu'on peut s'imaginer de plus vilain, à cause que le bouleversement du vaisseau avoit fait un mélange des personnes et de toutes les saletés possibles. Leur étourdissement étoit tel, qu'elle et ses femmes ne purent de long-temps se tenir debout. Et le capucin, qui avoit accoutumé de lui dire la messe, ne la put célébrer à la première fête qu'avec l'aide de deux hommes qui le soutenoient par dessous les bras.

Après que cette princesse se fut reposée environ quinze jours, elle se mit courageusement sur la mer avec neuf vaisseaux qui lui étoient restés : car elle en avoit perdu deux ; et pour cette fois elle aborda sûrement en Angleterre par un petit village sur le bord de la mer. Elle demeura quelques jours en ce lieu, attendant des troupes du Roi qui la devoient venir escorter et recevoir. L'armée parlementaire, qui la suivoit de près, et qui l'avoit suivie sur la mer pour la prendre, vint border le rivage du lieu où elle étoit. Dormant la nuit dans son lit, elle fut réveillée par les coups de canon de ses ennemis, qui percèrent la maisonnette où elle étoit logée. Milord Germain, son premier écuyer et son ministre, la vint trouver, et lui dit qu'il falloit se sauver, et qu'elle étoit dans un péril extrême. Elle quitta ce lieu après avoir mis une robe sur elle, et alla se cacher dans des cavernes qui étoient hors du village. Elle avoit une laide chienne nommée Mitte, qu'elle aimoit fort, et qu'elle avoit laissée endormie dans son lit. Du milieu du village, se souvenant de Mitte, elle retourna sur ses pas ; et, malgré ceux qui la suivoient, elle alla reprendre cette bête, puis se sauva des coups de canon qui la menaçoient. Après que les parlementaires se furent lassés de canonner et que les troupes du Roi furent arrivées, la Reine se mit en chemin pour l'aller trouver. Elle augmenta ses troupes de quelques levées qu'elle fit dans cette province, et les arma des armes qu'elle avoit apportées. Ayant fait une belle armée, elle se mit à la tête de ses gens, et marcha droit vers le Roi son mari, toujours à cheval, sans nulle délicatesse de femme, vivant avec ses soldats à peu près comme on pourroit s'imaginer qu'Alexandre vivoit avec les siens. Elle mangeoit avec eux à découvert au soleil, sans nulles cérémonies: elle les traitoit comme ses frères, et ils l'aimoient tous uniquement. Ses victoires furent médiocres : et le vainqueur de toute l'Asie courut plus de hasards, donna plus de batailles, et fit plus de conquêtes que cette princesse. La sienne fut de prendre une ville en chemin, qui véritablement ne fut pas si bien défendue que la ville d'Anvers quand le duc de Parme l'assiégea, mais qui étoit assez considérable et utile à son parti. Le Roi son mari la reçut avec joie, en admirant son courage et son affection : et quand ils se virent avec de si belles armées, ils espérèrent de pouvoir surmonter leurs rebelles et infidèles sujets; mais toutes ces forces se dissipèrent peu de temps après, et leur furent inutiles.

Leurs Majestés Britanniques demeurèrent environ une année à travailler unanimement à vaincre le malheur de ne réussir à rien de tout ce qu'ils jugèrent devoir entreprendre ; puis, étant forcés de se séparer parce que la Reine devint grosse, elle quitta le Roi, et ce fut pour jamais qu'ils se séparèrent. Elle vint à Oxford, et de là à Exeter, où elle accoucha de sa dernière fille la princesse d'Angleterre ; et dans ses couches, étant continuellement menacée de ses ennemis, elle se résolut de venir en France demander du secours à notre Reine régente, qui déjà, comme je l'ai dit, lui avoit envoyé, avec madame Peronne sa sage-femme, vingt mille pistoles pour la secourir dans l'état pitoyable où elle étoit. Cette généreuse princesse, se contentant du peu d'argent qu'elle avoit apporté, envoya le présent de la Reine au Roi son mari, qui en avoit besoin pour entretenir et payer ses troupes. Quand elle partit, comme je l'ai remarqué, elle avoit été depuis peu de jours fort malade et en très-mauvais état. Passant d'Angleterre en France, elle fut poursuivie des parlementaires; et, dans la créance qu'elle alloit être prise par eux, étant à fond de cale pour se garantir des coups de canon, elle fit venir le pilote, et lui commanda de ne point tirer, mais d'avancer toujours chemin, et de mettre le feu aux poudres, s'il voyoit qu'elle ne pût échapper. Elle ne l'auroit peut-être pas souffert; mais, sur cette résolution, ses femmes et ses domestiques jetèrent des cris horribles: elle seule demeura dans un silence courageux, montrant braver la mort et ses ennemis, par le mépris qu'elle faisoit de l'une et des autres. Elle ne sentit en cette rencontre rien de violent dans son ame que le désir de fuir la honte de se voir soumise à la volonté des parlementaires; et la seule pensée de voir qu'en ordonnant sa mort elle ne faisoit pas ce qu'une chrétienne devoit faire, la fit repentir de sa résolution. N'ayant pas le courage de vaincre elle-même son orgueil, elle demeura indécise sur la gloire éternelle et la mondaine; mais Dieu la sauva, la faisant heureusement échapper de ce péril, et aborder à un des ports de Bretagne. Lorsqu'elle put apercevoir les côtes de France, elle se mit dans une chaloupe, et descendit dans un village au travers des roches où elle eut de la peine à passer, où des paysans la logèrent dans une petite maison couverte de chaume; mais quelques gentilshommes du pays ayant appris que c'étoit cette princesse, qui paroissoit plutôt une misérable héroïne de roman qu'une reine véritable, ils lui amenèrent des carrosses qui servirent à faire son voyage de Bourbon, où je l'ai laissée en commençant cette narration. Comme la mémoire du roi Henri IV est chère aux Français, elle fut toujours suivie d'une fort grande foule de peuple, qui couroit après pour la voir. Elle étoit fort malade et fort changée, ses infortunes lui ayant donné une si grande tristesse, et son esprit étant si pénétré de ses malheurs, qu'elle pleuroit presque toujours : ce qui fait voir ce que peut la douleur sur l'ame et sur le corps; car naturellement cette princesse étoit gaie et parloit agréablement : si bien que dans le fâcheux état où elle se trouvoit, disant un jour à ce grand médecin Mayerne, qui étoit auprès d'elle, qu'elle sentoit sa raison s'affoiblir, et qu'elle craignoit d'en devenir folle, à ce qu'elle m'a conté, il lui répondit brusquement : « Vous n'avez que faire de le craindre, « madame, vous l'êtes déjà. » Elle trouva véritablement quelques remèdes à ses maux corporels en France son pays natal, dont l'air et les eaux lui furent salutaires; mais il fallut bien du temps pour adoucir les autres. Je dirai ailleurs comme elle nous a paru quand nous la vîmes à la cour; mais, avant que de reprendre la suite de mes Mémoires de l'année 1644, je suis bien aise de joindre ce que j'ai su de ce qui a pu contribuer encore aux malheurs du roi et de la reine d'Angleterre depuis le récit qu'elle m'en a fait, et qui s'y rapporte assez.

Quelques particularités de la négociation du comte d'Estrades en Angleterre, en l'année 1637.

Le comte d'Estrades fut envoyé vers le roi et la reine d'Angleterre en 1637, de la part du feu Roi et du cardinal de Richelieu. Il m'a dit, depuis que j'ai écrit le récit que cette Reine affligée m'a fait, que le sujet de son voyage étoit pour obliger ce prince à demeurer neutre, au cas que le Roi et le prince d'Orange voulussent attaquer quelques places sur cette côte de Flandre. Il m'a fait voir son instruction et les lettres de ce grand ministre, ses réponses, et le détail de cette négociation. Ce sont des choses qui font voir la source des malheurs de ce royaume, que la reine d'Angleterre n'a pas connue, quoiqu'elle y ait contribué, et combien on doit examiner une proposition importante avant que de l'accepter ou de la refuser. Le cardinal de Richelieu avoit ordonné à d'Estrades de voir la reine d'Angleterre avant de présenter au Roi son mari la lettre que le Roi lui écrivoit, et de travailler à guérir l'esprit de cette princesse des mauvais offices que la duchesse de Chevreuse lui avoit rendus, et des dégoûts qu'elle y avoit fait naître contre lui; nommant cette dame méchante et artificieuse dans ses Mémoires. Il lui donna une lettre pour la présenter à la reine d'Angleterre, par laquelle il l'assuroit de ses services et de sa fidélité particulière envers elle, et des sincères intentions qu'il avoit de la servir utilement; mais il défendit à d'Estrades de la lui donner, s'il ne trouvoit en elle des dispositions favorables pour la bien recevoir; et il n'oublioit pas de l'assurer de la protection du Roi pour défendre Leurs Majestés des maux que leurs sujets déjà révoltés montroient leur vouloir procurer.

L'ambassade du marquis de Seneterre avoit persuadé le Roi et la Reine que le cardinal de Richelieu leur étoit contraire; et quand d'Estrades lui parla, elle répondit, aux offres et aux promesses de fidélité qu'il lui fit de sa part, qu'elle étoit mieux informée de ses intentions pour ce qui la regardoit; qu'elle savoit qu'il n'étoit pas de ses amis, qu'elle ne désiroit rien de lui, et qu'elle ne vouloit nul éclaircissement là-dessus, sachant, à n'en pouvoir douter, qu'il n'étoit pas de ses amis. D'Estrades, étonné de cette réponse, judicieux et obéissant, ne lui donna point sa lettre; mais il lui représenta, autant qu'il lui fut possible, qu'elle se trompoit dans le jugement qu'elle faisoit de lui, et se contenta de lui présenter celle du Roi. Elle lui répondit sur ce qu'il demandoit au Roi son mari, après l'avoir lue, qu'elle ne se mêloit point des affaires de cette nature; mais ajouta qu'elle lui en parleroit, et dit au comte d'Estrades qu'elle avoit eu une bonne réprimande sur la proposition que lui faisoit le Roi son frère de demeurer neutre en laissant attaquer les côtes de Flandre, et qu'il allât le trouver. Il y fut; et ce prince, sur les offres qu'il lui fit de la part du Roi et de son ministre, et qui furent grandes, lui répondit qu'il feroit tout ce qu'il pourroit pour témoigner son amitié, pourvu qu'il ne fût pas préju diciable à son honneur, à son intérêt et à celui de son royaume : ce qui arriveroit si le Roi et les Etats attaquoient les places maritimes de Flandre; qu'afin de les pouvoir secourir il tiendroit sa flotte aux Dunes en état d'agir, et quinze mille hommes pour y passer.

Sur la fin de l'été, la cour alla à Fontainebleau. La Reine avoit toujours aimé cette belle et délicieuse maison de nos rois plus que toutes les autres. C'est pourquoi tous les divertissemens que la seconde année de son deuil lui put permettre de prendre y furent pris et recherchés avec soin. Le cardinal y fut malade d'une fièvre continue qui donna de l'inquiétude à la Reine et de la joie aux courtisans, qui aiment la nouveauté et la souhaitent. On crut alors que si le cardinal fût mort, Châteauneuf eût pris sa place : et la Reine même s'étoit laissée entendre là-dessus ; mais il revint en santé, et toutes choses reprirent leur train ordinaire. En septembre 1644, on élut à Rome le cardinal Pamphile (1), qui étoit le seul que la France appréhendoit qui fût pape. Les Barberins s'attirèrent la haine du Roi pour l'avoir élu à cette dignité. On leur ôta publiquement les marques d'être les protecteurs de la France, et notre ministre n'oublia rien de ce qui les pouvoit faire repentir de la faute qu'ils avoient faite. Ils furent même si maltraités sous le pontificat de celui qui par leurs suffrages avoit été mis dans la chaire de Saint-Pierre, qu'ils furent contraints, après avoir offensé le Roi, de venir lui demander sa

(1) *Le cardinal Pamphile :* Ce pape prit le nom d'Innocent x.

protection. Elle leur fut accordée par le cardinal Mazarin, qui, après avoir été leur courtisan, eut le plaisir de les voir à sa porte lui faire la cour à leur tour. Leur grandeur fut soumise à la sienne : rien n'est permanent sous le ciel.

La campagne du duc d'Enghien augmenta sa réputation d'une gloire éclatante, et il donna un combat à Fribourg qui doit tenir une grande place dans l'histoire; mais comme le hasard voulut alors que je n'en remarquasse pas les particularités, et que je n'en ai rien trouvé dans mes premiers brouillons, je n'en puis dire davantage. Monsieur, dans cette même année [1644], commanda une belle armée qui, sous ses ordres, fut avantageusement employée au service du Roi. La même raison qui me fait taire sur le duc d'Enghien me fait taire sur ce prince; et je m'en rapporte à ce que les auteurs écriront. Tous deux, sur la fin de la campagne, revinrent trouver la Reine à Fontainebleau, comme elle étoit près de retourner à Paris commencer son hiver. Elle les reçut avec joie, et le temps qu'ils y demeurèrent elle prit plaisir de les divertir autant qu'il lui fut possible. Leur union paroissoit être aussi grande qu'elle le peut être parmi des princes qui ne font pas profession de sincérité; et l'état où étoit la cour sembloit nous présager une paix éternelle.

Isabelle de France, reine d'Espagne, mourut vers le commencement de l'hiver, digne fille de Henri-le-Grand, et très-digne de l'estime que l'Europe avoit pour elle. Elle fut regrettée dans toute son étendue, et ses peuples, qui avoient une grande vénération pour elle, en furent affligés. Le Roi son mari ne l'avoit pas toujours aimée autant qu'elle méritoit, à cause qu'il étoit trop galant, pour ne pas dire pis. Mais quand elle mourut, il commençoit à connoître ses belles qualités et sa capacité. Il la laissoit alors gouverner son royaume : ce qu'elle faisoit avec beaucoup de gloire; si bien qu'il la regretta infiniment. J'ai ouï dire à feu ma mère, qui avoit eu l'honneur d'être connue d'elle à son retour d'Espagne, peu de temps avant que cette princesse partît de France, qu'elle étoit belle et agréable, et qu'elle s'en alla bien contente, se voyant reine d'un si grand royaume. Elle y vécut quelques années agréablement. Le prince d'Espagne étoit beau et bien fait, et ils s'aimèrent. On a même cru que le Roi son beau-père, la trouvant belle, différa de les mettre ensemble, prétendant la prendre pour lui-même. On m'a dit depuis que cela n'étoit véritable qu'en ce qu'il l'aima comme sa fille, et fort tendrement. Mais le prince son mari, après être devenu Roi, eut tant de maîtresses de toutes conditions, que, par la jalousie qu'elle eut raison d'avoir, toute sa vie fut pour elle un tourment aussi sensible qu'il fut long et douloureux. Elle eut sujet de s'en plaindre, mais ses plaintes furent toujours inutiles; et quoiqu'elle fût aussi chaste qu'il étoit voluptueux, les coutumes d'Espagne furent d'abord rigoureuses pour elle. La reine d'Angleterre, long-temps après la mort de cette princesse, m'a conté que le roi d'Angleterre son mari, étant prince de Galles, fit un voyage en Espagne pour demander l'Infante, sœur cadette de la Reine notre maîtresse, qui depuis a été impératrice; qu'ayant trouvé la reine d'Espagne à son gré, il avoit quelquefois cherché l'occasion de lui parler sans truchement :

car, quoique Française, elle n'osoit lui parler français ; et que, lui ayant dit quelques mots en cette langue, elle lui répondit tout bas : « Je n'oserois vous « parler en ce langage sans permission, mais je la « demanderai ; » que, l'ayant obtenue, elle lui avoit seulement parlé une fois, où elle lui dit qu'elle auroit souhaité qu'il eût épousé sa sœur, qu'il épousa en effet, parce que le mariage de l'Infante se rompit ; que depuis cette conversation, et quelques marques qu'il donna peut-être d'aimer à la voir à la comédie, on lui fit dire doucement de ne plus parler à elle que c'étoit la mode en Espagne d'empoisonner les galans des reines. Depuis ce charitable avis il ne lui parla plus, et ne la put voir à découvert ; car elle n'alla plus à la comédie que dans une loge toute fermée.

La Reine voulut rendre à la mémoire de cette illustre Reine, doublement sa belle-sœur, ce qu'on devoit à sa qualité de fille de France. On lui fit un service selon la coutume, avec toute la magnificence due à une si grande princesse. Dans ces sortes d'occasions il arrive souvent que les rangs, qui ne sont point réglés en France, produisent de grandes querelles. Mademoiselle, comme petite-fille de roi, prétendoit qu'il y avoit beaucoup de distinction entre elle et madame la princesse. D'autre côté, le duc d'Enghien, voulant soutenir son rang et la grandeur que sa naissance et sa gloire lui donnoient, demanda à la Reine que madame la duchesse sa femme pût en toutes choses suivre l'exemple de Mademoiselle, prétendant qu'elle n'étoit que première princesse du sang. La Reine dans ce moment, peu attentive aux intérêts de Mademoiselle, sans considérer qu'elle étoit en possession de quelques prérogatives qui mettoient différence entre sa famille et celle de Condé, lui accorda ce qu'il lui demanda. Madame de Longueville, qui avoit perdu son rang en épousant le duc de Longueville, et qui avoit pris un brevet du Roi par lequel il étoit conservé, voulut aussi se servir de cette occasion pour se rétablir dans le droit que lui donnoit le sang de Bourbon, et prétendit, en suivant la duchesse d'Enghien, faire ce qu'elle feroit.

Mademoiselle, étant avertie des desseins contre elle, ne voulut point se trouver au service de la reine d'Espagne sa tante. Quand l'heure fut venue de partir, elle dit qu'elle étoit malade, et qu'elle ne pouvoit sortir de chez elle. La Reine, d'abord qu'elle sut la difficulté qu'elle faisoit, en fut mal satisfaite; elle envoya lui ordonner de partir, et en fit ses plaintes au duc d'Orléans. Ce prince la condamna, et désapprouva son procédé; si bien que cette princesse se trouva dans cette occasion abandonnée non-seulement de la Reine, mais encore de Monsieur, son père, de qui elle soutenoit la grandeur en soutenant son rang. Mademoiselle, ne pouvant tenir ferme contre de si rudes attaques, céda malgré elle à la force, et alla à Notre-Dame s'exposer aux prétentions de ceux qui, pour avoir l'honneur d'être de ses parens, vouloient l'égaler. Elle avoit ordonné, en partant, que deux personnes de qualité porteroient sa robe; mais aussitôt que le duc d'Enghien l'aperçut, il fit signe à un des siens de se joindre à celui qui déjà portoit celle de Madame sa femme, qu'il portoit lui-même par la main. Madame de Longueville, qui vit qu'en se mettant dans les chaires des chanoines Mademoiselle avoit voulu mettre une place vide entre elles, poussa madame la duchesse d'Enghien sa belle-sœur, et toutes deux se mirent dans les places suivantes. Mademoiselle fut sensiblement touchée de ce traitement : elle en pleura et en fit beaucoup de bruit, représentant qu'elle avoit des marques de la différence qui devoit être entre elle et madame la princesse, qui en toutes occasions lui devoient donner de l'avantage sur elle, comme d'avoir un dais dans la maison du Roi, d'avoir un carrosse cloué, des valets de pied à chausses retroussées, et de ne donner chez elle aux princesses du sang qu'une chaise à dos, elle étant dans un fauteuil. Sa colère fut abattue par celle que la Reine témoigna contre elle. On proposa de l'envoyer en religion faire quelque séjour de pénitence; mais au lieu de soutenir sa petite disgrâce par une noble indifférence, elle eut recours à madame la princesse, ou plutôt elle accepta les offres qu'elle lui fit faire de la raccommoder avec la Reine, dont elle fut infiniment blâmée. Le duc d'Enghien disoit pour ses raisons qu'elle se devoit tenir aux prérogatives qu'elle avoit, sans en prétendre toujours de nouvelles, et que les avantages qu'elle avoit déjà étoient les seuls dont elle devoit jouir. Monsieur s'avisa, sur le tard, que Mademoiselle sa fille avoit eu raison. Il fit le fâché, s'en plaignit à la Reine, et alla gronder trois jours à Chambord. La Reine, qui avoit permis au duc d'Enghien de faire ce qu'il avoit fait, crut être obligée, pour le bien de la paix, de le décharger de cette faute au cas qu'il y en eût, et de prendre le tort sur elle; si bien qu'avec quelques excuses de sa part, et quelques complimens du duc d'Enghien, toutes choses s'apaisèrent aisément.

La reine d'Angleterre vint à Paris à peu près dans ce même temps. Il y avoit trois ou quatre mois qu'elle étoit à Bourbon. La Reine la fut recevoir avec le Roi et le duc d'Anjou, le véritable Monsieur, jusque hors de la ville. Ces deux grandes princesses s'embrassèrent avec tendresse et amitié, et se firent mille complimens qui ne tenoient rien du compliment. On la mena loger au Louvre qui pour lors étoit abandonné, et pour maison de campagne on lui donna Saint-Germain. Comme les affaires du Roi étoient en bon état, et que la guerre n'avoit point encore ruiné les finances royales, on lui donna ensuite une pension de dix ou douze mille écus par mois, et en toutes choses elle eut grand sujet de se louer de la Reine.

Cette princesse étoit fort défigurée par la grandeur de sa maladie et de ses malheurs, et n'avoit plus guère de marques de sa beauté passée. Elle avoit les yeux beaux, le teint admirable, et le nez bien fait. Il y avoit dans son visage quelque chose de si agréable qu'elle se faisoit aimer de tout le monde; mais elle étoit maigre et petite : elle avoit même la taille gâtée ; et sa bouche, qui naturellement n'étoit pas belle, par la maigreur de son visage étoit devenue grande. J'ai vu de ses portraits, qui étoient faits du temps de sa beauté, qui montroient qu'elle avoit été fort aimable : et comme sa beauté n'avoit duré que l'espace du matin et l'avoit quittée avant son midi, elle avoit accoutumé de maintenir que les femmes ne peuvent plus être belles passé vingt-deux ans. Pour achever de la représenter telle que je l'ai vue, il faut avouer qu'elle avoit infiniment de l'esprit, de cet esprit brillant qui plaît aux spectateurs. Elle étoit agréable dans la société, honnête, douce et facile; vivant avec ceux qui avoient l'honneur de l'approcher sans nulle façon. Son tempérament étoit tourné du côté de la gaieté; et parmi les larmes, s'il arrivoit de dire quelque chose de plaisant, elle les arrêtoit en quelque façon pour divertir la compagnie. La douleur quasi continuelle qui lui donnoit alors beaucoup de sérieux et de mépris pour la vie la rendoit à mon gré plus solide, plus sérieuse et plus estimable qu'elle ne l'auroit peut-être été si elle avoit toujours eu du bonheur. Elle étoit naturellement libérale; et ceux qui l'avoient vue dans sa prospérité nous assuroient qu'elle avoit épuisé des trésors à faire du bien à ceux qu'elle aimoit. Son favori, qui selon le dire du public avoit quelque part aux malheurs d'Angleterre, étoit assez honnête homme et d'un esprit doux, mais qui parut fort borné, et plus propre aux petites choses qu'aux grandes. Il avoit pour elle cette fidélité qu'ont d'ordinaire tous les ministres : il vouloit avoir de l'argent, préférablement à tout le monde, pour subvenir à sa dépense qui en tout temps a été grande. Cette princesse avoit sans doute trop de confiance en lui, mais il est vrai qu'il ne la gouvernoit pas absolument; elle avoit souvent une volonté contraire à la sienne, qu'elle défendoit en maîtresse absolue : ce qu'elle faisoit avec sensibilité à l'égard de tous; car de son naturel elle étoit un peu dépitée, et elle avoit de la vivacité. Elle soutenoit ses sentimens avec de fortes raisons; mais elles étoient accompagnées d'une beauté, d'une raillerie qui pouvoient plaire, et corriger tout ensemble les marques de hauteur et de courage qu'elle a données dans les actions principales de sa vie. Elle manquoit de belles et grandes connoissances qu'on peut acquérir par la lecture : ses malheurs avoient réparé ce défaut, et de fâcheuses expériences lui avoient donné de la capacité. Nous la verrons en France perdre cette couronne chancelante qu'elle portoit encore, perdre le Roi son mari d'une mort effroyable, et souffrir constamment toutes les adversités qu'il a plu à Dieu lui envoyer.

Les cabinets des rois sont des théâtres où se jouent continuellement des pièces qui occupent tout le monde : il y en a qui sont simplement comiques ; il y en a aussi de tragiques, dont les plus grands événemens sont toujours causés par des bagatelles. Après avoir parlé des horribles effets de la fortune, et de l'indolence avec laquelle elle se moquoit des têtes couronnées, il faut remarquer ici ceux que produit cette folle passion, qui ne se contente pas d'intrigues de plaisir, mais, se mêlant dans toutes les affaires les plus sérieuses, ne manque jamais de faire de grands désordres quand elle est maîtresse du cœur des hommes. Mademoiselle de Boutteville-Montmorency, fille de Boutteville qui avoit eu la tête tranchée pour s'être battu en duel contre l'expresse défense du roi Louis XIII, étoit aimée du comte de Châtillon appelé Dandelot. Il étoit frère de Coligny, qui s'étoit battu contre le duc de Guise, ainsi que je l'ai écrit. Le maréchal et la maréchale de Châtillon, ses père et mère, s'opposèrent à cette inclination, tant à cause que mademoiselle de Boutteville n'étoit pas riche que parce qu'elle étoit catholique ; si bien qu'ils voyoient par ce mariage leur famille dans un engagement qu'ils appréhendoient infiniment. Pour y remédier, ils désiroient que leur fils épousât mademoiselle de La Force, grande héritière et bonne huguenote, deux qualités qui les accommodoient davantage, à cause de leur ancien attachement à la religion prétendue réformée. Madame de Boutteville disoit de son côté qu'elle ne consentiroit jamais que sa fille, qui étoit de la maison de Montmorency, épousât personne contre le gré de ses parens; et qu'elle ne croyoit pas, quoiqu'elle n'eût pas de bien, que ce lui fût un avantage d'entrer dans une maison incommodée, où elle ne porteroit point les richesses qu'elle pourroit espérer dans une autre, et où par conséquent elle seroit méprisée. Si les pères étoient de même sentiment, le comte de Châtillon et mademoiselle de Boutteville étoient d'accord ensemble pour faire le contraire de ce que leurs proches désiroient. Après avoir fait toutes les choses possibles pour vaincre les difficultés qui s'opposoient à leur bonheur, ils se résolurent d'y apporter le remède qui étoit en leur pouvoir, étant assurés d'être soutenus par le duc d'Enghien, leur parent commun, qui étoit leur protecteur et leur confident. L'amant enleva sa maîtresse, et on crut que sa maîtresse y avoit consenti; mais comme le cœur humain a beaucoup de plis et de replis, et que dans les aventures de la vie il y a beaucoup de pensées différentes qui contribuent à leur succès, il arriva que le duc d'Enghien, qui aimoit mademoiselle Du Vigean, sut par elle que son père la vouloit marier au comte de Châtillon, et avoit offert au maréchal de Châtillon une dot considérable, pourvu qu'il pût avoir son fils pour gendre. Cette nouvelle avoit donné de furieuses alarmes à ce prince. Il en donnoit souvent aux ennemis de l'Etat; mais son cœur n'étant pas si vaillant contre l'amour que contre eux, il sentit une douleur extrême, et ne put souffrir qu'un autre possédât ce que la vertu de cette honnête fille lui défendoit d'espérer. Pour éviter ce chagrin, il jugea qu'il falloit entrer dans les intérêts de Dandelot et le fortifier dans sa passion. Il lui conseilla donc d'enlever mademoiselle de Boutteville, et de se satisfaire par lui-même. Il se chargea en particulier de l'événement de la chose, et leur promit aussi de la faire approuver par madame la princesse, qui aimoit mademoiselle de Boutteville à cause qu'elle avoit l'honneur d'être sa parente.

Le duc d'Enghien avoit une si forte passion pour mademoiselle Du Vigean, que j'ai ouï dire à madame Du Vigean sa mère qu'il lui avoit souvent dit vouloir rompre son mariage, comme ayant épousé la duchesse d'Enghien sa femme par force, afin d'épouser sa fille, et qu'il avoit même travaillé à ce dessein. J'ai ouï dire à madame de Montausier, qui a su toutes ses intrigues, que ce prince avoit fait semblant d'aimer mademoiselle de Boutteville par l'ordre exprès de mademoiselle Du Vigean, afin de cacher au public l'amitié qu'il avoit pour elle; mais que la beauté de mademoiselle de Boutteville ayant donné frayeur à mademoiselle Du Vigean, elle lui avoit défendu peu après de la voir ni de lui parler, et qu'il lui avoit obéi si ponctuellement que tout à coup il rompit tout commerce avec elle; et que, pour montrer qu'il n'avoit nul attachement à sa personne, il l'avoit fait épouser à Dandelot. Si mademoiselle Du Vigean fut satisfaite des sentimens du duc d'Enghien, mademoiselle de Boutteville ne le fut pas moins de sa destinée. Elle aimoit celui qu'on lui donnoit; et, comme ambitieuse et prudente, elle n'étoit pas fâchée de trouver un aussi bon parti que l'étoit pour elle le comte de Châtillon, trop grand seigneur par sa naissance pour manquer d'avoir de grands établissemens à la cour, soit par le duc d'Enghien, soit par lui-même. J'ai ouï dire qu'elle ne sentit guère la perte de la galanterie de ce prince; et la seule peine qu'elle en eut fut de savoir que, pour plaire à mademoiselle Du Vigean, il avoit fait contre elle des railleries un peu trop fortes pour être reçues avec indifférence. Le même jour de l'enlèvement il conta à madame de Longueville et à mademoiselle de Rambouillet, depuis madame de Montausier, en des termes assez offensans, qu'elle avoit eu beaucoup de facilité à se résoudre à cette aventure, et ne l'épargna pas sur aucun article. Cet enlèvement se fit avec assez de rumeur et d'accidens fâcheux, qui lui furent un pronostic assuré du peu de bonheur de son mariage. Madame de Valencé sa sœur aînée, la ramenant chez elle, fut étonnée de voir des gens à la porte de sa maison qui prirent mademoiselle de Boutteville et l'emportèrent entre les bras de son ravisseur. Il l'attendoit proche de cette maison dans un carrosse à six chevaux prêt à faire voyage. Mademoiselle de Boutteville fit semblant de crier, afin de cacher à ses proches l'agrément qu'elle avoit donné à cette action. Quelques valets les vouloient défendre, et le suisse de madame de Valencé y fut tué, qui paya de son sang et de sa vie les plaintes du monde les moins tristes. Ces deux aimables personnes, étant sorties de Paris, quittèrent le carrosse pour aller plus vite : ils prirent des chevaux, et se hâtèrent d'aller à Fleury, dont le duc d'Enghien étoit le maître. Je ne sais où ils se marièrent, et je ne suis pas instruite des particularités de cette cérémonie; elle se fit sans doute selon l'ordre ordinaire et avec peu de témoins. Je m'arrêterai seulement à ce qui se passa le soir chez la Reine, et qui fut une plaisante comédie.

La Reine étoit déjà toute déshabillée et prête à se mettre au lit, lorsqu'on lui vint dire que madame la princesse étoit dans son grand cabinet qui demandoit à la voir. Elle en fut surprise, à cause qu'il étoit plus de minuit; et cette heure n'étoit plus propre à de telles visites. Elle commanda qu'on la fît entrer; mais ce fut avec un peu de curiosité de savoir la cause de cette visite si extraordinaire. Aussitôt que madame la princesse fut auprès de la Reine, qui achevoit de se coiffer de nuit, elle lui dit d'un ton pitoyable: « Madame, « voilà une pauvre femme, lui montrant madame de « Boutteville, qui est sensiblement affligée du malheur « qui vient de lui arriver. Elle vient vous demander « justice contre monsieur de Châtillon qui vient d'en- « lever sa fille. » Madame de Boutteville se jeta aussitôt aux pieds de la Reine: elle étoit tout échevelée, son collet étoit déchiré, ses habits demi-rompus. Elle faisoit des cris comme si en effet le comte de Châtillon eût été un voleur de grand chemin, et comme si sa fille eût souffert la plus grande violence du monde. Madame de Valencé, sa fille, supplia aussi la Reine qu'on allât après ce criminel, qui ne méritoit pas moins que la mort pour avoir outragé leur maison. Madame de Boutteville exagéra en des termes fort éloquens la violence que souffroit sa fille dans cet enlèvement, la peine que sa vertu et sa modestie lui feroient souffrir

quand elle se verroit toute seule sans femme au pouvoir d'un homme qu'elle n'avoit jamais osé regarder sans sa permission ; et dit à la Reine qu'après avoir été élevée dans cette retenue, c'étoit une chose bien horrible de se voir enlever avec force par un homme qu'elle ne pourroit jamais considérer que comme son tyran. Elle jetoit tant de larmes et poussoit tant de sanglots de son cœur qu'elle eût presque donné de la pitié aux témoins de sa douleur, s'il eût été facile de croire que deux personnes de pareille condition, tous deux jeunes, qui se voyoient souvent, et depuis longtemps, pussent n'être pas d'accord. La Reine, devinant à peu près la vérité, crut facilement que la mère faisoit semblant d'être affligée, ou qu'elle étoit prise pour dupe par sa propre fille. Elle lui répondit le plus doucement qu'il lui fut possible, afin de donner aux grandes apparences de sa douleur quelque sorte de compassion. Ayant ensuite quitté sa toilette, elle se tourna du côté de madame la princesse, et lui dit tout bas : « Ma cousine, je pense que je ne dois pas me
« mettre en peine de punir le coupable : il y a lieu de
« croire que mademoiselle de Boutteville seroit fâchée
« qu'on troublât sa joie, et que sa mère, tout éplo-
« rée qu'elle est, ne voudroit pas qu'on lui ramenât
« M. de Châtillon sans être son gendre. » Madame la princesse, qui depuis quelques momens savoit la vérité de l'histoire, quittant alors un peu son sérieux, et se tournant du côté de la muraille, se mit à rire, et dit à la Reine : « Au nom de Dieu, madame, ne me
« faites pas ici faire un personnage ridicule : ne me
« dites rien, j'ai assez de peine à me retenir, et à
« bien jouer mon jeu. Mon méchant fils a fait cette

« affaire : tout le monde est content ; et les larmes de
« cette pauvre femme, dont je n'oserois me moquer
« publiquement, me donnent une grande envie de
« rire en particulier. Ils ont fait tout ce tripotage sans
« moi ; et après cela il faut que j'en pâtisse, et que
« pour récompense de mes peines je ne m'en puisse
« pas réjouir. » Alors, se tournant toutes deux vers
madame de Boutteville, qui continuoit à pleurer et à
faire d'inutiles plaintes, la Reine lui dit les plus douces
paroles du monde, la consola, lui prédit que quelque
jour elle se consoleroit, la pria d'aller se reposer,
l'assurant enfin qu'elle auroit soin de la satisfaire. Madame la princesse approuva les conseils de la Reine,
et conclut qu'il falloit avoir patience. Le duc d'Amville (1), de la maison de Ventadour, arriva là-dessus.
Il étoit neveu de madame la princesse, et par conséquent parent de mademoiselle de Boutteville ; mais,
pour son malheur, il étoit amoureux d'elle ; et, dans
le trouble où il étoit de cette aventure, il dit à la
Reine que le comte de Châtillon avoit commis un attentat qu'il falloit punir ; que sa cousine n'étoit point
de condition à être traitée de la sorte, et qu'il la supplioit d'envoyer de ses gardes courir après elle. La
Reine lui répondit d'un ton un peu bas : « Mon pauvre
« Brion, car il avoit autrefois porté ce nom, je vois
« bien que vous êtes le plus fâché de la compagnie ;
« mais il n'y a remède, il faut s'y résoudre : votre
« cousine seroit sans doute bien fâchée de ce secours ;
« et comme bon parent il faut condescendre à ses
« inclinations. » Cette harangue obligea le pauvre

(1) *Le duc d'Amville*: François-Christophe de Lévi, comte de
Brion, puis duc d'Amville.

désespéré à se taire ; et la mère, se lassant de pleurer, commença à calmer son esprit : si bien que madame la princesse la ramena chez elle, et le temps la consola en apparence et en effet, mais ne la fit pas moins fière ou moins dissimulée ; car, après le retour de la comtesse de Châtillon sa fille, ce fut elle qui se rendit la dernière à lui pardonner son mariage. Il ne fut pas si heureux qu'apparemment il le devoit être. Le comte de Châtillon se dégoûta par la possession : il aima une des filles de la Reine, qui n'étoit pas si belle que sa femme ; et cette dame, outre le tourment de la jalousie, eut la douleur de le perdre, car il fut tué quelques années après. Nous verrons ensuite cette belle veuve prendre la place de mademoiselle Du Vigean qui, se faisant carmélite après ce mariage, laissa le cœur du duc d'Enghien en proie à celles qui voulurent l'attaquer, non sans soupçon d'avoir eu à son tour quelque sujet de se plaindre de lui. C'est néanmoins une chose crue de tout le monde qu'elle a été la seule que ce prince ait véritablement aimée.

Cette année fut fertile en mariages de cette nature. Peu auparavant celui du comte de Châtillon, le chevalier de Bois-Dauphin (1), de l'illustre maison de Laval, bien fait et considéré du duc d'Enghien, par les soins de la marquise de Sablé sa mère, fut assez heureux pour plaire à la marquise de Coaslin, fille du chancelier Seguier, qui, sans parler à son père, usa si hardiment des droits de veuvage qu'elle se maria dans Paris publiquement, sans que pas un de ses proches en sût rien. Le chancelier en fut au désespoir :

---

(1) *Le chevalier de Bois-Dauphin* : Gilles de Laval. Il mourut deux ans après.

il fit du bruit; mais enfin il lui pardonna, parce que le marquis de Laval sut faire voir à son beau-père que le mérite et la naissance sont deux grandes choses ensemble. Il en reçut plus de soutien et d'assistance dans les occasions où il en eut besoin que du duc de Sully, son autre gendre; et, s'il eût vécu, il auroit apparemment obtenu quelque éclatante faveur de la fortune. Aussitôt qu'il se vit du bien, l'ambition posséda son ame, toutes choses dès lors lui parurent trop petites pour lui. Ses désirs, pour être déréglés, n'en auroient pas été peut-être moins heureux, car c'est plutôt par l'application et l'empressement que par la sagesse qu'on parvient à se rendre considérable. Il s'étonnoit lui-même de son changement, et disoit qu'étant chevalier et gueux, toute sa pensée n'alloit qu'à attraper dix pistoles pour rouler; mais qu'aussitôt qu'il s'étoit senti avoir des ailes pour pouvoir voler plus haut, aucune chose ne le pouvoit contenter, et qu'il ne pouvoit plus arrêter ses désirs, à moins que d'être maréchal de France et ensuite connétable.

[1645] Le printemps de cette année ayant convié les princes d'aller à l'armée, ils partirent en donnant de publiques marques de l'impatience qu'ils avoient d'aller travailler à la gloire de la France et au bonheur de l'Etat. Le duc d'Orléans alla commander l'armée de Flandre, le duc d'Enghien celle d'Allemagne, et la Reine passa cette année une bonne partie de l'été à Paris. Le duc d'Enghien, après avoir à son ordinaire porté la terreur et l'effroi en Allemagne, donna une bataille à Nortlinghen (1), qui a été une des plus belles ac-

---

(1) *Une bataille à Nortlinghen :* Cette bataille fut livrée le 3 août 1645. Merci, général des troupes impériales, y fut tué.

tions de ce prince. J'y perdis deux gentilshommes de mes parens : Lanquetot et Grémonville, tous deux honnêtes gens. Leur perte me fut sensible; car outre l'alliance ils étoient de mes amis : ce qui doit se considérer davantage. Le jour que la nouvelle du gain de cette bataille arriva, en revenant de la promenade au Palais-Royal, je m'étonnai de voir une grande quantité de personnes qui parloient ensemble par troupes séparées. L'émotion que l'amour de la patrie inspire dans les cœurs se fait toujours sentir en de telles occasions. Quelques-uns de ma connoissance vinrent au devant de moi me dire qu'il y avoit une bataille gagnée, mais aussi qu'il y avoit beaucoup de gens de tués. Le premier sentiment en eux avoit été la joie, puis après la crainte l'avoit suivie, et chacun en particulier sembloit déjà regretter son parent ou son ami mort. Cette consternation des autres m'en donna aussi; et quoique mon affection pour la Reine fût assez forte pour ne pouvoir manquer de prendre part à la satisfaction que lui devoit donner une si grande nouvelle, le malheur des familles me touchoit, et mes sentimens étoient partagés là-dessus. Dans cette pensée, je montai en haut. Je trouvai cette princesse sur la terrasse qui joint les deux corps de logis. Elle avoit dans les yeux toutes les marques d'une grande joie. Les victoires sont les délices des souverains, d'autant plus qu'ils en goûtent les plaisirs sans partager fortement l'infortune des particuliers. Ce n'est pas que la Reine en ces occasions ne parût avoir beaucoup d'humanité, et regretter les personnes de mérite; mais enfin elle étoit reine. Le cardinal Mazarin la vint aussitôt trouver, pour lui apprendre les particularités de cette grande défaite. Comme elle le vit, elle alla au devant de lui d'un visage riant et satisfait. Il la reçut en lui disant d'un ton grave : « Madame, tant de gens sont morts, qu'il ne faut « quasi pas que Votre Majesté se réjouisse de cette « victoire. » Il parla de cette sorte exprès peut-être pour gagner les bonnes grâces des assistans, et pour acquérir la réputation d'être tendre à ses amis; mais soit que ce sentiment lui fût naturel, ou qu'il eût pris soin par politique de l'affecter, il en méritoit des louanges. Un homme qui exerce la vertu, soit que ce soit par sa volonté plutôt que par son inclination, ne laisse pas d'en être estimable; puisque les motifs en sont impénétrables, et qu'il appartient seulement à celui qui a formé le cœur humain de le connoître et de le juger. Le cardinal commença par le maréchal de Gramont (1), qui étoit prisonnier, dont il témoigna un sensible déplaisir, et puis lut à la Reine la liste de tous les morts; et dans cette narration je trouvai que j'avois perdu mes parens et quelques-uns de mes amis que je regrettai beaucoup.

Pendant que les princes du sang emportoient des victoires quasi continuelles sur les ennemis [septembre 1645], et que la France par son bonheur se faisoit révérer de toute l'Europe, la Reine méditoit de trouver de l'argent, afin de pouvoir continuer la guerre avec la même gloire qu'elle avoit fait. Elle se résolut d'aller au parlement pour y faire passer quelques édits, comme le plus prompt remède que

---

(1) *Le maréchal de Gramont :* Antoine de Gramont, duc et pair, maréchal de France. Ses Mémoires font partie de cette série.

l'on pût trouver pour les maladies de l'Etat. Ce remède néanmoins est violent et nuisible à ce même Etat : les peuples le craignent toujours ; les parlemens pour l'ordinaire désirent en modérer l'excès par leurs très-humbles supplications ; mais il arrive quelquefois que quelques-uns se servent de ce prétexte pour augmenter l'autorité de leurs charges, et porter leur résistance bien au-delà du bien public, c'est-à-dire quand ils veulent avoir part au ministère, et que les temps et les occasions leur donnent l'audace d'y penser. Le parlement de Paris crut que pendant la régence il pourroit trouver des conjonctures propres à se faire valoir ; et ceux de cette compagnie, qui se disent les tuteurs des rois, voulurent faire connoître leur puissance, en s'opposant à celle du souverain. Leur autorité, sous le règne précédent, avoit été abattue : ils cherchèrent avec impatience les moyens de la relever ; et enfin leur conduite fit voir leur intention. Elle fut alors voilée du zèle du bien public ; et, dans cette première rencontre, ils ne témoignèrent avoir pour règles de leurs sentimens que le seul désir de bien faire. D'abord que la Reine proposa d'aller au parlement, ils dirent qu'elle n'avoit point de droit de le faire. Elle s'en moqua hautement, et dit qu'elle étoit fondée en exemples, et que la feue reine Marie de Médicis y étoit allée. On résolut seulement d'attendre le retour du duc d'Orléans ; car, encore que la Reine n'eût pas besoin de sa présence comme d'une chose nécessaire, ce prince vivant avec elle aussi bien qu'il faisoit en ce temps-là, elle jugeoit avec raison qu'elle ne pouvoit avoir pour lui trop de considération : et de plus, elle étoit persuadée que la présence de l'oncle du Roi seroit toujours avantageuse à ses affaires.

Le duc d'Orléans étant arrivé, le jour pris pour aller au parlement, le capitaine des Gardes, selon l'ordinaire, visita toutes les prisons, et prit les clefs du Palais. La Reine se leva de grand matin, et s'habilla même avec plus de soin que de coutume. Elle mit des pendans d'oreilles de gros diamans mêlés avec des perles en poires fort grosses. Elle avoit au devant de son sein une croix de même sorte d'un très-grand prix. Cette parure, avec son voile noir, la fit paroître belle et de bonne mine, et en cet état elle plut à toute la compagnie. Plusieurs la regardèrent avec admiration : tous avouèrent que dans la gravité et la douceur de ses yeux, on connoissoit la grandeur de sa naissance, et la beauté de ses mœurs. Les compagnies des Gardes et les Suisses furent commandées pour occuper en haie, selon la coutume, le chemin qui mène au Palais; et la Reine avec le Roi, dont la beauté étoit alors parfaite, s'achemina pour ce voyage avec toute la grandeur qui accompagne un roi de France quand il marche en cérémonie. Il est d'ordinaire suivi de ses gardes, de ses Suisses, de sa compagnie de chevau-légers, de ses mousquetaires, et de plusieurs princes et seigneurs; ce qui compose toujours un grand cortége. Quatre présidens vinrent recevoir le Roi et la Reine à la Sainte-Chapelle, où Leurs Majestés entendirent la messe. Le Roi étoit encore à la jaquette, qui fut porté sur son lit de justice par son premier écuyer. Mademoiselle de Beaumont, ma sœur et moi, étions allées devant pour voir arriver le Roi et la Reine, et assister à cette action, où nous prenions beaucoup de part, parce que la Reine en étoit la principale actrice. Quand le Roi fut placé, elle se mit à sa main droite. M. le duc d'Orléans, qu'on appeloit toujours Monsieur, étoit au-dessous de la Reine, et M. le prince étoit auprès de lui ; ensuite étoient les ducs et pairs, et les maréchaux de France, selon le rang de leurs duchés. De l'autre côté étoient le cardinal Mazarin et quelques pairs ecclésiastiques. Aux pieds du Roi étoit le duc de Joyeuse son grand chambellan, comme couché sur un carreau. Au-dessous étoit le chancelier de France ; et à côté de lui, dans le parquet, les présidens à mortier. A l'autre côté du chancelier, étoit un banc où madame la princesse et la princesse de Carignan étoient, et plus bas étoient les filles d'honneur de la Reine. Les quatre secrétaires d'Etat étoient en bas sur un autre banc, vis-à-vis des présidens ; madame de Senecé, gouvernante du Roi, demeura toujours auprès du Roi debout : elle me parut la plus proche du lit de justice ; et les quatre capitaines des Gardes y étoient aussi debout, avec leurs bâtons. Après que cet ordre fut partout observé, le Roi salua toute la compagnie ; et après avoir jeté les yeux sur la Reine comme pour lui demander son approbation, il dit tout haut : « Messieurs, je suis « venu ici pour vous parler de mes affaires ; mon « chancelier vous dira ma volonté. »

Il prononça ce peu de mots avec une grâce qui donna de la joie à toute l'assemblée ; et cette joie fut suivie d'une acclamation publique qui dura long-temps. Quand le bruit fut cessé, le chancelier, par un éloquent discours, représenta les nécessités de l'Etat, les belles et célèbres victoires qu'on avoit gagnées sur les ennemis, le désir que la Reine avoit de la paix, et le besoin qu'on avoit de continuer fortement la guerre pour y forcer les Espagnols par la continuation de nos conquêtes; et pour cet effet il conclut qu'il falloit de l'argent, car en cela consistoit tout le mystère. Le premier président (1) loua fort la Reine, exagéra le bonheur de la France, la bonne conduite du ministre, et la valeur des princes du sang. Il représenta de même avec beaucoup de vigueur les nécessités des peuples, et fit une harangue digne de plaire au Roi et à ses sujets. L'avocat général Talon (2) parla d'un style hardi; il représenta à la Reine le peuple oppressé, ruiné par les guerres passées et par les présentes, demanda grâce pour eux à genoux d'une manière pathétique et touchante, et dit des choses assez contraires à la suprême autorité des favoris. On trouva dans le parlement qu'il avoit bien parlé; mais je crois que le ministre n'en fut pas content, parce que je l'entendis blâmer par les adulateurs de la cour.

La Reine se coucha aussitôt après son retour pour se reposer de cette fatigue. Après son dîné, je la trouvai dans son lit, et le cardinal étoit seul avec elle. En ouvrant la porte de sa chambre, je fis du bruit: il fut cause qu'elle demanda qui c'étoit à une de ses femmes, qui par respect se tenoient un peu éloignées. Elle sut, par moi-même, que j'étois celle qui venoit d'entrer. Elle me fit l'honneur de m'appeler et de vouloir que je lui dise mon avis sur ce qui s'étoit passé le matin au parlement. Elle me demanda si le

(1) Molé. — (2) *L'avocat général Talon:* Omer Talon. Ses Mémoires font partie de cette série.

Roi ne m'avoit pas infiniment plu, quand il avoit parlé de si bonne grâce, me fit remarquer l'action de tendresse qu'il avoit faite en se tournant vers elle; et surtout me commanda de lui dire ce qui m'avoit semblé des harangues. Comme elle vit par ma réponse que j'étois assez satisfaite de la liberté de l'avocat général, et que j'en parlois avec estime, elle me répondit ces belles paroles, dignes d'une grande Reine : « Vous « avez raison de le louer; j'approuve fort la fermeté « de son discours, et la chaleur avec laquelle il a dé- « fendu le pauvre peuple. Je l'en estime, car on ne « nous flatte toujours que trop; mais néanmoins il « en a un peu trop dit, ce me semble, pour une « personne aussi bien intentionnée que je la suis, « qui souhaiterois de tout mon cœur le pouvoir sou- « lager. » Elle et son ministre parlèrent ensuite de la paix, et cette princesse témoigna la désirer infiniment; mais, selon ce que son ministre lui dit alors, et je pense qu'il disoit vrai, il falloit encore faire la guerre pour y contraindre les ennemis. Dans toute cette conversation, qui fut longue, je ne connus en la Reine que de droites intentions pour le bien de l'Etat et le soulagement du peuple, et le cardinal même m'en parut touché. Il vint ensuite d'autres personnes qui firent changer le discours. On n'oublia pas de parler de mademoiselle de Rohan, qui, pour satisfaire à l'étoile qui régnoit alors, ne manqua pas de se marier à Chabot, gentilhomme de bonne et illustre maison, bien fait, et fort honnête homme; mais, comme je l'ai déjà écrit ailleurs, il étoit beaucoup inférieur aux princes qu'elle auroit pu épouser. Elle avoit une grande beauté, beaucoup d'esprit et une naissance illustre, et avec cela elle étoit fort riche : car elle étoit héritière de la maison de Rohan, alliée à celle de nos rois, et fille de ce grand duc de Rohan, si renommé dans l'histoire des guerres des huguenots. Il avoit été leur chef; et, par ses Mémoires (1), il nous apprend lui-même les événemens de sa vie. Mademoiselle de Rohan se maria donc par inclination, après avoir passé sa première jeunesse dans la réputation d'avoir une si grande fierté et une vertu si extraordinaire, qu'on ne croyoit pas qu'elle pût jamais être touchée d'aucune passion; mais la tendresse qui surprit son cœur la força d'être plus douce et moins ambitieuse. Chabot étoit descendu de l'amiral de ce même nom ; mais il n'étoit que simple gentilhomme, sans bien et sans aucun établissement, dont tout l'avantage fut le bonheur de plaire à une fille que le comte de Soissons avoit pensé épouser : qui avoit pu se marier au duc de Weimar, aussi riche en gloire que les César et les Alexandre, qu'elle négligea avec beaucoup d'autres, entre lesquels on a compté le duc de Nemours, l'aîné des princes de la maison de Savoie, qui, à ce que j'ai ouï dire, étoit beau et bien fait, qui fut son dernier triomphe; et le commencement de Chabot fut qu'il profita de la rupture de ce mariage, voyant que l'objet des désirs de tant de princes paroissoit ne se soucier de personne. Elle demeura quelques années en cet état, pendant que Chabot, sous le nom de parent et d'ami, entroit souvent dans sa chambre, et que, par le moyen d'une sœur qu'il avoit avec elle, il avoit acquis sa confiance. Cette familiarité lui donna le moyen de s'insinuer dans son cœur; et quand elle

(1) *Par ses Mémoires* : Ils font partie de cette série.

s'en aperçut, il fut impossible de l'en pouvoir chasser. Je ne doute point que sa raison et sa gloire ne lui aient donné d'étranges inquiétudes, et qu'elles n'aient souvent maltraité ce nouveau venu, qui les vouloit bannir de leur empire. Cette ame pleine d'orgueil avoit sans doute senti ce que la fierté peut faire souffrir à une personne qui avoit autant d'ambition qu'elle. L'honneur, ce fantôme si puissant qui donne et ôte la réputation des honnêtes gens, plutôt selon le bruit du plus grand nombre que selon la véritable justice, l'a fait souvent renoncer à l'amitié dont elle étoit touchée. Je ne sais cependant si la sévérité de ses réflexions n'étoit point trop grande : car il semble que ce qui est conforme aux commandemens de Dieu pourroit toujours recevoir quelques excuses, et que sa plus grande faute étoit d'avoir manqué de respect à sa mère. Mais ce qui s'appelle le beau monde en décide d'une autre manière; et quoiqu'on sache combien il est difficile de lui plaire, on ne laisse pas de se soumettre à sa tyrannie. On court incessamment après son approbation : la vie se passe dans cette servitude, et jamais nous ne goûtons de douceur ni de liberté, parce que nous n'avons pas la hardiesse de nous élever au-dessus des opinions vulgaires. Enfin, malgré ses combats, la fierté de cette illustre héritière fut abattue, et sa raison fut chassée comme importune. Sans doute qu'elle chercha dans la morale des philosophes le mépris de l'ambition, afin de pouvoir regarder son mariage comme l'effet d'une vertu héroïque. Si Diogène, cet admirable fou de l'antiquité, eût été chaste, et qu'il eût été comme elle, et qu'il eût été capable d'une honnête affection, elle auroit sans doute avec beaucoup de joie suivi ses maximes qui le mirent au-dessus de la fortune, en méprisant les grandeurs d'Alexandre; et il est à croire qu'à son exemple elle se seroit estimée heureuse, pourvu qu'elle eût pu vivre de son bien avec celui qu'elle aimoit. La vertueuse fille qui préféra la besace de Cratès le cynique à la richesse de ses autres amans, et qui estima plus sa sagesse que toutes les possessions des autres, doit être la consolation de mademoiselle de Rohan; et si on donne des louanges à la première, on doit du moins excuser la seconde. Car si Chabot n'étoit pas si sage que ces anciens philosophes, il étoit sans doute beaucoup plus aimable. Un des amis du comte de Chabot et des miens qui vit mademoiselle de Rohan dans l'inquiétude de ce qu'elle devoit faire, qui la vit dans la crainte d'être blâmée, et dans les sentimens de sa passion, lui dit, après mille raisons en faveur de son ami pour la presser de le rendre heureux, que Chabot étoit résolu de s'en aller hors de France si elle l'abandonnoit, et qu'il l'avoit assuré qu'il ne reviendroit jamais; que sur ce discours elle lui avoit dit tout bas : « Je ne sais pas si je me pourrai « résoudre de l'épouser; mais je sens bien que je ne « puis souffrir qu'il s'en aille. » Le marquis de Seneterre me conta que, se mettant à rire, il lui avoit répondu ces vers du Tasse :

Ne petto (1) *hai tu di ferro o di diamante,*
Che vergogna te sia l'esser amante.

Comme le marquis de Seneterre étoit une per-

---

(1) *Ne petto*, etc.: Pour rougir du nom d'amante, la nature ne vous a pas donné un cœur de fer et de diamant.

sonne de qualité et considéré du ministre, il servit beaucoup à faire que mademoiselle de Rohan, qui étoit déjà affoiblie par elle-même, se laissa achever de vaincre ; mais celui qui frappa les plus grands coups fut le duc d'Enghien. Il aimoit Chabot ; et voulant le protéger, il pria le cardinal Mazarin de le faire duc. Il proposa de lui faire prendre le nom de Rohan ; et par un brevet qu'on donna à mademoiselle de Rohan pour lui conserver son rang, on trouva le moyen d'accommoder l'affaire, même à la satisfaction de la Reine, qui les obligea, par leur contrat de mariage, de faire baptiser leurs enfans à l'Eglise, et de les faire nourrir dans la religion catholique. Cet article parut avantageux à l'Etat, à cause que le feu duc de Rohan n'avoit que trop fait voir combien il est dangereux que les hérétiques aient de tels capitaines.

Madame la duchesse de Rohan la mère s'opposa fortement à ce mariage, et les parens de la maison de Rohan en furent au désespoir. Les amis de cette illustre héritière, qui l'avoient révérée comme leur divinité, soit par envie contre Chabot qu'ils regardoient comme leur égal, soit par zèle pour ses intérêts, devinrent aussi ses plus cruels ennemis. Ils se lièrent tous ensemble contre elle, afin de la persécuter : ce qu'ils firent avec une ardeur qui tenoit beaucoup plus de l'outrage que de l'amitié. Cette dureté qu'elle rencontra dans l'ame de ses faux amis lui ôta toute la douceur de son mariage, et lui fit connoître par expérience qu'il ne faut point chercher de véritable satisfaction dans la vie ; et que de quelque côté que l'esprit de l'homme se tourne, il ne rencontre que des épines.

La belle saison de l'automne [octobre 1645], propre au séjour de Fontainebleau, convia la Reine d'y aller, où, sans changer de matière, nous allons voir un mariage beaucoup plus éclatant que celui de madame de Rohan par la qualité des personnes, dont la naissance étoit royale et souveraine, qui n'avoit rien qui ne fût selon l'ordre, mais qui néanmoins avoit quelque chose d'extraordinaire. Le roi de Pologne (1), roi par élection et légitime héritier de la couronne de Suède, voulant se marier, avoit fait savoir sous main si Mademoiselle voudroit être reine. Elle reçut cette proposition avec un grand mépris : la vieillesse de ce prince, ses gouttes, et la barbarie de son pays, firent qu'elle le refusa d'une manière qui faisoit voir qu'elle ne l'estimoit pas digne d'elle. Il eut aussi quelque pensée pour mademoiselle de Guise ; mais cette princesse n'étoit pas alors en faveur, à cause qu'elle avoit des amis qui ne l'étoient pas du cardinal ; et quoiqu'elle eût de la vertu, du mérite, et même quelque reste de sa grande beauté, ce mariage ne put pas se faire parce que la Reine n'y eut pas d'inclination ; et que mademoiselle de Guise ne fit nulle diligence pour y parvenir. Le vieux Roi s'arrêta à madame la princesse Marie, qu'on lui avoit proposée comme les autres ; et celle-là eut le bonheur et le mérite tout ensemble. Elle l'avoit déjà pensé épouser du vivant du duc de Nevers son père, qu'elle étoit plus jeune : si bien que cette affaire venant à se proposer tout de nouveau, elle fut facilement reçue par les intéressés ; et nous vîmes la Reine donner à qui bon lui sembla une des plus belles couronnes de l'Europe. Cette

(1) *Le roi de Pologne* : Ladislas Sigismond.

princesse, fille du duc de Mantoue, avoit été belle et agréable : elle l'étoit encore beaucoup, quoiqu'elle eût déjà passé les premières années de cette jeunesse qui a toujours eu le privilége d'embellir toutes les dames. Monsieur, frère du feu Roi, lorsqu'il étoit présomptif héritier de la couronne, en avoit été amoureux. La Reine sa mère, Marie de Médicis, qui avoit d'autres desseins pour lui, comme je l'ai dit, craignant les effets de la passion du duc d'Orléans, fit mettre la princesse Marie au bois de Vincennes, où elle fut quelque temps l'innocente victime d'une louable affection ; mais l'inconstance ordinaire des hommes, et les disgrâces de la reine Marie de Médicis, dans lesquelles ce prince s'enveloppa, donnèrent une prompte fin à ce petit roman. Lorsqu'un héros finit son amour à la première aventure fâcheuse qui lui arrive, il est à croire que l'héroïne n'en doit pas être contente, et que l'histoire n'en doit pas être belle. Cette passion, qui fit d'abord beaucoup de bruit, et qui sans doute avoit fait impression dans le cœur de la princesse Marie, fut de peu de durée dans l'ame de Monsieur ; mais le souvenir en fut amer à celle qui se vit oubliée : et j'ai ouï dire à quelques-uns des amis de cette princesse qu'ensuite de sa prison elle avoit toujours haï le duc d'Orléans d'une haine irréconciliable. Ce fut après ce changement qu'on parla de la marier la première fois au roi de Pologne ; mais comme ces sortes de propositions ne réussissent pas toujours, il épousa au lieu d'elle une princesse d'Allemagne qui vécut peu, et qui lui laissa une fille. Le duc de Mantoue, père de la princesse Marie, étant mort quelque temps après, elle demeura dans Paris à mener une vie douce et agréable, avec ses amis et amies. Elle ne songeoit qu'à se divertir, et à jouir du plaisir que donne la société des honnêtes gens. Dans cette condition, elle n'étoit pas tout-à-fait exempte de chagrins; car elle avoit peu de bien, et peu de maris à son service. Ses affaires empirèrent enfin de telle sorte, que le grand écuyer Cinq-Mars pendant sa faveur l'ayant aimée, elle l'écouta favorablement. Sa passion lui plût; et par ce sentiment il entra dans de grands desseins qui le firent périr, et se laissa flatter, comme je l'ai déjà dit, de l'espérance qu'il deviendroit connétable, et qu'avec cette qualité et l'éclat de sa faveur il pourroit être digne mari de la fille d'un souverain. Sa perte, qui lui fut sensible, ne lui fut nullement honorable; elle rendit son amitié publique, et lui causa beaucoup de confusion. Après cette mauvaise aventure qui l'avoit décréditée, et qui sembloit avoir beaucoup diminué de ce noble orgueil qui n'abandonne guère les personnes de cette naissance, elle avoit sujet de croire qu'il n'y avoit plus de bonheur dans la vie pour elle, et que toutes choses lui devoient être contraires.

Madame la princesse avoit de l'amitié pour la princesse Marie : elle portoit ses intérêts avec chaleur, et s'appliqua soigneusement à faire réussir son mariage avec le roi de Pologne. Elle en parla à la Reine et au cardinal Mazarin : elle fit agir en sa faveur le duc d'Enghien son fils, et toute sa cabale; elle sut enfin augmenter en la Reine le désir de la préférer à mademoiselle de Guise; et le cardinal crut que cette princesse, qui n'avoit point d'intérêts qui lui fussent contraires, qui étoit pauvre et accablée de sa mauvaise fortune, en auroit beaucoup de reconnoissance. Toutes ces choses ensemble firent qu'il envoya Bregi, ambassadeur en Pologne, pour négocier ce mariage. Il y réussit si bien, qu'il fit résoudre ce Roi à l'envoyer demander par ses ambassadeurs. Le duc d'Orléans avoit vu ses maux sans pitié, et pour lors il vit son bonheur sans envie; et s'il avoit quelque sentiment pour elle, la haine y avoit plus de part que l'amitié.

Les ambassadeurs polonais furent reçus à Fontainebleau dans le grand cabinet de la Reine, dont le logement est fort beau. Quand ils entrèrent, la princesse Marie étoit au cercle. Elle se leva pour n'être pas présente à cette harangue, et se retira dans un des coins du cabinet pour les voir de loin. Elle se servit de moi pour se cacher d'eux; et me mettant devant elle, j'empêchai qu'elle ne fût d'abord aperçue de ces hommes qui devoient être ses sujets. Après cette cérémonie, qui ne dura que la longueur d'un compliment, ces gens, qui étoient tous habillés à la française, et qui ne paroissoient point étrangers, demandèrent où elle étoit. Quelques-uns d'entre eux, qui avoient été en France et qui la connoissoient, l'aperçurent et la montrèrent aux ambassadeurs. Nous vîmes qu'ils se tournèrent de son côté pour la saluer; et comme je ne la cachois pas beaucoup, malgré les façons qu'elle faisoit, un d'eux en se retirant, après l'avoir distinguée, lui fit une profonde révérence, et ceux de sa suite en firent autant. En l'audience qu'il eut d'elle le lendemain, il la traita de majesté, et avec les mêmes respects que si elle eût été déjà sa reine. Quelques jours après, le contrat fut signé dans la chambre du

Roi, en présence de toute la cour, et sans nulle cérémonie : elle ne changea pas de manière pour être accordée à un roi, et jusqu'au jour de ses noces elle fut traitée également. Le jour que le contrat fut signé, le Roi donna un grand souper aux ambassadeurs. Ce fut l'intention de la Reine qu'il fût tel; mais le soir on lui conta qu'il étoit arrivé une dispute entre les officiers, qui avoit été cause qu'il n'y avoit point eu de bouilli, c'est-à-dire que le premier service avoit manqué : et l'ordre fut si mal observé par les officiers du Roi, que les étrangers, sortant assez tard, marchèrent toujours sans lumière jusqu'au grand escalier de l'appartement du Roi. On avoit oublié qu'on les feroit sortir par là, parce que ce n'étoit pas le chemin des autres. La Reine, après avoir un peu grondé de toutes ces bévues, se mit à rire, et dit que jamais la France n'avoit pu se régler ni dans les grandes choses ni dans les petites, et qu'il falloit avoir patience.

La Reine, après avoir passé quelque temps dans ce beau désert avec l'accompagnement ordinaire des plaisirs qui s'y trouvent, qu'elle eut goûté à son aise l'air des bois avec la vue de ces affreuses solitudes, et que par la chasse, les promenades, la comédie et le bal, elle eut satisfait toute la cour : lassée de toutes ces choses, elle revint à Paris, où, selon son ancienne inclination, elle se plaisoit plus qu'en aucun autre lieu.

Nous vîmes dans cet hiver la seconde ambassade des Polonais, qui fut belle, et digne de notre curiosité. Elle nous représenta cette ancienne magnificence qui passa des Mèdes chez les Perses, dont le luxe nous est si bien dépeint par les anciens auteurs. Quoique les Scythes n'aient jamais été en réputation d'être adonnés à la volupté, leurs descendans, qui sont à présent voisins des Turcs, semblent vouloir en quelque façon imiter la grandeur et la majesté du sérail. Il paroît encore en eux quelques vestiges de leur ancienne barbarie; et néanmoins nos Français, au lieu de se moquer d'eux comme ils en avoient eu le dessein, furent contraints de les louer, et d'avouer franchement, à l'avantage de cette nation, que leur entrée méritoit nos admirations. Je fus les voir passer à la place Royale chez madame de Vellesavin, où la dame du logis nous donna une grande collation; et nous nous y rencontrâmes une bonne compagnie pour la manger.

Le palatin de Posnanie et l'évêque de Warmie furent ceux que le roi de Pologne choisit pour venir épouser la princesse Marie, et pour la lui mener. Ils voulurent paroître habillés à la mode de leur pays, afin de faire mieux éclater leur magnificence et leurs belles étoffes. Le duc d'Elbœuf fut envoyé par la Reine avec une douzaine de personnes de condition pour les recevoir, et les carrosses du Roi, du duc d'Orléans et du cardinal y furent envoyés; mais, à dire le vrai, ils parurent vilains en comparaison de ceux que ces étrangers avoient amenés, et qui avoient traversé toute l'Allemagne. Ils firent leur entrée par la porte de Saint-Antoine, avec beaucoup de gravité, et le meilleur ordre du monde.

Premièrement nous vîmes passer une compagnie de gardes à pied, habillés de rouge et de jaune, avec de grandes boutonnières d'orfévrerie sur leurs habits.

Ils étoient commandés par deux ou trois officiers richement vêtus et fort bien montés. Leurs habits étoient composés d'une veste à la turque fort belle. Ils portoient par dessus un grand manteau à manches longues, qu'ils laissoient pendre négligemment sur un côté du cheval. Leurs vestes étoient enrichies de boutons, de rubis, de diamans, de perles, et les manteaux de même, doublés de même que les vestes.

Ensuite de cette compagnie, il en parut une autre dans le même ordre commandée par des officiers plus richement vêtus. Leurs vestes et manteaux étoient de la couleur de leurs heiducs, de vert et de gris-de-lin. Nous vîmes encore deux autres compagnies à cheval qui portoient les mêmes livrées que ceux qui étoient à pied, dont l'une étoit rouge et jaune et l'autre gris-de-lin et verte, excepté que ceux-ci étoient vêtus de plus riches étoffes, que les harnois des chevaux étoient plus beaux, et qu'ils avoient plus de pierreries. Après eux venoient nos académistes (1) qui, pour faire honneur aux étrangers et déshonneur à leur pays, étoient allés au devant d'eux; mais ils parurent pauvres, et leurs chevaux aussi, quoiqu'ils fussent chargés de rubans et de plumes de toutes couleurs. En cette occasion, la mode des Français de ne porter pour toute parure que des rubans fut trouvée chétive et ridicule. Après ces compagnies venoient beaucoup de seigneurs polonais, chacun avec leur train et leur livrée, vêtus de gros brocards d'or et d'argent. Leurs étoffes étoient si riches, si belles, et les couleurs si vives, que rien au monde n'étoit si agréable. Sur ces vestes on voyoit

---

(1) *Nos académistes* : Les jeunes seigneurs qui s'étoient exercés à l'académie. On appeloit alors académies les écoles d'équitation.

éclater les diamans ; mais, parmi cette richesse, il faut avouer que leur magnificence tient beaucoup du sauvage : ils ne portent point de linge, ils ne couchent point dans des draps comme les autres Européens, mais dans des peaux de fourrures, où ils s'enveloppent. Ils ont sous leur bonnet fourré la tête rasée, et ne conservent de cheveux qu'un petit toupet sur le haut de la tête, qu'ils laissent pendre par derrière. Pour l'ordinaire ils sont si gras qu'ils font mal au cœur ; et en tout ce qui touche leurs personnes, ils sont malpropres. Chaque Polonais avoit un Français à son côté. Il y avoit eu des gens de la cour, et des mieux faits, qui avoient été au devant d'eux. Ce cortége occupoit un long espace de chemin : par conséquent il embellissoit fort l'entrée. Il y avoit un des principaux officiers qui pour marque de dignité portoit trois plumes de coq à son bonnet, et l'ornement de son cheval étoit composé de ces mêmes plumes. Quelques-uns de leurs chevaux étoient peints de rouge, et cette mode, quoique bizarre, ne fut point trouvée désagréable. Le palatin et l'évêque de Warmie marchoient les derniers. Auprès d'eux étoient le duc d'Elbœuf et le prince d'Harcourt son fils. Le palatin étoit beau de visage : il avoit le teint beau, les yeux noirs ; il avoit bonne mine, portoit la barbe un peu longue et un peu épaisse. L'évêque avoit bonne mine, n'avoit rien de différent des nôtres, pas même les cheveux rasés. Après eux marchoient leurs carrosses, couverts d'argent massif partout où les nôtres ont du fer. Les chevaux qui les traînoient étoient beaux et gras, et ne paroissoient point harassés de leur voyage. Enfin tout ce qui se vit étoit digne d'être montré en parade.

Ils traversèrent toute la ville en cet état : le peuple étoit dans les rues, et les personnes de qualité aux fenêtres. Le Roi et la Reine étoient au balcon qui donne sur la place, à dessein de les voir ; mais ils n'en purent avoir le plaisir, parce qu'il étoit trop tard quand ils passèrent. On les mena loger à l'hôtel de Vendôme, qui étoit vide par l'exil de ceux qui en étoient les maîtres ; et le Roi les y traita toujours magnifiquement.

Ces étrangers eurent audience dans la grande galerie du Palais-Royal, qu'on avoit retranchée à la moitié par un amphithéâtre au pied duquel la Reine étoit. Les princesses et les duchesses qui formoient le cercle, et toutes les autres dames, étoient derrière. On eut quelque dessein de célébrer ce mariage avec les cérémonies requises en de telles occasions, afin de faire voir la grandeur de la France à cette barbare nation ; mais comme les rangs n'y sont point réglés, et que chaque prince veut aller devant les autres, on s'arrêta sur cette difficulté, qui ne put se lever par toutes les propositions qui se firent pour en ôter la conséquence. Il s'éleva un grand murmure de tous côtés ; et tant d'anciennes disputes se renouvelèrent, que la Reine jugea plus à propos d'en étouffer la suite en faisant cette cérémonie en particulier. On commença, par Mademoiselle, à exclure tout le reste ; si bien que jamais noces ne furent plus solitaires pour être faites sous la pourpre et avec le sceptre. Le jour étant pris, madame la princesse Marie vint de l'hôtel de Nevers dès le matin dans la chambre de madame de Bregi, femme de l'ambassadeur de France, qui logeoit au Palais-Royal. Ce lieu étoit assez proche de la chapelle pour y pouvoir descendre quand on auroit besoin d'elle. Je la fus voir comme elle s'habilloit pour cette célèbre journée. Je la trouvai belle, et plus blanche, ce me semble, qu'à son ordinaire, quoiqu'elle le fût beaucoup de son naturel; mais les dames, dans les grandes occasions, ne se contentent jamais de ce que la nature leur donne. Elle étoit de belle taille, et alors elle étoit d'un embonpoint raisonnable. Elle avoit les yeux noirs et beaux, les cheveux de même couleur, le teint beau, les dents belles, et les autres traits de son visage n'étoient ni beaux ni laids ; mais tout ensemble elle avoit de la beauté, avec un grand air dans toute sa personne qui convenoit à une reine. Elle paroissoit mériter ce qu'elle avoit pensé avoir en épousant le duc d'Orléans, et ce qu'elle alloit être alors en se mariant à un roi. Son habit de noces étoit un corps et une jupe de toile d'argent blanche en broderie d'argent. Par-dessus cet habit, elle avoit eu dessein de mettre son manteau royal à la polonaise, qui est blanc, semé de grandes flammes d'or; mais comme le mariage se fit sans cérémonie, la Reine fut d'avis qu'elle ne le mît point. Elle demeura donc avec ce corps et cette jupe blanche qui, étant faite pour mettre dessous, étoit trop courte, et n'avoit pas la gravité requise pour cette occasion. Elle étoit parée des perles et des diamans de la couronne, que la Reine avoit accommodés ensemble de ses mains. Cette parure étoit accompagnée d'une couronne fermée, faite de gros diamans et de grosses perles d'un grand prix. Quand elle fut prête de mettre la couronne sur sa tête, elle douta si elle le devoit faire que la cérémonie ne fût achevée, et me commanda d'aller le demander à la Reine, qui me fit l'honneur de me dire qu'elle n'étoit pas encore en droit de cela. Quand elle fut habillée, elle voulut se montrer à la Reine qui étoit dans son appartement. Elle passa la terrasse qui traverse les deux corps-de-logis avec deux de ses amies, ma sœur et moi.

Les Polonais, qui étoient dans la cour en bas, attendant l'heure de la messe, la voyant, se mirent à jeter de grands cris d'alégresse et lui donnèrent mille bénédictions. Elle alla trouver la Reine dans sa chambre; et, après l'avoir remerciée des bontés qu'elle avoit eues pour elle, elle s'adressa au cardinal Mazarin, qui l'avoit dignement servie, et lui dit qu'elle venoit lui montrer si cette couronne qu'il lui alloit mettre sur la tête lui siéroit bien. La Reine, qui étoit parée de grosses perles, avec sa mante de deuil, la mena à la chapelle par la grande galerie. Il n'y avoit pour toutes personnes que le Roi, la Reine et celle qui l'alloit devenir, le petit Monsieur et le duc d'Orléans. Cette princesse destinée à la couronne fermée se mit à genoux sur le drap de pied au milieu de la chapelle, le Roi du côté droit et la Reine de l'autre. Monsieur, frère du Roi, et le duc d'Orléans, oncle du Roi, étoient plus bas à genoux sur le drap de pied; et par conséquent le duc d'Orléans fut en ce jour son inférieur. L'instant, où elle se vit élevée au-dessus de cet infidèle prince et au-dessus même de la Reine, dont elle étoit sujette lorsque son père n'étoit pas encore souverain, fut sans doute pour elle le jour le plus agréable et le plus glorieux. L'évêque de Warmie célébra la messe (1) et le mariage de son Roi et de sa Reine,

---

(1) *L'évêque de Warmie célébra la messe:* Cette cérémonie eut lieu le 6 novembre 1645.

que le Palatin épousa au nom de son maître. Après
que la messe fut dite, on lui mit la couronne sur la
tête. Ce fut madame de Senecé et Champagne, le
coiffeur, qui lui rendirent ce bon office. Outre les Polonais, il n'y avoit dans la chapelle, après les personnes royales et de sang royal, que la dame d'honneur
de la Reine que je viens de nommer, la maréchale d'Estrées, madame de Montausier et madame de Choisy (1).
Ces trois dernières étoient intimes amies de la reine de
Pologne : elle avoit supplié la Reine de les y souffrir.
Madame de Bregi, ma sœur et moi, y étions aussi. Au
sortir de ce lieu, la Reine mena dîner la nouvelle
Reine, et la fit passer devant elle : ce que beaucoup
de personnes n'approuvèrent pas, à cause que ce
royaume est électif. Elle fut placée au milieu de la
table, qui étoit d'une grande longueur, le Roi à sa
droite et la Reine à sa gauche. Le Roi avoit le duc
d'Orléans auprès de lui, et l'évêque de Warmie étoit
auprès de ce prince. Le duc d'Anjou, notre petit Monsieur, n'y étoit pas, à cause qu'il n'étoit pas encore
en âge de tenir sa place en de telles occasions. La
Reine avoit auprès d'elle le palatin, et les Polonais
occupoient le reste de la table. Ce fut un dîné royal,
servi à plusieurs services, avec toute la délicatesse
française, et beaucoup de machines de sucre. Ce repas
fini, qui fut long et fort ennuyeux, les deux Reines
se reposèrent dans le grand cabinet, où la Reine traita
la nouvelle Reine de la même manière, en lui donnant toujours la main droite. Ensuite de cela, elle

(1) *Madame de Choisy* : Jeanne-Olympe Hurault, femme de Jean
de Choisy. Elle eut pour fils François-Timoléon, abbé de Choisy, dont
les Mémoires font partie de cette série.

fut conduite par le Roi et la Reine à son hôtel de Nevers, où toutes les personnes de la cour l'attendoient pour la saluer. L'abbé de La Rivière, lui faisant ses complimens, lui dit qu'il eût mieux valu pour elle demeurer en France en qualité de Madame. Elle lui répondit fièrement que son maître étoit destiné pour être Monsieur et elle pour être reine, et qu'elle étoit contente de sa destinée.

Peu de jours après, la Reine lui donna le bal qui fut magnifique. On le dansa sur le théâtre de la grande salle du Palais-Royal, dont l'amphithéâtre est estimé une merveille de l'art géométrique. Les hommes et les femmes y furent parés. Les dames excelloient en pierreries, et autant qu'elles purent en beauté ; et les autres en broderies, en plumes et rubans et en bonne mine, chacun selon l'étendue de ses forces et la libéralité de la nature. Il y eut une grande collation abondante en toutes les choses que les pays étrangers et la France nous peuvent fournir en cette saison. La Reine régala le palatin, en lui faisant présenter de grands bassins remplis d'oranges douces, de citrons doux et de confitures ; car elle savoit faire ces choses de la meilleure grâce du monde. J'étois assise fort proche de cet ambassadeur, et je remarquois qu'il regardoit cette belle assemblée avec peu d'admiration, et entièrement renfermé dans une gravité qui étoit assez honorable pour lui. La reine de Pologne avoit ce jour-là une robe de velours noir en broderie d'or, qui étoit riche, mais qui avoit quelque chose de rude pour pouvoir contribuer à l'embellissement de son visage. Le Roi la mena danser : tout jeune et tout enfant qu'il étoit, il dansoit déjà admirablement bien.

Les corps de la ville, par l'ordre de la Reine, furent visiter cette nouvelle reine, et on lui fit tous les honneurs possibles. Le peuple couroit de toutes parts pour la voir, comme si la couronne lui eût pu changer le visage; et sa cour fut grosse tant qu'elle demeura en France. Ses amies, malgré la joie qu'elles avoient de la voir sur le trône, sentirent beaucoup de douleur de la perdre, car elle étoit aimable pour ceux qui la voyoient familièrement.

Elle partit peu de temps après son mariage, et laissa toutes les personnes de la cour satisfaites de sa civilité. Elle baisa toutes les femmes et les filles de quelque qualité : elle ne changea point de manière d'agir avec ses amies, jusqu'à les faire asseoir quand elles étoient seules avec elle. Quoique cette princesse fût contente de ces peuples qu'elle alloit commander, elle appréhendoit néanmoins ce qu'elle ne connoissoit pas, et montra beaucoup de regret de s'éloigner de ce qu'elle aimoit.

Quand elle passa sur les terres du roi d'Espagne, cette nation, si civile pour les dames, la reçut avec toutes les marques de respect qu'elle put désirer. On lui fit des entrées dans toutes les villes de Flandre, et nos gazettes furent long-temps remplies des magnificences qui lui furent faites depuis les frontières de France jusqu'aux siennes. Quand elle approcha de Dantzick, elle fut traitée avec de grands respects; et selon ce que nous avons vu ici de la richesse des Polonais, je n'ai pas de peine à croire ce que les relations qui furent envoyées en disoient.

Comme les biens sont d'ordinaire mêlés de beaucoup de maux, toute cette grandeur de la reine de

Pologne perdit son éclat en arrivant à sa ville capitale, et toute sa joie se dissipa par la présence de ce Roi qu'elle venoit chercher de si loin. Elle fut reçue dans Varsovie avec peu de bruit, parce que ce prince étoit vieux, accablé de goutte et de graisse, et qu'étant malade et chagrin, il ne voulut aucune cérémonie à son arrivée. Il ne la trouva pas si belle que ses portraits, et ne témoigna pas estimer sa personne. J'ai ouï dire à la maréchale de Guébriant, qui fut la conduire par l'ordre de la Reine, que ce vieux mari la reçut à l'église dans une chaise dont il ne se leva point, et n'en fit pas même le semblant. Quand elle fut auprès de lui, elle se mit à genoux devant lui, et lui baisa la main. Ce prince reçut son salut sans nulle marque de douceur et de bénignité. Il la regarda gravement, et se laissa baiser la main sans lui rien dire. En même temps il se tourna vers Bregi, ambassadeur auprès de lui, et lui dit tout haut : « Est-ce là cette « grande beauté dont vous m'aviez tant dit de mer- « veilles? » La maréchale de Guébriant m'a conté que cette princesse, qui ne vit en lui que de la rudesse, et qui s'aperçut du dégoût qu'il témoigna pour elle, en demeura surprise; et que cette mauvaise réception, avec la fatigue du voyage, la firent si laide qu'elle trouva que ce Roi avoit raison d'en être dégoûté. Le rouge du dépit et de la honte ne farde point les dames, et la douleur ôte le feu des yeux. Ce prince malade et goutteux, après avoir fait le cruel, se leva de sa chaise et s'approcha de l'autel, où, sans quitter sa rudesse, il épousa tout de nouveau sa reine, qui se rassit pour aider à chanter les psaumes qui se dirent en la louange de Dieu, et pour lui rendre grâces de leur mariage. Ensuite on mena la Reine dans la maison du Roi son mari, où Leurs Majestés polonaises furent servies à souper d'une viande qui parut effroyable aux yeux de cette Reine et de la maréchale de Guébriant, et pire encore mille fois à leur goût. Tout ce qu'elles virent enfin leur fit peur; et le soir, la Reine, tout effrayée de l'état où elle étoit, dit tout bas à sa conductrice qu'il valoit mieux s'en retourner en France. Le reste de la journée se passa de la même manière. Son roi ne lui parla jamais; et, bien loin de lui témoigner quelque sentiment de tendresse, il fallut, contre son attente, qu'elle allât dans un appartement séparé passer la nuit toute seule. Madame de Guébriant en fit des plaintes, et dit, à ceux de cette nation qu'elle connoissoit pour être de ceux qui avoient accompagné la reine de Pologne, que la France seroit mal contente si on témoignoit mépriser ce qui venoit d'elle. Elle leur dit qu'elle ne pouvoit s'en retourner satisfaite, si elle ne voyoit le Roi moins indifférent pour la Reine. Ses plaintes firent cesser en quelque façon le mépris de ce prince; et le forcèrent enfin de la traiter un peu mieux, et de vivre avec elle comme avec sa femme. Quand madame de Guébriant la quitta, elle commençoit à être plus contente, et à se consoler avec les dons magnifiques qui lui venoient de tous côtés; car en ce pays, quand les rois se marient, leurs sujets ont accoutumé de faire à leur reine des présens de grande valeur. L'espérance de se faire riche consola celle-là. Elle devint riche, et les trésors qu'elle amassa lui servirent bientôt après dans les grandes traverses que Dieu lui envoya depuis, qui l'ont rendue illustre par les marques qu'elle a données à toute l'Europe de sa fermeté et de son courage.

Cet hiver se passa dans une entière tranquillité. Quelques petites jalousies entre Mademoiselle et madame la princesse occupèrent le cabinet, mais ce fut sans le troubler; et si la Reine eût suivi ses propres sentimens, et qu'elle eût renfermé entièrement en elle l'usage de sa volonté, nous aurions pu nous vanter d'avoir eu la plus agréable cour du monde, et d'avoir joui de la plus douce vie qui ait jamais été goûtée par des gens qui ont eu l'honneur d'approcher des grands.

[1646] La Reine étoit aimable de sa personne : elle traitoit ses créatures comme ses amis, quoiqu'elle n'ait pas eu une assez grande application à faire du bien à ceux qu'elle considéroit, et pour qui elle avoit de la bonté. Les gens de bien, quoique privés de ses bienfaits par l'avarice de son ministre, ont eu du moins cette consolation qu'elle les a distingués par son estime, et que si elle ne leur a pas fait beaucoup de grâces, elle ne les en a pas crus indignes. Il falloit donc se contenter du bon traitement de la Reine; et ce plaisir, qui contenoit en soi assez de gloire pour satisfaire un cœur fidèle, étoit accompagné d'un grand repos. L'intérêt n'allumoit point parmi nous le feu dévorant de la jalousie; et nos espérances ont toujours été si mortes, et notre ambition si abattue, que nous pouvons dire n'avoir vu la cour qu'en peinture, puisque nous l'avons vue sans oser quasi former des désirs sur les grands intérêts qui ont accoutumé de charmer les hommes. Mais comme dans une grande famine tous ne meurent pas de faim, un de nos courtisans, Beringhen, valet de chambre du feu Roi, dont le père l'avoit été d'Henri IV, et qui l'étoit aussi de la Reine, fut alors reçu à la charge de premier écuyer de la petite écurie. Il avoit été en faveur auprès du feu Roi; mais il fut exilé, parce qu'il ne sut plaire au cardinal de Richelieu. Sa disgrâce lui fut avantageuse; car ayant été en Hollande, son propre pays, il acquit de la gloire en servant le prince d'Orange, et eut de beaux emplois auprès de sa personne. Son retour à la cour fut aussi accompagné de bonheur. La Reine, qui avoit toujours eu de la bonne volonté pour lui, le considéra beaucoup, et il servit à la fortifier dans le choix du cardinal Mazarin. Toutes ces choses contribuèrent à son élévation, et lui firent obtenir cette belle charge. Elle sortoit des mains du duc de Saint-Simon, autrefois favori du feu Roi. Ce même Beringhen a été depuis fort opposé au ministre; et, dans les brouilleries qui arrivèrent depuis, il fut un de ceux qui pressa le plus la Reine de l'éloigner d'elle. J'en ai ignoré les raisons; mais comme il se justifia auprès d'elle, elle n'en fut pas moins satisfaite. L'aversion que les serviteurs de cette princesse eurent contre l'extrême puissance qu'elle lui donna; la haine naturelle que les peuples et tous les gens de bien ont toujours contre la grandeur des favoris et ses dégoûts, eurent le pouvoir de leur faire cacher ses bonnes qualités. Il y contribua beaucoup par sa mauvaise conduite; et ceux mêmes qui l'avoient aidé à monter à ce suprême degré, dès les premières années de son administration commencèrent à se détacher de lui, à murmurer contre lui, et à lui souhaiter tous les maux qui ensuite pensèrent l'accabler. L'amour qu'on avoit eu jusqu'alors pour la Reine commença peu à peu à diminuer parmi les peuples. Cette puissance si absolue qu'elle donna au cardinal Mazarin fit qu'elle perdit la sienne; et, pour trop désirer qu'il fût aimé, elle fut cause qu'il fut haï. Elle voulut que toutes ses résolutions reçussent décision des volontés et des conseils de ce ministre; et cette marque de faveur ne manqua pas d'attirer contre lui une envie excessive, et de faire perdre aussi à la Reine l'affection de ses courtisans. Les hommes sont naturellement touchés de ce qui s'appelle ordre, auquel ils ne font point de difficulté de se soumettre; et comme ils veulent bien que les rois les gouvernent avec prudence, ils ne peuvent souffrir qu'ils se laissent gouverner par d'autres, comme s'il leur étoit défendu de prendre conseil des amis qu'ils ont. C'est une injustice qu'on a eue de blâmer la Reine pour avoir eu trop de créance en son ministre. C'est pourquoi on peut dire que les rois, qui sont les maîtres de la terre, et qui paroissent au-dessus des lois, sont eux-mêmes d'illustres esclaves des peuples qui leur sont soumis; et qu'ils ne doivent pas suivre, comme les autres, leurs inclinations innocentes, parce qu'en eux il n'y a point d'actions qui leur soient indifférentes. Le sceptre les rend ou bonnes ou mauvaises, et de leur moindre sentiment dépend le bonheur ou la misère de leurs sujets. Leurs volontés font nos destinées : leurs occupations, si elles sont bonnes, établissent notre repos ; et quand un roi est oisif ou paresseux, ce qui n'est qu'un médiocre défaut pour un particulier devient en lui un grand crime. On doit dire, en faveur de la Reine, qu'on ne voit point de souverain qui n'ait besoin d'avoir des ministres, et dans la nécessité d'en être servi et conseillé : il seroit injuste de leur défendre la société qui consiste à pouvoir dire son secret à un ami avec une entière sûreté, et particulièrement à une régente, qui a tant de maux à craindre et tant de périls à éviter. Mais il faut que cette confidence soit renfermée dans d'étroites limites, qu'ils se conduisent à leur égard plus par raison que par inclination, et qu'ils les considèrent comme faisoit le grand Henri IV, qui disoit au duc de Sully, comme lui-même nous l'apprend dans ses Mémoires : « Mon ami, je veux vous « faire du bien ; mais je ne veux pas vous en faire « tant que vous puissiez vous voir en état de mal « faire. »

Les princes ne doivent pas seulement veiller sur eux-mêmes, pour éviter l'injustice où leurs passions et leurs foiblesses pourroient les faire tomber ; ils doivent craindre beaucoup davantage celles de leurs ministres ou favoris, qui ont à maintenir leur faveur, à se défaire de leurs ennemis, à combattre leurs égaux, à faire leur fortune, et à faire donner à leurs amis ou leurs parens toutes les dignités du royaume, et sont enfin exposés à tout moment à faire des crimes, en suivant leurs sentimens intéressés : au lieu qu'un prince étant né tout puissant, personne n'envie sa domination. Dieu, pour l'ordinaire, imprime en lui le caractère de protecteur de ses sujets : il le porte à travailler à sa conservation et à celle de leur état, comme des biens qui lui appartiennent, et qu'il lui est utile de conserver par un traitement équitable et juste ; et, par conséquent, il ne sauroit trop fuir le malheur d'être gouverné.

Nous ne vîmes alors que d'agréables effets de la faveur du ministre. Pour divertir la Reine et toute la cour, il fit faire des machines à la mode d'Italie, et en fit venir des comédiens qui chantoient leurs comédies en musique. Ceux qui s'y connoissent les estiment fort ; pour moi, je trouve que la longueur du spectacle en diminue fort le plaisir, et que les vers répétés naïvement représentent plus aisément la conversation, et touchent plus les esprits que le chant ne délecte les oreilles. C'est mon sentiment : d'autres ne l'approuveront peut-être pas, mais il n'importe. Cette diversité dans le goût est ce qui plaît davantage dans la vie, qui fait que tout le monde l'aime, et que chacun y trouve son compte.

Le mardi gras de cette année [1646], la Reine fit représenter une de ces comédies en musique dans la petite salle du Palais-Royal, où il n'y avoit que le Roi, la Reine, le cardinal et le familier de la cour, parce que la grosse troupe des courtisans étoit chez Monsieur, qui donnoit à souper au duc d'Enghien. Nous n'étions que vingt ou trente personnes dans ce lieu, et nous y pensâmes mourir d'ennui et de froid. Les divertissemens de cette nature demandent du monde, et la solitude n'a pas de rapport avec les théâtres.

La Reine, qui pendant la vie du feu Roi, depuis que Dieu lui avoit donné des enfans, n'avoit parlé que de l'envie qu'elle avoit de les faire instruire dans toutes les sciences, fut fort embarrassée quand il fut question d'ordonner de quelle manière il s'y falloit prendre. Il n'y a personne à qui il ne vienne dans l'esprit qu'il faut que les princes sachent plus d'une chose : il faut convenir que ce n'est pas le latin qui est le plus nécessaire. La politique est la véritable grammaire qu'ils doivent étudier; et l'histoire, qui est bonne en toutes langues, peut leur montrer des exemples, et leur donner des vues pour gouverner de grands royaumes, pour contenir dans l'observation des mêmes lois des peuples d'humeur différente, les maintenir en paix avec leurs voisins, et les faire craindre à leurs ennemis. Le mal est que ce n'est pas une science qu'on puisse enseigner à des enfans : ce n'est que par une expérience de plusieurs années qu'on y peut apprendre quelque chose. C'est pourquoi la Reine, étant persuadée que le cardinal Mazarin étoit le plus habile homme de l'Europe, résolut enfin de lui abandonner le soin de l'éducation du Roi son fils. Elle lui laissa même le choix de son gouverneur; et ce fût le marquis de Villeroy qui fut nommé par lui pour un emploi si important. C'étoit l'homme le plus sage de la cour : il avoit commandé des armées, mais sa plus grande qualité étoit de connoître mieux que personne le dedans du royaume, et d'avoir de la capacité et de la lumière pour les affaires d'Etat. Le précepteur qui étoit sous lui fut l'abbé de Beaumont, docteur en théologie, élevé auprès du cardinal de Richelieu, qui avoit de la probité; mais qui, ne s'étant pas trop adonné aux belles-lettres, étoit par conséquent peu capable de s'appliquer à l'embellissement de l'esprit d'un jeune prince, et au soin de l'occuper des grandes et agréables choses qui doivent n'être pas inconnues aux souverains. L'un et l'autre disoient à ceux qui venoient leur faire des propositions que leur conduite étoit réglée par le supérieur, qui s'étoit réservé l'intendance de l'éducation royale, qui étoit un titre nouvellement inventé pour faire dépendre du cardinal tous les emplois et toutes les charges; et je dois rendre ce témoignage à la vérité, que le marquis de Villeroy, qui peu après fut fait maréchal de France, m'a dit en ce temps-là, parlant du Roi dont il admiroit les lumières naturelles, qu'il n'étoit pas le maître de la manière dont il étoit élevé; et que, s'il en avoit été cru, il n'auroit pas laissé un aussi bon fonds sans le cultiver dans le temps qui y étoit le plus propre. C'est pourquoi il souhaitoit que ses amis lui fissent cette justice de ne le pas accuser de faire mal son devoir. Il est vrai qu'il aimoit à lui présenter ceux qui excelloient en quelque science ou art, et qu'il ne perdoit pas l'occasion de lui conter dans toutes les heures du jour des choses qui étoient arrivées de son temps, et des bons mots qu'il avoit ouï dire à des gens de la vieille cour; sur quoi il pouvoit faire des réflexions qui lui pouvoient être utiles : au lieu que son précepteur, jaloux de son emploi, ne prenoit pas plaisir à faire parler au Roi les gens d'esprit, qu'il auroit peut-être goûtés, et qui lui auroient donné curiosité d'apprendre mille choses qu'il ne savoit pas; car il avoit naturellement envie qu'on lui dît ce qu'il ne savoit pas, et ne vouloit parler que des choses qu'il savoit. Cependant on lui faisoit traduire les Commentaires de César; il apprenoit à danser, à dessiner et à monter à cheval, et il étoit fort adroit à tous les exercices du corps, autant qu'un prince qui n'en doit pas faire profession le doit être. Mais la Reine, qui s'étoit réservé la surintendance naturelle qu'elle avoit de l'éducation du Roi son fils par dessus celle qu'elle avoit abandonnée à son ministre, prenoit un grand soin d'entretenir dans l'ame de ce jeune prince, à mesure qu'il augmentoit en âge, les sentimens de vertu, de sagesse et de piété qu'elle lui avoit inspirés dès son enfance, aimant mieux empêcher que de jeunes esprits comme lui n'altérassent l'innocence de ses mœurs, que de le voir plus instruit de toutes les choses qui ont accoutumé d'ôter à la jeunesse une certaine timidité qui procède du jugement, et qu'elle perd toujours trop tôt.

Au commencement de l'été [mai 1646], la Reine alla faire un voyage à Compiègne, d'où elle fut jusqu'à Amiens, pour y conduire le duc d'Orléans qui alloit y commander l'armée de Flandre, où se joignit peu après le duc d'Enghien. Je demeurai à Paris, parce que, n'ayant point certains avantages de domestiques, les voyages m'étoient pénibles et de grande dépense. Monsieur y tarda quelques jours après la Reine, pour se préparer à la guerre; et je me souviens que beaucoup de mes amis vinrent me dire adieu, qui moururent en cette meurtrière campagne. La vaillance, qui est si vantée chez toutes les nations et si bien pratiquée par la nôtre, toute belle qu'elle est, a ses incommodités; et les plus braves, qui courent avec tant de joie aux occasions, en ont encore davantage quand ils rapportent leurs bras et leurs jambes. Elle désole les familles, et dérobe à la cour ce qu'il y a de meilleur; et, pour dire tout enfin, rien au monde n'est si beau que la valeur, et rien n'est pire que la guerre.

La Reine demeura six semaines à son voyage. Il ne s'y passa rien d'extraordinaire, et son retour nous apporta de la joie. Outre que sa familiarité nous étoit douce, agréable et glorieuse, nous étions tellement accoutumées à l'honneur de la voir, que Paris, pendant cette absence, nous sembla une autre ville, et notre vie une autre vie. Dans ces premières années de la régence, la cour étoit si tranquille et notre vie si délicieuse, qu'il nous étoit impossible de ne la pas aimer. Mademoiselle de Beaumont néanmoins reconnut de l'altération dans le visage de la Reine, qui la menaçoit de quelque petit orage. Quoique la Reine, en arrivant à Paris, eût dit à madame la princesse, qui étoit avec elle, qu'elle auroit de la joie de nous revoir, il est certain que cette personne en particulier avoit eu le malheur de déplaire au ministre. Sa conduite étoit assez imprudente. C'étoit une fille hardie, dont l'esprit étoit grand, rude et sans règle. Elle blâmoit le gouvernement avec si peu de précaution, que souvent elle trouvoit des espions où elle croyoit avoir le plus de sûreté; et quoique ces qualités fussent mêlées avec de beaux sentimens, comme ce vaisseau étoit sans pilote, il étoit facile qu'il fît naufrage sur cette mer, quoique alors elle fût dans un calme tout entier. Elle avoit été, pendant l'absence de la Reine, faire un voyage avec M. et madame de Chavigny, qui continuoient à être mal à la cour. Cette liaison déplut au cardinal, quoiqu'en effet elle n'eût rien en soi que de louable : et ce dégoût obligea le ministre de demander à la Reine son éloignement. Il n'est pas difficile de faire haïr aux grands ceux qui parlent beaucoup, et qui par conséquent peuvent être aisément soupçonnés d'emportement. Sur ce prétexte, sa disgrâce fut aussitôt accordée et résolue. Quoique mademoiselle de Beaumont et moi fussions d'humeur différente, et que sa manière d'agir fût opposée à la mienne, le hasard nous avoit fait amies; et j'aimois en elle, sans approuver son procédé, sa franchise, son esprit qui paroissoit naturel, ses sentimens qui me sembloient avoir quelque apparence de vertu stoïque. Mais je lui faisois de continuelles harangues sur sa conduite que je n'estimois pas, et sur la rudesse de ses décisions. Elle vouloit toujours réformer l'Etat par cette fausse gloire qu'on se donne en méprisant les autres, et nullement par une véritable source d'honneur et de probité. Elle étoit la seule qui eût part au blâme que je lui donnois; et comme d'ailleurs nous étions souvent ensemble, elle fut cause que le cardinal Mazarin me voulut aussi éloigner de la cour. Il jugeoit de mes pensées à son égard par l'amitié que j'avois pour elle, et par l'approbation que je paroissois donner à ses paroles. La Reine, qui me connoissoit dès mon enfance, et qui savoit que j'avois des intentions droites, ne pouvoit douter de ma fidélité. Elle fut assez bonne de répondre de moi à son ministre, et de l'assurer de la netteté de mon procédé, sans en être instruite par moi : tant il est vrai qu'en toutes occasions il faut bien faire, et ne se vanter jamais. C'est ce qui faisoit que j'avois ce bonheur que la Reine n'avoit pas mauvaise opinion de moi : et comme le cardinal Mazarin n'avoit pas fortement déterminé ma perte, il se laissa aisément persuader par elle; et je me sauvai de cette sorte d'un châtiment que je n'avois pas mérité, et d'un péril que je n'aperçus qu'après qu'il fut passé.

On envoya commander à mademoiselle de Beaumont de ne plus voir la Reine; et je fus étonnée quand ce même jour, le soir, j'appris cette nouvelle. On crut que je devois être de la partie, et que je sentirois en cette occasion la conséquence du mot de cabale; mes amis s'en inquiétèrent pour moi, et quand j'entrai dans la chambre de la Reine, quoique je fusse tout-à-fait éloignée de toute crainte, je remarquai quelque changement en leur visage : les indifférens me regardoient de loin, et chacun, parlant à l'oreille de son voisin, me comptoit pour perdue. Un de mes amis eut la hardiesse de s'approcher de moi, et de me faire un compliment. Je lui demandai en riant d'où venoit un discours si sérieux, et je sus de lui la disgrâce de mademoiselle de Beaumont. Par cette nouveauté, je m'aperçus aisément de tout le reste. Je fus fâchée du malheur de mon amie, et je ne sentis, ce me semble, aucun trouble dans mon ame qui pût me faire honte. Comme j'étois assurée de mon innocence, je passai brusquement dans le cabinet où étoit la Reine; et dans cet instant, malgré les charmes de sa présence et l'honneur que j'avois d'en être soufferte, il me passa dans l'esprit que les biens qu'on possède à la cour, et même dans la faveur quand j'en avois eu, ne sont point de véritables biens qui soient dignes de notre estime; que peut-être mon éloignement, malgré moi me jetant dans la solitude, me seroit un plus véritable bonheur; et que ce n'en est pas un de demeurer dans un lieu où il est presque impossible de se sauver des foiblesses qui font autant de peine que de dépit à ceux qui sont assez illuminés pour les connoître. Je ne fus pas long-temps en peine de travailler par ma raison à me fortifier contre ma disgrâce. La Reine, qui eut peur que l'aventure de mademoiselle de Beaumont ne me donnât de l'inquiétude, prit soin de la détruire. Aussitôt qu'elle me vit, elle affecta de me faire bon visage, et de me parler amiablement; et ce soin, dans ce moment, me fit voir la générosité de son ame, tout-à-fait indépendante des sentimens d'autrui. Elle se déshabilloit pour se mettre dans le bain; car il faisoit un grand chaud. Aussitôt qu'elle y fut entrée, je me mis à genoux devant la cuve pour l'entretenir, et lui demandai la cause de la disgrâce de mon amie. Elle me fit l'honneur de me répondre ces mêmes paroles : « Qu'elle l'avoit éloignée parce « qu'elle avoit blâmé sa conduite d'une manière « désobligeante; qu'elle étoit de ces personnes qui « crient contre tout plutôt par un goût dépravé que « par aucune bonne raison qu'ils aient de le faire; qui « désapprouvent tout ce qu'ils voient, et dont le seul « orgueil fait le discernement des actions dont ils se « mêlent de juger. » Elle ajouta qu'elle s'étonnoit comment moi, qui n'avois pas ces mêmes sentimens ni le même cœur, je pouvois avoir de l'amitié pour elle, et comment j'avois pu jusqu'alors faire société avec une personne si éloignée de mon humeur. Il étoit temps de se taire sur cette matière : je tâchai seulement de radoucir le ressentiment de la Reine. J'excusai mon amie sur l'emportement de son esprit et sur son tempérament impétueux; et, travaillant à la justifier sur ses bonnes intentions, j'assurai la Reine que le fond en étoit bon, et que, dans les choses essentielles, je croyois qu'elle ne manquoit pas de fidélité pour son service, ni de zèle pour ses intérêts. Dans cet instant, cette princesse tira sa main de l'eau; et, me la mettant toute mouillée sur la mienne, me la pressa, et

me dit d'un ton à s'en souvenir : « Vous êtes trop
« bonne, madame de Motteville; je vous assure qu'elle
« n'en feroit pas autant pour vous, et je sais ce que je
« dis. » Ces paroles s'imprimèrent fortement dans mon
ame ; et quoiqu'elles ne me fissent pas soupçonner
tout-à-fait mon amie, parce qu'il n'étoit pas juste de
se laisser aller à ce doute sur une si légère cause, elles
firent du moins que je fus plus facilement éclairée sur
l'avenir, et que dans la suite des temps je me détrompai entièrement. Les dures épreuves que j'ai faites sur
l'amitié fabuleuse des créatures m'ont enfin forcée de
croire que rien au monde n'est si rare que la probité,
ni qu'un bon cœur capable de gratitude envers ceux
qui agissent avec droiture. Le cardinal Mazarin me
parla aussi des sujets qu'il croyoit avoir de se plaindre de moi : il me dit que mes amis me faisoient tort,
voulant parler de l'exilée et du commandeur de Jars. Il
me fit entendre que mademoiselle de Beaumont me
faisoit pester à sa mode; qu'on avoit dit à la Reine
que, quand elle vouloit marquer contre elle quelque
raillerie bien piquante, elle disoit toujours : « Madame
« de Motteville et moi avons trouvé, ou dit ou jugé,
« telle et telle chose ; » et que, pour se fortifier, elle
me mettoit toujours en jeu sur tout ce qu'elle alléguoit. Je compris aisément par quel esprit le cardinal
me parloit de cette manière. Je crus bien que la seule
tendresse qu'il avoit pour moi ne l'obligeoit pas à me
faire cette confidence, et qu'il vouloit seulement nous
séparer et nous désunir, en me faisant connoître qu'il
ne falloit pas suivre cet exemple si je voulois lui
plaire. Mais, dans le vrai, je crois qu'il ne me trompoit point, et que mademoiselle de Beaumont, mal-

gré son libertinage d'esprit, étoit fine et politique, vouloit avoir des complices; et souvent je l'ai surprise dans ses manières de faire, afin sans doute que je ne fusse pas plus agréable à la Reine qu'elle. Je me contentai néanmoins de répondre au ministre comme j'avois fait à la Reine. J'excusai le mieux qu'il me fut possible celle dont il se plaignoit; et, séparant ma conduite de celle des autres, je tâchai de le persuader en ma faveur. Je n'acquis pas ses bonnes grâces par cette voie; car il n'estimoit pas ceux qui faisoient profession d'agir honnêtement, et qui n'aimoient pas à faire des trahisons; mais comme il avoit de la douceur et de la bénignité, et qu'il avoit vu en la Reine de l'inclination à me protéger, il me fut aisé de guérir son esprit de ses dégoûts. Mes paroles eurent assez de force pour le convaincre de me laisser en repos, et non pas assez pour me produire aucun bon effet pour ma fortune. J'avoue que je ne m'y suis pas assez appliquée pour y réussir. J'ai de plus eu toujours des amis qu'il a haïs, peut-être avec justice, dont je n'ai jamais voulu blâmer le procédé : et, par cette fidélité que l'on se doit aux uns et aux autres, j'ai préféré le plaisir de les servir à celui de faire mes affaires. La Reine étoit entièrement affermie à suivre les conseils de ce ministre : il connoissoit que nous ne lui étions point nécessaires, et il ne craignoit point que personne lui pût nuire auprès d'elle. Par cette raison, il est toujours demeuré dans les mêmes termes. Pour moi, il m'a laissée vivre sans me faire ni bien ni mal; et pour ceux qui lui ont déplu, il a trouvé le moyen de les éloigner, quand ils lui ont donné par leur conduite d'assez justes sujets de leur disgrâce pour en obtenir le consentement de la Reine. Mais on peut dire le vrai qu'il a usé de son pouvoir avec une modération louable : il aimoit l'Etat, et servoit le Roi avec toute la fidélité que méritoit la confiance que la Reine avoit en lui.

Le lendemain j'allai voir la disgraciée, et je me sentis attendrie en l'embrassant ; et comme en effet j'avois alors de l'amitié pour elle, son déplaisir me toucha et me fit jeter quelques larmes. Elle avoit plus sujet de s'affliger qu'une autre plus riche qu'elle n'en auroit eu, parce qu'elle n'avoit eu nul établissement, et que, perdant les bonnes grâces de la Reine, elle perdoit ses pensions et ses espérances. C'est une chose étrange que l'infidélité ! Quand j'entrai dans sa chambre, il me sembla que tout ce que j'y vis étoient de ces personnes d'honneur, et de ces sortes de gens qu'on ne pourroit jamais soupçonner de lâcheté. Cependant, dès le soir que je fus chez la Reine, le cardinal me tira à part, et me fit des plaintes de la douleur que j'avois témoignée de l'éloignement de mademoiselle de Beaumont. Il me dit que cela n'étoit pas bien d'avoir fait paroître tant de sentiment en cette occasion, parce que je donnois lieu à tout le monde de croire que tacitement je condamnois la Reine, et l'accusois de trop de rigueur.

Il me reprocha aussi l'amitié de Chavigny, que dans la vérité je connoissois peu, mais dont la femme vivoit avec moi civilement, et paroissoit être de mes amies sans l'être beaucoup. Il me dit que je ne devois point prendre des attachemens qui ne pouvoient que m'être tout nuisibles ; que Chavigny étoit un homme difficile et audacieux ; qu'il auroit été heureux s'il avoit voulu se confier en lui et se contenter d'avoir part à sa fortune ; qu'il avoit trois fois plus de bien que lui ; qu'avec cela il n'étoit pas content ; et que, sans considérer que son intention étoit éloignée de toute violence, il souhaitoit toujours quelque chose de lui qui le contraignoit infiniment. En effet, Chavigny souhaitoit qu'il lui fît avoir la charge de secrétaire d'Etat que la Reine avoit donnée au comte de Brienne, après que, par le mauvais état de ses affaires, il avoit été contraint de se défaire de la sienne. Comme je l'ai dit, la Reine aimoit le mari et la femme. Il étoit difficile au cardinal Mazarin, et même impossible, de leur ôter leur bien sans aucune raison. Le comte de Brienne, de plus, lui étoit soumis ; au lieu que Chavigny avoit voulu exercer cette charge, sans se soumettre à celui qui prétendoit pouvoir être le maître de tous.

Quelque temps après, la cour étant allée à Fontainebleau, le duc de Brezé (1) fut tué devant Orbitello, que le prince Thomas, qui commandoit l'armée du Roi, tenoit assiégée depuis un mois. Le même Chavigny, qui alors étoit en Provence, fut blâmé de n'avoir pas mandé cette nouvelle aussi promptement qu'il auroit pu le faire : il fut soupçonné d'avoir favorisé les intérêts de M. le prince, qui prétendoit que M. le duc d'Enghien son fils, dont le duc de Brezé avoit l'honneur d'être beau-frère, devoit obtenir ses charges et son gouvernement. Le comte d'Alais avoit

---

(1) *Le duc de Brezé* : Armand de Maillé, duc de Brezé, neveu du cardinal de Richelieu, frère de la princesse de Condé. Le combat où il périt à vingt-sept ans fut livré le 14 juin 1646. Il avoit battu la flotte espagnole commandée par Pimentel.

aussi averti M. le prince par un courrier exprès. Le cardinal trouva mauvais que Chavigny, comme ministre, n'eût pas fait la même chose, parce que cette faute mettoit M. le prince sur les bras de la Reine, avant que d'être préparée à ce qu'elle devoit répondre à ses demandes.

Aussitôt après la mort du duc de Brezé, M. le prince attaqua la duchesse d'Aiguillon, qui prétendoit que madame la duchesse d'Enghien ne pouvoit hériter de son frère pour avoir renoncé à sa succession en se mariant. En même temps il demanda à la Reine l'amirauté vacante, le gouvernement et ses charges. L'amirauté ne lui fut point accordée, parce que le commandement de la mer auroit pu rendre un premier prince du sang trop puissant en France ; et le gouvernement de Brouage demeura entre les mains du favori du duc, nommé le comte de Daugnon, qui s'en empara tout doucement, malgré la volonté de la Reine et du ministre.

Le reste de cette dépouille a été disputé entre ses héritiers. A ce refus, M. le prince partit de la cour, faisant semblant de gronder, et s'en alla chez lui. M. le duc d'Enghien, qui étoit à l'armée où commandoit Monsieur, écrivit à la Reine, et lui témoigna hautement ses prétentions. Il les soutint légitimes, et devoit espérer d'elle cette justice. J'ai vu les lettres qu'il lui en écrivit. Par leur style, il étoit aisé de juger que ce prince ne vouloit pas que le sang de France lui fût inutile, et qu'il avoit une fierté de cœur qui pourroit un jour incommoder le Roi. On disoit de lui que son courage et son génie le portoient aux combats plutôt qu'à la politique. En cette occasion néanmoins il en observa toutes les règles; et quittant cette audacieuse manière dont il avoit accoutumé de chicaner à Monsieur toutes choses, il commença à s'humilier tout entièrement à lui. Comme ils étoient dans une même armée, il affecta d'avoir pour lui une grande assiduité, et même il rechercha soigneusement de s'acquérir l'abbé de La Rivière. Leur liaison alla si avant, que ce prince ne put éviter d'écrire à la Reine et au cardinal en faveur du duc d'Enghien : ce qui causa aussitôt de grandes inquiétudes au ministre. L'inimitié de ces deux importantes personnes lui plaisoit beaucoup davantage que leur union.

M. le prince étoit grand politique. Il étoit timide, et craignoit de se brouiller à la cour : il aimoit l'Etat ; et l'on disoit alors que ses conseils étoient toujours dans l'ordre de la justice. Il les donnoit avec beaucoup de lumière, et on a souvent dit de lui qu'il auroit été un grand roi. La bassesse qu'il avoit eue sous le règne précédent lui avoit été honteuse, mais alors il étoit estimé sage et prudent. Comme il commençoit à vieillir, et qu'il savoit les maux qu'un prince du sang souffre quand il se révolte contre le Roi, il se laissa aisément persuader qu'il ne falloit point gronder tout-à-fait. Peu de jours après, il manda Le Tellier, secrétaire d'Etat, pour lui faire ses plaintes. Il se fit quelque négociation ; et la conclusion fut de remettre la décision de ses demandes à la fin de la campagne, et que cependant tous seroient bons amis. Ainsi la colère de M. le prince se passa aisément. Il revint à la cour : on le traita bien ; et ses plaintes se calmèrent en apparence, selon la coutume des grands, qui se haïssent presque toujours, et qui font paroître le contraire dans toutes leurs actions de parade.

Madame la princesse, qui étoit alors auprès de la Reine, quoiqu'elle fût ambitieuse, et qu'elle eût voulu voir sur la tête du duc d'Enghien toutes les couronnes de l'Europe, ne laissa pas de protester à la Reine qu'elle n'avoit point d'intérêts qui pussent la séparer des siens, et que son amitié pour elle étoit plus forte que le désir de la grandeur de son fils : si bien que la Reine en parut à demi persuadée, et vécut avec elle de la même manière qu'elle avoit accoutumé. Si, sans être dupe, elle eût voulu croire ce que madame la princesse lui voulut dire, je suis assez hardie pour assurer que si elle n'étoit pas touchée d'amitié autant qu'elle le témoignoit à la Reine, elle l'étoit du moins de ses caresses et du plaisir de la faveur. De l'humeur dont étoit madame la princesse, je crois qu'elle auroit été au désespoir de voir sa famille se brouiller à la cour, autant par douleur d'en perdre la douceur que par la considération de ses plus grands intérêts.

La Reine passa tout l'été à Fontainebleau ; et le lieu du monde où les chaleurs sont les plus grandes servit de retraite pour la plus ardente saison de l'année. Les divertissemens de toutes les dames furent entièrement renfermés dans les bornes de la rivière de Seine. Elles demeuroient tous les jours plusieurs heures dans l'eau, ou dans les forêts qu'il falloit passer pour y aller ; et la poudre de l'une étoit effacée par le secours de l'autre.

Le Roi, qui étoit alors encore enfant, se baignoit aussi ; et son gouverneur, le maréchal de Villeroi, qui ne l'abandonnoit point, en faisoit autant. La Reine et toutes celles qui avoient l'honneur de l'accompagner avoient à l'ordinaire de grandes chemises de toile grise qui traînoient jusqu'à terre. Le gouverneur du Roi en avoit de même, et la modestie n'y étoit nullement blessée. Tous les hommes au-dessous de soixante ans étoient à l'armée : il ne restoit auprès de la Reine que ses officiers et un petit nombre de courtisans qui étoient auprès du ministre, attachés à son service ou à sa fortune ; et la cour étoit déserte. Je trouvois néanmoins que nous étions en bonne compagnie ; car, à mon gré, elle n'est jamais plus agréable que quand la foule n'y est pas.

En Flandre, notre armée, quoique grande et belle, ne fit pas de grands exploits. On assiégea Courtray avec trente mille hommes, et le duc de Lorraine avec pareille force se vint camper devant la nôtre. Les deux armées furent long-temps à se regarder sans se faire aucun mal. On offrit la bataille aux ennemis, qu'ils n'acceptèrent point : il se fit seulement quelques petits combats ; mais enfin ils n'osèrent attaquer nos lignes, et on leur prit cette place en leur présence et à leur honte. Après cette conquête, l'armée alla droit attaquer Mardick que le duc d'Orléans avoit prise l'année précédente, et qui dans celle-ci avoit été reprise des ennemis par surprise en trois heures de temps. Clanleu, que le duc d'Orléans y avoit fait mettre pour y commander, se trouvant absent quand les ennemis l'étoient venu attaquer, fut blâmé de cette perte. Quoiqu'il fût connu pour vaillant, c'étoit assez, pour être coupable, que d'être imprudent ou peu soigneux. Il le fut encore doublement en ce que ce siége, que Monsieur entreprit pour réparer sa faute, coûta beaucoup de sang à la France, de la peine et beaucoup d'argent.

Le général fut blâmé de l'avoir entrepris : il n'avoit point d'armée navale ; et les ennemis ayant une sortie libre du côté de Dunkerque, ils entroient à leur gré dans sa place : si bien que cette petite bicoque se défendit. Le duc d'Orléans s'excusa sur les Hollandais, qui faisoient encore quelque mine d'être pour nous : ils lui avoient donné parole de se rendre devant la place à certain temps, avec un nombre de vaisseaux capable d'empêcher la communication aux ennemis. Comme ils avoient enfin dessein de nous quitter, ils manquèrent à leur promesse pour le temps, et le prince manqua son projet : ce qui fut cause aussi que ceux qui étoient dans Mardick se défendirent aisément contre les attaques, et qu'ils le firent désavantageusement pour nous.

Les ennemis firent une sortie du côté du duc d'Enghien ; et ce prince, courant à la défense des siens, y fut blessé au visage d'un pot que les ennemis jetèrent de la place, qui pensa lui crever ou blesser la vue. On y tua le comte de Flex, gendre de la marquise de Seneçay, dame d'honneur de la Reine, honnête homme, et qui, avec beaucoup de qualités, avoit du mérite. Le jeune comte de La Roche-Guyon eut le même malheur : il étoit fils du duc de Liancourt, seul héritier de ses grands biens et de son oncle maternel, le maréchal de Schomberg. Il avoit épousé l'héritière de la maison de Lannoi, qui demeura grosse d'une fille dont elle accoucha quelque temps après la mort de son mari. Ce jeune seigneur fut infiniment regretté, tant par la considération de ses père et mère, qui étoient estimés de tous les honnêtes gens, que par l'agrément de sa personne ; et chacun eut pitié de sa destinée. Le duc de Nemours y fut blessé à la cuisse. C'étoit un prince aimable et digne d'estime. Sa blessure causa de l'inquiétude à ses amis; et les dames, à ce que les nouvelles secrètes en pouvoient apprendre, firent des vœux pour sa guérison. Le chevalier de Fiesque y fut tué, qui, à ce que ses amis disoient, avoit de l'esprit et de la vertu : il fut regretté d'une fille de grande naissance, qui l'honoroit d'une tendre et honnête amitié. Je n'en sais rien de particulier; mais, selon l'opinion générale, elle étoit fondée sur la piété et la vertu, et par conséquent fort extraordinaire. Cette sage personne, peu de temps après cette mort, voulant mépriser entièrement les grandeurs du monde, les quitta toutes, comme indignes d'occuper quelque place dans son ame : elle se donna à Dieu, et s'enferma dans le grand couvent des Carmélites, où elle sert d'exemple par la vie qu'elle mène. Le marquis de Thémines, seul héritier de sa maison, suivit aussi le malheureux sort des autres : il étoit fils de la maréchale d'Estrées, qui l'avoit eu de son premier mari. Il promettoit beaucoup, et ce fut une grande perte pour sa famille. Le jour que le courrier arriva, qui apporta tant de tristes nouvelles, toutes les chambres de Fontainebleau retentissoient de cris. Ces illustres morts et blessés étoient des personnes de la cour et des plus qualifiés : leurs parens les pleurèrent aux yeux de la Reine. Elle alla voir madame de Seneçay pour la consoler de la perte de son gendre, qui laissoit une jeune veuve d'une vertu extraordinaire, et des enfans petits qui perdoient infiniment en sa personne. Elle tâcha d'adoucir l'amertume des autres par la compassion qu'elle eut de leur douleur, et par les sentimens qu'elle en témoigna. Madame la princesse fut quelques jours dans de grandes inquiétudes: sa crainte lui faisoit croire qu'on lui cachoit le danger de la blessure de monsieur son fils. Ceux qu'elle ne croyoit pas être dans ses intérêts, comme elle étoit aigre et fière, elle répondoit à leurs complimens qu'ils étoient tristes de ce qu'il n'étoit pas assez blessé.

La Reine alors se seroit peut-être consolée; car on le redoutoit sur l'affaire de Brouage, et sur sa prétention de l'amirauté qu'elle ne vouloit point lui donner. Cette princesse étant un soir couchée sur un petit lit dans son cabinet, me parlant de lui avec l'estime qu'il méritoit qu'elle eût pour lui, après avoir souhaité sa guérison, me dit une chose qui procédoit de la confiance qu'elle avoit toujours eue en Dieu. « Je crois que Dieu, en la providence du« quel je me remets entièrement, puisqu'il l'a sauvé, « sait bien qu'il ne me doit point faire de mal; et « que s'il m'en fait, ce sera en suivant ses ordres, et « sera pour mon bien et pour mon salut. » Sa prophétie a été accomplie : ce prince, après avoir fait de grands services au Roi et à elle, lui a fait du mal. Elle a été contrainte de lui en faire aussi; mais je ne doute pas qu'elle n'en ait profité par le bon usage que je lui ai vu faire de toutes les peines qui lui sont arrivées depuis sur ce sujet.

Pour revenir à Mardick, dont la résistance étoit fâcheuse; après une longue attente, les Hollandais arrivèrent, et avec eux finit le siége en cette place, qui se rendit au duc d'Orléans aux conditions accoutumées en cette occasion. Madame la princesse rendit à Mademoiselle ce qu'elle lui avoit prêté à la bataille de Nordlingue. Cette princesse, qui n'aimoit pas alors les triomphes du duc d'Enghien, dit, en allant au *Te Deum* qui se chanta pour cette victoire, qu'il eût mieux valu faire dire un *De profundis* pour les morts. Et madame la princesse, sur Mardick, lui dit de même des choses piquantes, et si bien renfermées dans la raillerie, qu'il étoit impossible de s'en fâcher. Mademoiselle souffroit de l'ancienne liaison de la Reine et de madame la princesse. Elle avoit paru supporter quelques gens qui étoient mal à la cour : si bien qu'elle, étoit traitée de brouillonne ; et quoiqu'elle eût de la beauté, de cette beauté éclatante qui attire les louanges, et que son esprit en méritât aussi, sa rivale trouvoit toujours, dans sa vivacité trop extrême et son inquiétude naturelle, un grand sujet de la blâmer, et de faire souvent souhaiter son absence à la Reine. Mais comme en ce temps-là le duc d'Enghien avoit besoin du duc d'Orléans, malgré ces petits dégoûts et cet éloignement de cour, madame la princesse ne laissoit pas quelquefois de lui rendre de grands respects, et savoit si bien tourner ce qu'elle lui disoit, que ses railleries passoient souvent pour des avis d'amitié, dont il falloit que Mademoiselle lui fît des remercîmens. Sa jeunesse alors lui donnoit de la timidité, et la soumettoit toujours à madame la princesse, qui tiroit ces avantages de ses années.

Au sortir de Mardick, l'armée du Roi fut poursuivie par celle des ennemis, et les princes se résolurent de donner bataille ; mais elle ne se donna point : et peu de temps après le duc d'Orléans fut prié par la Reine de revenir auprès d'elle, et de laisser achever la campagne au duc d'Enghien. Elle envoya ses ordres au nouveau général, voulant lui témoigner par cette confiance qu'on espéroit de lui les mêmes marques d'affection et de fidélité que par le passé, et que l'estime que la Reine faisoit de lui la rendoit incapable de craindre en lui aucun ressentiment qui pût être désavantageux à l'Etat.

Il témoigna à Comminges, lieutenant des gardes de la Reine, qui fut de sa part lui porter le commandement général de l'armée, une satisfaction non pareille de ce bon traitement, avec un désir passionné de bien servir le Roi, et de faire encore quelque action éclatante qui pût faire voir à la Reine qu'il étoit digne de tout ce qu'il lui demandoit. Il avoit déjà conçu un dessein de grande importance pour le service du Roi; mais il ne le fit qu'après que le duc d'Orléans fut parti de l'armée, afin d'en pouvoir recevoir toute la gloire, comme il en vouloit toute la peine.

La reine d'Angleterre vint voir la Reine à Fontainebleau, et lui amena le prince de Galles son fils, qui s'étoit sauvé d'Angleterre, pendant que le Roi son père avoit pris le parti de s'en aller en Ecosse. Il n'y tarda guère : peu de temps après, ces peuples infidèles le vendirent aux parlementaires, qui continuoient de lui faire la guerre. Cette princesse affligée reçut beaucoup de consolation de revoir son fils ; et comme la joie ne se goûte pas entièrement, si elle ne se partage avec ses amis, elle voulut aussitôt le faire voir à la Reine. Elle demanda qu'il passât devant le Roi, en conséquence que le Roi son père, étant prince de Galles, passa devant le roi d'Espagne quand il alla voir l'Infante sœur de la Reine; mais la Reine lui répondit qu'il avoit eu cet avantage comme roi d'Ecosse, dont il avoit pris le nom en ce voyage ; et cette proposition demeura sans effet.

Le Roi et la Reine allèrent recevoir la mère et le fils, et n'oublièrent rien pour rendre l'honneur dû à la naissance de l'un et de l'autre, et à l'étroite liaison du sang et de la parenté. Après les premiers complimens, ils se mirent tous dans le carrosse de la Reine ; et quand ils descendirent, ils allèrent droit à l'appartement destiné pour la reine d'Angleterre. Le Roi donna la main à la Reine sa tante, et le prince de Galles mena la Reine. Le lendemain il la vint visiter : elle lui donna un fauteuil, selon ce qui avoit été concerté entre les deux Reines. Cette cérémonie faite, la reine d'Angleterre arriva ; et comme il n'y avoit devant elle qu'un siége pliant, il se leva aussitôt, et se tint debout au cercle comme les autres. Le Roi vint chez la Reine peu après, qui le prit pour le mener promener, et passa devant lui ; mais le matin qu'il avoit été le voir dans sa chambre, il lui avoit donné un fauteuil auprès du sien, l'avoit fait couvrir, et l'avoit fait conduire jusque dehors sa chambre. Depuis cette première cérémonie, en toutes les occasions où se sont trouvés ces deux princes, le Roi se mettoit toujours sur des petits siéges, et le prince de Galles de même manière. Au cercle, le Roi et lui se tenoient d'ordinaire debout, et nous l'avons vu roi d'Angleterre, sans que cela ait presque branlé, excepté une fois que le Roi le fit passer devant lui. Ce prince étoit bien fait : son teint brun s'accommodoit avec ses beaux yeux noirs ; sa bouche parut grande et laide ; mais il étoit de belle taille. La reine d'Angleterre eut quelque joie de revoir auprès d'elle la petite princesse dont j'ai déjà dit qu'elle étoit nouvellement accouchée quand elle vint en France. Sa gouvernante, par son adresse, l'avoit sauvée des mains des parlementaires. Elle la redonna à la Reine sa mère, âgée d'environ deux ans. Cette princesse en reçut beaucoup de consolation; et comme le Roi son mari n'avoit point été encore livré à ses ennemis, et que l'espérance n'abandonne jamais entièrement les malheureux, il y eut alors quelque trève dans ses souffrances.

Le duc d'Orléans, selon la prière que la Reine lui en avoit fait, revint à Fontainebleau le 1er septembre 1646, où elle l'attendoit pour finir ensemble leur campagne dans cette agréable demeure, avec les divertissemens qui s'y rencontrent toujours. Elle voulut laisser faire au duc d'Enghien la sienne à coups de canon et d'épée, qui sont les accompagnemens d'un guerrier dont le plaisir se trouve aux combats et à la conquête des villes. Le Roi et la Reine, pour régaler Monsieur, voulurent aller au devant de lui; mais comme Leurs Majestés ne le rencontrèrent pas assez proche, leur dessein se changea en celui de la promenade. Le ministre le continua jusqu'à sa rencontre, et revint avec lui peu d'heures après. Il remplit la cour des ducs de Guise, d'Elbœuf, de Candale (1), et d'une belle troupe de gens de qualité, qui n'étoient pas fâchés de venir se délasser des fatigues du siège de Mardick dans un lieu le plus beau du monde.

Aussitôt que le duc d'Enghien se vit en état d'agir

---

(1) *Le duc de Candale* : Louis-Charles-Gaston de Nogaret, fils du duc d'Epernon, et de Gabrielle-Angélique, légitimée de France, fille de Henri IV et de Gabrielle d'Estrées.

par lui-même, il alla assiéger Furnes le 9 septembre 1646, une petite ville auprès de Dunkerque qu'il prit en peu de jours. Ce dessein, qui en regardoit un plus grand, fut agréable au ministre. Il avoit été d'avis d'aller attaquer cette place, quand on alla à Mardick; et le duc d'Orléans n'y avoit pas voulu consentir, par la difficulté de l'entreprise. L'amitié qui avoit paru pendant la campagne entre ces deux grands princes ne fut pas assez forte pour empêcher que leurs cœurs ne fussent troublés par la jalousie et l'amour-propre. Le duc d'Orléans ne vit point sans dépit le projet que le duc d'Enghien avoit fait d'aller prendre Dunkerque, dont il lui avoit fait un secret; et le duc d'Enghien ne se vit point le maître de ce grand dessein, sans ressentir beaucoup de joie. J'ai ouï dire à Comminges, qui demeura quelque temps auprès de lui, qu'il ne l'avoit pas trouvé si blessé quand il fut seul, que lorsqu'il avoit eu un supérieur; et qu'il l'avoit soupçonné d'avoir feint sa blessure plus grande, afin de laisser partir Monsieur dans cette créance qu'il n'étoit point en état de rien entreprendre.

La Reine reçut alors, le 13 septembre 1646, un ambassadeur extraordinaire de la reine de Suède, qui ne venoit apparemment que pour travailler à l'union des deux couronnes. Celui que cette reine envoya s'appeloit le comte de La Gardie. Il étoit fils du connétable de Suède: son aïeul étoit Français, à ce qui se disoit, d'assez médiocre naissance. Il étoit bien fait; il avoit la mine haute, et ressembloit à un favori. Il parloit de sa reine en des termes passionnés et si respectueux, qu'il étoit facile de le soupçonner de quelque tendresse plus grande que celle qu'il lui devoit par la qualité de sujet. Il étoit accordé à une cousine germaine de cette reine, qu'elle-même lui faisoit épouser. Quelques-uns ont voulu dire que si elle eût voulu suivre son inclination, qu'elle l'auroit pris pour elle; mais qu'elle s'étoit vaincue par la force de sa raison et par la grandeur de son ame, qui n'avoit pu souffrir ce rabaissement. D'autres disoient qu'elle étoit née libertine, et qu'étant capable de se mettre au-dessus de la coutume, elle ne l'aimoit pas, ou elle ne l'aimoit plus, puisqu'elle le donnoit à une autre. Quoi qu'il en soit, cet homme parut assez digne de la fortune, mais plus propre à plaire qu'à gouverner. De la manière dont il parloit de la Reine sa maîtresse, elle n'avoit pas besoin de ministre; car elle-même, quoique très-jeune, ordonnoit de toutes ses affaires. Outre les heures qu'elle donnoit à ses études, elle en employoit beaucoup, à ce qu'il disoit, au soin de son Etat. Elle agissoit de sa tête, et il assuroit que son moindre soin étoit l'ornement de sa personne. De la façon qu'il nous la dépeignit, elle n'avoit ni le visage, ni la beauté, ni les inclinations d'une dame. Au lieu de faire mourir d'amour les hommes, elle les faisoit mourir de honte et de dépit, et fut depuis cause que ce grand philosophe Descartes perdit la vie de cette sorte, parce qu'elle n'avoit pas approuvé sa philosophie. Elle écrivit à la Reine, à Monsieur, oncle du Roi, au duc d'Enghien, et au ministre, des lettres que j'ai vues, et qui furent admirées par la galanterie des pensées, par la beauté du style, et par la facilité qu'elle témoignoit avoir à s'exprimer en notre langue qui lui étoit familière, avec beaucoup d'autres. On lui attribuoit alors toutes les vertus héroïques : on la mettoit au rang des plus illustres femmes de l'antiquité; toutes les plumes étoient employées à la louer, et on disoit que les hautes sciences étoient pour elle ce que l'aiguille et la quenouille sont pour notre sexe. La renommée est une grande causeuse : elle aime souvent à passer les limites de la vérité; mais cette vérité a bien de la force : elle ne laisse pas long-temps le monde crédule abandonné à la tromperie. Quelque temps après on connut que les vertus de cette reine gothique étoient médiocres : elle n'avoit alors guère de respect pour les chrétiennes; et si elle pratiquoit les morales, c'étoit plutôt par fantaisie que par sentiment. Mais elle étoit savante à l'égal des hommes les plus savans; et jusque là elle avoit conservé une haute réputation dans sa cour, parmi ses peuples, et dans toute l'Europe.

Pour régaler son ambassadeur, on lui donna le bal et la comédie, de grands repas, et tous les divertissemens ordinaires. Il orna la promenade du canal de Fontainebleau d'un carrosse en broderie d'or et d'argent, qu'il avoit fait faire pour sa Reine. Il le fit traîner par six chevaux richement harnachés, suivi d'une douzaine des pages de cette princesse habillés de ses livrées, qui étoient jaune et noir, avec des passemens d'argent. Le comte de La Gardie le suivoit dans le sien, avec une grande quantité de livrées orangé et argent. Cette cour en figure, avec la nôtre effective et belle, rendoit la promenade tout-à-fait agréable.

Quelques jours après, le duc d'Enghien, poussé de cette belle action qui l'animoit toujours au désir de la gloire, alla assiéger Dunkerque. Cette entreprise parut hardie ; mais le bonheur voulut que cette place se trouvât épuisée d'hommes et des munitions de guerre, à cause du secours qu'elle avoit envoyé à Mardick : et il n'y avoit plus d'armée ennemie assez forte pour craindre quelque obstacle. Ainsi, par une favorable rencontre de plusieurs choses, ce beau dessein se rendit plus facile que vraisemblablement on ne le pouvoit espérer; et la prudence du duc d'Enghien fut aussi grande à les bien remarquer pour en tirer ses avantages, que sa valeur à le bien exécuter. J'ai ouï dire que la fatigue qu'il se donnoit dans les présentes occasions étoit étonnante. Comme il avoit mis dans les premiers emplois de la guerre ses jeunes favoris, gens de condition, mais qui étoient sans expérience, il vouloit réparer leurs fautes par ses peines et ses actions, et ne vouloit point qu'on s'aperçût de leur manquement, de peur d'être accusé de trop favoriser ses amis, et de manquer de discernement dans le choix qu'il en faisoit. Ce qui paroissoit une bonne volonté envers eux procédoit aussi de sa sagesse, de sa capacité, de son ambition : car pour la bonté, c'est une qualité que les grands ne connoissent guère et ne pratiquent pas souvent.

La Reine reçut alors [le 3 octobre 1646] la princesse Palestrine, qui venoit alors d'Italie, dona Anna Colonna, belle-sœur des cardinaux Barberins, et femme de leur frère, qui étoit préfet de Rome. Elle étoit fugitive et persécutée du Pape qui régnoit alors, qu'ils avoient élevé au pontificat après la mort d'Urbain VIII, leur oncle ; et quoiqu'ils l'eussent fait élire malgré la France et le ministre, ils ne reçurent point dans leur disgrâce de consolation plus grande que celle qu'ils rencontrèrent dans la Reine ; et la reconnoissance qu'eut pour eux le cardinal Mazarin. Il avoit été autrefois leur créature, et il les avoit châtiés de leur infidélité à l'égard du Roi ; mais après leur avoir fait sentir la faute qu'ils avoient faite de manquer à ce qu'ils devoient à la France, il leur fit connoître combien il leur eût été avantageux de l'avoir pour ami. Il en usa de cette manière, non-seulement pour sa gloire particulière, mais encore pour faire dépit au Pape, qui ne l'aimoit point. Cette assistance leur fut si favorable que dona Anna Colonna, arrivant à la cour, reçut nouvelle que le Pape, malgré la haine qu'il avoit contre la maison de son mari, avoit été contraint de s'accommoder avec eux. Il y fut forcé par une belle armée navale qu'on avoit envoyée en Italie sous la conduite du maréchal de La Meilleraye, grand-maître de l'artillerie, qui par conséquent fut bien muni de toutes les provisions nécessaires qui avoient manqué au prince Thomas. Cette armée arriva quarante jours après le siége levé d'Orbitello : ce qui parut un prodige à la cour de Rome, qui croyoit être délivrée des Français, et qu'ils n'étoient plus à craindre, après le désordre arrivé devant cette place. La princesse Palestrine étoit avancée en âge : elle avoit eu de la beauté, mais elle étoit passée ; et ce qui ne se perd point lui étoit resté, car elle avoit beaucoup d'esprit. Avant qu'elle arrivât, la Reine m'avoit commandé de la voir la première, et d'en prendre quelque soin, à cause que je parlois italien, et qu'elle avoit pitié de la voir arriver dans une cour dont elle n'entendoit point la langue. Quand elle arriva, j'étois malade ; mais ma sœur, qui parloit italien comme moi, suppléa à mon défaut, et lui donna les premières instructions de la manière dont elle devoit agir pour ne rien faire de mal à propos. Cette dame s'accoutuma aisément à la France. Elle trouva beaucoup de gens qui l'entendoient, et qui, pour faire plaisir au ministre, s'amusoient à l'écouter, sans se soucier de lui répondre. En son particulier, elle étoit contente, pourvu qu'on lui donnât audience; car elle n'aimoit pas à se taire. Elle avoit toujours eu la réputation d'être honnête femme et hautaine : le nom de Colonne lui sembloit le plus illustre qui se pût porter.

La Reine, voyant la belle saison passée, se résolut de quitter Fontainebleau pour revenir à Paris [le 9 octobre] passer l'hiver, aussi contente que le méritoit la prospérité de ses affaires. Le cardinal alla coucher à Petitbourg, maison de l'abbé de La Rivière. Le ministre lui fit beaucoup de plaintes sur la liaison qui avoit paru pendant la campagne entre son maître et le duc d'Enghien. Le favori du duc d'Orléans se justifia du mieux qu'il lui fut possible, et leur confiance fut rétablie entièrement.

Quelque temps après le retour de Fontainebleau, les nouvelles arrivèrent de la prise de Dunkerque: ce qui donna de la gloire au duc d'Enghien, et beaucoup de joie au ministre, qui voyoit que tout contribuoit à sa grandeur. Il croyoit, avec beaucoup de raison, que les prospérités de l'Etat étoient plutôt les fondemens de son bonheur que les augmentations de la couronne. Laval, gendre du chancelier, et fils de la marquise de Sablé, bien fait et honnête homme à la mode du monde, mourut dans ce siége. Il fut regretté de toute la cour, et particulièrement du duc d'Enghien qui l'aimoit. Le maréchal de La Meilleraye prit en même temps Porto-Longone en Italie; et cette victoire, quoique de peu de fruit pour la France, fut un succès agréable pour celui qui se plaisoit de triompher et de se faire craindre dans son pays.

En ce temps finit cet illustre Bassompierre (1), tant vanté dans le siècle passé pour sa galanterie. Il étoit allé à Pons pour voir d'Emeri, qui étoit voisin de Bouthillier, père de Chavigny, à qui appartenoit cette belle maison de Pons. Il y tomba malade d'une fièvre continue, dont il guérit au bout de quelques jours; et comme il revenoit à la cour, à la première hôtellerie où il coucha, sans montrer aucun signe de se sentir plus mal, ses domestiques, le lendemain, le trouvèrent mort dans son lit. Ce seigneur, qui avoit été chéri du roi Henri IV, si favorisé de la reine Marie de Médicis, si admiré et si loué dans tous les temps de sa jeunesse, ne fut point regretté dans le nôtre. Il conservoit encore quelques restes de sa beauté passée : il étoit civil, obligeant et libéral; mais les jeunes gens ne le pouvoient plus souffrir. Ils disoient de lui qu'il n'étoit plus à la mode, qu'il faisoit trop souvent de petits contes, qu'il parloit toujours de lui et de son temps; et j'en ai vu d'assez injustes pour le traduire en ridicule sur ce qu'il aimoit à leur faire bonne chère, quand même il n'avoit pas de quoi dîner pour lui. Outre les défauts qu'ils lui trouvoient, dont je demeure d'accord de quelques-uns, ils l'accusoient comme d'un grand crime de ce qu'il aimoit à plaire, de ce qu'il étoit magnifique, et de ce qu'é-

---

(1) *Cet illustre Bassompierre* : François de Bassompierre, maréchal de France. Ses Mémoires font partie de cette série.

tant d'une cour où la civilité et le respect étoient en règne pour les dames, il continuoit à vivre dans les mêmes maximes, dans une où tout au contraire les hommes tenoient quasi pour honte de leur rendre quelque civilité, et où l'ambition déréglée et l'avarice sont les plus belles vertus des plus grands seigneurs et des plus honnêtes gens du siècle. Cette sévérité du règne du feu Roi et l'humeur du cardinal Mazarin avoient beaucoup contribué à cette rudesse; car, outre son avarice, il méprisoit les plus honnêtes femmes, les belles-lettres et tout ce qui peut contribuer à la politesse des hommes. La stérilité des grâces, le désir d'en recevoir, et l'impossibilité d'y arriver par le mérite ont rendu les courtisans incapables d'y prétendre par les belles voies; et comme leur ambition en étoit plus forte et plus déréglée, parce qu'elle triomphoit entièrement de leur cœur, elle étoit cause qu'ils ne pouvoient souffrir un homme qui avoit conservé les anciennes coutumes : en quoi certainement ils avoient tort à mon gré. Les restes du maréchal de Bassompierre valoient mieux que la jeunesse de quelques-uns des plus polis de ce temps-là.

La Reine reçut alors [le 4 ou 5 novembre 1646] la nouvelle de la mort du prince d'Espagne son neveu, qui, à ce que j'ai ouï dire depuis à madame de Chevreuse qui l'avoit vu, étoit un prince aimable, déjà grand, en âge de régner, et fils unique d'un grand roi accablé depuis quelques années de pertes et de malheurs. La grandeur de la France consiste toujours dans l'abaissement de l'Espagne; mais la Reine, comme sœur, prit part aux intérêts du Roi son frère, et sa douleur fut plus effective qu'apparente. Il est vrai néanmoins que sa peine fut moins sensible qu'elle ne l'auroit été, si elle n'eût pas été passionnée pour les intérêts du Roi son fils. Cette tendresse étoit en elle de beaucoup supérieure à toutes les autres. J'ai vu des lettres du roi d'Espagne écrites à la Reine, qui étoient pleines d'esprit et de bon sens. La réponse de ce prince, sur le compliment touchant sa perte, fut digne d'un grand roi. Après les remercîmens ordinaires, il lui représentoit en des termes pleins d'amitié la douleur qu'il sentoit de n'avoir point de ses nouvelles, et de n'en pouvoir apprendre que par les marchands. *Porque bien podemos, dandonos battallas como reyes, corresponder como germano.* (Car nous pouvons bien, en nous donnant des batailles comme rois, nous aimer comme frères.) Ce prince étoit malheureux : il avoit perdu en une année la Reine sa femme, l'Impératrice sa sœur qu'il aimoit chèrement, et son fils unique qu'il alloit marier à sa nièce, fille de l'Impératrice, que cette mort lui fit prendre pour lui quelque temps après. Le soir même de ce jour que la Reine avoit reçu cette lettre, après nous avoir dit que le Roi son frère lui faisoit pitié, elle ne laissa pas que de s'entretenir avec quelque douceur du droit qu'elle avoit sur cette couronne, si sa nièce l'infante, qui restoit alors seule au Roi son frère, venoit à mourir. Cette princesse, si indifférente à sa grandeur propre, si éloignée de l'amour de commander, nous parut intéressée dans cet instant, et plus ambitieuse pour ses enfans qu'elle n'étoit capable de l'être pour elle-même. Il nous sembla qu'elle n'auroit point été au désespoir de voir son second fils Monsieur un roi d'Espagne fait par elle.

Je vis encore quelque temps après une autre lettre du roi d'Espagne, où il offroit de faire la paix, en l'assurant de la recevoir agréablement de sa main : et il la prioit d'ordonner elle-même de ses intérêts. Il ajoutoit ensuite à cette proposition si obligeante : *Porque no creo que Vuestra Majestad se pued olvidar de las paredes en que nacio.* (Car je ne crois pas que Votre Majesté puisse oublier les murailles dans lesquelles elle est née.) La Reine goûtoit la douceur des termes de ces lettres, et il est aisé de voir dans ses sentimens particuliers l'amitié qu'elle avoit pour ses proches ; et néanmoins comme frère avec qui elle avoit eu autrefois un commerce si cordial, et qu'elle aimoit encore si véritablement, elle paroissoit alors, à l'égard du public, tellement effacée de son cœur par la qualité de régente, qu'elle ne lui écrivoit presque plus que sur les modèles que lui en faisoit son ministre, de peur, à ce qu'elle disoit en parlant des affaires d'Etat, que son affection ne la fît manquer au Roi son fils.

Dans ce deuil du prince d'Espagne, qui ne donna guère de tristesse à la cour, on vit arriver le duc d'Enghien de l'armée, qui, tout victorieux, demandoit, avec une humilité apparente et une véritable hardiesse, quelque récompense de l'amirauté. La Reine l'avoit déjà prise en son nom pour la garder au Roi ; et le cardinal Mazarin, sans qu'il parût l'avoir en effet, la posséda de cette sorte quelques années. Ce prince fit beaucoup de propositions qu'on ne reçut point, comme celle de lui donner une armée pour conquérir la Franche-Comté, qu'il auroit après érigée en souveraineté. Cette proposition fut éludée par le souvenir des maux que les ducs de Bourgogne, princes du sang, et souverains, avoient autrefois faits au royaume; et on lui en fit d'autres qu'il refusa aussi. Monsieur, oncle du Roi, par ses bonnes intentions et sa douceur, témoigna beaucoup d'affections à maintenir la paix dans la cour; et, pendant ces traités secrets, les choses ne laissoient pas de paroître en bon état. Le cardinal, ayant le pouvoir de contenter l'abbé de La Rivière, qui vouloit être cardinal, étoit toujours bien servi de lui avec cette sûreté. Le duc d'Enghien n'étoit pas assez fort, quand même il auroit eu de plus mauvaises intentions qu'il n'en avoit, pour former lui seul un parti, et pour en espérer un bon succès. Beaucoup de personnes étoient disposées à brouiller; mais la Reine étoit encore trop bien appuyée : ses victoires affermissoient sa puissance. Le duc d'Orléans étoit content, et le ministre n'étoit pas encore assez haï : ainsi elle n'avoit rien à craindre.

On ne peut pas avoir toujours du bonheur, et la vicissitude naturelle veut que le bien et le mal se succèdent l'un à l'autre. Il arriva dans cette saison toute victorieuse que le marquis de Leganez, suivant heureusement pour lui les ordres du roi d'Espagne son maître, vint attaquer à minuit les retranchemens de l'armée du Roi à Lerida. Le comte d'Harcourt [1] tenoit cette place assiégée, et on espéroit qu'elle seroit cause que bientôt on chanteroit un *Te Deum* à Notre-Dame. Mais ce général espagnol lui défit deux régimens, tua beaucoup d'officiers, prit le canon, et fit lever le siége à ce prince lorrain, qui de sa personne y fit des merveilles. Il eut trois chevaux tués sous lui;

---

[1] *Le comte d'Harcourt :* Henri de Lorraine.

mais il fut malheureux en ce qu'il avoit entrepris ce siége sans l'ordre du ministre, et l'avoit continué de même. Ce prince, qui avoit autrefois fait de belles actions, fut blâmé de tout le monde; et les plus modérés croyoient lui faire une grande grâce de dire de lui qu'il étoit vaillant, mais qu'il ne savoit pas commander : tant il est aisé de perdre ce peu de fumée qui coûte si cher.

Le duc de Guise, dont le cœur alloit voltigeant de passion en passion, aimoit alors mademoiselle de Pons, fille de la Reine, belle, de bonne maison, et fort coquette : il lui avoit promis de l'épouser, quoiqu'en effet, comme je l'ai dit, il fût marié à la comtesse de Bossu en Flandre. Pour lui tenir sa promesse, il se résolut d'aller à Rome pour faire rompre son mariage avec cette dame : il partit dans ce dessein, mais il n'y réussit pas. Le Pape lui refusa sa demande, et le contraignit de se tenir attaché à ce lien si fâcheux à tant de gens, parce qu'il est indissoluble. Ce voyage, entrepris pour de si pauvres motifs, eut, à l'égard de mademoiselle de Pons, le succès que sa vanité méritoit; mais il eut des suites considérables, où des grands rois furent obligés de prendre part.

Pendant qu'on travailloit à contenter le duc d'Enghien, qui désiroit beaucoup et à qui on vouloit donner peu de chose, M. le prince son père tomba malade, et mourut en trois jours. Ses charges et ses gouvernemens, étant très-considérables, servirent à payer au fils les dettes qu'il croyoit lui être dues. Il fut fâché sans doute d'avoir si peu pressé la conclusion de son accommodement; car il eût eu assez de courage pour prendre l'un et l'autre; mais n'étant point fait, il n'en avoit pas assez pour demander deux dépouilles qui l'eussent rendu le maître de la France. Les offres qu'on lui avoit faites pour celle du duc de Brezé son beau-frère n'étoient pas de petite conséquence : il avoit pu avoir dès lors Stenay, Jametz et Clermont ; mais il les avoit refusés, prétendant davantage. Dans la suite des temps il les a eus, parce que le ministre n'eut pas la force de les lui refuser, quand, par les brouilleries qui arrivèrent depuis, sa puissance diminua, et que celle des princes devint trop grande.

Ce prince du sang, premier en rang et rempli de mérite, mourut le lendemain de Noël 1646, environ à minuit : il finit sa vie chrétiennement et en bon catholique. Heureux si ses dernières années et ses dernières heures ont pu effacer devant le Seigneur les passions de sa jeunesse! Quoique ses aïeux eussent été huguenots, il fut toujours l'ennemi capital de ceux de la religion, et demeura ferme dans la véritable. Henri IV l'avoit fait déclarer présomptif héritier de la couronne : alors il étoit si pauvre que son bien ne fut estimé que dix mille livres de rente. A sa mort, on a dit qu'il laissa un million de revenu dans sa maison, avec la charge de grand-maître de la maison du Roi et ses gouvernemens. Ses défauts égaloient ses vertus ; les uns et les autres étoient considérables. Outre la mauvaise réputation qu'il avoit eue dans sa jeunesse, il étoit avare et malheureux à la guerre. C'est le terme le plus doux dont on puisse se servir pour parler d'un prince qui ne passoit pas pour vaillant. Ceux qui l'avoient vu jeune disoient qu'il avoit été beau ; mais, sur ses dernières années, il étoit sale et vilain, et avoit peu de marques de cette beauté.

Ses yeux, qui étoient fort gros, étoient rouges. Sa barbe étoit négligée, et d'ordinaire ses cheveux étoient fort gras. Il les passoit toujours derrière ses oreilles, si bien qu'il n'étoit nullement agréable à voir. Mais, outre ce que j'en ai dit, il faut y ajouter qu'il vouloit que les lois de l'Etat fussent observées, et que dans tous les conseils il protégeoit toujours la justice. Il étoit le fléau des partisans, et il avoit témoigné en beaucoup d'occasions qu'il n'avoit point de plus forte passion que celle de l'équité et de la droite raison. Ce même esprit lui faisoit avoir de l'ordre dans sa maison : il avoit soin lui-même d'envoyer ses domestiques à la messe les dimanches et les fêtes; et le jour de Pâques il avoit accoutumé, pour obliger ses gens à faire leur devoir en ce saint jour, de leur faire distribuer à chacun un quart d'écu. J'ai ouï dire, mais je ne le sais pas au vrai, qu'il alloit quelquefois dans les places publiques pour demander lui-même le prix des denrées, et vouloit savoir le détail de toutes choses, afin de prendre soin de la police, et de se familiariser avec les peuples, non sans dessein peut-être de leur plaire, et de les voir affectionnés à sa personne. Il se préparoit à combattre le ministre : il n'approuvoit pas sa conduite. Il est à croire qu'il attendoit que les révoltes qui pouvoient arriver sous une longue régence lui donnassent lieu de l'attaquer. La Reine ne vouloit pas souffrir que dans ses conseils il formât toujours quelque petite contrariété sur les matières qui s'y traitoient, et où il étoit presque toujours un obstacle aux desseins du ministre : ce qui souvent procédoit de la rectitude et du zèle qui l'animoit pour le bien de l'Etat. En mourant, il en demanda pardon au ministre, et l'assura qu'il n'avoit eu envers lui d'autre dessein que celui de s'acquitter de son devoir et de satisfaire à sa conscience. Il donna sa bénédiction à ses enfans, à condition de vivre en bons catholiques. Il leur conseilla de ne jamais manquer à ce qu'ils devoient au Roi, et les assura que le plus grand malheur qui pût arriver à un prince du sang étoit de faire un parti contre son souverain, parce que c'étoit perdre une belle place, pour devenir les esclaves de tous ceux qui les pouvoient servir. Il traita madame la princesse comme s'il l'eût aimée toute sa vie; mais, dans le vrai, il ne la considéroit que quand il la trouvoit propre à le servir dans ses intérêts de la cour, où elle étoit aimée plus que lui. Elle ne fut pas au désespoir de sa mort; et l'illustre madame de Rambouillet fut estimée d'avoir dit, en cette occasion, que madame la princesse n'avoit jamais eu que deux belles journées avec M. le prince, qui furent le jour qu'il l'épousa, par le haut rang qu'il lui donna; et le jour de sa mort, par la liberté qu'il lui rendit et le grand bien qu'il lui laissa. Outre qu'elle en fut favorablement traitée par son testament, comme elle étoit héritière de cette grande maison de Montmorency, elle avoit de grands droits à prendre sur le bien de monsieur son mari.

Ce même jour de Noël 1646, Madame accoucha d'une fille, qui fut un sujet de tristesse à M. le duc d'Orléans. Il souhaitoit passionnément d'avoir un fils; et comme il étoit bon et fort aimé, les Français le désiroient avec lui : car naturellement nous aimons la race de nos rois, et sa conservation. Ce qui affligea ce prince donna de la joie au duc d'Enghien, qui se vit par là premier prince du sang, non-seulement par la mort de M. le prince son père, mais parce que cette fille ne l'empêcha point d'en prendre le rang ce même jour, et de jouir des prérogatives de cette qualité pour le reste de sa vie. Les avantages en sont grands, et ne se peuvent plus perdre quand une fois on les a possédés.

M. le prince étoit plus heureux que Monsieur. Il avoit déjà un fils qui, tout enfant qu'il étoit, alloit donner de l'eau bénite de la part du Roi à feu monsieur son grand-père. On servit l'effigie de ce prince mort durant trois jours, selon la coutume ; et comme il avoit été avare pendant sa vie, on fit de plaisantes railleries à la cour sur la douleur que son ame devoit sentir en l'autre monde des grandes et inutiles dépenses qui se faisoient pour son corps. L'esprit de l'homme est presque toujours porté à rire des choses les plus sérieuses. De tels exemples néanmoins les devroient faire entrer profondément dans la connoissance du néant de toutes les vanités et de toutes les grandeurs de la terre.

La Reine alla voir madame la princesse, plutôt pour se réjouir avec elle que pour la plaindre ; et visita aussi toute la famille, à la réserve de madame de Longueville qui depuis quelque temps étoit absente. Elle étoit allée à Munster trouver le duc de Longueville, que la Reine y avoit envoyé dès le commencement de sa régence pour travailler à la paix.

[1647] Le premier mois de cette année, sans nulle nouveauté qui mérite d'être écrite, les ennemis pensèrent surprendre Armentières ; mais le maréchal de Gassion, le plus vigilant de tous les hommes, les prévint, et sauva cette place. La plus considérable affaire de la cour, et celle où l'on paroissoit penser davantage, étoit le divertissement et le plaisir. J'ai déjà dit que la Reine aimoit la comédie, et qu'elle se cachoit pour l'entendre l'année de son grand deuil ; mais alors elle y alloit publiquement. Il y en avoit de deux jours l'un, tantôt italienne et tantôt française, et assez souvent des assemblées. L'été précédent, le curé de Saint-Germain, homme pieux et sévère, écrivit à la Reine qu'elle ne pouvoit en conscience souffrir ces sortes de divertissemens. Il condamnoit la comédie, et particulièrement l'italienne, comme plus libre et moins modeste. Cette lettre avoit un peu troublé l'ame de la Reine, qui ne vouloit point souffrir ce qui pouvoit être contraire à ce qu'elle devoit à Dieu. Etant alors inquiétée de la même chose, elle consulta sur ce sujet beaucoup de personnes. Plusieurs évêques lui dirent que les comédies qui ne représentoient pour l'ordinaire que des histoires sérieuses ne pouvoient être un mal : ils l'assurèrent que les courtisans avoient besoin de ces sortes d'occupations pour en éviter de plus mauvaises ; ils lui dirent que la dévotion des rois devoit être différente de celle des particuliers, et qu'étant des personnes publiques, ils devoient autoriser les divertissemens publics quand ils étoient au rang des choses indifférentes. Ainsi la comédie fut approuvée, et l'enjouement de l'italienne se sauva sous la protection des pièces sérieuses. Les soirs, la belle cour se rassembloit au Palais-Royal dans la petite salle des comédies. La Reine se mettoit dans une tribune pour l'entendre plus commodément, et y descendoit par un petit escalier qui n'étoit pas éloigné de sa chambre. Elle y menoit le Roi, le cardinal Mazarin, et quelquefois des personnes qu'elle vouloit bien traiter, soit par la considération de leur qualité, soit par la faveur. Nous recevions ces grâces avec plaisir, parce que ceux qui ont l'honneur d'approcher des rois familièrement ne sauroient s'empêcher de regarder ces bagatelles comme des choses fort importantes, d'autant qu'elles sont comptées pour beaucoup à l'égard du public.

Quand le curé de Saint-Germain vit la comédie tout-à-fait rétablie, il se réveilla tout de bon, et parla tout de nouveau contre elle comme un homme qui vouloit faire ce qu'il croyoit de son devoir. Il vint trouver la Reine, et lui maintint que ce divertissement ne se devoit point souffrir, et que c'étoit péché mortel. Il lui apporta son avis signé de sept docteurs de Sorbonne qui étoient de même sentiment. Cette seconde réprimande pastorale donna tout de nouveau de l'inquiétude à la Reine, et la fit résoudre d'envoyer l'abbé de Beaumont, précepteur du Roi, consulter dans la même Sorbonne l'opinion contraire. Il fut prouvé par dix ou douze autres docteurs que, présupposé que dans la comédie il ne se dise rien qui pût apporter du scandale, ni qui fût contraire aux honnêtes mœurs, qu'elle étoit de soi indifférente, et qu'on pouvoit l'entendre sans scrupule; et cela fondé sur ce que l'usage de l'Eglise avoit beaucoup diminué de cette sévérité apostolique que les premiers chrétiens avoient observée dans les premiers siècles. Par cette voie, la conscience de la Reine fut en repos; mais malheur à nous d'avoir dégénéré de la vertu de nos pères, et malheur à nous d'être devenus ainsi des infirmes dans notre zèle et notre fidélité! Les courtisans crièrent hautement contre le curé, et le traitèrent hautement de ridicule.

Ils voulurent persuader que le père Vincent, homme de bien et d'une grande piété, avoit eu part à cette affaire pour travailler à la ruine de son ministre, en lui faisant condamner les choses qu'il autorisoit auprès d'elle; mais, en plusieurs occasions, elle répondit toujours qu'elle n'en croyoit rien.

Quoique je ne traite des grandes affaires qu'en passant, et à la mode d'une femme qui ne les a pu savoir à fond, et qui a souvent oublié de les remarquer, il est arrivé néanmoins qu'elles ont été publiées dans le cabinet; et je me suis quelquefois appliquée à écouter les acteurs quand ils en parloient. Celles qui étoient de quelque considération venant à ma connoissance, j'en écris les endroits qui me sont échappés par le hasard, sans que je me sois souciée de les savoir toutes ni dans toute leur étendue, parce que je n'ai pas eu le dessein d'écrire l'histoire régulièrement; mais j'ai pris soin seulement de ne dire que la vérité, qui m'est toujours venue par ceux qui avoient le plus de part dans les affaires. La paix que les Hollandais firent avec les Espagnols, et que je veux marquer ici, est une preuve de ce que je dis : c'est un lambeau que je veux laisser tomber en marchant mon chemin ; il trouvera sa place avec les autres de même nature : et comme il ne sera pas traité avec plus d'ordre et de suite, il n'aura pas aussi plus de prix ni de valeur.

Ce peuple rebelle à son Roi, qui avoit donné tant de peine à Philippe second; qui avoit assouvi par son joug la cruauté du duc d'Albe, et donné tant d'emploi à la valeur du prince de Parme; qui avoit mis à de si grandes épreuves la vertu de Marguerite et celle de l'infante Clara-Eugenia ; cette république enfin si célèbre par sa puissance, par la hardiesse de son entreprise, par son établissement, et par les glorieuses actions que les princes d'Orange ont faites en la gouvernant, avoit soutenu sa révolte par les assistances de la France; mais elle se résolut de l'abandonner, et d'achever de se mettre dans la possession d'une liberté légitime. J'ai dit qu'elle leur avoit été offerte, et que les ministres de France, les cardinaux de Richelieu et Mazarin, les en avoient toujours empêchés. L'abattement de leur véritable maître, dont les affaires étoient en mauvais état, leur donna le moyen de faire la paix (1) avec lui, en conservant leurs Etats usurpés, leurs conquêtes et leur domination. Ils firent alors un traité avec lui qui ne fut conclu que quelque temps après, et se rendirent paisibles seigneurs de ce pays dont ils sont demeurés les souverains, avec la honte de demeurer aussi mauvais chrétiens qu'ils ont été mauvais sujets. Pour garder quelque mesure avec le Roi, ils retardèrent quelque temps à le signer, disant qu'ils vouloient travailler à faire la paix générale, avant de se séparer entièrement de nous. On donna ordre au comte de Servien, qui étoit à Munster, d'y aller faire un voyage pour travailler à rompre tout-à-fait cette paix particulière; mais il n'y réussit pas : et ces peuples, suivant l'exemple de tous les autres, ne pensèrent qu'à leurs intérêts et à l'affermissement de leur grandeur. D'Estrades, qui étoit auprès du prince d'Orange de la part du Roi lorsque cet accommodement fut conclu, m'a dit que l'avarice de la prin-

---

(1) *De faire la paix* : Il y eut en 1647 une suspension d'armes entre l'Espagne et la Hollande ; la paix ne fut signée que l'année suivante, le 30 janvier.

cesse d'Orange en fut cause, et que les Espagnols la gagnèrent dans les derniers temps de la vie de son mari (1) : il assuroit que ce prince, qui ressembloit par sa valeur et sa capacité à ses aïeux, n'auroit jamais consenti à cette paix, s'il eût été en état de suivre les sentimens de la gloire et de l'ambition. Il étoit persuadé que la fin de la guerre étoit la fin de la puissance de sa maison, et que, ne se faisant plus redouter par les armes, ces peuples le mépriseroient. Mais ses maladies, en diminuant les forces de son corps, diminuèrent aussi celles de son esprit, et firent qu'il ne s'opposa point à cette négociation, comme il auroit fait s'il eût été en meilleure santé. Si l'avarice d'une femme commença cet ouvrage, celle du ministre, malgré le désir qu'il avoit de l'empêcher, l'acheva. D'Estrades, me contant ces particularités, me dit que cette princesse ne s'étoit liée à l'Espagne que par dépit de ce que le cardinal Mazarin manqua de lui envoyer des pendans d'oreilles de diamans qu'il lui avoit fait espérer.

Pour ne pas quitter si long-temps la cour de notre Régente, il faut revenir aux princes, qui étoient le seul sujet des inquiétudes que pouvoit avoir alors la Reine [janvier 1647]. Le prince de Condé étant devenu riche et puissant, il fut regardé de toute la cour comme celui dont l'amitié ou la haine alloit faire la bonne ou mauvaise fortune des hommes.

Cet air victorieux que lui donnoient les batailles de Rocroy et de Fribourg, et les prises de Furnes, de Mardick et de Dunkerque, le faisoient considérer de ses maîtres; et la plupart cherchoient plutôt sa protection que celle du duc d'Orléans. C'est pourquoi

(1) Henri de Nassau.

ceux qui par leurs grands établissemens étoient en état de faire du bien ou du mal lui ayant offert leurs services, et s'étant attachés à ses intérêts, sa cour étoit fort grosse ; et quand il venoit chez la Reine, il remplissoit sa chambre des personnes du royaume les plus qualifiées. Ses favoris, qui étoient la plupart des jeunes seigneurs qui l'avoient suivi dans l'armée, et participant à sa grandeur comme ils avoient eu part à la gloire qu'il y avoit acquise, avoient été appelés les *petits-maîtres*, parce qu'ils étoient à celui qui le paroissoit être de tous les autres ; et ce titre avoit effacé celui des *importans*.

Dans cet état, quoique la qualité de fils de France mît différence entre le duc d'Orléans et lui, et qu'il lui rendît en apparence de grands respects, il ne laissoit pas dans toutes les occasions d'en tirer tous les avantages qu'il en pouvoit tirer, et ne négligeoit rien en quelque façon. Comme il assistoit au conseil depuis la mort de M. le prince son père, il arriva qu'un jour, étant tous deux au conseil de direction, le duc d'Orléans, qui d'ordinaire avoit son secrétaire derrière sa chaise, et quelques-uns de ses officiers, trouva mauvais que M. le prince en usât de la même manière, quoique M. le prince son père ne l'eût jamais fait. Ce prince s'en plaignit à M. le chancelier, qui paroissoit être ami de M. le prince, qu'il voyoit devant lui. Il fut fort embarrassé ; car Monsieur le priant de lui aller dire que s'il continuoit à tenir derrière lui ses officiers il les feroit chasser par force, ne pouvant se résoudre de lui aller faire ce compliment, il dit à Monsieur qu'il falloit là-dessus consulter d'Emeri qui étoit l'homme du ministre, et qui avoit vu feu M. le prince en ce conseil. D'Emeri, qui étoit hardi et décisif, dit tout librement qu'il falloit que M. le prince se renfermât dans les mêmes bornes de monsieur son père, et qu'il falloit lui apprendre le mécontentement de Monsieur. Tous deux ensemble le lui allèrent faire savoir, dont il fut d'abord un peu surpris : mais après avoir été assuré que feu M. le prince ne tenoit point d'officiers auprès de lui, il appela aussitôt son secrétaire, et lui commanda tout haut de ne pas s'approcher de lui quand il seroit au conseil; et tout bas il lui ordonna d'y venir quelquefois, et de n'y tarder guère. Monsieur étant satisfait, après le conseil dit à M. le prince, avant de sortir, qu'il ne devoit point trouver mauvais ce qu'il avoit fait, puisque cela étoit juste; et M. le prince lui répondit : « Il est vrai, monsieur, et je ne refuserai « jamais de vous rendre ce que je vous dois; mais, « satisfaisant à tous les respects qui vous sont dus aux « choses de conséquence, il me semble qu'en cette « bagatelle vous deviez m'en avertir plus doucement. » A quoi Monsieur ayant ajouté un compliment en forme d'excuse, ils se saluèrent et demeurèrent bons amis, c'est-à-dire autant que le peuvent être de grands princes que l'intérêt et la politique peuvent tous les jours rendre ennemis.

Le duc de Longueville, qui étoit proprement de la famille de M. le prince, à cause de madame de Longueville qui n'avoit pas moins d'ambition que son frère, demanda la charge de colonel des Suisses qui étoit vacante par la mort du maréchal de Bassompierre, disant à la Reine qu'en partant pour aller en Allemagne pour y traiter la paix, elle lui avoit promis de lui donner la première qui seroit à sa disposition. Monsieur s'y opposa fortement, tant pour plaire à la cour, à ce que l'on crut, que pour ses intérêts particuliers, disant qu'il ne souffriroit pas que M. le prince, qui étoit déjà grand-maître de la maison du Roi, eût un beau-frère colonel des Suisses : au moyen desquelles deux charges jointes ensemble il seroit tout-à-fait maître de la maison et même de la personne du Roi. Les difficultés furent cause qu'on la donna au maréchal de Schomberg, et le gouvernement de Metz, en récompense de celui de Languedoc que Monsieur avoit pris pour lui ; et le duc de Longueville fut contraint de se contenter des grands établissemens qu'il avoit déjà, et de l'honneur de travailler à la plus grande affaire du monde (1), dont on disoit pourtant qu'on avoit donné le secret à Servien plus qu'à lui ; mais il avoit de bons parrains à la cour. M. le prince et la Normandie, dont il étoit gouverneur, étoient des gages bien assurés de sa récompense. Aussi il ne fut pas long-temps sans être satisfait, quoiqu'il ne fût pas déjà trop à plaindre.

La Reine reçut en ce temps-là [février 1647] une autre lettre du Roi son frère, où il lui faisoit part de son second mariage avec la fille de l'Empereur, qui avoit été destinée au prince son fils. Il lui mandoit qu'*el Emperador* (2) *aviendola ofrecido su hija y siendose el sin hijo, y el principe muerto, el se avia resuelto encasarse con ella ;* et sa lettre finissoit en ces termes : *Guarde me Dios a Vuestra Majestad*

---

(1) *La plus grande affaire du monde :* Les traités de Westphalie, qui furent signés l'année suivante. — (2) *El Emperador :* Que l'Empereur lui ayant offert sa fille, et étant sans enfans, le prince mort, il avoit pris la résolution de se marier avec elle.

como lo desseo y como lo he menester. Ce mot de *menester*, qui signifie *besoin*, auroit pu passer pour bassesse, si dans cette langue il ne se rapportoit plutôt à *tendresse* qu'à *besoin* et *nécessité*, qu'il paroît signifier en la nôtre. Cette petite princesse, qui étoit sa nièce et qui n'avoit que treize ans, devint sa femme, par cette nécessité que les rois d'Espagne se sont imposée de s'allier presque toujours dans leur propre famille. Il avoit alors quarante-trois ans, et cette propension naturelle des personnes avancées en âge eut un grand effet sur lui ; car il l'aima infiniment, et fit voir que quand l'amitié qui procède du sang se mêle avec celle qui est plus sensible, la passion en est sans doute plus forte et plus tendre. Comme ce prince avoit fort aimé l'Impératrice sa sœur, il aima toutes les deux en une seule personne ; et joignant la qualité de parent avec celle de mari, cette princesse lui tint lieu de toutes choses : si bien qu'en lui ce lien qui déplaît souvent, étant noué par toutes sortes de nœuds, lui fut agréable par la même raison qui le rend insupportable à la plus grande partie de ceux qui s'y soumettent.

Le comte d'Harcourt, qui étoit en Catalogne en mauvaise posture, puisqu'il étoit mal à la cour, demanda son congé pour revenir à Paris se défendre contre ses ennemis, qui ne l'épargnoient pas. Ils lui faisoient dire qu'il n'avoit manqué de prendre Lérida que parce que le cardinal avoit abandonné la Catalogne, pour envoyer toutes les forces en Italie : un homme un peu penchant vers la chute trouvant toujours de bonnes personnes qui le font paroître avec tous les crimes et toutes les fautes dont vraisemblablement il pourroit être soupçonné. Son congé lui fut accordé facilement ; et il fut résolu, pour donner de l'éclat au nom français, que M. le prince iroit commander l'armée de Catalogne, et qu'on lui donneroit des forces suffisantes pour rétablir entièrement la réputation des armes du Roi. Cela fut arrêté au conseil le 9 de février, et tenu secret quelque temps pour des raisons que je n'ai pas sues. Le maréchal de Gramont célébra ce silence comme un grand miracle, admirant qu'une chose sue de cinq ou six personnes eût pu demeurer cachée à la connoissance du public seulement peu de jours.

Le même jour se fiança au Louvre, mademoiselle de Thémines, fille de la maréchale d'Estrées et de son premier mari, avec le marquis de Cœuvres, fils du second. La reine d'Angleterre, qui se trouva à cette cérémonie, fit de grandes difficultés pour signer la première : ce qu'elle fit après les civilités et les résistances requises en de telles occasions. Le Roi et la Reine signèrent ensuite ; puis le prince de Galles, et après lui Monsieur (1), parce que le véritable Monsieur étoit encore trop petit, et ne savoit pas écrire.

Sur la fin des jours gras [le 2 mars 1647], le cardinal Mazarin donna un grand régal à la cour, qui fut beau et fortement loué par les adulateurs qui se rencontrent en tout temps. C'étoit une comédie à machines et en musique à la mode d'Italie, qui fut belle, et celle que nous avions déjà vue, qui nous parut une chose extraordinaire et royale. Il avoit fait venir les musiciens de Rome avec de grands soins, et le machiniste aussi, qui étoit un homme de grande réputation pour ces sortes de spectacles. Les habits en furent

(1) Le duc d'Orléans.

magnifiques, et l'appareil tout de même sorte. Les mondains s'en divertirent; les dévots en murmurèrent; et ceux qui, par un esprit déréglé, blâment tout ce qui se fait, ne manquèrent pas à leur ordinaire d'empoisonner ces plaisirs, parce qu'ils ne respirent pas l'air sans chagrin et sans rage. Cette comédie ne put être prête que les derniers jours du carnaval : ce qui fut cause que le cardinal Mazarin et le duc d'Orléans pressèrent la Reine pour qu'elle se jouât dans le carême; mais elle, qui conservoit une volonté pour tout ce qui regardoit sa conscience, n'y voulut pas consentir. Elle témoigna même quelque dépit de ce que la comédie, qui se représenta le samedi pour la première fois, ne put commencer que tard, parce qu'elle vouloit faire ses dévotions le dimanche gras; et que la veille des jours qu'elle vouloit communier elle avoit accoutumé de se retirer à meilleure heure, pour se lever le lendemain plus matin. Elle ne voulut pas tout-à-fait perdre ce plaisir, pour obliger celui qui le donnoit; mais ne voulant pas aussi manquer à ce qu'elle croyoit être de son devoir, elle quitta la comédie à moitié, et se retira pour prier Dieu, pour se coucher, et souper à l'heure qu'il convenoit, pour ne rien troubler de l'ordre de sa vie. Le cardinal Mazarin en témoigna quelque déplaisir; et quoique ce ne fût qu'une bagatelle qui avoit en soi un fondement assez sérieux et assez grand pour obliger la Reine à faire plus qu'elle ne fit, c'est-à-dire à ne la point voir du tout, elle fut néanmoins estimée d'avoir agi contre les sentimens de son ministre : et comme il témoigna d'en être fâché, cette petite amertume fut une grande douceur pour un grand nombre d'hommes. Les laugues et les oreilles inutiles en furent occupées quelques jours, et les plus graves en sentirent des momens de joie qui leur furent délectables. Le maréchal de Gramont, éloquent, spirituel, gascon, et hardi à trop louer, mettoit cette comédie au-dessus des merveilles du monde : le duc de Mortemart, grand amateur de la musique et grand courtisan, paroissoit enchanté au seul nom du moindre des acteurs ; et tous ensemble, afin de plaire au ministre, faisoient de si fortes exagérations quand ils en parloient, qu'elle devint enfin ennuyeuse aux personnes modérées dans les paroles. Leur sentiment et les grandes louanges qu'ils lui donnèrent firent qu'elle en parut moins belle ; et le bruit qu'ils en firent en la justifiant, la bonté de sa symphonie, ne purent pas empêcher de demeurer d'accord que l'adulation ne doit point être blâmée à la cour en des sujets de cette nature.

Le lendemain au soir, cette célèbre comédie se représenta, et la Reine la vit entièrement. Le lundi il y eut bal, qui se donna sur le théâtre dans une salle faite à machines, qui se plaçoit en ce lieu en un moment : ce qui parut la plus belle chose qui se pût voir. Elle étoit dorée, et faite par grands cadres avec des tableaux qui, peints en perspective, étoient un agréable objet à ceux qui occupoient l'amphithéâtre. Cette salle étoit aussi toute meublée de siéges et de carreaux qui se trouvoient placés dans des niches qui étoient tout autour, sans que la main des hommes parût y avoir quelque part. Au bout d'en haut se trouvoit un trône élevé de quatre ou cinq degrés fournis de carreaux, de chaises à bras et d'un dais au-dessus, de toile d'or et d'argent, avec de la crépine digne d'un tel ameublement. Quatre grands chandeliers de cristal éclairoient cette salle qui paroissoit un véritable enchantement, et qui dans nos jours nous représentoit le siècle d'Urgande et d'Armide. Le Roi, pour faire civilité au prince de Galles, ne se mit point à sa place où il fit asseoir Mademoiselle, qui ce soir-là étoit parée par les mains de la Reine des pierreries de la couronne, perles et diamans renoués avec des petits rubans incarnat, noir et blanc. Cette parure étoit belle et agréable, particulièrement le bouquet qu'elle avoit sur sa tête. Il sembloit que ces gros diamans et les grosses perles étoient semés dans des fleurs, et que toutes les beautés et les richesses de la nature se fussent rassemblées exprès pour son ornement. De ce bouquet sortoient trois plumes, des trois couleurs de rubans, qui lui pendoient sur la gorge; et dans ce jour elle fit voir qu'une belle personne devient encore plus belle quand elle est parée. Le Roi avoit un habit de satin noir, en broderie d'or et d'argent, dont le noir ne paroissoit que pour en relever davantage la broderie. Des plumes incarnates et des rubans de la même couleur achevoient sa parure; mais les beaux traits de son visage, la douceur de ses yeux jointe à leur gravité, la blancheur et la vivacité de son teint avec ses cheveux, qui alors étoient fort blonds, le paroient encore davantage que son habit. Il dansa parfaitement bien; et quoiqu'il n'eût alors que huit ans, on pouvoit dire de lui qu'il étoit un de ceux de la compagnie qui avoit le meilleur air, et bien assurément le plus de beauté.

Le prince de Galles y reçut beaucoup de louanges, et plut à tout le monde; mais celui dont l'habit eut le plus d'approbation fut le vidame d'Amiens, gendre du maréchal de Villeroy. Il étoit en broderie d'or et de perles, et la broderie étoit si délicate qu'elle n'avoit rien qui ne fût dans l'ordre de l'usage, qui sembloit alors mépriser les pierreries, parce qu'elles étoient quelque chose de trop grossier.

La duchesse de Montbazon y vint parée de perles et d'une plume incarnate sur sa tête ; et quoiqu'elle eût plus de quarante ans, elle y parut encore dans un grand éclat de beauté, montrant par là que des beaux l'arrière-saison est toujours belle. Mademoiselle de Guise s'y trouva, qui n'étoit plus jeune, quoiqu'elle le fût beaucoup plus que la duchesse de Montbazon. Sa beauté, sa bonne mine et sa modestie, avec des perles et du noir, la firent admirer de tous ceux qui la virent. Toutes les autres personnes d'âge à parer l'assemblée firent tous leurs efforts pour plaire aux spectateurs. Les filles de la Reine, Pons, Guerchy et Saint-Mégrin, tâchèrent de faire quelques conquêtes naturelles, par le soin qu'elles eurent de s'embellir par toutes sortes de voies. Heureuses si parmi tant d'amans elles eussent pu attraper des maris selon leur ambition et le déréglement de leurs désirs !

La comédie se représenta tout de nouveau le lendemain, qui fut le mardi gras. Elle finit fort tard, et nous n'avions point soupé. Le cardinal nous offrit le sien, que nous fûmes manger avec lui, madame de Brégy, mademoiselle de Beaumont, ma sœur et moi (car mademoiselle de Beaumont étoit alors rétablie dans les bonnes grâces de la Reine). C'est le seul régal qu'il nous ait fait en sa vie, qui ne fut pas grand. Il nous traita avec beaucoup d'indifférence et de froideur. Il méprisoit les dames, et ne croyoit pas qu'elles fussent dignes de son estime, si, par leurs intrigues ou par leur malice, elles ne trouvoient le moyen d'acquérir sa confiance. Nous sortîmes de chez lui mal satisfaites de n'avoir pas été mieux reçues, particulièrement madame de Bregy, qui, étant belle femme, faisoit profession de l'être, et qui même avoit l'audace de prétendre que ce grand ministre avoit pour elle quelque sentiment de tendresse. Par cette raison, elle sentit sa gravité beaucoup davantage que nous autres, qui étions toutes résolues à la souffrir, et fort accoutumées à ses manières dédaigneuses.

Le prince de Condé, voyant le mois de mars avancé [le 22 mars 1647], voulut penser à son voyage de Catalogne. Quand il partit, il y avoit quelque petite émotion qui troubloit le repos de son cœur : il l'avoit laissé surprendre à la beauté de mademoiselle de Toussy (1), et cette foiblesse s'étoit glissée dans son ame, lorsque, malgré sa jeunesse, il faisoit déjà une haute profession de mépriser cette folle passion, pour se donner entièrement à celle de la gloire. Il faisoit le fanfaron contre la galanterie, et disoit souvent qu'il y renonçoit, et même au bal, quoique ce fût le lieu où sa personne paroissoit davantage. Il n'étoit pas beau : son visage étoit d'une laide forme ; il avoit les yeux bleus et vifs, et dans son regard se trouvoit de la fierté. Son nez étoit aquilin, sa bouche étoit fort désagréable, à cause qu'elle étoit grande et ses dents trop sorties ; mais dans toute sa physionomie il y avoit quelque chose de grand et de fier, tirant à la ressem-

---

(1) *Mademoiselle de Toussy* : Louise de Prie. Elle épousa depuis le maréchal de La Motte-Houdancourt.

blance de l'aigle. Il n'étoit pas des plus grands, mais sa taille en soi étoit toute parfaite. Il dansoit bien, et avoit l'air agréable, la mine haute, et la tête fort belle ; l'ajustement, la frisure et la poudre lui étoient nécessaires pour paroître tel ; mais il se négligeoit déjà infiniment : et dans ce grand deuil qu'il portoit de feu M. le prince, il étoit peu aimable ; car, ayant le visage maigre et long, cette négligence lui étoit désavantageuse. Elle étoit causée par la perte qu'il avoit faite de mademoiselle Du Vigean ; et depuis sa retraite aux Carmélites, il étoit demeuré dans une entière indifférence. Dans cet état, mademoiselle de Toussy vint réveiller en lui le désir de plaire : si bien qu'on le vit propre quelques jours à la cour, avant que de partir pour cette campagne ; et ce changement en fit toute l'occupation. Un soir, peu de jours avant qu'il s'en allât, nous le trouvâmes, mademoiselle de Beaumont et moi, dans le jardin de Renard. Comme il s'approchoit de nous pour nous faire civilité, après avoir quelque temps parlé de son voyage, mademoiselle de Beaumont lui demanda s'il partoit content. Il lui répondit sérieusement que cela dépendoit entièrement de l'état de l'ame ; et, sans s'expliquer davantage, il nous laissa deviner qu'il quittoit Paris avec quelque regret. Etant arrivé à l'armée, comme il n'y trouva pas ses troupes ni son canon si prêts qu'il l'avoit cru, il en témoigna du chagrin. Mademoiselle de Toussy avoit plus de beauté que d'esprit ; mais en cette occasion elle parut avoir du jugement, car elle ne vouloit point alors de galant ; et comme elle avoit dessein de se bien marier, cette flamme de toutes façons fut si mal nourrie, qu'elle s'éteignit quasi aussitôt qu'elle s'alluma : si bien que le cœur de ce prince fut entièrement occupé de son ambition, jusqu'au temps qu'une autre personne (1) plus dangereuse que mademoiselle de Toussy, et plus éclairée aussi, le vint partager avec cette dominante passion. Il y a même des personnes savantes sur le secret de la galanterie qui ont dit qu'il n'avoit jamais aimé véritablement cette beauté sans charmes, qui tout au plus ne le charma que pour peu de temps.

Le prince d'Orange mourut dans ce temps-là. Ce fut, par les raisons que j'ai dites, une perte pour la France. Le mérite de ce prince l'ayant fait estimer dans toute l'Europe, il en fut de même fort regretté. Le malheureux roi d'Angleterre, qui l'avoit honoré de son alliance, se trouvoit alors dans les approches de sa funeste destinée. Il fut trahi par les Ecossais, chez qui il étoit allé chercher de la fidélité et des forces pour se venger des parlementaires; mais ces peuples barbares le livrèrent à ses ennemis. J'ai ouï dire qu'ils lui demandèrent s'il n'étoit pas content d'aller en Angleterre, et qu'il leur avoit répondu qu'il étoit plus juste qu'il allât avec ceux qui l'avoient acheté, que de demeurer parmi ceux qui l'avoient vendu. Ce fut pour être mis prisonnier dans l'île de Wight, où il demeura jusqu'à sa mort. Plusieurs propositions lui furent faites de la part du parlement et de ses sujets; mais, soit qu'il les trouvât contraires à sa conscience, ou qu'il manquât d'habileté pour prendre celles qui lui étoient convenables (ce qui a été dit par des personnes capables d'en juger), il n'en accepta pas une, et fut réservé par l'ordre de Dieu à

(1) Madame de Châtillon.

la plus cruelle et étonnante fin qu'un roi puisse avoir.

Nous n'avions plus, Dieu merci, de guerre de religion en France; il y avoit seulement des contestations qui arrivoient souvent entre nos docteurs sur des questions de théologie. Il y en avoit une sur la grâce qui sembloit avoir été terminée par une décision du pape Urbain VIII, contre laquelle aucun d'eux ne réclamoit; mais dans le fond les uns et les autres étoient encore dans les mêmes sentimens qui s'étoient répandus dans le public par leurs écrits. Le père des Mares, de la congrégation des prêtres de l'Oratoire, qui prêchoit le carême cette année avec beaucoup de zèle, et tout-à-fait selon l'Evangile quant aux mœurs, étoit suivi des gens de la plus grande qualité, des plus beaux esprits, et même de plusieurs personnes les plus retirées du monde; mais quant à la doctrine, on le croyoit de l'opinion de Jansénius, évêque d'Ypres en Flandre, qui avoit fait un livre de l'Esprit de saint Augustin sur ce grand mystère. Et comme il lui étoit difficile, aussi bien qu'à tous autres prédicateurs, de traiter cette matière si délicatement qu'on n'y pût rien trouver à redire, on ne parloit d'autre chose à Paris que des jansénistes et des molinistes. Cette question, dans laquelle il n'y avoit personne qui ne prît intérêt pour la satisfaction de sa conscience, partageoit non-seulement les écoles, mais les ruelles et la ville, aussi bien que la cour. Ceux qu'on appeloit *molinistes* [1], de Molina, doc-

---

[1] *Ceux qu'on appeloit molinistes :* Il n'y avoit proprement pas de molinistes; car l'ouvrage du jésuite Molina, publié en 1588, étoit alors complètement oublié. Les jansénistes donnoient ce nom à ceux qui se soumettoient aux décisions de l'Eglise.

teur espagnol, avoient pour eux la censure de cinq propositions du livre de Jansénius; et ceux qu'on appeloit *jansénistes* soutenoient que les cinq propositions condamnées n'étoient point dans ce livre. Cette défense, leur vie tout-à-fait exemplaire, et la sévérité dont ils faisoient profession, leur attiroient l'estime d'un grand nombre de personnes d'une solide piété; et ils l'auroient été de tout le monde, s'ils avoient évité le reproche qu'on leur peut faire sans injustice d'avoir appris aux femmes, dans un français si beau qu'il leur faisoit quitter leurs romans, de si grandes difficultés sur lesquelles on a défendu d'écrire, et des cas de conscience dont il n'y a que des confesseurs qui doivent être instruits. Il nous coûte si cher d'avoir voulu apprendre la science du bien et du mal, que nous devons demeurer d'accord qu'il vaut mieux les ignorer que de les apprendre, particulièrement à nous autres, qu'on accuse d'être cause de tout le mal. Nous voyons de si grands hommes, avec tout leur esprit et toute leur science, se perdre dans des hérésies qu'ils croyoient avoir puisées dans l'Ecriture sainte. Je ne puis m'empêcher de dire que nul chrétien ne doit décider par lui-même de ce qui est environné de tant d'obscurité, ni entrer dans le détail de nos mystères que les conciles même n'éclaircissent pas, et qu'ils nous ordonnent de croire, environnés de toutes leurs ténèbres. Dieu seul ayant voulu sans doute nous en cacher la connoissance, et l'enfermer dans son immensité, il faut espérer que dans le ciel les ames, séparées de la nature terrestre, en sauront les merveilles, et verront les causes pour lesquelles il lui a plu leur laisser ignorer les profonds abymes de la grâce, et de quelle manière elle opère notre salut dans nos ames. Le grand saint Augustin, dont les lumières sont révérées dans l'Eglise, et dont il semble que les écrits ont produit les opinions de ceux qu'on appelle *jansénistes,* n'a pu expliquer clairement ces admirables secrets. Ce saint lui-même n'y peut rien comprendre : il parle de leur hauteur avec admiration, et confesse avec humilité que les jugemens de Dieu sont incompréhensibles, et les voies impossibles à découvrir. Les plus savans ne savent rien quand il s'agit de la connoître ; et je crois que ce grand docteur de la grâce, docteur de tous les chrétiens, et celui des jansénistes en particulier, auroit dit volontiers lorsqu'il étoit dans ce monde, avec le poëte italien :

> *Ampi volumi immensi*
> *De le tue glorie eterne*
> *Son le sfere superne,*
> *E con dorata, e lucida favella*
> *Di te parla ogni stella.*
> *Io 'l sò, Signor, mà non penetro i sensi,*
> *Ch' a la lingua del mondo avvezzo essendo*
> *La favella del Ciel non ben comprendo* (1).

Toutes les fois que les hommes parlent de Dieu sur les mystères cachés, je suis toujours étonnée de leur hardiesse; et je suis ravie de n'être pas obligée de savoir plus que mon *Pater,* mon *Credo,* et les *Commandemens de Dieu.* Sur le chapitre dont je parle, je sais qu'il me suffit aussi de croire que nous n'avons rien que nous n'ayons reçu; que je ne puis

(1) Ces vers de Fulvio Testi sont si beaux et si élevés, que je n'ai osé les traduire.

faire aucun bien sans la grâce de Dieu, et qu'il m'a donné mon libre arbitre. Plus loin que cela, ce ne sont plus que des disputes qui sont assurément de dangereux précipices pour ceux qui, voulant y chercher de la gloire, peuvent s'égarer ou périr par cette voie. La Reine prit aussitôt le parti des jésuites, qui avoient l'avantage de gouverner la conscience du Roi. Elle crut être obligée de s'opposer à des opinions qui passoient pour nouvelles, et qui pouvoient troubler l'Eglise. D'un autre côté, on a eu lieu de s'étonner, voyant ceux qui paroissoient soutenir l'opinion orthodoxe souffrir qu'on publiât sous leur nom des maximes si contraires à l'Evangile touchant la morale, sans en blâmer assez fortement les auteurs. Il a fallu que cette princesse, zélée pour le bien, ait souvent dit avec douleur, sans vouloir en particulier taxer personne, qu'elle ne connoissoit guère de vertu parfaite, ni de piété sans beaucoup de foiblesse.

Pour revenir au cabinet, dont je m'écarte le moins que je puis, il faut marquer ici la prétention du duc de Longueville, qui avoit demandé la charge de colonel des Suisses. Elle fut changée au château de Caen, qu'on lui donna. Il eut aussi une comté ou baronnie de quarante mille livres de rente, proche de sa principauté de Neufchâtel, et la survivance pour son fils le comte de Dunois, qui n'avoit alors qu'un an ou environ. Ce prince étoit à Munster, où il travailloit à la paix générale de l'Europe, qui étoit bien avancée entre l'Empereur, la France et toute l'Allemagne, quoiqu'elle fût retardée pour quelque temps, à cause des intérêts du marquis de Brandebourg, et des difficultés que les Suédois y faisoient naître. Mais leur Reine, qui désiroit qu'elle s'achevât, après avoir tenu un grand conseil, l'emporta sur l'avis du chancelier Oxenstiern, et dépêcha un courrier de Stockholm à Osnabruck, où étoient les plénipotentiaires français en lieu sûr, pour leur en porter la délibération, afin de se tenir aux dernières propositions qui avoient été faites entre l'Empereur et eux. Elle leur défendit d'en faire de nouvelles, de peur qu'elles ne servissent d'obstacles à ses desseins, qui alloient à la paix ; et pour celle d'Espagne, l'on n'attendoit plus que la réponse du cardinal Mazarin pour conclure toutes les choses proposées du côté de la cour, qui n'étoient presque pas disputées, pour ne pas dire entièrement accordées. Ce qui donna un grand coup pour la paix d'Allemagne fut la résolution que prit le duc de Bavière de proposer de faire résoudre une espèce de neutralité, par laquelle il promettoit de n'assister l'Empereur directement ou indirectement. Cet habile prince, qui passoit pour un des grands politiques de son temps, se trouvant avancé en âge, craignoit de laisser la guerre dans son pays. Il voulut cesser de nous être contraire, de peur qu'après sa mort la France voulant se venger de lui en ruinant son pays, et l'Empereur le voulant défendre, il ne demeurât en proie à l'un ou à l'autre, et que quelqu'un des deux ne s'en rendît le maître.

Voici une petite galanterie qui va faire passer de la paix d'Allemagne à la guerre des passions de l'ame. Le duc d'Orléans, depuis la régence, avoit témoigné de l'inclination pour mademoiselle de Saint-Mesgrin (1), fille d'honneur de la Reine. Cette amitié n'avoit produit en lui nul autre effet que

(1) *Mademoiselle de Saint-Mesgrin* : Marie de Stuert. Elle eut en

d'avoir obligé ce prince à lui donner un beau tour de perles. Par ce présent il prétendit qu'elle lui étoit assez obligée pour ne souffrir les soins d'aucun autre que de lui. Elle, qui n'avoit pas tant d'affection à l'intérêt qu'elle avoit d'inclination à se divertir, et qui peut-être ne trouvoit pas en ce prince un assez grand attachement pour elle, s'amusa à rire et à causer publiquement avec Jarzé. Cet ami nouveau étoit porté à la plaisanterie : il avoit de l'esprit, et il témoignoit vouloir prendre soin de lui plaire. Son amant de sang royal fut si mal content de son infidélité, que Jarzé allant un jour au Luxembourg un matin pour lui faire sa cour, ce prince commanda à son capitaine des gardes de l'aller jeter par les fenêtres. Ce commandement d'un si bon prince surprit infiniment tous les assistans ; mais l'abbé de La Rivière, qui courut à Jarzé pour l'avertir de se sauver, le sauva de ce péril : et on eut sujet de s'étonner de ce que la plus foible passion du monde pensa produire une des plus violentes actions que la jalousie ait pu causer. On sut depuis que la colère de Monsieur venoit de ce qu'il avoit témoigné à mademoiselle de Saint-Mesgrin que ses conversations avec Jarzé ne lui plaisoient pas, et que les ayant vus long-temps parler ensemble devant lui, il crut qu'elle l'avoit averti de sa mauvaise humeur, qu'ils s'en étoient divertis ensemble, et qu'ils avoient pris plaisir de l'augmenter par leur entretien. Cette créance, qui n'étoit peut-être pas mal fondée, lui avoit causé de tels sentimens, qu'il en avoit perdu pour un moment les principales vertus qui doivent

même temps une intrigue avec Du Plessis, marquis de Jarzé, et mourut en 1693, sans avoir été mariée.

être dans l'ame d'un grand prince et d'un chrétien ; et après que sa chaleur se fut un peu refroidie, cette affaire prit un train plus doux. Monsieur pardonna à Jarzé; et ce gentilhomme se donna à d'autres aventures, s'attacha fortement à M. le prince, et n'alla plus au Luxembourg.

Le duc d'Orléans partit dans le même temps pour aller à Bourbon boire des eaux, et Madame le suivit dans ce voyage. Tous deux y alloient pour trouver de la santé, afin de pouvoir donner un prince à la France, petit-fils de Henri IV : ce que Monsieur désiroit avec une grande passion. Cette princesse ne faisoit pas de grands voyages, soit par fantaisie ou véritable maladie : elle ne sortoit presque jamais ; elle disoit que la moindre agitation la faisoit évanouir. Et j'ai vu quelquefois Monsieur se moquant d'elle, contant à la Reine qu'elle communioit dans son lit, plutôt que d'aller dans sa chapelle qui étoit proche, sans qu'elle parût avoir aucune maladie considérable. Quand elle venoit chez la Reine, en deux ans une fois, elle se faisoit apporter en chaise ; mais avec tant de façon, que son arrivée au Palais-Royal étoit toujours célébrée à l'égal d'un petit miracle. Souvent elle n'étoit qu'à trois pas du Luxembourg qu'il falloit la rapporter, comme étant attaquée de plusieurs maux qu'elle disoit sentir, et qui ne paroissoient nullement. Elle mangeoit du pain qu'elle avoit toujours dans sa poche de provision ; et les bottes de cuir de Roussi étoient ses ennemis mortels. Elle étoit sœur du duc de Lorraine ; et Monsieur, comme je crois l'avoir dit, l'avoit épousée (1) pendant son exil de France, sans

(1) *L'avoit épousée.* Voyez la Notice qui précède les Mém. de Gaston.

le consentement du feu Roi. Quand Nancy fut pris, elle se sauva déguisée en page dans le fond d'une charrette, et acheta par de grandes peines l'honneur qu'elle avoit eu d'épouser Monsieur. Ce prince, de son côté, qui étoit alors héritier présomptif de la couronne, ayant été forcé de la laisser en Flandre quand il revint en France, lui garda une fidélité inviolable; et n'ayant témoigné aucune fermeté pour ceux qui s'étoient attachés à lui, le roi Louis XIII son frère l'ayant pressé à son retour de consentir à la rupture de son mariage, il ne le voulut jamais faire, et la fit revenir aussitôt que la mort du feu Roi et celle du cardinal de Richelieu lui en donnèrent les moyens. J'ai ouï dire qu'en arrivant à Paris, et dans cette belle maison de Luxembourg, comme on lui eut demandé si elle n'avoit pas beaucoup de joie de se voir dans ce superbe palais, elle répondit froidement qu'après la joie de revoir Monsieur, tout le reste lui paroissoit peu de chose. Elle avoit de l'esprit, et raisonnoit fortement sur toutes les matières dont il lui plaisoit de parler. Elle paroissoit par ses discours avoir du cœur et de l'ambition. Elle aimoit Monsieur ardemment, et haïssoit de même tout ce qui pouvoit lui nuire auprès de lui. Elle étoit belle par les traits de son visage, qui étoient beaux et bien faits; mais elle n'étoit point agréable, et toute sa personne manquoit d'un je ne sais quoi qui plaît; car de laideur manifeste, elle n'avoit que les dents, qui, dans le temps dont je parle, étoient déjà gâtées. On a toujours dit de cette princesse qu'elle étoit belle sans l'être; qu'elle avoit de l'esprit, et n'en paroissoit point avoir, parce qu'elle n'en faisoit nul usage, et qu'elle a été nommée à la cour dans les affaires considérables. Elle étoit grasse et maigre tout ensemble. Elle avoit le visage plein, et la gorge belle, à ce que disoient ses femmes ; mais elle avoit les bras et les mains fort maigres. On pouvoit dire encore qu'elle n'étoit pas de belle taille, quoiqu'elle ne fût pas bossue. Enfin, tous les contraires se rassembloient en elle d'une manière étonnante ; et il étoit impossible de parler d'elle que dans une ambiguité qui n'a jamais été trouvée qu'en elle. Il étoit vrai encore que Monsieur l'aimoit et ne l'aimoit pas. Il vivoit avec elle et la traitoit avec bonté ; il ne la vouloit point fâcher de propos délibéré ; et quand il la croyoit mal satisfaite ou chagrine, il faisoit tout ce qu'il pouvoit pour guérir ses petites pensées. Il ne se séparoit point d'elle ; et le temps qu'il étoit chez lui, il le passoit presque toujours dans sa chambre et avec elle, témoignant quelquefois estimer sa vertu et son esprit. Mais d'ailleurs il avoit un favori qu'elle n'aimoit nullement, qu'il avoit élevé à une grandeur excessive, en qui il avoit de la confiance ; et jamais elle n'a pu lui nuire par elle-même. Il se railloit souvent de toutes ses délicatesses et de ses fantaisies avec les dames qui la servoient, et même avec la Reine, à qui il disoit souvent qu'elle étoit visionnaire, qu'elle avoit une dévotion ridicule, qu'elle ne parloit qu'à son confesseur, et qu'elle alloit lui demander avis sur les moindres bagatelles. Il ne s'épargnoit point non plus sur ses favorites, qui étoient les plus sottes créatures de Paris. Il disoit, parlant d'elles, que, manquant de discernement, les personnes de mérite avoient honte d'en être bien traitées ; et que son cercle étoit décrié, parce que celles qui, par la raison de sa qualité, la voyoient nécessairement, n'y trouvoient que des personnes indignes de sa faveur et de son approbation. Ainsi on peut dire qu'il l'aimoit, mais qu'il ne l'aimoit pas souvent, et que l'estime qu'il avoit pour elle suivoit la même mesure. Ceux qui l'ont connue particulièrement m'ont dit qu'elle étoit naturellement insensible à l'amitié; et que si elle aimoit Monsieur, ce sentiment n'avoit nulle opération en elle que celle de le gronder continuellement, et de lui causer beaucoup de chagrin : si bien que leur union étoit aussi inexplicable que le reste. Comme cette princesse étoit de même et saine et malade tout ensemble, et qu'elle étoit de ces honnêtes femmes qui aiment à suivre leur mari, son médecin l'obligea beaucoup de lui ordonner des eaux, parce que Monsieur les devoit prendre. Elle cessa donc de se plaindre, afin d'aller à ce voyage de Bourbon, parce qu'elle vouloit toujours être avec lui. Non-seulement elle le fit, mais elle n'alla pas en chaise, selon sa première délibération. Elle ne quitta jamais le carrosse où étoit Monsieur, et toutes les fatigues de ce voyage lui parurent plus faciles à supporter qu'à la plus robuste de toutes les femmes.

Madame la duchesse d'Orléans pouvoit avec justice avoir de la passion pour Monsieur. Il étoit aimable de sa personne. Il avoit le teint et les traits du visage beaux; sa physionomie étoit agréable, ses yeux étoient bleus, ses cheveux noirs. Il ressembloit à un fils de roi, mais mal nourri. A son inquiétude naturelle et à ses grimaces, il étoit aisé de voir en sa personne sa naissance et sa grandeur. Il étoit bon et de facile accès. Il avoit de l'esprit, parloit bien, et railloit agréablement. Il avoit beaucoup lu : il savoit l'histoire parfaitement, avec beaucoup d'autres sciences curieuses. Rien ne manquoit à ce prince pour la société, sinon qu'il étoit un peu glorieux de cette gloire grossière qui ne l'empêchoit pas de bien traiter ceux qui l'approchoient, mais qui lui faisoit garder son rang trop régulièrement. J'ai vu des femmes de qualité se tenir debout dans le lieu où il étoit, pour lui rendre le respect qu'elles lui devoient, sans qu'il eût l'honnêteté de leur ordonner de s'asseoir ; et les hommes se plaindre que, dans les saisons les plus rudes, il ne leur commandoit pas de se couvrir : ce que le Roi son frère faisoit toujours. On l'accusoit d'être timide et paresseux. J'ai ouï dire qu'il alloit quelquefois dans les endroits les plus périlleux, aussi avant que les simples soldats. Mais dans sa vie il y a un endroit qui le déshonore : ce fut lorsqu'ayant dans sa jeunesse formé un parti en France pour les intérêts de la Reine sa mère, le duc de Montmorency, combattant pour lui, fut fait prisonnier à ses yeux ; et pouvant le sauver, il ne le fit pas, et fut cause que ce seigneur, à ce que j'ai ouï dire le plus aimable de tous les hommes, eut la tête tranchée. Son favori l'abbé de La Rivière, qui avoit intérêt à sa conservation, le retenoit alors tant qu'il pouvoit d'aller dans le péril ; et le maréchal de Gassion, un jour que ce prince avoit bien fait de sa personne, et l'avoit bravement hasardée aux coups de mousquet, après lui en avoir donné des louanges, il dit de lui qu'il avoit été plus vite cette fois-là, parce que sa remore n'y étoit pas. C'est pour cette raison que la cour avoit désiré que cette année le duc d'Orléans n'allât point commander l'armée ; et les médecins qui l'envoyèrent boire des eaux ne firent pas peu de plaisir aux ministres; car, outre que sa dépense augmentoit infiniment le revenu royal, les plus beaux projets demeuroient inutiles par la nécessité de sa conservation. La maxime des conquérans est de hasarder : il étoit impossible de proposer des desseins de cette nature à un général de telle conséquence, qui, après le Roi et la Reine et le véritable Monsieur, tenoit la première place dans le royaume, et de qui la vie étoit précieuse à toute la France, qui aime naturellement les enfans de ses rois.

Le comte d'Harcourt, ce général malheureux qui revenoit de Catalogne, arriva la semaine sainte [le 20 avril 1647]. La Reine, par l'avis du cardinal, le reçut froidement. C'étoit la coutume du ministre de faire toujours le mal par elle, et se réserver à faire les grâces, les bienfaits et le pardon : car elle étoit persuadée que plus son ministre auroit d'amis, plus le repos de sa régence seroit affermi. Dans ce dessein, elle dit au comte d'Harcourt qu'elle avoit trouvé mauvais qu'il eût entrepris ce siége contre les ordres du Roi. Il lui répondit en habile homme, quoiqu'il ne fût pas soupçonné de l'être, qu'il la supplioit très-humblement de croire qu'il étoit incapable de manquer de respect ni de fidélité pour tout ce qui regardoit son service et l'obéissance qu'il devoit à ses volontés; mais que, pour ne la pas importuner des raisons qu'il avoit eues d'en user ainsi, elle eût la bonté de souffrir qu'il en informât M. le cardinal, et qu'il espéroit ensuite qu'il auroit assez d'équité pour le justifier auprès d'elle. Son dessein lui réussit : car comme le ministre ne vouloit que le mortifier, après qu'ils eurent eu ensemble un grand éclaircissement, il rentra dans ses bonnes grâces; et, selon que ce prince l'avoit prédit lui-même, il reçut un bon traitement de la Reine, quand il se présenta devant elle la seconde fois.

Les fêtes se passèrent à l'ordinaire. La Reine, après avoir fait le jeudi saint la cène chez elle, alla s'enfermer au Val-de-Grâce, pour y passer les jours de toute la semaine sainte dans la retraite et la prière. Nous y fûmes, ma sœur et moi, le vendredi saint de grand matin, afin de profiter de son exemple. Elle étoit levée et habillée à cinq heures, et déjà elle étoit occupée à méditer sur les merveilles que Dieu, en un pareil jour, a voulu opérer en notre faveur. Elle entendit prêcher la Passion à sept heures par un jésuite, qui ne se fit pas admirer; et, après que le service fut fait, elle alla adorer la croix avec ses saintes filles, qui vivent dans une pénitence continuelle, et qui par toutes leurs actions témoignent assez que la croix est toujours dans leur cœur et devant leurs yeux. Elle fit toutes ces choses avec une dévotion capable d'édifier les plus endurcis à la loi de Dieu. Après être revenue dans sa chambre, elle nous parla, à ma sœur et moi, de l'instabilité des choses du monde, de l'importance de notre salut, du danger où nous étions continuellement de manquer à ce que nous devons faire pour l'accomplissement de cette grande affaire, que nous conclûmes en ce moment devoir toujours être la première et la principale de toutes. Après son dîner, le Roi la vint voir, qui amena le cardinal avec lui, et environ une douzaine de la cour des plus nécessaires à sa personne. La Reine prit un grand plaisir de leur montrer toute la maison, et les desseins qu'elle avoit projetés pour en faire un beau couvent qui pût conserver à la postérité des marques éternelles de l'honneur qu'il avoit d'être le lieu où elle alloit jouir de la solitude. Le Roi et le cardinal Mazarin assistèrent aux ténèbres. Le premier se fit admirer de son peuple, qui le voyoit par la grille des religieuses courant çà et là, soufflant les bougies, et faisant les actions d'un enfant qui aime à jouer. Le ministre, qui accompagnoit toutes ses actions d'une grande modestie, fit le personnage d'un homme pieux et dévot, quoique peut-être il ne le fût guère. Il avoit soin de paroître régulier dans toutes ses actions extérieures; et il étoit impossible de lui pouvoir reprocher un vice ni aucun déréglement qui pût être appelé de ce nom. Quand le Roi fut parti, et que la Reine se vit seule dans son désert, elle alla visiter à l'infirmerie une religieuse qui se mouroit d'un cancer qu'elle avoit au sein, qui lui avoit pourri le côté. Il sortoit de sa plaie une puanteur non-seulement capable d'incommoder cette princesse qui naturellement aimoit les bonnes senteurs, mais les hommes les plus accoutumés à l'infection et aux misères des hôpitaux. Elle demeura long-temps, et voulut la voir panser : ce qui étoit un objet pitoyable. Son mal avoit tellement gâté la partie où il étoit attaché, qu'on lui voyoit jusque dans le corps. Après cette action de charité, nous la laissâmes jouir du repos qu'on goûte aux pieds des autels; et le lendemain elle revint au Palais-Royal, pour assister le jour de Pâques à sa paroisse, et satisfaire à toutes ses dévotions.

Les fêtes passées, on ne parla plus que de guerre

et de voyage. La cour fit dessein d'aller sur la frontière, et même de passer plus avant que Compiègne et Amiens; mais parmi ce bruit, qui ne paroissoit annoncer que des combats, la paix qui régnoit dans la cour, et qui la rendoit capable de plaisir, convia la Reine de faire jouer trois ou quatre fois cette belle comédie à machines dont j'ai parlé, où la Reine assista toujours, sans jamais s'en lasser. La dernière fut pour régaler madame de Longueville, qui depuis peu étoit revenue de Munster.

Cette princesse, qui absente régnoit dans sa famille, et dont tout le monde souhaitoit l'approbation comme un bien souverain, revenant à Paris [mai 1647], ne manqua pas d'y paroître avec plus d'éclat qu'elle n'en avoit eu quand elle étoit partie. L'amitié que M. le prince son frère avoit pour elle autorisant ses actions et ses manières, la grandeur de sa beauté et celle de son esprit grossirent tellement la cabale de sa famille, qu'elle ne fut pas long-temps à la cour sans l'occuper presque tout entière. Elle devint l'objet de tous les désirs ; sa ruelle devint le centre de toutes les intrigues, et ceux qu'elle aimoit devinrent aussitôt les mignons de la fortune. Ses courtisans furent révérés du ministre; et dans peu de temps nous allons la voir la cause de toutes nos révolutions, et de toutes les brouilleries qui ont pensé perdre la France. Le prince de Marsillac (1) avoit pris liaison avec M. le prince depuis que la Reine, ayant changé pour plusieurs, étoit aussi changée pour lui, et qu'après lui avoir beaucoup promis, elle crut ne lui devoir point donner

---

(1) *Le prince de Marsillac :* Depuis duc de La Rochefoucauld. Ses Mémoires font partie de cette série.

ce que d'abord il lui demanda. En s'attachant à M. le prince par politique, il s'étoit donné à madame de Longueville d'une manière un peu plus tendre, joignant les sentimens du cœur à la considération de sa grandeur et de sa fortune. Ce don parut tout entier aux yeux du public; et il sembla à toute la cour que cette princesse le reçut avec beaucoup d'agrément. Dans tout ce qu'elle a fait depuis, on a connu clairement que l'ambition n'étoit pas la seule qui occupoit son ame, et que les intérêts du prince de Marsillac y tenoient une grande place. Elle devint ambitieuse pour lui; elle cessa d'aimer le repos pour lui; et, pour être sensible à cette affection, elle devint trop insensible à sa propre gloire. Ses lumières, son esprit, et l'opinion qu'on avoit de son discernement, la faisoient admirer de tous les honnêtes gens; et ils étoient persuadés que son estime seule étoit capable de leur donner de la réputation. Si elle dominoit les ames par cette voie, celle de sa beauté n'étoit pas moins puissante; car quoiqu'elle eût eu la petite vérole depuis la régence, et qu'elle eût perdu quelque peu de la perfection de son teint, l'éclat de ses charmes attiroit toujours l'inclination de ceux qui la voyoient; et surtout elle possédoit au souverain degré ce que la langue espagnole exprime par ces mots de *donayre, brio, y bizaria* (bon air, air galant): elle avoit la taille admirable, et l'air de sa personne avoit un agrément dont le pouvoir s'étendoit même sur notre sexe. Il étoit impossible de la voir sans l'aimer et sans désirer de lui plaire. Sa beauté néanmoins consistoit plus dans les couleurs de son visage que dans la perfection de ses traits. Ses yeux n'étoient pas grands, mais beaux, doux et brillans, et le bleu en étoit admirable : il étoit pareil à celui des turquoises. Les poètes ne pouvoient jamais comparer aux lis et aux roses le blanc et l'incarnat qu'on voyoit sur son visage; et ses cheveux blonds et argentés, et qui accompagnoient tant de choses merveilleuses, faisoient qu'elle ressembloit beaucoup plus à un ange, tel que la foiblesse de notre nature nous les fait imaginer, que non pas à une femme.

> *Poca grana* (1), *y mucha nieve,*
> *Van competiendo en su cara*
> *Y entre lirios, y iasmines,*
> *Assomanse algunas rosas.*

Enfin on peut dire qu'alors toute la grandeur, toute la gloire, toute la galanterie étoient renfermées dans cette famille de Bourbon, dont M. le prince étoit le chef; et que le bonheur n'étoit plus estimé un bien, s'il ne venoit de leurs mains. Le prince de Conti, cadet du frère et de la sœur, étoit sorti du collége depuis peu; et ce fut alors qu'il commença de paroître dans le monde. Il étoit beau de visage; mais comme sa taille étoit gâtée, on l'avoit destiné à l'Eglise. Il possédoit beaucoup de bénéfices, et plusieurs personnes s'attachèrent à lui, dans l'espérance de faire leur fortune par cette voie. Ce jeune prince, trouvant madame de Longueville dans une grande réputation, vouloit suivre ses sentimens et ses conseils, et se laissa tenter d'acquérir de l'estime par elle. Il souhaita de

---

(1) *Poca grana*, etc. L'éclat de la pourpre, et surtout la blancheur de la neige, semblent se disputer pour embellir son teint; et, parmi les lis et les jasmins, paroissent quelques roses.

lui plaire, plutôt en qualité d'honnête homme que comme son frère; il avoit de l'esprit, et il y réussit facilement.

La Reine, qui naturellement n'étoit ni jalouse ni ambitieuse, avoit néanmoins de la froideur pour madame de Longueville. Elle ne goûtoit pas cette manière de faire profession publique de bel esprit : elle n'aimoit nullement les façons. Elle avoit de la raison et du bon sens : tout ce qui étoit en elle étoit naturel et sans art; et ces deux personnes, selon la mesure de leur âge, étant toutes deux infiniment aimables, avoient un caractère si différent, qu'il étoit impossible que l'inférieure, qui vivoit en reine, et qui ne rendoit pas de grands devoirs à sa souveraine, pût lui plaire. L'occupation que donnent les applaudissemens du grand monde, qui d'ordinaire regarde avec trop d'admiration les belles qualités des personnes de cette naissance, avoit ôté le loisir à madame de Longueville de lire, et de donner à son esprit une connoissance assez étendue pour la pouvoir dire savante. Elle étoit naturellement trop préoccupée de ses sentimens, qui passoient alors pour des règles infaillibles, et ne l'étoient pas toujours; et il y avoit trop d'affectation en sa manière de parler et d'agir, dont la plus grande beauté consistoit en la délicatesse des pensées, et dans un raisonnement fort juste. Elle paroissoit contrainte; et la fine raillerie dont elle et ses courtisans faisoient profession tomboit souvent sur ceux qui, en lui voulant rendre leurs devoirs, sentoient à leur dommage que l'honnête sincérité qui se doit observer dans la société civile étoit apparemment bannie de la sienne. Les vertus et les louables qualités des plus excellentes créatures sont mêlées des choses qui leur sont opposées ; tous les hommes participent à cette boue dont ils tirent leur origine, et Dieu seul est parfait.

Comme la France n'a jamais été plus triomphante qu'elle l'étoit alors, outre les marques de notre abondance qui paroissoit sur les théâtres par les divertissemens de la cour, par les richesses des particuliers, et sur nos frontières par les belles armées du Roi, les étrangers à l'envi des uns et des autres y abondoient de toutes parts. Il arriva dans ce temps-là un ambassadeur extraordinaire de Danemarck, qui venoit remercier la Reine de ce qu'elle s'étoit employée à faire la paix entre les deux couronnes de Suède et de Danemarck. C'étoit une personne de qualité, qui avoit bonne mine, et qui fut reconnu, par ceux qui le pratiquoient, pour avoir de la raison et de l'esprit; grand homme d'Etat, grave dans toutes ses manières, et sentencieux en toutes ses paroles. Il amena sa femme, qui étoit fille de son Roi, et fille d'une façon assez bizarre. elle se disoit légitime de la main gauche, et voici de quelle manière. Dans tous les pays septentrionaux ils ne se mésallient presque jamais : les rois, aussi bien que les autres, ne peuvent se marier qu'à leurs semblables ; et quand ils aiment des femmes de moindre naissance, ils les épousent de la main gauche. Les enfans en sont légitimes ; mais ils ne peuvent hériter de la couronne ni du bien de leur père. Cette dame étoit née de cette sorte, et s'estimoit beaucoup. Elle portoit pour marque de sa qualité un petit chapeau de velours noir, que les seules filles de leur Roi avoient droit de porter. Elle le dit ainsi à la Reine, qui d'abord qu'elle la vit lui demanda si c'étoit la mode de son pays, et si toutes les dames en portoient. Du reste, elle étoit habillée à la française, et avoit bonne mine. Son visage étoit fort beau, et sa beauté étoit accompagnée de gravité : ce qui me confirma dans la créance que j'ai toujours eue que dans tous les pays on trouve des honnêtes gens. Elle vint chez la Reine de même qu'auroit fait une de nos princesses ; et quand elle fut au cercle, elle ne témoigna nul embarras de se trouver au milieu de tant de gens qu'elle ne connoissoit point. Elle parla souvent et toujours de bon sens, avec une naïveté qui tenoit un peu de la froideur de son pays, mais qui n'avoit rien de bas ni de petit ; et sur ses habits et sur son chapeau elle avoit assez de perles pour faire voir qu'elle étoit aussi fort riche. La seconde fois qu'elle revint au Palais-Royal, la Reine la mena voir son petit appartement, sa chambre, ses bains et son oratoire, qu'elle regarda sans trop les louer, et remarquant néanmoins tout ce qui étoit beau. J'étois seule avec la Reine, et je dis à l'ambassadrice que la Reine avoit de belles mains, qu'elle seroit sans doute plus aise de voir que tout ce qu'elle lui montroit. Elle prit la main de la Reine, puis, l'ayant dégantée, elle la baisa, et la loua de bonne grâce. Elle lui leva son mouchoir pour voir sa gorge, avec tant de familiarité qu'il sembloit qu'elle fût sa sœur, et qu'elle l'eût vue toute sa vie. Ces choses plurent à la Reine ; et toute la journée on ne parla que de la Danoise, de sa douce gravité, de la grâce qu'elle avoit en toutes ses actions, et des marques qu'elle avoit données d'avoir beaucoup d'esprit et de raison. Cette douceur étoit accompagnée d'une noble fierté qui fit qu'elle baisa la reine d'Angleterre en la saluant, et ne parut humble en aucune de ces occasions où il fallut qu'elle conservât son rang. On lui donna le bal, et la Reine lui fit présent d'une montre de diamans d'un prix considérable. Après avoir été régalée, elle partit, sans doute aussi satisfaite de la cour que la cour le fut d'elle.

Peu après cette ambassade [le 9 mai], la Reine prit le chemin de Compiègne, avec intention d'aller de là jusques à Amiens. Le cardinal demeura trois ou quatre jours après elle dans Paris pour achever quelques affaires qui restoient à conclure, et partit pour l'aller trouver le 13 du même mois. Comme il étoit infatigable dans le travail, qu'il vouloit faire les charges de tous les secrétaires d'Etat, qu'il ordonnoit des finances, et qu'enfin il vouloit connoître de tout, il étoit continuellement si occupé qu'il étoit impossible de le voir. Les Italiens sont d'ordinaire ennemis de la foule et du bruit : ce ministre, par cette raison, n'aimoit pas à se montrer ; si bien qu'il faisoit murmurer toutes les personnes de qualité, en ce qu'il les faisoit languir à sa porte sans qu'ils le pussent voir. Ils ne se rebutoient point de ce mépris qu'il avoit pour eux, qui ne produisoit apparemment aucun autre effet en leurs ames que de les rendre plus humbles et plus rampans ; mais comme les Français se laissent facilement dominer par les favoris, aussi sont-ils aisément emportés à parler contre eux. Le cardinal Mazarin, le sachant, avoit accoutumé de dire, parlant d'eux, qu'il étoit content de les laisser parler pourvu qu'ils le laissassent faire. Le murmure commençoit à l'oreille dans l'antichambre de celui qui se moquoit de leurs soins, et se publioit à haute voix dès le moment qu'ils en étoient sortis. Quelquefois j'étois lasse d'entendre crier contre lui ; car, outre qu'il y avoit souvent de l'injustice, ce qui de soi est inutile est toujours, ce me semble, désagréable.

Le cardinal Mazarin avoit autant de lumières qu'un homme qui avoit été artisan de sa propre grandeur en pouvoit avoir. Il avoit une grande capacité, et surtout une industrie et une finesse merveilleuse pour conduire et amuser les hommes par mille douteuses et trompeuses espérances. Il ne faisoit du mal que par nécessité à ceux qui lui déplaisoient. Pour l'ordinaire, il se contentoit de s'en plaindre, et ses plaintes produisoient toujours des éclaircissemens qui lui redonnoient aisément l'amitié de ceux qui lui manquoient de fidélité, ou qui prétendoient se pouvoir plaindre de lui. Il avoit le don de plaire, et il étoit impossible de ne se pas laisser charmer par ses douceurs ; mais cette même douceur étoit cause, quand elle n'étoit pas accompagnée des bienfaits qu'il faisoit espérer, que ces hommes, lassés d'attendre, tomboient ensuite dans le dégoût et le chagrin. Jusque là, les plaintes des particuliers n'avoient pas fait une grande impression sur les esprits : elles étoient plutôt fondées sur l'aversion de sa faveur que sur la haine de sa personne. Le respect que le rayon de la puissance royale, qui l'environnoit glorieusement, devoit graver dans les cœurs des sujets du Roi arrêtoit ce que la malice humaine cherchoit à blâmer en lui : et la tranquillité de la cour, jointe aux heureux succès de la guerre, lui avoit donné jusques alors plus de réputation que le moindre des courtisans ne lui pouvoit donner de honte; mais peu à peu on alloit découvrant en lui plusieurs défauts, dont les uns se pouvoient attribuer à tous les favoris, et les autres étoient plus essentiels. On disoit qu'il ignoroit nos coutumes, et qu'il ne s'appliquoit pas assez soigneusement à les faire observer; qu'il ne se soucioit pas, comme il l'auroit dû faire, de gouverner l'Etat par les lois anciennement établies, et qu'il ne protégeoit pas la justice selon qu'il y étoit obligé par sa qualité de premier ministre, et manquoit aux soins qu'il devoit au bien public. Ces péchés d'omission, quoique grands, ne pouvoient avec justice le déshonorer, parce qu'il pouvoit alors avoir de bonnes intentions qui peut-être, étant connues, l'auroient dû justifier dans le public. On peut dire néanmoins que, du tempérament dont il étoit, on ne l'accusoit pas trop à tort; car son caractère étoit de négliger trop à faire du bien. Il sembloit n'estimer aucune vertu ni haïr aucun vice. Il paroissoit n'en avoir pas un : il passoit pour un homme habitué à l'usage des vertus chrétiennes, et ne témoignoit point en désirer la pratique. Il ne faisoit nulle profession de piété, et ne donnoit par aucune de ses actions des marques du contraire : si ce n'est qu'il lui échappoit quelquefois des railleries qui étoient opposées au respect qu'un chrétien doit avoir pour tout ce qui touche la religion. Malgré son avarice, il n'avoit pas encore paru avare; et, dans son administration, les finances ont été plus dissipées par les partisans qu'en aucun autre siècle. Il a de même, comme je l'ai témoigné en parlant de la Reine, accordé des dignités de l'Eglise à beaucoup de personnes qui les ont voulu prétendre par des motifs profanes, et n'a pas toujours nommé aux évêchés des hommes qui pussent honorer son choix par leur vertu et leur piété. La religion a été trop abandonnée par lui, et il a toujours eu trop d'indifférence pour ce sacré dépôt que Dieu lui avoit commis. Il étoit naturellement défiant; et un de ses plus grands soins étoit d'étudier les hommes pour les connoître, pour se garantir de leurs attaques et des intrigues qui se formoient contre lui. Il faisoit profession de ne rien craindre, et de mépriser même les avis qu'on lui donnoit à l'égard de sa personne, quoiqu'en effet sa plus grande application eût pour objet principal sa conservation particulière. Ce peu de jours que ce ministre demeura dans Paris ne servit qu'à fomenter davantage l'envie qui commençoit à paroître, parce que beaucoup de ceux qui souhaitoient de le voir n'y purent réussir. Lorsqu'il monta en carrosse pour s'en aller, toute la cour du Palais-Royal étoit pleine de cordons bleus, de grands seigneurs, de gens de cette qualité, qui par leur empressement paroissoient s'estimer trop heureux de l'avoir pu regarder de loin. Tous les hommes sont naturellement esclaves de la fortune; et je puis dire n'avoir guère vu de personnes à la cour qui ne fût flatteur, les uns plus, les autres moins. L'intérêt qui nous aveugle nous surprend et nous trahit dans les occasions qui nous regardent: il nous fait agir avec plus de sentiment que de lumière, et il arrive même assez souvent qu'on a honte de ses foiblesses; mais on ne le peut apercevoir que par la sage réflexion que chacun se doit à soi-même, et après que l'occasion de mieux faire est passée.

Aussitôt que le ministre eut rejoint la Reine, il arriva nouvelle de la frontière que les ennemis paroissoient, et faisoient mine de vouloir attaquer quelque place. Le maréchal de Villeroy partit aussitôt, à dessein de recevoir les troupes qui devoient composer une petite armée qu'on appeloit l'armée de la Reine. Bientôt après les ennemis assiégèrent Armentières, avec des forces considérables que commandoit l'archiduc Léopold, frère de l'Empereur, qui gouvernoit les Pays-Bas, et dont la réputation étoit grande, tant pour la politique que pour la guerre.

La Reine fut inquiète de cette armée; et son ministre, ne voulant pas lui seul se charger des événemens, envoya convier le duc d'Orléans de revenir à la cour. Mais lui, qui savoit qu'on n'avoit pas désiré qu'il allât commander cette campagne l'armée du Roi, montra un peu de lenteur, et ne revint pas trouver la Reine plus tôt qu'il ne l'avoit promis. Etant arrivé à Paris le 21 de mai, et madame la duchesse d'Orléans avec lui, en très-bonne santé, il en partit le 28 pour aller trouver la Reine.

La cour est le centre des princes: et il faut de plus grands sujets de colère et de dégoût que ceux dont le duc d'Orléans se plaignoit pour les en pouvoir séparer. Il y trouva pour nouvelle que M. le prince avoit assiégé en Catalogne cette même place, qui l'année précédente avoit occupé huit mois le comte d'Harcourt, sans nul autre effet que de l'avoir fait passer pour malheureux. Quand ce prince lorrain fut chassé des retranchemens de Lerida, il y avoit quatre mille hommes dans la place; et M. le prince l'avoit attaquée sachant que ce même nombre de troupes y étoit encore; dans la confiance qu'il avoit peut-être alors que cette victoire ne lui pouvoit échapper. Depuis la première nouvelle de ce siége, il arriva aussitôt après un second courrier qui apprit à la Reine que ce général avoit déjà fait ouvrir la tranchée, et qu'il étoit logé dans les mêmes retranchemens du comte d'Harcourt.

M. le duc d'Orléans trouva que la Reine, à son ordinaire, visitoit les couvens, et que madame de Montbazon, qui étoit de retour à la cour, restoit dangereusement malade. Il lui rendit des soins en cette occasion qui témoignoient qu'il restoit encore dans son ame quelques petites impressions de ses anciennes flammes; et dans tous les temps il a eu toujours pour elle de l'amitié et de la confiance. Mademoiselle et madame la princesse avoient alors un petit différend sur leurs rangs qui donna de l'occupation à la Reine pour quelques jours. Madame la princesse avoit fait mettre son drap de pied à l'égal de celui de Mademoiselle, dans une église où toutes les deux devoient aller. La première en fit ses plaintes, et la seconde répondit fièrement qu'elle étoit résolue de garder son rang; et que de céder toujours, cela étoit bon du temps de feu M. le prince qui le quittoit trop facilement; mais que, pour elle, son dessein étoit de ne pas suivre cet exemple. La Reine et le duc d'Orléans, à leur ordinaire, calmèrent ce petit orage; et, après quelques harangues faites à l'une et à l'autre, elles demeurèrent amies comme elles avoient accoutumé de l'être.

Pendant l'absence de la Reine je fis dessein d'aller en Normandie. Je partis de Paris le 1er de juin. J'allai coucher chez le marquis de Maineville, près de Gisors, qui avoit épousé une petite-nièce de feu mon mari. Comme je me vis à une grande journée d'Amiens, je me laissai tenter d'y aller faire un tour avec un relais qu'ils me donnèrent. La Reine et mes amies ne m'attendoient pas : j'y fus reçue avec cette surprise qui d'ordinaire est suivie d'un peu de joie. On m'avoit soupçonnée de n'être pas satisfaite de ma fortune, et de n'avoir pas été aussi bien traitée de la Reine que je l'aurois pu désirer selon les maximes de l'ambition. En effet, mes amies, qui déplaisoient quelquefois au ministre, étoient cause que je lui étois suspecte; et il se servoit de leur mauvaise conduite pour me nuire. Comme il ne connoissoit pas mes intentions, et qu'il jugeoit de moi sur l'opinion qu'il avoit de la corruption universelle du monde, il ne pouvoit s'empêcher de me soupçonner de me mêler de beaucoup de choses contraires à ses intérêts. Il me dit un jour qu'il étoit persuadé de cela, parce que je ne lui disois jamais rien des autres, que j'écoutois parler les mécontens, que j'étois dans leur confidence, et que par ma manière d'agir je faisois voir clairement le peu d'affection que j'avois pour le service de la Reine : ajoutant que mes amis me faisoient tort, en publiant, comme ils faisoient, que j'étois une honnête personne, sûre et généreuse ; parce que cela vouloit dire qu'on pouvoit murmurer avec moi sans crainte. Ce reproche marquoit assez de défiance naturelle, et combien nous étions malheureux de vivre sous la puissance d'un homme qui aimoit la friponnerie, et avec qui la probité avoit si peu de valeur qu'il en faisoit un crime. Car enfin mon humeur n'étoit pas de me faire considérer en trahissant ceux qui parloient devant moi ; mais comme j'ai été toute ma vie fidèle à la Reine, que je ne haïssois le ministre par aucun emportement injuste, et que je lui trouvois de belles qualités, je satisfaisois à mon devoir et à moi-même, en défendant la vérité contre ces esprits chagrins qui blâment autant le bien que le mal, dont quelques-uns étoient de mes amis; et ma devise étoit d'être fidèle avec tous, sans rechercher de récompense que celle de ma propre satisfaction. Je lui en parlois de cette manière, et travaillois à lui persuader que ceux qui faisoient des rapports étoient ceux dont il devoit le plus se défier, et que les gens ne faisant du mal à personne ne pouvoient jamais manquer à leur devoir. Ces justifications ne me racommodoient pas avec lui, mais elles me faisoient éviter de grands maux. C'est néanmoins le plus grand mal qu'on puisse sentir dans ce délicieux et méchant pays, que de n'y point acquérir des biens et des dignités; puisque c'est presque perdre le temps qui doit être cher à ceux qui ont quelques bonnes intentions de le bien employer. Je voulus donc remédier à ce petit bruit de faveur, par le bon visage que la surprise de la Reine m'attiroit de sa bonté; car à la cour il est aisé d'éblouir les spectateurs, et il ne leur faut jamais donner le plaisir de savoir que nous ne sommes pas si heureux qu'ils se l'imaginent, ou si malheureux qu'ils le souhaitent. Ma confiance eut le succès que j'avois désiré, et à mon égard j'en fus satisfaite. Je trouvai la Reine travaillant à son ouvrage, assez chagrine; mais ne voulant pas que son inquiétude parût, elle me fit l'honneur de me dire qu'elle croyoit qu'à Paris on décrioit fort les affaires du Roi à cause de la prise d'Armentières; qui s'étoit rendue aux ennemis depuis peu de jours, après un mois de siége ; mais qu'elle vouloit bien qu'on sût qu'elle ne regrettoit pas trop la perte d'une place qui ne lui avoit coûté l'année précédente que vingt-quatre heures ; que l'armée étoit forte, et qu'on alloit la mettre en état de le rendre aux ennemis. En effet, le maréchal de Villeroy revint de l'armée pendant le séjour que je fis à Amiens, qui assura qu'il l'avoit laissée en bon ordre, par l'augmentation de quatre mille hommes qu'il venoit d'y conduire avec force munitions de guerre. On fit la revue des troupes de La Ferté-Senecterre, qui n'étoient composées que de deux ou trois mille hommes, à dessein de les envoyer avec les autres. Le Roi, qui la fit faire, avoit ce jour-là un habit en broderie d'or et d'argent qui le rendit agréable aux yeux de ses soldats. Il monta un petit cheval blanc dont le crin étoit noué de rubans incarnats. Il avoit des plumes blanches à son chapeau, et en cet état sa beauté et la grâce qu'il avoit en toutes ses actions le rendoient le plus aimable prince du monde.

Il arriva des nouvelles de Lerida, qui disoient que M. le prince se promettoit de prendre cette place au 25 du mois ; et le maréchal de Gramont écrivoit au cardinal, en se moquant des Catalans, qu'ils avoient fait des efforts admirables en ce siége, et qu'ayant beaucoup promis, on les avoit quittés pour quelques volontaires : mais qu'ils n'étoient pas encore venus, et qu'on doutoit de leur arrivée. Cependant ils mandoient sérieusement que l'armée espagnole s'assembloit, et qu'ils avoient quelque sujet de crainte, tant par terre que par mer. Le prince Thomas arriva à la cour pendant que j'y étois, qui venoit pour les affaires d'Italie, dont je ne sus point le détail. Je partis d'Amiens le lendemain de la Pentecôte, après avoir suivi la Reine dans trois couvens, assez contente de mon voyage, si un cœur qui est à la cour le peut être. Je laissai la Reine et tous les courtisans dans un grand ennui, et chacun en particulier regrettoit les douceurs de Paris.

Le ministre étoit occupé à grossir l'armée, pour la mettre en état de nous défendre des ennemis, qui, après avoir pris Armentières et Comines, petit château de peu de conséquence, vinrent prendre la ville de Lens, qui de même n'étoit pas de difficile prise. De notre côté, on manda au maréchal de Turenne en Allemagne d'amener ses troupes, les meilleures de l'Europe, qui n'y étoient plus nécessaires : les Suédois vouloient la paix, et le duc de Bavière étoit d'accord avec la France. Mais, avant qu'elles arrivassent, les ennemis étant en effet plus forts que nous, les deux armées se rencontrèrent auprès de Béthune, environ le 21 ou 22 de juin. Comme elles se rencontrèrent à la vue l'une de l'autre, nos généraux, le maréchal de Gassion (1) et de Rantzau (2), un peu mieux d'accord qu'à l'ordinaire, envoyèrent à la cour demander permission au cardinal de donner une bataille ; mais le ministre, à ce que mes amis m'écrivirent en Normandie, n'en fut point d'avis, et Monsieur fut de ce même

(1) *Le maréchal de Gassion* : Jean de Gassion, fils d'un président à mortier au parlement de Pau. Il avoit fait ses premières armes sous le grand Gustave. Il fut blessé à mort le 2 octobre 1647, en assiégeant Lens. Mazarin le haïssoit.—(2) *Rantzau* : Josias de Rantzau, comte et maréchal de France. Il étoit originaire du Holstein. Comme Gassion, il s'étoit formé sous Gustave. Il mourut en 1650. On lui reprochoit d'aimer le vin à l'excès, et de se livrer dans l'état d'ivresse à de grands emportemens.

sentiment. On leur ordonna de se retirer, et d'attendre les troupes d'Allemagne.

Ces troupes ne purent venir; et le vicomte de Turenne fit savoir au ministre, peu de temps après, que son armée se mutinoit, et que les Allemands ne vouloient point passer le Rhin qu'on ne leur eût payé les montres qu'on leur devoit. Outre ces fâcheuses nouvelles, il arriva un courrier de M. le prince, qui annonça que le siége de Lerida étoit levé du 17 du mois, avec perte de toute son armée, qui s'étoit dissipée en trois jours, à cause de l'excessive chaleur de la saison, et des grandes fatigues que les soldats souffrirent : elles furent telles qu'on ne les pût retenir, ni par l'espérance ni par la crainte. Le prince de Condé connut lui-même qu'il étoit difficile de finir bientôt cette entreprise, parce que les mineurs avoient trouvé du roc par tous les endroits où ils avoient voulu s'attacher ; et il jugea plus à propos de lever le siége que d'attendre les ennemis, qui étoient en état de l'en chasser. Il en fut loué des prudens et des sages ; mais comme beaucoup de gens haïssoient sa prospérité, et qu'il sembloit être invincible à tous, aux uns par l'estime qu'ils avoient pour lui, aux autres par la crainte qu'il ne le fût continuellement, un chacun trouva dans cette rencontre de quoi s'occuper, soit par l'étonnement, soit par la joie ; et toute l'Europe regarda cette place avec admiration, la voyant imprenable à tant de grands hommes. Le maréchal de La Motte-Houdancourt, qui du temps du cardinal de Richelieu avoit conservé au feu Roi la Catalogne, ayant assiégé Lerida, ne l'avoit su prendre. Le comte d'Harcourt, qui avoit fait des actions d'une valeur extraordinaire, ne faisoit que d'en sortir, qui n'avoit pas mieux fait que le premier; et, pour comble de gloire, elle avoit résisté à M. le prince. Ce qui fut une douce consolation pour les deux autres n'abattit point le courage du dernier : il avoit pressenti cette mauvaise aventure ; car il avoit défendu le comte d'Harcourt dans le conseil, disant qu'un capitaine, pour grand et pour vaillant qu'il fût, ne devoit point être blâmé pour être quelquefois malheureux.

La haine qu'on avoit déjà pour le ministre inspiroit dans tous les cœurs le désir de quelque changement dans les affaires, afin de consoler ceux qui souffroient d'une si longue bonace, et d'une faveur si établie. Les maux qui arrivèrent en cette campagne, par cette raison, donnèrent plus de joie qu'ils ne causèrent de tristesse ; et on ne manqua pas de faire des chansons et des madrigaux à la honte de M. le prince. La France célébra cette perte avec les mêmes sentimens de l'Espagne ; et je crois que la différence ne fut que dans les apparences.

Perche à gli (1) *occhi malvaggi*
Son teatri di gioia anco y naufragi.

Les plénipotentiaires écrivoient de Munster que les Espagnols, voyant que leur destinée commençoit à devenir plus heureuse, faisoient déjà les entendus, et se moquoient de toutes les propositions qu'on leur faisoit. Ils avoient cette année leurs troupes en état de nous prendre les places, que notre armée n'étoit pas encore assemblée ; et alors des personnes éclairées

(1) *Perche à gli*, etc. Les naufrages sont aux yeux malins des objets agréables.

crurent que le ministre se repentit de n'avoir pas profité des bons momens qui lui avoient donné la paix entre ses mains, et qu'il souhaita que l'Empereur, par le mauvais état de ses affaires, pût forcer le roi d'Espagne de s'accommoder à la nécessité, et de revenir à certaines propositions, telles à peu près qu'il les avoit accordées quelque temps auparavant.

Quand la paix n'auroit pas été si glorieuse à la France, elle n'auroit pas laissé de lui être commode et avantageuse, par le mauvais état où elle pouvoit tomber. Les longues guerres l'avoient épuisée d'hommes, de forces et d'argent. En ce temps-là, on a toujours douté si le ministre la vouloit tout de bon; mais le moment heureux étoit alors passé, et cette heure si célèbre pour la bonne fortune ne devoit pas sitôt revenir. Dieu met quand il lui plaît des bornes à notre ambition: il sait humilier ceux qui se fient en leur prudence, et montrer à nos rois, et à leurs ministres aussi, qu'ils ne sont pas les maîtres de leur sort. Le cardinal peut-être eut de bons motifs pour différer la paix, qui avoit paru à toute l'Europe dépendre de lui seul; mais comme on peut aisément soupçonner un ministre d'avoir plus d'égard à son bien particulier qu'au bien public, et que l'opinion commune a toujours été que la paix est leur ruine, à cause que toute la force du cabinet se ramasse plus aisément contre eux, on a jugé du cardinal Mazarin comme d'un homme qui avoit appréhendé ces mêmes choses.

La Reine, qui en effet désiroit la paix, m'a toujours assuré, dans tous les temps, qu'elle savoit certainement que son ministre avoit fait son possible pour la donner à la France et à toute l'Europe. Elle disoit elle-même que ce que les autres avoient sujet d'appréhender ne se rencontroit pas dans l'état de sa fortune, puisqu'il étoit assuré qu'elle ne souffriroit pas qu'on fît des intrigues contre lui, et que la même confiance qu'elle avoit en lui pendant la guerre, elle l'auroit pendant la paix. Mais il pouvoit tromper la Reine, et cette princesse ne persuadoit pas le public. Néanmoins il l'avoit souhaitée en ce temps-là, et la devoit souhaiter; car, outre qu'il a toujours paru ne vouloir tendre qu'au bien de l'Etat, il étoit avare, et le maître des finances. Il est à croire, par conséquent, que la paix lui auroit donné le moyen d'amasser de grands trésors : ce qui sans doute auroit été pour lui un charme considérable.

Les ennemis assiégèrent aussi, le 27 juin, Landrecies, place assez proche de Paris pour être de grand poids aux affaires du Roi. Leur hardiesse fit résoudre le cardinal, ou de faire lever le siége, ou de les combattre avec ce qu'il y avoit de troupes dans l'armée, qu'on n'estimoit pas à plus de quinze ou seize mille hommes. Ceux qui restoient auprès du Roi, de la Reine, du duc d'Orléans et du cardinal, soit des gens de la cour, soit des domestiques, en âge de pouvoir combattre, partirent tous pour aller grossir l'armée. La Reine, à ce qu'on me manda, les traita comme des gens qui lui faisoient plaisir de partir; et jamais il n'y eut plus de joie qu'il en parut sur le visage de cette brave troupe, quoiqu'apparemment le combat dût être périlleux. Cette résolution prise, nos généraux passèrent la Sambre à Castillon le 2 juillet, pour aller droit aux lignes des ennemis, qui furent témoins de ce passage, avec une partie de leur armée commandée par le général Bec, lequel fut contraint de quitter le passage sans le disputer aux nôtres. Ensuite de cette action, l'armée du Roi marcha en bataille, et approcha des lignes avec vingt-cinq pièces de canon, qui d'abord tirèrent de telle furie dans le camp des ennemis, qu'ils en furent incommodés, et plusieurs des leurs furent tués; mais les lignes se trouvèrent en si bon état de défense, le quartier de l'archiduc tellement fortifié, et ceux du comte de Bucquoy, du marquis de Caracène et des autres, si bien retranchés, qu'il parut fort difficile à nos généraux de les pouvoir forcer. Mais, pour satisfaire à la bravoure de nos gens, ils envoyèrent offrir la bataille aux ennemis : ce qu'ils refusèrent. On a dit depuis que si on les eût attaqués, et que le dessein et l'ordre du ministre eût été suivi, il auroit sans doute réussi, parce que l'épouvante se mit dans le camp des ennemis à la vue des troupes du Roi; qu'ils sont accoutumés aux miracles de la valeur française, et qu'ils en craignent toujours les choses les plus difficiles. Les ordres étant changés, l'armée se tint en bataille toute la nuit du 2 au 3, et se retira dans le même ordre, repoussant les ennemis dans leurs lignes, quand il leur prenoit envie de s'avancer vers eux.

L'armée du Roi laissa donc Landrecies recommandée au courage du gouverneur, et se sépara en deux. Elle étoit encore augmentée de quelques troupes nouvelles, une partie commandée par le général Rantzau, et l'autre par le maréchal de Gassion. Le premier assiégea Dixmude, et la prit; et l'autre, en même temps, assiégea La Bassée, place considérable, et capable de réparer la perte de Landrecies. Il commença son siége par une défaite d'un grand convoi que les ennemis voulurent jeter dedans: ce qui fit voir clairement que cette entreprise lui réussiroit, puisque les ennemis manquoient de ce qui étoit nécessaire à leur subsistance. En même temps nous perdîmes celle que nous avions voulu défendre; et le gouverneur se rendit sans attendre l'effet de la mine. [Le 15 ou 16 juillet.]

Le maréchal de Gassion voyant que la prise de La Bassée étoit d'une grande conséquence, et qu'il étoit nécessaire de s'en rendre maître avant que les ennemis le pussent venir troubler, fit dire à celui qui la commandoit que s'il ne rendoit la place à l'instant même, qu'il alloit lui donner l'assaut, et qu'il ne pardonneroit ni aux femmes ni aux enfans. Cet homme, ne voulant point voir périr sa famille, proposa de se rendre dans quatre heures, si dans ce temps il n'étoit secouru. Le maréchal de Gassion, prenant courage sur cette proposition, dit tout haut, en mettant sa montre sur le fossé, que si dans trois quarts-d'heure qu'elle sonneroit il ne se rendoit, il leur déclaroit qu'il n'y auroit plus de quartier pour lui ni pour ses habitans. Le commandant, menacé par la peur et par celle des bourgeois qui ne vouloient point mourir, lui porta les clefs de la ville, et s'estima heureux de pouvoir éviter ses menaces.

Le maréchal de Gassion étoit vaillant, heureux et hardi: il étoit craint des ennemis, parce qu'il étoit homme à tout hasarder, et par conséquent à réussir en ce qu'il entreprenoit. Toute la cour le loua infiniment de sa fermeté. La Reine lui en sut gré; et la ministre, qui voyoit avec douleur la prospérité des ennemis de l'Etat, fut content de cette aventure, quoique d'ailleurs il n'aimât pas l'aventurier. Il étoit néanmoins si politique, qu'en recevant cette nouvelle, qui fut le remède de ses justes appréhensions, il s'arrêta tout court, et demeura si froid et si sérieux, à ce que me contèrent depuis ceux qui étoient présens, que ses plus particuliers amis crurent qu'il avoit reçu quelque mauvaise nouvelle, et s'en allèrent tous chacun de leur côté, n'osant lui demander la cause de son chagrin. Ils en furent si fortement persuadés que la nouvelle ayant été divulguée, ils s'imaginèrent encore, après avoir raisonné sur la mine du ministre, qu'il y avoit quelque mal caché sous l'apparence de ce bien. La duchesse de Montbazon, le voyant ce jour-là chez la Reine, s'en alla à lui avec cet air libre et hardi qui lui étoit naturel, pour se réjouir avec lui de la prise de cette place; mais lui, en passant sans s'arrêter, lui dit que la chose ne méritoit pas d'en faire tant de bruit. Elle, sans s'étonner, à ce qu'elle me conta elle-même à mon retour de Normandie, se mit à rire, et lui dit en se moquant de sa froideur : « Ho, ho! je vois bien qu'il vous faut des pro- « vinces entières pour vous contenter. » Dans toutes les occasions de cette nature, on a toujours remarqué que ce ministre affectoit d'être gai quand les affaires alloient mal, pour montrer qu'il ne s'étonnoit point dans le péril; et triste quand elles alloient bien, pour faire voir qu'il ne s'emportoit pas dans la joie et dans la prospérité. Sur ce sujet il avoit double raison de paroître glacé; car il ne vouloit pas montrer sentir le service que le maréchal de Gassion venoit de rendre à l'Etat, afin d'éviter l'obligation de la récompense que ce général méritoit.

Le murmure étoit grand à Paris sur toutes nos pertes. L'honneur de la prise de La Bassée étoit donné à Gassion, et on donnoit le blâme des victoires que les ennemis avoient remportées sur nous au cardinal Mazarin. On les célébroit comme les marques de sa mauvaise conduite, et ses ennemis les donnoient au public comme des preuves évidentes de la doctrine qu'ils prêchoient. Ce murmure fut cause de quelques proscriptions. Le comte de Fiesque (1) fut le plus considérable des exilés. Il avoit été bien traité du cardinal; mais, à la disgrâce du duc de Beaufort dont il se disoit ami, il déclama hautement contre lui, disant pour sa justification, au ministre, qu'entre deux amis égaux il falloit toujours suivre le malheureux et quitter le dominant. Il avoit donc partagé la disgrâce de l'un par l'exil, et montré de haïr la puissance de l'autre par ses discours; mais le cardinal, pressé par les amis du comte de Fiesque, et voulant oublier les offenses qu'il croyoit avoir reçues, l'avoit fait revenir de ce premier exil avec toutes les marques d'une vraie réconciliation. Il suivit, en pardonnant, son inclination naturelle, qui le portoit facilement à la douceur et à la paix. Celui de cet ennemi réconcilié étoit contraire au sien, et ne pouvoit souffrir de favori: il n'étoit jamais content, et il désapprouvoit toujours les actions de ceux qui gouvernoient. Son tempérament, par cette raison, l'empêcha de profiter de cette paix, et sa conduite força le ministre

---

(1) *Le comte de Fiesque :* Charles-Léon. Sa famille étoit attachée à Mademoiselle.

de l'éloigner tout de nouveau. L'abbé de Belebat le fut aussi ; Sarazin (1), pour avoir fait des vers satiriques ; et quelques autres de peu de renom, qui, dans des cabarets et dans les lieux publics, avoient dit quelques sottises. On fit une ordonnance qui défendoit de parler des affaires d'Etat; et la Reine témoigna beaucoup d'aversion pour ceux qui parloient plus qu'ils ne devoient. Elle dit à la maréchale d'Estrées, voyant dans les rues d'Amiens arriver madame de Choisy, qui venoit parler pour Belebat son frère : « Cette pauvre « femme me fait pitié, et son voyage sera inutile ; car « je suis résolue de punir sévèrement tous ceux qui « parleront contre le gouvernement. » En effet, la maréchale d'Estrées, en me contant ce que j'écris, me dit que la Reine avoit tenu bon contre les prières de madame de Choisy, et avoit blâmé publiquement le cardinal Mazarin d'être trop bon et trop souffrant.

Quelques évêques se sentirent de cette mauvaise influence, entre lesquels étoit celui de Rennes, frère du maréchal de La Motte, prisonnier dans Pierre-Encise dès l'année 1644. Ce général d'armée fut arrêté à Lyon par l'ordre de la Reine, à son retour de Catalogne, accusé de péculat, et menacé de perdre la tête. L'évêque de Rennes, dans la douleur qu'il ressentoit du mauvais état où étoit son frère, ne pouvoit se taire, et avoit attiré la colère du ministre sur lui ; et ce mécontentement causa son exil avec quelque rigueur extraordinaire. On lui défendit de solli-

---

(1) *Sarazin* : Jean-François, auteur de plusieurs poésies agréables, mais négligées. On a de lui une Histoire de la Conspiration de Walstein, production romanesque. Sarazin devint par la suite secrétaire du prince de Conti. Ayant perdu cette place, il mourut de chagrin en 1654.

citer le parlement de Grenoble, où le procès du maréchal de La Motte devoit être jugé. L'évêque de Grasse, Godeau (1), qui a donné à notre siècle par ses beaux ouvrages des marques de sa piété et de la beauté de son esprit, pour quelque dégoût que le ministre eut de lui, reçut commandement d'aller résider à son évêché : ce qui ne devoit pas déplaire à un homme de bien comme lui, ni être tenu pour un commandement injuste, étant fait par une Reine chrétienne aussi pieuse que la nôtre, qui voyoit toujours avec peine tant d'évêques à Paris ne songer qu'à se divertir, à faire bonne chère aux gens de la cour; car ceux-là ne sont pas les pauvres qu'ils sont obligés de nourrir. J'excepte de ce nombre ceux dont je parle : il est à croire qu'ils y étoient pour de bonnes raisons, et qu'en cette occasion la politique de celui qui gouvernoit avoit plus de part à leur bannissement que la piété de la Reine. Montrésor (2), par une contraire destinée, sortit de prison. Il avoit été attaché au duc d'Orléans, et avoit autrefois prétendu à sa faveur; mais l'abbé de La Rivière, son rival, l'avoit éloigné des bonnes grâces de son maître. Ce gentilhomme avoit été contraire au cardinal de Richelieu : il s'étoit fait connoître en tout temps pour être de ces Catons français qui haïssent ce qu'ils appellent la

---

(1) *Godeau* : Antoine. Nous avons déjà parlé de lui dans une note des Mémoires de l'abbé Arnauld. Il fut l'un des premiers académiciens; et dut son avancement à la protection de madame de Rambouillet, dont il fréquentoit beaucoup la société. — (2) *Montrésor* : François de Bourdeilles, comte de Montrésor. Il avoit en 1636 voulu assassiner le cardinal de Richelieu, et fut pendant les troubles de la Fronde l'un des agens les plus actifs du cardinal de Retz. Ses Mémoires font partie de cette série.

tyrannie des favoris; mais, outre ces raisons, il étoit ami de madame de Chevreuse et de mademoiselle de Guise, qui jusqu'alors n'avoient pas eu de part à la faveur. Le jeune prince d'Orange, gendre du roi d'Angleterre, en considération de Saint-Ibal, ami de Montrésor, pria le cardinal Mazarin de le mettre en liberté; et cette prière eut beaucoup de force, parce que le prince d'Orange étoit en grande considération. Mademoiselle de Guise parut aussi demander l'amitié du ministre; et, s'étant raccommodée à la cour, elle contribua à l'adoucissement du bannissement de son ami. Ainsi, par la vicissitude des choses de ce monde, les uns souffrent, et les autres se réjouissent.

La Reine ayant remis l'ordre dans nos frontières, et laissé l'armée du Roi en état de se bien défendre, partit d'Amiens, et alla passer quelques jours à Abbeville. De là elle vint à Dieppe, dans le dessein d'aller à Rouen; mais notre province fut si insensible à l'honneur que le Roi lui faisoit, et particulièrement la ville de Rouen, qu'elle évita avec tout le soin possible de la recevoir. La Reine, de son côté, fit semblant d'appréhender le tracas et l'importunité de cette visite, et des harangues qu'il auroit fallu entendre. Elle se résolut de s'en retourner par Gournay, Gisors et Pontoise. Elle ne tarda que trois jours à Dieppe, dont le séjour lui fut agréable. Elle se plut à la vue de la mer, qu'elle voyoit des fenêtres de sa chambre, et d'où elle vit des brûlots se consumer sur la mer pour la divertir. Le Roi alla voir un vaisseau que la reine de Suède lui avoit envoyé, grand et beau, et on fit devant lui une espèce de combat naval; mais, pour combler de joie les habitans, on leur fit cet honneur de leur laisser la garde de la personne du Roi, quoiqu'il y eût nécessité d'en user ainsi, parce qu'il y avoit peu de gardes auprès de lui. Ce peuple, qui avoit été fidèle à Henri IV, grand-père du Roi, méritoit qu'on leur donnât des marques de la confiance qu'on avoit en eux; et comme ils ne manquèrent pas de le prendre sur ce pied-là, ils alloient criant dans les rues qu'on faisoit bien de leur confier le Roi, et qu'il n'y avoit point parmi eux de Ravaillacs. Les femmes couroient après Leurs Majestés; et les villageois de cette contrée, en les suivant, leur donnoient des bénédictions infinies qui, malgré leur vilain langage normand, ne laissoient point de leur plaire. J'ai ouï dire à la Reine même que l'affection qu'elle avoit reconnue en ce peuple lui avoit été assez agréable pour lui ôter la peine qu'elle ressentoit d'ordinaire par de telles importunités.

Quoique la Reine eût désiré de pouvoir éviter d'entendre des harangues, elle ne put néanmoins s'en exempter entièrement. Le parlement de Normandie vint la saluer, la chambre des Comptes, la cour des Aides. Dans cette journée, nous vîmes ce qui n'est pas extraordinaire à voir, mais qui de soi est toujours terrible à l'esprit de l'homme. Le premier président de Rys, âgé de plus de soixante ans, mais d'une santé vigoureuse, en sortant de la chambre de la Reine mourut subitement sur le haut de l'escalier, et si promptement qu'il n'y eut nul intervalle entre sa vie et sa mort. Le Roi et la Reine y coururent pour lui faire ouvrir la bouche, et lui faire prendre des remèdes; mais ils le trouvèrent sans vie, et leur charité fut inutile. J'avois été trouver la Reine à Dieppe, pour y demeurer tant qu'elle seroit dans notre province : j'eus part à ce spectacle, avec le sentiment d'horreur qu'on a quand on le voit de près. La Reine reprit le chemin de Paris avec plaisir, et bientôt après je la suivis, et m'en retournai la trouver.

J'arrivai à Paris le 28 août, fort lasse de mon voyage, parce que j'avois toujours couru. La campagne n'est belle qu'avec le repos et la solitude, quand on y peut goûter les plaisirs innocens que la beauté de la nature nous fournit dans les bois et auprès des rivières. Je trouvai la Reine dans la chambre du duc d'Anjou; il étoit malade d'une maladie assez considérable pour pouvoir donner de l'inquiétude à une aussi bonne mère qu'elle l'étoit. Il commençoit néanmoins à se mieux porter, et sa chambre étoit pleine de personnes des plus considérables de la cour. Ce chagrin, qui est inséparable de la maladie, fit que ce petit prince se trouva incommodé de la bonne compagnie, et qu'il supplia la Reine de les chasser tous, et de vouloir demeurer seule avec lui. La Reine lui dit qu'elle n'osoit pas le faire, parce que madame la princesse y étoit, et beaucoup de personnes qualifiées. Il lui répondit : « Eh! bon Dieu, madame, « moquez-vous de cela. N'êtes-vous pas la maîtresse? « Et à quoi vous sert votre couronne, si ce n'est à « faire votre volonté? Vous me chassez bien quand il « vous plaît, moi qui suis votre fils : n'est-il pas juste « qu'un chacun ait son tour? » J'étois auprès de la Reine; et comme elle trouva qu'il avoit raison, elle me fit l'honneur de me dire : « Il faut le contenter; « mais ce ne sera pas à sa mode, car il faut que je

« m'en aille pour lui pouvoir ôter tout ce qui l'impor-
« tune. » Elle amena avec elle madame la princesse,
et tout ce qu'elle n'avoit pu quitter. Ce prince eut
de l'esprit aussitôt qu'il sut parler. La netteté de
ses pensées étoit accompagnée de deux belles inclinations qui commençoient à paroître en lui, et qui
sont nécessaires aux personnes de sa naissance, la
libéralité et l'humanité. Il seroit à souhaiter qu'on
eût travaillé à lui ôter les vains amusemens qu'on lui
a soufferts dans sa jeunesse. Il aimoit à être avec des
femmes et des filles, à les habiller et à les coiffer : il
savoit ce qui seyoit à l'ajustement, mieux que les
femmes les plus curieuses; et sa plus grande joie,
étant devenu plus grand, étoit de les parer, et d'a-
cheter des pierreries pour prêter et donner à celles
qui étoient assez heureuses pour être ses favorites. Il
étoit bien fait; les traits de son visage paroissoient
parfaits. Ses yeux noirs étoient admirablement beaux
et brillans : ils avoient de la douceur et de la gravité.
Sa bouche étoit semblable en quelque façon à celle de
la Reine sa mère. Ses cheveux noirs à grosses boucles
naturelles, convenoient à son teint; et son nez, qui
paroissoit devoir être aquilin, étoit alors assez bien
fait. On pouvoit croire que si les années ne diminuoient point la beauté de ce prince, qu'il en pourroit disputer le prix avec les plus belles dames ; mais,
selon ce qui paroissoit à sa taille, il ne devoit pas
être grand.

Ce même jour, sur le soir, les gens du Roi vinrent
trouver la Reine, par son commandement. Elle les
avoit mandés pour se plaindre à eux du parlement,
qui s'étoit opposé à certain tarif qu'on avoit mis sur

toutes les denrées, et qui jusques alors n'avoit point été établi, à cause que le président de Mesmes, tenant les vacations en 1646, en avoit défendu l'exécution; mais, malgré cette défense, on avoit remis l'affaire en délibération au conseil, où, dans le besoin qu'on avoit d'avoir de l'argent, l'on avoit trouvé à propos de maintenir l'autorité royale par cette voie. Le parlement, qui prétendoit être en droit d'examiner les édits qui étoient à charge au peuple, ayant maintenu ce que le président de Mesmes avoit fait, et ordonné que très-humbles remontrances seroient faites à la Reine sur cette affaire, leur résistance fit résoudre la cour à leur proposer quelques autres édits plus faciles à faire passer. Il se fit sur ce sujet une conférence au Palais-Royal, où se trouva le conseil du Roi et le parlement. La Reine n'y assista point, parce que c'est l'ordre que les sujets ne confèrent point avec leurs maîtres. Ils s'assirent tous auprès d'une grande table : le duc d'Orléans à la première place, le cardinal vis-à-vis de lui; au-dessous de Monsieur étoit le chancelier, et au-dessous du cardinal le premier président, et les autres ensuite selon leur rang. D'Emery, alors surintendant des finances, étoit au coin de la table, comme n'ayant point de séance; et les quatre secrétaires d'Etat étoient en leurs postes ordinaires. On avoit cru que le chancelier harangueroit; mais le cardinal lui avoit envoyé un Mémoire fait par de Lyonne, secrétaire, où par son ordre les principaux points de son discours étoient marqués. Le chancelier, en s'assujétissant à cette leçon, ne trouva pas qu'il pût soutenir la gloire qu'il avoit acquise toutes les fois qu'il avoit parlé en public : il aima mieux ne rien dire, et s'excusa sur quelque incommodité.

Dans cette conférence on résolut enfin de passer le tarif, parce que le parlement jugea que, dans les propositions qu'on leur fit, l'avantage du peuple n'y seroit pas plus grand. Ils résolurent seulement de le modifier, et ordonnèrent qu'il ne se leveroit que pour deux ans, au bout desquels le parlement fit défense de ne plus rien lever; et en même temps défenses à la cour des Aides de s'en mêler. Pour faire recevoir à la Reine la hauteur de leur procédé avec moins de peine, ils adoucirent cette amertume par quelques autres édits qu'ils joignirent au tarif. Avec de l'argent, le cardinal Mazarin fut content; et la Reine le fut aussi, parce qu'elle évita par cet accommodement la fatigue d'aller au parlement en personne faire passer ces mêmes édits : ce qu'elle eût été forcée de faire si la chose n'eût pris cette voie de douceur.

Il y avoit encore une affaire sur les bras du ministre qui ne lui plaisoit pas; et dont le parlement, malgré lui, avoit pris connoissance. On avoit donné pour juges au maréchal de La Motte le parlement de Grenoble; et lui, comme duc par son duché de Cardonne, que le feu Roi lui avoit donné sur ses conquêtes en Espagne, et comme maréchal de France né dans le ressort de Paris, il prétendoit que le parlement de Paris le devoit juger, et refusoit de répondre devant d'autres juges. Le parlement, sur sa requête, avoit ordonné qu'il leur seroit amené; et défenses furent faites à tous autres juges d'en connoître. La Reine avoit envoyé Carnavalet, enseigne des gardes du corps, pour le mener à Grenoble, et un exempt à son frère l'évêque de Rennes, pour lui ordonner de ne point solliciter pour lui. Mais cette rigueur, qui venoit du conseil du ministre, n'étant pas soutenable parce qu'elle étoit contre les formes, fut cause qu'il prit la résolution de s'adoucir en faveur du prisonnier; et le maréchal de La Motte profita de sa clémence, ou de sa foiblesse, ou de la hauteur du parlement. Le ministre, comme je l'ai dit, étoit accusé d'ignorer les lois de l'Etat; et cette ignorance étoit cause qu'il entreprenoit toutes choses sans crainte; et qu'à la moindre résistance qu'on lui faisoit, soit avec fondement, soit avec malice, il se troubloit facilement: et ce trouble produisoit presque toujours en lui des actions de bonté et de douceur. Il n'avoit pas de peine à pardonner; et trouvant qu'il y en avoit beaucoup à soutenir une mauvaise affaire, il choisissoit toujours de sortir de ces embarras par la porte honorable de l'humanité et de la réconciliation.

Alors, le 11 septembre, nous vîmes arriver d'Italie trois nièces du cardinal Mazarin, et un neveu. Deux sœurs Mancini et lui étoient enfans de la sœur cadette de l'Eminence; et la troisième nièce étoit Martinozzi, fille de la sœur aînée de ce ministre.

L'aînée des petites Mancini (1) étoit une agréable brune qui avoit le visage beau, âgée d'environ douze ou treize ans. La seconde (2) étoit brune, avoit le visage long; et le menton pointu. Ses yeux étoient petits, mais vifs; et on pouvoit espérer que l'âge de quinze ans leur donneroit quelque agrément. Selon les règles de la beauté, il étoit néanmoins impossible alors de lui en attribuer d'autre que celle d'avoir des

(1) Madame de Mercœur. — (2) Madame la comtesse de Soissons.

fossettes à ses joues. Mademoiselle de Martinozzi étoit blonde : elle avoit les traits du visage beaux, et de la douceur dans les yeux. Elle faisoit espérer qu'elle seroit effectivement belle ; et si nous eussions été assez bons astrologues pour deviner dans sa physionomie les avantages de sa fortune comme on jugea ceux de sa beauté, on eût su en ce temps-là que sa destinée lui devoit donner une grande qualité (1). Ces deux dernières étoient de même âge, et on nous dit qu'elles avoient environ neuf à dix ans. Madame de Nogent les fut recevoir à Fontainebleau par ordre du cardinal Mazarin. Ce ministre ne vouloit pas avoir des obligations trop fortes à une personne des plus considérables de la cour, de peur d'être obligé à des reconnoissances incommodes. Il traita cette affaire comme un homme dont le principal soin étoit de paroître désintéressé ; et le jugement que ses courtisans familiers en firent fut qu'en les abandonnant entre les mains du comte de Nogent pour les conduire dans les premières entrées, c'étoit un grand flatteur qui seroit capable de porter la flatterie jusqu'à l'extrémité, et de s'empresser de leur faire les honneurs de tout le monde : sur quoi il pouvoit toujours dire, « C'est l'humeur du personnage, » et le tourner en ridicule avec la Reine, s'il le jugeoit à propos ; car il lui arrivoit de le traiter de cette manière sur ses vains discours et ses bouffonneries. Cet homme avoit toute sa vie contrefait le plaisant : il affectoit de faire rire, parlant incessamment sans qu'on pût l'accuser de dire quelque chose. Il est parvenu par ce chemin au bonheur de faire une grande fortune. Il n'y a point de

(1) Celle de princesse de Conti.

personne de qualité à la cour qui en ait reçu de plus grands avantages que lui, soit par la privauté, soit par les prérogatives et préférences aux grâces de distinction, ou soit enfin dans les grands biens qu'il possédoit et qu'il avoit commencé d'amasser sous le feu cardinal de Richelieu, qui avoit le plus contribué à le faire riche. Ce grand diseur de riens, par la bassesse a trouvé le moyen de s'élever et d'obtenir ce que sa naissance lui refusoit, et ce que la vertu et le grand mérite ne lui auroient pas donné si facilement. Il avoit de l'esprit à sa mode : il n'étoit pas méchant, et je ne lui ai jamais ouï dire de mal de qui que ce soit. Peut-être que dans les grandes occasions le désir de plaire lui a fait commettre de grandes fautes devant Dieu ; mais selon ce qui en paroissoit extérieurement, s'il ne protégeoit pas les misérables, il ne contribuoit pas à les perdre. Il faisoit plaisir quand il pouvoit, selon sa manière, qui étoit de tourner toutes choses en railleries. S'il étoit difficile de l'estimer, il étoit encore plus difficile de le haïr ; car il n'en donnoit point de sujet véritable. Cet illustre harangueur fut donc celui qui, par les mains de sa femme, présenta à la Reine le neveu et les nièces de son ministre. Elle les voulut voir le soir qu'elles arrivèrent, et les vit avec plaisir. Elle les trouva jolies ; et le temps que ces enfans furent en sa présence fut employé à faire des remarques sur leurs personnes. Madame de Senecay offrit à la Reine de les aller voir le lendemain, et de leur aller faire un compliment de sa part ; mais on lui fit entendre que le cardinal ne souhaitoit point qu'on les visitât ; et qu'étant logées chez lui dans sa maison, où il étoit bien aise d'aller quelquefois se reposer, s'il souffroit qu'on y allât, le monde l'incommoderoit trop. Il ne doutoit pas, sans trop se flatter, que s'il avoit montré d'agréer les visites, la presse n'y fût extrême.

Quand cet oncle si révéré, si heureux et si puissant, vit arriver ses nièces, il quitta la Reine aussitôt qu'elles entrèrent dans son cabinet, et s'en alla chez lui se coucher. Après qu'elles eurent vu la Reine, on les lui mena; mais il ne montra pas de s'en soucier beaucoup : au contraire, il fit des railleries de ceux qui étoient assez sots pour leur rendre des soins; et, malgré ce mépris, il est certain qu'il avoit de grands desseins sur ces petites filles. Toute son indifférence là-dessus n'étoit qu'une pure comédie; et par là nous pouvons juger que ce n'est pas toujours sur les théâtres des farceurs que se jouent les meilleures pièces.

Le lendemain on ramena les nièces chez la Reine, qui les tint quelques momens auprès d'elle pour les mieux considérer; et le cardinal Mazarin y vint aussi, qui n'en parut pas plus touché que le premier jour. On les montra ensuite en public : chacun se pressa pour les voir, et les spectateurs se forcèrent de les traiter tantôt d'agréables, et tantôt de fort belles : même on leur donna de l'esprit par les yeux; et toutes les choses qui peuvent être louanges leur furent amplement attribuées par leur libéralité. Pendant que les courtisans s'empressèrent de parler sur ce sujet, le duc d'Orléans s'approcha de l'abbé de La Rivière et de moi, qui causions ensemble auprès de la fenêtre du cabinet, et nous dit tout bas : « Voilà tant de monde « autour de ces petites filles, que je doute si leur vie « est en sûreté, et si on ne les étouffera point à force

« de les regarder. » Le maréchal de Villeroy s'approcha de lui en même temps, qui avoit une gravité de ministre ; il lui dit aussi : « Voilà des petites demoi-
« selles qui présentement ne sont point riches, mais
« qui bientôt auront de beaux châteaux, de bonnes
« rentes, de belles pierreries, de bonne vaisselle
« d'argent, et peut-être de grandes dignités ; mais
« pour le garçon, comme il faut du temps pour le faire
« grand, il pourroit bien ne voir la fortune qu'en
« peinture : » voulant dire que son oncle pourroit tomber avant qu'il fût en âge de l'élever bien haut ; en quoi, sans y penser, il prophétisa entièrement. Les filles sont devenues plus grandes dames qu'il ne croyoit ; et le garçon n'a point en effet joui de son bonheur, parce que la mort le déroba à la faveur de celui qui auroit pu le mettre en état d'être respecté de tout le monde. Un Italien de mes amis me dit quelque temps après qu'on avoit été étonné à Rome quand on avoit su de quelle manière ces enfans avoient été reçus en France, et surtout de ce qu'on leur écrivoit que les princes et les grands seigneurs pensoient à les épouser. Selon ce que ces nièces étoient en leur pays, et selon leur naissance, elles auroient eu peu de prétendans, et peu de gens se pressoient à Rome pour les voir ; mais le rang qu'elles avoient à la cour lorsqu'elles y furent peut faire juger de l'état où étoit celui qui leur donnoit ce lustre, que les Italiens ne pouvoient approuver. Ils se moquoient de notre nation de ce qu'elle se laissoit gouverner par un homme qu'ils n'aimoient pas, parce qu'ils le connoissoient trop, et qu'il est naturel aux hommes de n'admirer que les choses éloignées.

Fugga (1) *il tetto nativo*
Chi gloria brama.

La princesse Palestrine, dona Anna Colonna, qui s'en retourna en Italie peu de temps après leur arrivée, m'assura que le cardinal lui avoit dit en confidence, parlant de ses nièces, que déjà les plus grands du royaume les lui demandoient. Il avoit dit néanmoins à ses amis, quelques années auparavant, leur montrant des statues qu'il avoit fait apporter de Rome, que c'étoit là les seules parentes qu'il vouloit faire venir en France; mais, comme sage, il changea d'avis, et se laissa presser par la Reine de les faire venir, à qui il ne vouloit point refuser cette grâce. Il ne fit rien de contraire à la raison : il étoit juste qu'il fît part aux siens de sa grandeur, et qu'il s'en servît pour affermir davantage sa fortune. Si ceux qui sont les maîtres ne s'appliquent à borner l'ambition de leur ministre, ils sont excusables si pendant leur puissance ils désirent au-delà d'une juste récompense de leurs services. Il est naturel à l'homme de vouloir plus de gloire, plus de bonheur, plus de bien qu'il n'en a, et bien souvent plus qu'il n'en mérite.

Le lendemain, au lever de la Reine, il arriva une petite aventure à une dame de la cour, assez dure et fâcheuse pour être mise au rang des amertumes qu'on goûte souvent dans le cours de la vie. La duchesse de Schomberg, en perdant le nom de madame de Hautefort, ainsi que je l'ai dit, avoit quitté ses prétentions sur la charge de dame d'atour que possédoit encore sa grand'mère madame de La Flotte, moyennant deux

---

(1) *Fugga*, etc. : Celui qui aspire à la gloire doit fuir le lieu de sa naissance.

cent mille livres de récompense; mais comme le désir de la faveur est une chaîne invisible qui attache tous les hommes à la personne des rois, les uns par inclination, les autres par intérêt, et que peu de personnes s'en séparent volontiers, madame de Schomberg faisoit souvent ce qu'elle pouvoit pour regagner les bonnes grâces de la Reine, et auroit souhaité reprendre auprès d'elle cette familiarité du temps passé. Il est de l'ordre que la dame d'honneur doit toujours servir la Reine de droit, si ce n'est qu'elle cède cet honneur à une princesse du sang en lui présentant la chemise; et quand la dame d'atour y est, elle partage avec elle le service sur certaines choses. Madame de Schomberg, depuis son mariage, s'étant trouvée seule auprès de la Reine, avoit eu l'honneur de la servir; et la Reine l'avoit reçue agréablement pour lui faire grâce et ne la pas rebuter; mais non pas comme ayant aucun droit de représenter la dame d'atour en cette occasion. Elle voulut jouir du même privilége, madame la princesse y étant présente, et madame la marquise de Seneçay. La Reine lui dit alors, et assez sévèrement, car l'ancienne amitié étoit tout-à-fait effacée : « Madame, vous ne voyez pas que « madame de Seneçay est là, et que vous faites sa « charge. » La duchesse de Schomberg lui répondit assez brusquement qu'elle la voyoit bien ; mais que ce qu'elle faisoit étoit la sienne. La Reine un peu émue repartit aussitôt : « Votre charge, madame! et « n'y avez-vous pas renoncé en vous mariant, pour « deux cent mille livres que je vous fais donner de « récompense?— Oui, madame, lui dit madame de « Schomberg; mais je ne les ai pas encore reçues.

« C'est pourquoi je croyois être en droit de l'exercer.
« —Oh bien, madame, vous serez payée, lui répondit
« la Reine : il y a assez d'argent en France pour cela ;
« mais cependant sachez qu'il est difficile de rentrer
« dans mon cœur quand une fois on en est sorti. »
Cette dame, touchée d'une sensible douleur, ne répondit alors que par des larmes, et ne laissa pas de suivre la Reine tout le jour, sans même se pouvoir empêcher de pleurer devant elle. Elle se fit cette violence pour ne pas donner des embarras à son mari, qui lui avoit souhaité le retour de sa faveur passée. La Reine, attendrie de pitié, pour adoucir sa douleur lui parla et lui fit quelques caresses ; mais, à ce que m'a dit depuis cette dame, elle revint chez elle avec intention de ne plus prétendre aux bonnes grâces de cette princesse. Elle se contenta de la voir ensuite comme les duchesses, qui ne viennent au Louvre qu'à l'heure du cercle. Puis, quelque temps après, sans bruit ni sans plainte, elle et le maréchal de Schomberg allèrent dans leur maison et dans leur gouvernement vivre de cette vie chrétienne qui seule peut donner le repos de l'esprit et la tranquillité de l'ame. Cette petite histoire fit un grand bruit à la cour : chacun en cette occasion en parloit selon son sentiment particulier. Quelques-uns blâmèrent madame de Schomberg d'imprudence d'avoir voulu se hasarder à recevoir ce déplaisir, et d'autres accusoient la Reine de trop de rudesse, vu qu'elle n'en avoit jamais pour personne. Quelques heures après, lui ayant demandé ce que c'étoit que cette aventure qui faisoit du bruit, elle me dit tout ce que j'ai écrit, et me dit de plus avec bonté qu'elle avoit été fâchée

de ce que cette dame l'avoit forcée, contre son humeur, de lui causer ce chagrin, vu qu'elle n'aimoit point à faire de la peine à qui que ce soit ; mais qu'elle n'avoit pas voulu être prise pour dupe, et qu'elle avoit bien vu qu'elle agissoit de cette manière, non pas pour travailler à regagner son amitié, puisque ce motif eût été obligeant, mais purement pour demeurer dans la prétention de sa charge malgré elle, afin de tâcher sans doute de la conserver à d'Escars sa sœur, pour qui elle avoit toujours eu une grande aversion ; et qu'il n'étoit pas juste que, pour être reine, elle fût servie malgré elle de ceux qui ne lui plaisoient pas. La duchesse de Schomberg m'a depuis confirmé les mêmes choses, m'assurant qu'elle auroit souhaité de conserver sa charge à sa sœur.

En ce temps, le landgrave de Hesse vint voir la France : il fut bien reçu de la Reine et de toute la cour, non-seulement pour son mérite, mais parce que la princesse sa mère avoit toujours tenu constamment le parti de la France, et n'avoit jamais témoigné de foiblesse ni de changement dans ce dessein. Elle s'étoit vue, par sa fermeté, dans de grands périls qui souvent l'avoient menacée d'une ruine entière. La crainte de ces maux auroit pu étonner une ame moins forte que la sienne ; mais elle avoit beaucoup de courage, avec une grande capacité. Son fils étoit bien fait de sa personne, mais il avoit le visage gâté de la petite vérole : si bien qu'il ne pouvoit être loué que de sa bonne mine. Je pense même qu'il n'étoit pas encore aussi habile que sa généreuse mère, pour qui toute l'Europe avoit conçu tant de vénération. La Reine le fit asseoir devant elle, et lui fit tous les honneurs et les régals qu'il lui fut possible, afin de payer en sa personne les obligations que l'Etat avoit à la fidélité de cette illustre veuve.

La Reine, pour trouver quelque plaisir dans le changement, partit de Paris le 15 de septembre, pour aller passer l'automne dans cette belle demeure de Fontainebleau, et laissa le petit Monsieur à Paris, qui n'étoit pas encore assez bien guéri pour lui donner cette fatigue. Le maréchal de Villeroy, qui vouloit plaire à celui qui l'avoit fait gouverneur du Roi, inspira dans le cœur de ce jeune prince le désir de mener le petit Mancini à ce voyage. Le Roi le demanda instamment à la Reine, qui volontiers pria le cardinal Mazarin que le petit Mancini n'allât point aux jésuites.

La veille du départ de la Reine, je m'approchai de ce ministre pour lui rendre les hommages qui étoient dus à celui qui en recevoit des plus grands du royaume. Il paya mes complimens par une fausse querelle qu'il me fit à son ordinaire : car c'étoit sa coutume de nous donner souvent des alarmes. Il me dit qu'on l'avoit assuré que Sarazin, ce poète disgracié, avoit fait des vers chez moi, malicieux et satiriques, qui attaquoient la personne de la Reine. J'avois l'esprit si éloigné de penser à une chose de cette nature, que d'abord je ne remarquai pas assez l'horreur de cette injure. Je lui répondis seulement, et comme en riant, que la raillerie même en seroit trop dure à une personne comme moi, qui ne prendroit pas plaisir à entendre des vers satiriques contre mes plus grands ennemis ; que je croyois me faire tort de répondre sérieusement à cette fausseté, et qu'il y avoit quatre ans que je n'avois vu cet homme. C'étoit la vérité. De là, je passai à d'autres affaires que j'avois à lui dire, et ne lui en fis pas plus de bruit. Je suis persuadée que je fis mal ma cour; car, n'aimant pas à nous faire des biens véritables, il se plaisoit à nous donner des fausses inquiétudes, afin que nous lui fussions obligées, en nous pardonnant nos crimes imaginaires et en nous laissant en repos. D'autres fois aussi il traitoit les gens avec tant de douceur et d'apparente bonne volonté, qu'il étoit impossible d'éviter d'en être charmé; et quand il vouloit plaire, il trompoit toujours les personnes les plus détrompées. Mais à mon égard ses faveurs étoient rares. Comme je fus revenue chez moi, me ressouvenant de cette malice que la politique de notre ministre ou que la noirceur de quelque méchant esprit m'avoit faite, je passai quelques heures de la nuit à murmurer contre le monde, contre l'ambition qui nous flatte et la foiblesse qui nous y retient. Je dis souvent en moi-même :

Molto (1) *avrai, se nulla speri.*

Mais, après toutes mes morales, je connus que notre raison n'a aucune force quand la grâce de Dieu ne s'en mêle point, et que c'est avec sujet que, par la connoissance de notre foiblesse, nous pourrions dire :

Que holgamos (2) *de hablar bien, quando hablamos*
Magnificas sententias componiendo.
Pero quando allas obras nos allegamos
Renuimos todos de la carero,
Y con solo el hablar nos contentamos.

(1) *Molto,* etc. Tu auras beaucoup, si tu n'espères rien. — (2) *Que holgamos,* etc. Qu'on se contente de bien raisonner, mais que personne n'a le courage de bien faire.

Toute ma fausse sagesse ne fit donc aucun effet en moi, que celui de me faire penser de belles morales qui ne me soulagèrent point. Je m'en plaignois à la Reine, qui trouva que j'avois raison d'être affligée : et, malgré l'approbation qu'elle avoit accoutumé de donner à ce qui venoit du cardinal, son équité naturelle fit qu'elle eut de la peine de voir qu'il eût écouté cette fable, et qu'il eût voulu m'en parler comme d'une histoire croyable. Elle m'assura de plus qu'elle lui en diroit son sentiment, et j'ose croire qu'elle lui fit voir que l'accusation qu'il m'avoit faite étoit tout-à-fait déraisonnable. Cette princesse étoit pleine de bonté et de justice : elle n'étoit point soupçonneuse, point facile à persuader; et quand on lui disoit du mal de quelqu'un dont elle avoit bonne opinion, elle y résistoit fortement. Nous aurions trouvé en elle une bonace sans nulle tempête, si celui en qui elle avoit de la confiance n'eût point eu trop souvent le pouvoir de changer ses premières impressions, par le soin qu'il prenoit de mépriser devant elle ceux qu'elle estimoit; mais, quand il vouloit perdre quelqu'un, il falloit néanmoins, pour y réussir, qu'il eût des matières propres à la pouvoir tromper par les apparences d'une cause véritable. Comme la mienne ne la pouvoit persuader, je sentis en cette occasion, comme dans les autres dont j'ai déjà parlé, quelle étoit la droiture de son ame quand ses lumières naturelles ne pouvoient être obscurcies. Je puis encore dire avec vérité que ce qui pouvoit nuire à ceux à qui elle vouloit du bien, elle ne le disoit jamais à son ministre; et, parmi ceux qu'il a haïs et voulu chasser de la cour, il y en a eu qu'elle a soutenus contre lui par la seule raison de leur innocence, parce qu'elle lui a été mieux connue que celle des autres, ou parce qu'en effet ils en avoient davantage. Le cardinal a dit souvent à Le Tellier (à ce que ce ministre m'a dit lui-même) que la dévotion de la Reine l'embarrassoit, et qu'elle ne se rendoit que difficilement sur ce qu'elle croyoit être de la gloire de Dieu. Elle avoit assez de lumière pour connoître le bien ; et si elle avoit eu de la force pour le défendre toujours, les plumes des historiens ne pourroient lui donner assez de louanges : mais elle avoit trop de défiance d'elle-même, et son humilité la persuadoit aisément de son incapacité au gouvernement de l'Etat. Ce sentiment, en quelque façon injuste et déraisonnable, a beaucoup servi à l'établissement de la puissance de son ministre, qui sans cet excès auroit rempli dignement la place où le feu Roi l'avoit établi, et où la Reine l'avoit maintenu. S'il avoit pu croire n'être pas si nécessaire à cette princesse, il auroit pris plus de soin de mériter l'estime de tous les peuples. S'il avoit appréhendé les mauvais offices qu'on lui auroit pu rendre auprès d'elle, il auroit eu plus de considération pour les gens de bien, qui auroient toujours eu du crédit auprès d'elle ; car naturellement elle avoit de la bonne volonté pour eux. Et enfin, si la Reine avoit voulu s'estimer davantage et soutenir plus souvent ses propres sentimens, comme elle le faisoit quelquefois quand elle croyoit y être obligée par son devoir, ses bonnes intentions auroient perfectionné celles du ministre, qui en effet avoit de belles qualités, et qui, bien ménagées par une puissance au-dessus de la sienne, l'auroient pu rendre un ministre digne de l'estime générale. La grandeur de son génie l'a mis au-dessus des autres hommes, non-seulement par bonheur, mais par supériorité de connoissances. Jamais nul de ceux qui ont eu sa familiarité et sa confidence n'a eu pouvoir sur lui qu'autant que la nécessité de ses affaires et de ses desseins l'y ont forcé. Il avoit une grande expérience pour les affaires étrangères, et il étoit capable des plus hautes entreprises. Il travailloit beaucoup. Sa politique étoit fine; il étoit habile dans l'intrigue; il parvenoit à ses fins par des détours et des finesses quasi impénétrables. Il n'étoit point méchant ni cruel. Il n'a pas même eu d'abord une ambition démesurée, car jusques alors il s'étoit privé des grands établissemens que tous les autres favoris avoient eus. Il n'avoit encore pris ni places, ni gouvernemens, ni dignités, ni charges jusque-là. Aussi son avidité pour les trésors n'avoit point encore paru telle qu'elle étoit en effet; et ceux qui l'accusoient d'en avoir étoient injustes. Plusieurs de ceux qui lui faisoient la cour lui devoient déjà de grandes grâces; et beaucoup de ceux-là étoient plus riches que lui. Il étoit assez aimable de sa personne; et, malgré ses défauts, on parlera sans doute de lui comme d'un homme extraordinaire. Sa prodigieuse puissance étonnera tout le monde; et les merveilleux événemens de sa fortune l'élevèrent bien haut. Il a eu la destinée des grands hommes, tant par son bonheur que par ses infortunes : il en pourra aussi avoir la réputation, et je doute si tous les siècles ensemble nous en pourront produire une plus grande.

Le cardinal donna une marque de sa facilité à bien faire en arrivant à Fontainebleau. Il se laissa persuader par les partisans de Châteauneuf de lui faire le plaisir qu'il pût faire la révérence à la Reine : ce qu'il fit de bonne grâce, malgré les sujets qu'il avoit de le regarder comme son rival. La Reine vit cet ancien ministre, le traita honnêtement ; mais, par les choses qu'elle lui dit, elle voulut qu'il comprît que si le cardinal Mazarin ne l'avoit point souhaité, elle ne l'auroit point vu, afin qu'il connût lui en avoir toute l'obligation. Châteauneuf fit dire au chancelier que le bon traitement qu'il recevoit alors de la cour, et qu'il avoit souhaité pour ôter de dessus son front le bandeau de la disgrâce, n'étoit en rien contre lui ; qu'il étoit son serviteur, et qu'il l'en assureroit lui-même s'il avoit le bonheur de le rencontrer. Le ministre, ayant néanmoins considéré l'embarras de ces deux hommes s'ils se fussent vus, fit venir Châteauneuf avant que le conseil arrivât à Fontainebleau. Cet exilé avoit été autrefois garde des sceaux, et celui qui les possédoit alors auroit eu lieu de craindre le renouvellement de sa faveur ; mais en effet Châteauneuf n'avoit point cette prétention, parce qu'il n'étoit pas encore temps d'y penser, et qu'il ne les souhaitoit que pour aller au ministère. Le désir de la première place étoit si fortement établi dans son cœur, qu'en priant un de ses amis de faire ce compliment au chancelier, il lui dit qu'il le pouvoit librement assurer qu'il ne demandoit point sa place ; que sa destinée devoit être de commander et non pas d'obéir, et que si la fortune le favorisoit, qu'ils ne seroient pas incompatibles : voulant par là lui montrer qu'en arrivant au comble de ses souhaits il deviendroit premier ministre et peut-être cardinal ; que cela étant, il le laisseroit vivre dans l'état où il étoit. Il faisoit des desseins pour sa grandeur et pour celle des autres, avant que d'avoir de la puissance. Cette âme hautaine ne pouvoit avoir de moindres pensées; et, bien loin d'être philosophe et d'aimer la retraite, il s'imaginoit qu'il lui étoit honteux de vivre et de ne pas être en faveur.

Après ces réflexions, il faut un peu parler de la guerre que la France soutenoit avec un peu plus de gloire que dans le commencement de la campagne. On fit une attaque à l'armée des ennemis qui réussit heureusement. On tua beaucoup de leurs gens, et de notre part Vardes seulement y fut blessé assez légèrement. On fit dessein sur Ypres; mais le maréchal de Gassion manqua au rendez-vous par la faute des guides. Le ministre en parut mal satisfait; et il douta qu'il ne l'eût fait exprès pour faire dépit au maréchal de Rantzau, qui avoit proposé cette entreprise. Au lieu d'Ypres on alla assiéger Lens; et, pour prendre plus tôt cette place, toute l'armée, commandée par ces deux généraux ennemis, prit cette route.

Pendant qu'on fait la guerre en Flandre et qu'on se divertit à Fontainebleau, il arriva qu'on donne une médecine à Monsieur (1) pour le purger sur la fin de sa fièvre. Ce remède lui donna six jours durant un petit flux qui paroissoit d'abord peu de chose, et qui enfin se tourna en une dangereuse dysenterie. A cette nouvelle on commence à s'alarmer; mais, de peur que le bruit de cette maladie ne donnât de la joie aux princes et ne fît quelque mauvais effet, on ne témoigna pas chez la Reine ni chez son ministre que la chose fût digne d'inquiétude. Un soir, la Reine reçut un courrier qui lui apprenoit qu'il avoit été saigné : ce

(1) Philippe de France, duc d'Anjou.

qui marquoit qu'il avoit encore la fièvre. L'amour d'une mère alors ne pouvant se cacher entièrement sous le voile de la grimace, elle dit tout haut qu'elle vouloit aller à Paris le voir, et lui manda qu'il prît courage, et qu'elle iroit bientôt le guérir de tous ses maux. Ce mot fit aussitôt courir le bruit que la cour partoit, et que le prince étoit extrêmement malade. Le cardinal, qui avoit déjà quitté la Reine quand elle avoit reçu cette nouvelle et qu'elle avoit parlé de voyage, vint le lendemain matin à son lever lui faire quasi une réprimande de ce qu'elle avoit dit, lui remontrant, avec un visage sévère, que ces bruits étoient d'une dangereuse conséquence. Il lui dit qu'il falloit, pour le bien de l'Etat, dissimuler son chagrin ; que sans doute cette nouvelle alloit se répandre par toute la France, et qu'elle feroit dire à tous les mécontens que déjà Monsieur étoit à l'extrémité. La Reine reçut cette correction avec sa douceur naturelle, disant elle-même qu'il avoit raison, mais que ce bruit ne seroit de nulle conséquence, pourvu que Dieu lui conservât son fils ; et que si elle étoit assez malheureuse pour le perdre, cette indiscrétion ne feroit son mal ni plus grand ni plus petit. Suivant donc la politique de son ministre, deux jours se passèrent encore que tous les courriers qui arrivoient de Paris disoient qu'il se portoit mieux ; et les personnes de qualité qui en venoient le disoient aussi à la Reine. Mais, tout bas, ils nous disoient qu'il étoit dangereusement malade ; qu'il avoit la fièvre bien forte, et que dans la dysenterie il y avoit un peu de sang. Les lettres que le médecin Vautier lui écrivoit marquoient les mêmes maux ; et pourtant il assuroit toujours la Reine, sur la fin de sa lettre, que le prince étoit beaucoup mieux, et que son mal n'étoit rien. Cette princesse, selon le bon sens, ne pouvant comprendre comment un enfant pouvoit avoir la fièvre et le flux de sang sans être en péril, se résolut, malgré les règles de la dissimulation si souvent pratiquée par les rois, d'y faire un petit voyage de deux jours. Elle y devoit aller, car on commençoit déjà de murmurer dans Paris de ce qu'elle n'y étoit pas. Madame la duchesse d'Orléans, par une raison toute contraire, observa la même politique. Pour montrer à la Reine qu'elle ne croyoit pas cette maladie dangereuse, surmontant sa paresse, elle partit de Paris pour venir à Fontainebleau où étoit monsieur son mari, avec intention de visiter la Reine. Et comme elle la trouva en chemin, pour lui montrer quel étoit l'objet de son dessein, elle s'en retourna à Paris. Elle visita souvent la Reine au Palais-Royal, non sans soupçon que ses civilités procédassent plutôt de curiosité pour savoir l'état du malade, que d'aucune amitié qu'elle eût pour la Reine.

Cette princesse fut étonnée quand elle vit Monsieur. Elle le trouva en état de lui donner une grande douleur, avec une pareille inquiétude. Ce prince, la voyant arriver, se jeta à son cou, et la tint long-temps embrassée, tout pâmé de joie et de plaisir de la revoir. Malgré la grandeur de sa maladie, il lui dit mille choses qui montroient assez que l'abattement de son mal ne lui avoit point ôté la vivacité de son esprit. La présence de la Reine apparemment lui fit du bien : ce même jour son mal diminua beaucoup. Les deux jours passés que la Reine avoit promis de lui donner, elle songeoit à retourner trouver le Roi, qui avoit beaucoup pleuré en la quittant. Monsieur alors appela une de ses femmes, et lui demanda confidemment si elle croyoit qu'il fût bien reçu à prier la Reine de lui donner encore un jour. Cette femme lui ayant répondu qu'elle croyoit que oui : « M'en assurez-vous, « lui dit-il? car je serois bien fâché d'être refusé. » La Reine, sachant son désir, s'approcha de lui, et lui donna le moyen de lui faire sa demande, qui lui fut accordée avec joie. Le troisième jour passé, elle le quitta, dans la créance certaine qu'il étoit en meilleur état, quoiqu'en effet il ne fût pas encore hors de péril. En arrivant à Fontainebleau, elle dit tout haut qu'il se portoit beaucoup mieux. A moi, elle me fit l'honneur de me dire que ce mieux n'étoit pas capable de lui ôter son inquiétude ; mais néanmoins les médecins l'avoient assurée qu'il n'y avoit plus de danger en sa maladie. Comme la Reine avoit sujet de craindre la perte d'un fils qui lui étoit si cher, et qui par lui-même étoit si aimable, le duc d'Orléans avoit raison d'espérer que ce coup pouvoit le mettre dans le rang de présomptif héritier de la couronne, qui n'étoit pas une petite place pendant le temps d'une régence. Mais tous faisoient bonne mine par des motifs différens : la Reine, qui auroit été au désespoir de perdre ce prince, contrefaisant la gaie ; et le duc d'Orléans, qui s'en seroit consolé, n'osoit faire le mélancolique, de peur d'être soupçonné d'une trop grande affectation ; mais il avoit aussi une telle frayeur qu'il ne lui échappât de montrer de la joie, qu'il n'osoit parler ni rire sur aucun chapitre. Je n'ai jamais vu la cour si grosse, excepté les premiers jours de la régence, qu'elle fut alors. Beaucoup de gens trouvoient leur compte dans cette aventure, et plusieurs venoient de Paris pour voir ce qui se passoit à Fontainebleau, et quelle mine on y faisoit.

Comme les hommes aiment naturellement la nouveauté, il sembloit à tous que la puissance du cardinal en diminueroit; que la Reine, n'ayant plus que le Roi, en deviendroit plus foible, et que la puissance de ce prince augmenteroit. Ce changement ne déplaisoit point à un grand nombre de courtisans : il y avoit beaucoup plus de gens de qualité attachés au duc d'Orléans et à M. le prince, que non pas au ministre; car, étant haï par son avarice prétendue, la libéralité imaginaire de ce prince faisoit espérer aux fanatiques que la France seroit leur proie. Il étoit du devoir d'un bon ministre d'être avare en de certaines occasions, de ne pas faire profusion des finances, et de tenir la main à ce que son pouvoir demeurât établi sous le nom du Roi enfant, pour y trouver tous les intérêts de l'Etat. Les princes, au contraire, s'ils eussent voulu suivre les méchantes maximes qu'on auroit voulu leur inspirer, en eussent demandé la dissipation, soit pour se faire puissans et en état de tenir tête à un roi majeur, soit pour faire des créatures et pour conserver leur crédit. Par toutes ces raisons, plusieurs personnes penchoient de leur côté, parce que peu de gens sont touchés de la raison, du devoir et de la fidélité que nous sommes obligés d'avoir pour nos maîtres; mais Dieu se moqua d'eux, et envoya tout d'un coup un changement notable à Monsieur, frère du Roi; et quelques jours après, madame la duchesse d'Orléans vint achever son dessein d'augmenter la cour, qui étoit déjà fort grosse. Lorsque l'inquiétude de la Reine fut tout-à-fait passée, le duc d'Orléans la venant voir entra seul dans son cabinet, et il la trouva quasi seule. Il n'y avoit auprès d'elle que mademoiselle de Beaumont et moi. Comme elle étoit en assez bonne humeur pour rire et railler sur toutes choses, ce prince lui dit plaisamment, parlant de la guérison de Monsieur, qu'il commençoit à avoir une grande estime de sa dévotion; qu'elle obtenoit du ciel toutes les grâces qu'il lui plaisoit de demander; qu'elle étoit belle, grasse et saine; que ses affaires alloient bien, et qu'enfin rien ne manquoit à ses désirs; mais que pour celle de Madame, qui étoit toujours malade et chagrine, et qui n'avoit encore pu avoir que des filles, on n'en faisoit pas grand cas, et qu'il vouloit, s'il devenoit dévot, suivre ses leçons. La Reine lui répondit avec gaieté, et la conversation, ce soir, fut agréable. A dire le vrai, le duc d'Orléans a bien vécu dans les premières années avec la Reine. S'il y a eu quelque changement, je crois que Dieu l'a permis pour nous montrer que sans le Ciel rien ne peut durer long-temps dans le même état.

Le maréchal de Gassion, étant au siége de Lens, fut blessé d'une mousquetade à la tête, et le 5 du mois [octobre] il mourut de ses blessures. Il reçut la mort avec une fermeté d'ame et d'esprit qui donna des marques visibles de son mérite et de son courage. Il étoit huguenot : c'est pourquoi je ne puis comme catholique le louer d'une bonne mort, ni lui donner part au sang de Notre Seigneur Jésus-Christ, quoiqu'on m'ait assuré qu'en mourant il ait réclamé sa miséricorde. Il fut infiniment regretté de toute l'armée, et particulièrement de ses officiers, des troupes; et jusques aux simples soldats en témoignèrent de la douleur. Il étoit fils d'un président au parlement de Pau; et il m'a conté lui-même, quoiqu'il ne vînt point à la cour et que je l'aie peu connu, qu'il quitta la maison paternelle à l'âge de quinze ans pour aller à la guerre, fuyant la robe et l'étude, et qu'il en sortit avec vingt ou trente sols sur lui. Il me dit qu'il fut contraint de mettre ses souliers au bout d'un bâton sur ses épaules, et de vivre sur le public jusques à ce qu'ayant trouvé des troupes il s'enrôla dans le service. Il y servit si bien, et fit de si belles actions, qu'enfin il en étoit devenu maréchal de France, sans avoir abordé les favoris que pour en recevoir des éloges. Le feu cardinal de Richelieu l'avoit en grande estime, et disoit de lui qu'il ressembloit à Bertrand Du Guesclin, hormis qu'il n'étoit pas si grossier. Il ne fut pas regretté à la cour, quoique le Roi perdît un très-vaillant et heureux capitaine. Il embarrassoit le cardinal, par la haine qu'il avoit contre le maréchal de Rantzau, que le ministre aimoit davantage, et qu'il croyoit plus attaché à ses intérêts. Rantzau étoit un homme aussi estimé à la guerre : mais c'étoit un grand ivrogne, et ce défaut a eu le pouvoir d'effacer ses autres belles qualités.

On envoya Comminges de la part du Roi à l'armée, pour rassurer les esprits et confirmer les troupes du maréchal de Gassion dans le dessein de servir le Roi aussi fidèlement que par le passé. La Feuillade fut aussi tué à ce siége, qui avoit du mérite et de l'esprit, et dont la perte affligea ses amis, qui avoient pour lui une très-particulière estime. Il mourut chrétiennement, en prononçant souvent ces mots qui marquoient son détrompement de la vanité des hommes : « Eh ! après quoi courois-je ? »

M. le prince étoit encore en Catalogne, attendant l'ordre de son retour avec une assez grande impatience. Madame la princesse sa mère n'étoit point à la cour, à cause que madame de Longueville sa fille étoit en couche, et qu'elle étoit demeurée auprès d'elle à Paris; mais elle y arriva le 6 d'octobre, amenant avec elle le prince de Conti son fils, qui étoit alors son bien-aimé. L'intérêt, qui sait désunir les plus fortes amitiés, les avoit déjà brouillés, M. le prince et elle, sur leurs affaires domestiques. Il avoit retenu auprès de lui, contre son sentiment, le président Peraut, intendant de feu M. le prince, qu'elle avoit toujours haï. Cet homme trouva moyen de persuader à M. le prince qu'elle l'avoit toujours haï, et qu'il serviroit de même qu'il avoit servi monsieur son père, en lui disant qu'il avoit fait sa fortune, et qu'il ne lui demandoit que l'honneur de passer sa vie à son service, selon les instructions qu'il avoit reçues de son maître, qui ne devoient pas être méprisées par un fils aussi sage que lui. En effet, il le garda malgré les larmes de madame la princesse, et s'en servit depuis en de grandes occasions.

Le prince de Galles vint à Fontainebleau voir le Roi et la Reine. On le régala de bals, comédies et promenades. Il parut avoir beaucoup augmenté en bonne mine. Le malheureux état de sa fortune faisoit qu'on le regardoit avec la tendresse qui accompagne la pitié; et, par ce sentiment, ses bonnes qualités en recevoient plus de lustre. Il témoigna même quelque commencement d'inclination pour madame de Châtillon : ce qui fut pris à bon augure pour lui. Son esprit cependant ne brilloit point; et de plus il étoit un peu bègue. Il ressembloit en cela au roi d'Angleterre son père, qui, à ce que j'ai ouï, l'étoit un peu, et au feu Roi son grand-père, qui l'étoit beaucoup. Le Roi et lui s'accommodoient ensemble comme de jeunes princes qui se regardoient avec embarras ; tous deux étoient encore timides, et n'avoient pas cette liberté d'esprit que le commerce du monde apporte aux particuliers. Le Roi, dont la beauté avoit des charmes, quoique jeune étoit déjà grand. Il étoit grave, et dans ses yeux on voyoit un air sérieux qui marquoit sa dignité. Il étoit même assez prudent pour ne rien dire, de peur de ne pas bien dire. Le prince de Galles gardoit aussi le silence ; mais ils avoient du moins ce bonheur d'avoir banni les cérémonies de leur société, et ce bien adoucissoit tout le reste. Après cette visite, on songea tout de bon à quitter Fontainebleau pour revenir à Paris trouver Monsieur ; qui se sentoit encore des restes de sa maladie. Le duc d'Orléans, qui eut la goutte, s'y fit porter quelques jours avant que la cour partît, et parut en être notablement incommodé. Le ministre, qui avoit en ce temps-là autant de santé que de fortune, avant que de partir de ce beau lieu donna un magnifique repas à madame la princesse et à toutes ses favorites. Elle étoit revenue auprès de la Reine ; et ce régal fut un plaisir pour elle, accompagné de beaucoup d'agrémens.

La Reine, en arrivant à Paris le 17 octobre, trouva Monsieur si changé de la longueur de sa maladie, et si maigri, qu'il en étoit défiguré. Jamais on ne l'auroit pris pour ce prince qui avoit été trouvé si beau par ceux qui le voyoient ; mais comme il n'étoit plus en aucun péril, la Reine ne laissa pas de donner un bal au landgrave, pour achever de lui faire voir les beautés de la cour. Le prince palatin (1), fils du roi de Bohême, établi en France, et le prince Robert son frère, qui étoit à la cour du prince de Galles, dont ils avoient l'honneur d'être parens, ne s'y trouvèrent point, d'autant qu'en Allemagne ils prétendent avoir beaucoup d'avantages sur ces petits souverains.

La guerre se faisoit sur nos frontières assez doucement, et les ennemis eurent cet avantage de finir la campagne par la prise de Dixmude. Le maréchal de Rantzau avoit eu dessein de secourir cette place; mais, en arrivant à leurs lignes, il la trouva rendue du même jour : et comme la flatterie règne partout, on cria dans l'armée contre le feu maréchal de Gassion ; et tous disoient, pour plaire à son compétiteur vivant, qu'il étoit cause qu'on s'étoit arrêté à prendre Lens, cette place où il avoit été tué, pendant que les ennemis, pour faire diversion, étoient venus attaquer Dixmude, plus considérable par la situation et le nombre des troupes qui étoient dedans. Clanleu y commandoit, à qui le duc d'Orléans avoit fait donner tout de nouveau ce gouvernement. Son nom étoit de mauvais augure (2) pour les places. Il la rendit aux ennemis, quasi à la vue de l'armée du Roi.

L'archiduc donna six mille écus à celui qui avoit défendu Lens, pour avoir tenu deux jours plus qu'il ne l'avoit espéré, et avoit été cause de la perte de Gassion, qui eut la destinée de réjouir par sa mort

---

(1) *Le prince palatin :* Edouard, fils de Frédéric v, comte palatin qui se perdit en voulant usurper le trône de Bohême, et d'Elisabeth, sœur de Charles 1er, roi d'Angleterre. Il avoit épousé en 1645 Anne de Gonzague, si connue sous le nom de princesse palatine. — (2) *Son nom étoit de mauvais augure :* Il avoit déjà laissé prendre Mardick.

deux partis. Leur joie ne lui fut point honteuse : celle des ennemis étoit une marque de sa valeur ; et celle du ministre ne diminuoit point sa gloire, parce que la cause en étoit connue. On disoit publiquement que le cardinal Mazarin avoit su qu'un jour ce maréchal, recevant une de ses lettres où il lui donnoit des ordres qu'il n'approuvoit pas, avoit dit tout haut, en jetant la lettre par terre, que le cardinal vouloit faire le général, mais qu'il n'y entendoit rien. Cet emportement, avec les raisons que j'ai dites, étoit suffisant pour le faire haïr d'un ministre qui prétendoit, à juste titre, que ceux qui commandoient les armées du Roi lui devoient plus de respect que ce Gascon ne lui en vouloit porter. M. le prince, après avoir emporté quelques petits avantages sur les ennemis, et s'être opposé à un siége que les Espagnols vouloient entreprendre, partit de Catalogne pour revenir à la cour, et laissa pour peu de temps le maréchal de Gramont commander à sa place. On attendoit l'arrivée du cardinal d'Aix, frère du cardinal Mazarin, qui étoit nommé vice-roi en cette province.

En même temps on reçut nouvelles à la cour que don Juan d'Autriche, jeune bâtard du roi d'Espagne, avoit été envoyé à Naples par le Roi son père pour y punir les rebelles. En arrivant en ce royaume, il leur avoit promis la paix, et leur avoit protesté qu'il n'étoit venu là que pour les remettre dans les bonnes grâces de leur Roi. Après qu'il se fut rendu le maître des châteaux de la ville, il suivit l'exemple du duc d'Albe, qui exécuta sévèrement les ordres qu'on lui donna contre les Flamands. Ce prince, étant obligé à la même obéissance, se servit de la même rigueur pour punir les Napolitains. Ce manque de foi de don Juan fit révolter tout le royaume ; et on conta à la Reine que dans Naples il fut tué plus de quinze mille hommes. Les révoltés maltraitèrent aussi l'armée d'Espagne : elle fut presque toute défaite, et leur tromperie fut payée de cette monnoie. L'aventure des Espagnols et leur infidélité donna de la joie au ministre. On crut qu'elle auroit des suites qui pourroient être avantageuses à la France ; on fit des desseins pour en pouvoir profiter.

Le Roi, au milieu de la plus grande santé du monde, le 10 novembre quitta le jeu et se lassa de la comédie, puis dit à la Reine qu'il se trouvoit mal, et qu'il avoit mal aux reins. On crut alors que ce ne seroit rien ; mais, le lendemain, la fièvre le prit bien fort : ce qui donna aussitôt une grande frayeur à la Reine, qui eut peur que ce ne fût la fièvre continue. On dépêcha un courrier au duc d'Orléans, qui étoit à une de ses maisons, pour lui apprendre l'état où étoit le Roi. Cette maladie, deux jours après, dégénéra en petite vérole, dont la Reine se consola d'abord, craignant quelque chose de pis. Elle quitta son appartement le même jour pour aller coucher dans celui du malade. Comme la fièvre du Roi continua, l'inquiétude de la Reine croissoit de moment en moment ; et les médecins n'eurent pas le pouvoir de la rassurer. Toutes les jeunes personnes qui prétendoient en beauté, ou celles qui n'avoient point eu cette maladie, quittèrent le Palais-Royal. Je crois que je fus la seule qui n'avoit point renoncé à la jeunesse, qui ne voulut point quitter la Reine en cette occasion. J'avoue que je fis quelque effort sur moi-même pour lui donner cette marque de mon zèle ; car, quoique je l'eusse eue, il est assez ordinaire de l'avoir deux fois, et plus ordinaire encore de penser à sa conservation propre. Ma sœur, de plus, ne l'avoit point eue, à qui je pouvois porter le mauvais air ; mais Dieu nous en préserva. Monsieur, encore malade et foible de sa maladie, fut envoyé chez de Mouroi, intendant des finances, dont la maison, près de la porte Saint-Honoré, étoit en bel air et proche le Palais-Royal. La Reine, dans cette occasion, emportée par ses sentimens, n'observa nulle politique à l'égard du public ; et, par cet empressement, elle témoigna qu'elle avoit une tendresse infinie pour le Roi, plus grande que pour son second fils, qu'elle aimoit néanmoins beaucoup. Le premier lui avoit été donné de Dieu après mille désirs inutiles, et quand elle n'osoit plus en espérer. Il l'avoit tirée du misérable état où les persécutions du cardinal de Richelieu l'avoient enveloppée. Il l'avoit fait régente ; et enfin il avoit le premier occupé toutes ses affections : si bien qu'elle n'avoit plus à donner à Monsieur que ce que la nature a fortement gravé dans le cœur d'une bonne mère. Nous remarquâmes que les commencemens de cette maladie lui avoient fait plus d'impression que ne lui en avoit fait celle qu'avoit eue Monsieur, qui avoit été longue et dangereuse. Elle n'avoit pas interrompu à Fontainebleau les occupations ordinaires de sa vie : elle ne s'étoit pas d'abord révoltée contre la politique de son ministre, et n'avoit été touchée d'aucune présente inquiétude que de la vue d'un péril évident. Mais en cette occasion elle s'affligea d'une manière très-sensible : le mal du Roi la rendit elle-même malade. L'état de son cœur se faisoit voir à son visage; et jamais je ne l'ai vue si changée, et en si peu de temps. Deux ou trois jours après, elle eut sujet de se rassurer : la fièvre du Roi diminua tout d'un coup, et la petite vérole sortit en abondance.

Le Roi, jusques au onzième de sa maladie, ne donna nulle inquiétude à la Reine que celle qu'elle eut avant que la petite vérole eût paru. Elle souffroit de le voir souffrir; mais comme c'est un mal qui est commun à tous les enfans, elle étoit toute résolue de se consoler de la perte de sa beauté, pourvu que la vie lui demeurât. Le 21 du mois, sur les neuf heures du matin, pendant qu'elle étoit allée à Notre-Dame faire ses dévotions, tout d'un coup le Roi se trouva plus mal. La fièvre se redoubla : il tomba en foiblesse, et y demeura trois quarts-d'heure. La Reine, à son retour, le trouvant en cet état, eut le cœur pénétré d'une vive douleur, et peu s'en fallut qu'elle ne mourût elle-même. Tout le jour, au jugement des médecins, il fut en grand péril, et la Reine ne cessa de pleurer. Le duc d'Orléans fut toujours auprès d'elle : ce qui augmenta sa peine; elle ne trouvoit pas de soulagement ni de consolation à jeter des larmes devant lui. Le soir, jusqu'à minuit, le Roi se porta un peu mieux; mais le lendemain matin son mal augmenta beaucoup davantage. Le dimanche, quatorzième jour de sa maladie, il se trouva si mal que les médecins le crurent en état d'en craindre une prompte mort, parce que depuis le onzième qu'il s'étoit évanoui, toute la petite vérole étoit rentrée; et quatre saignées qu'on lui avoit faites ne lui avoient point diminué sa fièvre. L'ardeur en étoit si grande, qu'elle l'avoit entièrement desséché par ce qui étoit sorti de son corps. Tout ce jour, la Reine pensa étouffer; car naturellement elle ne pleuroit guère, et quand elle avoit de la douleur, elle la renfermoit en elle-même. Cette souffrance lui fit sentir vivement ce que l'amour et la crainte savent imprimer dans une ame possédée d'une violente passion, qui par son excès en produit plusieurs autres. Quoiqu'elle n'eût observé aucune politique en cette occasion, ayant naturellement l'esprit ferme et beaucoup de retenue dans toutes ses actions extérieures, elle ne vouloit pas montrer toute sa foiblesse, particulièrement devant ceux qui auroient pu profiter de son malheur. Mais comme la nature ne peut demeurer en tel état sans qu'il y paroisse, elle s'évanouit ce même jour au chevet du lit du Roi; et le soir fort tard étant retirée, et n'ayant de témoins que son ministre, quelques-unes de ses femmes et moi, elle pleura beaucoup. Comme nous la vîmes en cet état, nous la pressâmes de se mettre au lit: ce qu'elle fit; mais elle ne pouvoit avoir de repos en aucun lieu. Enfin, sur le minuit, Dieu lui redonna cet enfant qui lui étoit si cher, et dont la vie étoit si nécessaire à la France. La fièvre lui diminua, et la petite vérole sortit tout de nouveau. Le lundi et le mardi on le purgea; et dès lors sa maladie commença à diminuer jusqu'à sa guérison entière. Les frayeurs de la Reine étant passées, elle nous dit qu'elle avoit senti dans cette occasion que si elle eût perdu le Roi, elle n'auroit pu survivre à cette perte; et que la soumission qu'elle auroit voulu avoir aux volontés divines n'auroit pu sans doute empêcher que sa douleur ne l'eût étouffée.

Dans cette maladie, le Roi parut à ceux qui l'approchoient un prince tout-à-fait porté à la douceur et à la bonté. Il parloit humainement à ceux qui le servoient; il leur disoit des choses spirituelles et obligeantes, et fut docile en tout ce que les médecins désirèrent de lui. La Reine en reçut des marques d'amitié qui la touchèrent vivement; car à tout moment il l'appeloit, et la prioit de se tenir auprès de lui, l'assurant que sa présence diminuoit beaucoup son mal : aussi la Reine nous assura que dans toute sa douleur elle n'avoit appréhendé de le perdre que par la seule tendresse, et qu'elle l'auroit regretté parce qu'elle l'aimoit, et par la qualité de fils, sans mêler celle de roi, dont elle nous dit n'être nullement touchée.

Les Français avoient sujet d'espérer qu'ils verroient un jour ce jeune Roi devenir aussi grand par les qualités de l'ame qu'il l'étoit déjà par sa couronne. Ils le regardoient comme un roi que Dieu leur avoit donné pour exaucer les prières publiques, et comme un enfant de bénédiction : ses perfections remplissoient les yeux de ses sujets, tant par sa personne que par ses inclinations, qui paroissoient toutes bonnes, et portées à la vertu et à la gloire. L'impression de la puissance que Dieu lui destinoit étoit marquée dans toute sa personne et dans toutes ses actions. Nous ne lui avons jamais vu de ces sentimens opiniâtres qui sont naturellement dans les enfans. La Reine, par raison et par l'obéissance qu'il avoit pour elle, le conduisoit toujours à ce qu'elle vouloit de lui. J'ai souvent remarqué avec étonnement que, dans ses jeux et dans ses divertissemens, ce prince ne rioit guère. Ceux qui avoient l'honneur de l'approcher lui disoient trop souvent, ce me semble, qu'il étoit le maître ; et quand il avoit quelque petit différend avec Monsieur, en des occasions qui ne manquent jamais d'arriver dans l'enfance, la Reine vouloit toujours qu'il fût obéi, et il sembloit qu'elle auroit désiré le pouvoir respecter autant qu'elle l'aimoit. Tant de grandeurs anticipées ne lui pouvoient jamais paroître dangereuses, vu l'innocence naturelle des mœurs de ce jeune monarque, qui lui donnoit lieu d'espérer que Dieu, qui est l'auteur de la nature, en lui envoyant d'en haut l'esprit de sapience comme à Salomon, avec le don de persister dans l'usage de la sagesse plus qu'à lui, rendroit sa vie agréable à ses yeux, et son règne accompagné d'une prospérité continuelle. *La principauté du sage sera stable.*

Comme le Roi se porta mieux, l'esprit de la Reine reprit sa tranquillité ordinaire ; et la cour, avec l'arrivée de M. le prince, fut remplie d'une nouvelle grandeur et parée d'une nouvelle beauté, par la quantité d'honnêtes gens qu'il y amena. Il avoit su l'extrémité de la maladie du Roi, et n'avoit pas voulu hâter son retour, exprès pour ne pas témoigner d'empressement dans un temps où il auroit semblé qu'il fût venu pour partager la puissance avec le duc d'Orléans, dont apparemment il auroit eu la meilleure part. Il avoit observé cette modération, quoique la Reine l'eût mandé par plusieurs courriers pour le presser de venir. Madame la princesse se vantoit publiquement qu'elle et toute sa famille avoit fait paroître un grand désintéressement, et disoit que la Reine avoit bonne mémoire : ce qui marquoit visiblement ses sentimens. Son dessein étoit aussi de reprocher par là au duc d'Orléans que, pendant le péril extrême où avoit été le Roi, il s'étoit trouvé à un soupé qu'un de ses domestiques lui donna, et qu'il avoit souffert avec agrément quelque prophétie sur sa grandeur prochaine. En effet l'histoire du repas, ayant été sue, causa du chagrin à la Reine. Elle ne put pas s'empêcher d'en témoigner quelque froideur au duc d'Orléans; mais elle ne dura guère: la joie qu'elle sentit de la guérison du Roi fut si grande qu'elle occupa son cœur tout entier, et lui fit oublier une chose où le duc d'Orléans n'avoit nulle part que la condescendance. D'ailleurs ce prince avoit si bien agi à son égard, qu'il sembloit qu'en lui les sentimens des oncles des rois étoient changés, et que le Roi étoit devenu son propre fils, et la Reine sa véritable sœur. La seule différence qu'on y pouvoit alors remarquer étoit le grand respect qu'il portoit à l'une et à l'autre.

Le cardinal Mazarin avoit pris toutes les précautions nécessaires pour préparer le remède au mal qui pensa arriver à la Reine: il avoit fait tous ses efforts pour gagner l'abbé de La Rivière, afin qu'il portât le duc d'Orléans, en cas que le Roi mourût, à ne rien innover. Car comme il auroit fallu tout de nouveau élire la Reine à la régence, et qu'elle n'étoit plus si aimée, il eût été facile au duc d'Orléans d'y prétendre la part que la raison du plus fort lui auroit pu donner. Il promit positivement à son favori le chapeau de cardinal; et le flatta de cette espérance qu'il lui donneroit part au gouvernement. Il n'oublia rien pour porter cet homme à conseiller ce prince selon ses désirs et selon la justice; mais l'intérêt de la Reine en cette occasion, opposé à celui du duc d'Orléans;

et que les serviteurs de cette princesse auroient souhaité comme une chose raisonnable, n'eût point dû trouver d'approbation dans l'ame du duc d'Orléans ni des siens : car sans doute il auroit dû comprendre cette justice d'une autre manière ; et le changement des esprits, qui auroit peut-être diminué le droit de la Reine, auroit aussi changé sa conduite. Je ne sais pas si l'abbé de La Rivière eût voulu faire ce que le ministre avoit sujet de lui demander ; mais je sais qu'il lui promit toutes choses, afin de se servir de cette occasion pour engager la Reine et lui de lui donner le chapeau, le seul et unique objet de ses désirs ; et qu'il voulut du moins profiter, par cette voie, de la maladie du Roi. D'autre côté, les courriers qui avoient été envoyés au prince de Condé l'avoient pressé de venir de la part de la Reine, parce qu'elle vouloit le voir avant que ce malheur arrivât : c'est-à-dire le cardinal Mazarin vouloit l'entretenir et prendre ses mesures avec lui, en le rendant susceptible de se lier aux intérêts de la Reine, en cas que le duc d'Orléans voulût se saisir de la puissance. Mais la guérison du Roi fit évanouir toutes ces intrigues, et consola la Reine, qui, moins occupée de la politique que de son affection, ne pensoit qu'à rendre grâces à Dieu de ce qu'il lui avoit redonné ses deux enfans une seconde fois, et en si peu de temps. Quelques jours après l'heureuse guérison du Roi, la douleur que la Reine avoit eue de sa maladie, la violence qu'elle s'étoit faite pour ne la pas montrer tout-à-fait, ses veilles et ses inquiétudes lui donnèrent la fièvre, qu'elle eut pendant deux jours bien forte. Le cardinal Mazarin en parut alarmé ; et lorsque les médecins croyoient qu'elle alloit avoir une grande maladie, la fièvre la quitta tout-à-fait : ce qui redonna beaucoup de joie à ceux qui l'aimoient, et qui avoient sujet de s'inquiéter de son mal. Le soir de son amendement, comme je m'approchai d'elle et que je voulus toucher son pouls, pour voir si elle étoit en aussi bon état que nous le souhaitions, elle me fit l'honneur de me donner sa main dans la mienne; et moi la lui ayant baisée avec une sensible joie de la trouver fraîche, elle me dit qu'elle ne doutoit pas que je ne fusse bien aise de son amendement. Puis elle ajouta ces belles paroles : Que la mort ne lui avoit jamais fait de peur ; mais en l'état où elle auroit laissé le Roi et le royaume, ses enfans et la France lui auroient fait pitié; que cela étoit capable de lui faire faire quelques souhaits pour la vie; mais qu'en elle le plus grand de tous étoit que Dieu lui fît la grâce de la bien employer à son service.

Pendant la maladie du Roi, les courriers avoient apporté des relations favorables de la suite de la révolte de Naples. Ces peuples mutins, avec une armée nombreuse, se défendoient courageusement contre les trois châteaux que les Espagnols tenoient dans la ville, ou plutôt faisoient mine de les vouloir attaquer : et eux se défendoient foiblement; car leur armée navale, toujours en crainte de la nôtre, se tenoit en mer, et ils ne pouvoient pas en recevoir un grand secours. Ce peuple avoit élu pour chef un nommé Toralte. J'ai ouï dire au maréchal de Villeroy qu'il avoit été prisonnier en France, et qu'il avoit le cœur espagnol : et néanmoins il s'étoit laissé élire pour chef de ces désespérés, pour empêcher que quelque mutin en cette place ne gâtât tout-à-fait les affaires, et travailloit sous main, par le moyen des jésuites, à soumettre ces peuples à l'obéissance de leur Roi. Il est à croire néanmoins qu'ayant l'esprit de paix, il n'avoit point approuvé la sévérité de don Juan, et qu'ayant donné au peuple sa propre femme en otage, il agissoit de bonne foi envers les deux partis, souhaitant que ces peuples se remissent sous l'obéissance du roi d'Espagne, et que son Roi leur pardonnât fidèlement leur révolte. Mais ayant été assez malheureux pour qu'une mine que les habitans avoient faite contre un des châteaux fît son effet contre eux-mêmes (ce qui, selon les experts, à ce que j'ai ouï dire, est assez ordinaire), ces mutins, d'une barbarie inouïe et naturelle à la populace sans discipline, le prirent et le déchirèrent en mille morceaux, et quatorze ou quinze jésuites qu'ils accusèrent d'être ses complices, et d'avoir eu comme lui des intelligences avec leurs ennemis. Ensuite de cette action, ils dépêchèrent vers le Pape, pour le supplier de prendre leur protection contre le roi d'Espagne, dont ils avoient déchiré le portrait, en faisant mille autres criminelles actions que j'ai dites ; mais le Pape, de cœur assez espagnol, ne voulut point se hâter de donner audience à leurs envoyés. Dans cet intervalle, ils allèrent trouver l'ambassadeur de France, le marquis de Fontenay-Mareuil : ils lui demandèrent la protection du Roi. Il la leur promit, et ils s'engagèrent entièrement à lui, pour devenir à certaines conditions les sujets d'un même maître. Il en écrivit à la cour. Le ministre lui donna ses ordres : il les suivit ; et, après plusieurs négociations que je n'ai pas sues avec assez de certitude pour les pouvoir écrire, ils demandèrent pour chef le duc de Guise ⁽¹⁾, qui étoit alors à Rome pour faire rompre son mariage avec la comtesse de Bossu, afin d'épouser mademoiselle de Pons. Ils s'expliquèrent qu'ils lui donneroient sur eux le même pouvoir qu'avoit eu le prince d'Orange sur les Hollandais. Cette proposition donna beaucoup de joie à la Reine, et particulièrement au ministre, qui voyoit en ses mains une occasion de pouvoir contribuer au bonheur de l'Etat, à la gloire de la France, et à la sienne particulière. Ce ne fut pas sans admirer l'étoile favorable du duc de Guise, qui étoit allé en Italie pour faire une action toute ridicule et injuste en soi, et qui trouvoit dans la révolte de Naples une belle matière pour acquérir de l'honneur, et, selon toutes les apparences, une grande dignité, vu les anciennes prétentions de sa maison, qui veulent que ce royaume leur appartienne. On disoit que ce ministre n'auroit pas désiré que ce prince y allât : je n'ai pas su les raisons; mais des gens qui devoient savoir l'histoire m'assurèrent que le marquis de Fontenay, passionné pour la gloire de la France, et homme de bien, voyant qu'on ne pouvoit en envoyer d'autre, pressa le cardinal Mazarin d'y consentir, et conseilla ce prince de rendre ce service à la couronne, en se procurant lui-même celles qui sont destinées aux héros.

Le duc de Guise étoit digne d'une telle aventure. Il étoit le véritable portrait de nos anciens paladins, et sa valeur peut être comparée à la leur. Il parloit bien, il étoit éloquent, civil aux dames, et bien fait de sa per-

(1) *Ils demandèrent pour chef le duc de Guise* : Tous les détails des troubles de Naples se trouvent dans les Mémoires du duc de Guise, qui font partie de cette série.

sonne. Il avoit l'ame grande par certains endroits, et une mine toute martiale, qui paroissoit ne respirer que les combats. Il ressembloit même dans ses plaisirs aux chevaliers errans : il aimoit les tournois et les combats à la barrière, de la même façon que nous les voyons dépeints dans les Amadis et les guerres de Grenade.

Mademoiselle de Pons étoit depuis quelque temps sortie de la cour, et vivoit sous les ordres de ce prince. Elle étoit dans un couvent irrégulier depuis qu'elle n'étoit plus auprès de la Reine, servie par les officiers du duc de Guise, et défrayée à ses dépens.

Quand elle sut cette nouvelle, elle connut avec joie tous les avantages qui la regardoient, et attendoit sans doute avec impatience l'heure où son héros la viendroit délivrer de cet enchantement. Il est à croire qu'elle rêvoit quelquefois à ce qu'elle feroit quand elle seroit reine de Naples, à ceux qu'elle éleveroit aux grandes charges, et à la beauté de sa destinée; mais comme tous les desseins des hommes sont souvent des chimères mal fondées, les siennes furent détruites par bien des causes, et furent mises avec celles qui se faisoient alors dans le cabinet sur cette grande affaire, où se tenoient plusieurs conseils pour aviser au moyen de la soutenir.

Le duc de Guise, de son côté, parut vouloir hasarder toutes choses pour tenter cette grande aventure; mais il n'écouta nulle des maximes de la prudence pour y réussir; et, se confiant à sa bonne fortune, il partit de Rome pour aller à Naples se faire le chef des révoltés. Il y alla seul, accompagné de l'espérance et de son courage. Il passa de nuit au travers de l'armée navale d'Espagne, dans une felouque dont la petitesse lui fit essuyer plusieurs canonnades avec moins de péril que dans un plus grand vaisseau, mais toujours avec un très-grand danger de sa personne. Etant encore en pleine mer, il fut poursuivi de cinq vaisseaux, dont il y eut deux galères qui l'approchèrent de près; mais enfin il aborda à cette grande ville qui a coûté à nos rois tant de sang et de combats. Le peuple courut le recevoir avec des acclamations publiques, et des cris d'alégresse inconcevables. Ils prirent ce prince et le portèrent sur leurs épaules dans l'église des Carmes, où ils lui donnèrent le scapulaire de Notre-Dame; et, pour marque de réjouissance, ils pendirent le vaisseau qui l'avoit apporté dans l'église même. Ils lui présentèrent un cheval; et ce prince l'ayant monté, il se promena dans la ville, où sa bonne mine fut admirée du peuple, qui alloit criant dans les rues : *Vive France et le duc de Guise!* Tous jetoient leurs manteaux sous les pieds de son cheval, et le regardoient comme un ange qui les venoit sauver. Ils firent enfin pour lui ce que des hommes emportés de passion, et qui ont besoin de secours, ont accoutumé de faire à l'égard des personnes dont ils espèrent leur remède. Ils lui présentèrent deux bassins : dans l'un il y avoit des armes, et dans l'autre de l'argent. Il prit l'épée, avec la qualité de général, aux conditions qui lui avoient été proposées, et fit distribuer la monnoie au peuple qui l'environnoit, afin de faire redoubler leurs cris de joie. La femme du général Annèse, qui n'étoit ni belle ni propre, lui fit la chemise qu'il mit le lendemain, et ils lui donnèrent, en petite quantité sans doute, de toutes les choses dont il avoit besoin. Il s'étoit venu livrer à eux sans équipage, sans officiers et sans troupes, et qui pis est sans finances : ce qui donna lieu aux étrangers comme à nous d'admirer sa confiance et sa résolution. Il alla aussitôt visiter le fort Saint-Elme, que les Espagnols tenoient, et fit la revue de ses gens. Il trouva qu'il pouvoit avoir douze mille hommes et deux cents chevaux; et quoique ses soldats fussent peu aguerris, il ne laissa pas de se mettre à leur tête, espérant du secours de France, dont l'armée navale avoit ordre de combattre celle d'Espagne. Le duc de Guise, avec cette mauvaise armée, se mit en campagne le 9 décembre, et prit Averse, petite ville qui pouvoit être propre à ses desseins. Nos vaisseaux cependant furent battus de la tempête, et furent contraints de se rafraîchir à Porto-Longone, d'où ils partirent pour reprendre la voie de Naples, et aller secourir ce prince téméraire. Il ne laissa pas lui seul de faire prisonniers le marquis de Vasto, le comte de Versanne, et le duc de Montalone. Ces heureux succès lui acquirent d'abord une grande réputation, et on parloit déjà de lui dans le monde comme d'un second Alexandre; mais Alexandre avoit trente mille hommes de bons soldats, et de bons capitaines et de l'argent : et lui n'avoit rien que sa hardiesse et sa valeur.

Les fêtes de Noël arrêtèrent pour quelque temps les affaires publiques et particulières. La Reine étant au Val-de-Grâce vit Monsieur, qu'elle n'avoit encore osé voir, de peur de lui donner du mauvais air. Elle le trouva en bon état, et bien remis de sa maladie. Quelques jours après il revint au Palais-Royal, et on lui fit voir le Roi qu'il ne reconnut point, tant il étoit changé. Toutes les dames revinrent alors à la cour, et on montra le Roi à tout le monde, qui étoit en mauvais état par l'enflure et la rougeur de son visage. Il gronda celles qui l'avoient abandonné : ce que l'on prit à bon augure ; c'étoit une marque qu'il ne seroit pas aussi indifférent à l'amitié que le sont d'ordinaire tous les princes. Quoique je n'eusse point quitté la Reine pendant sa maladie, je n'avois pas approché de lui. La Reine, qui vit que je me faisois quelque effort pour la suivre dans cette chambre, où malgré l'éclat de la couronne on auroit trouvé du péril, me commanda de n'y pas entrer. J'eus donc ma part de sa petite plainte, et je m'en consolai avec les autres, qui n'en furent que médiocrement affligées, et qui s'estimèrent honorées de son ressentiment.

Ainsi finit cette année [1647], sans beaucoup de bonheur ni de grands maux effectifs ; et néanmoins un des plus habiles hommes de la cour (1) et des mieux instruits me dit, ce jour-là, qu'il craignoit qu'à l'avenir l'Etat ne fût troublé par beaucoup de malheurs, vu les mauvaises dispositions qui étoient dans tous les esprits. La Reine, tout au contraire, le soir du même jour, nous dit, comme elle se déshabilloit assise à sa toilette, qu'elle avoit de la joie d'entrer dans une nouvelle année, parce qu'en celle qui étoit passée elle n'avoit eu que du mal, peu de bon succès à la guerre, et beaucoup d'inquiétude par la maladie de ses deux enfans qu'elle avoit pensé perdre. Mais elle se trompa dans son souhait, et eut sujet de regretter le repos dont elle avoit joui jusqu'alors. Les peines qui lui arrivèrent dans la suite lui firent con-

(1) Le marquis de Seneterre.

noître que la créature ne connoît ni ses forces ni sa foiblesse ; que nos désirs nous trompent, et que nous devons nous laisser mener par cette puissance supérieure qui nous régit. Autrement, nous trouvons que par notre choix nous nous conduirions plus souvent dans le mal que dans le bien.

[1648] Une des premières nouvelles de cette année fut que l'armée navale étoit enfin partie de Porto-Longone le 22 du passé : ce qui fit espérer l'établissement entier de la puissance française à Naples. Nous en verrons le succès, et nous aurons sujet de nous confirmer dans cette croyance, que notre nation n'est point destinée pour commander ce royaume. Cependant mademoiselle de Pons, qui n'étoit qu'à demi enfermée, n'étoit pas si remplie des grandes pensées de la couronne et des espérances de l'avenir, que le présent ne lui fût encore plus cher. Elle comptoit sûrement sur la passion que le duc de Guise avoit pour elle : elle se mettoit déjà au rang des plus grandes reines de l'Europe ; mais cela ne l'empêchoit pas de songer à se divertir. Cette ame, gloutonne de plaisirs, n'étoit pas satisfaite d'un amant absent qui l'adoroit, et d'un héros qui pour la mériter vouloit se faire souverain, et mettre à ses pieds toutes ses victoires. L'ambition et l'amour ensemble n'étoient pas des charmes assez puissans pour occuper son cœur entièrement : il falloit pour la satisfaire qu'elle allât se promener au Cours, qu'elle fût de quelques cadeaux qui se firent pour elle, et qu'elle reçût de l'encens de toutes ses nouvelles conquêtes. Madame de Guise, craignant qu'elle n'allât trouver le duc de Guise son fils, supplia la Reine de la faire renfermer dans une religion plus réformée que celle où elle étoit; car elle ne trouvoit pas à propos de la laisser espérer d'être reine, ni même duchesse de Guise; et la vie qu'elle menoit de toute manière ne lui plaisoit pas.

La Reine, qui regardoit alors l'affaire de Naples comme une chose qui pouvoit devenir considérable, fut bien aise de lui complaire en cela; et comme cette fille avoit eu l'honneur d'être à elle, il étoit juste qu'elle prît quelque soin de sa conduite. Madame la duchesse d'Aiguillon, qui lui avoit fait ce mauvais présent, par son ordre fit savoir à mademoiselle de Pons qu'il falloit qu'elle entrât dans les filles de Sainte-Marie. Elle n'aimoit pas à être contrainte: ainsi elle obéit à ce commandement avec beaucoup de peine, et demeura dans ce couvent malgré elle, jusqu'à ce que le peu de bonheur du duc de Guise, et l'inclination de la demoiselle, qui n'étoit pas tournée du côté de la pénitence, la mirent dans une entière liberté.

Le jour des Rois, la Reine, ayant fait ses dévotions, passa tout le soir dans une grande solitude. Comme elle goûtoit le repos, et que sa propre puissance lui étoit indifférente, on ne se pressoit pas d'entrer dans ses cabinets quand elle y étoit seule. Le duc d'Orléans et le cardinal soupèrent ce jour-là chez le prince de Condé; et quand de telles fêtes se faisoient, chacun vouloit être de la bande de quelqu'un des trois : si bien que l'appartement de la souveraine demeuroit désert. Bien loin de le trouver mauvais, elle étoit ravie que ses créatures suivissent son ministre; et sans goûter les douceurs des solitaires, qui sont les livres et les rêveries, elle demeuroit seule assez volontiers, sans plaisir ni sans peine. Ce soir, pour divertir le Roi, elle nous fit l'honneur de nous faire apporter un gâteau à madame de Bregy, à ma sœur et à moi, que nous séparâmes avec elle; nous bûmes à sa santé avec de l'hypocras qu'elle nous fit apporter; et elle nous avoua en cette occasion que, malgré son tempérament, elle se seroit ennuyée sans notre compagnie : ce qui fut pour nous une grande faveur; car, dans le vrai, sa bonté avoit plus de part que son cœur au bon traitement que nous en recevions. Dieu seul, le Roi et Monsieur, son ministre et ses affaires l'occupoient entièrement; et le cardinal lui étoit d'autant plus agréable, qu'il la désoccupoit avec grand soin; et qu'avec joie il lui ôtoit la plus grande portion des peines que sa régence lui donnoit. Le lendemain, les comédies recommencèrent par le souhait du Roi et de toute la cour; et les dames, bien contentes de ce rétablissement, y vinrent fort parées, avec intention de chasser pour jamais du Palais-Royal le souvenir des choses fâcheuses. Le Roi se montra avec ses rougeurs, et avec l'enflure de son visage; et il parut avec autant de laideur que peu auparavant il avoit eu de beauté. Et comme ce fut à la comédie, le soir du jour de Saint-Martin, qu'il fut pris de son mal, cela fit dire à Beautru [1] qu'il venoit rapporter sa maladie sur le théâtre.

Le 7 de janvier, huit cents marchands de Paris s'assemblèrent et se mutinèrent, à cause d'une taxe qu'on vouloit imposer aux propriétaires des maisons [2], ou pour d'autres causes [3] dont je n'ai pas bien re-

[1] *Beautru*: Guillaume. L'un des premiers académiciens français, célèbre par ses bons mots. Il est souvent parlé de lui dans les Mémoires du cardinal de Richelieu. Mort en 1665. — [2] On appeloit cela l'abonnement du domaine. — [3] *Pour d'autres causes*: On les verra amplement développées dans les Mémoires du cardinal de Retz et de Talon.

marqué les particularités. Ils députèrent dix d'entre eux, pour parler de leur part au duc d'Orléans. Ils allèrent au Luxembourg; ils entrèrent dans sa chambre, lui demandèrent justice, et firent entendre qu'ils n'étoient pas résolus de souffrir ces impôts; car, malgré la nécessité universelle du royaume, Paris seul vouloit être riche, et ne vouloit point entendre parler de donner de l'argent au Roi. Le duc d'Orléans leur fit espérer quelque modération, leur promit d'en parler à la Reine, leur remontra leur devoir et l'obéissance qu'ils devoient avoir à ses volontés, et les congédia avec le mot ordinaire des princes : *On verra*.

Le lendemain cette troupe s'assembla tout de nouveau. Elle alla au Palais ; et ayant trouvé dans la place le président de Thoré, fils d'Emery, surintendant des finances, ils crièrent contre lui, l'appelèrent le fils du tyran; et des menaces il s'en fallut peu qu'ils ne l'outrageassent effectivement ; mais, à la faveur de quelques-uns de ses amis, il échappa de leurs mains.

Le jour d'après ils attaquèrent le premier président(1); ils murmurèrent tout haut contre lui, et même le menacèrent de lui faire payer en sa propre personne les maux qu'on leur vouloit faire. Cet homme, dont la fermeté va se faire voir en plusieurs occasions égale à celle des plus illustres Romains, leur dit sans s'étonner que, s'ils ne se taisoient et n'obéissoient aux volontés du Roi, il alloit faire dresser des potences dans la place pour faire pendre sur l'heure les plus mutins d'entre eux. A quoi ce peuple insolent ré-

---

(1) *Le premier président* : Matthieu Molé. Il montra dans les troubles une constance et une intrépidité qui l'ont fait placer au rang des plus grands hommes de ce siècle.

pondit aussitôt qu'elles serviroient plutôt pour les mauvais juges, dont ils ne recevoient point de justice, et qui étoient esclaves de la faveur.

Ce même jour, le 9 janvier, si célèbre par ses événemens, il arriva dans le conseil des parties que les maîtres des requêtes se mutinèrent aussi, sur ce qu'on vouloit augmenter leur corps de douze nouveaux officiers. Comme ils avoient acheté leurs charges fort cher, et que cette quantité devoit en diminuer le prix, ils furent persuadés que plusieurs familles dans Paris en pourroient être incommodées; et, par ressentiment de ce mal qu'ils craignoient, ils refusèrent de rapporter les procès des particuliers, et jurèrent entre eux, sur les saints Evangiles, de ne point souffrir cette augmentation, et de résister à toutes les persécutions qu'on pouvoit leur faire du côté de la cour: se promettant les uns aux autres qu'en cas que quelqu'un de leurs confrères perdît son office par cette opposition aux volontés du Roi, ils se cotiseroient tous pour payer à celui-là le remboursement de sa charge.

Ils allèrent trouver le cardinal Mazarin; et un d'eux, nommé Gomin, lui parla si fortement et avec une telle hardiesse, que le ministre en fut étonné. On tint conseil chez la Reine, pour aviser aux remèdes de ces désordres. D'Emery avoit sur les bras tout le peuple, qui commençoit à crier contre lui; et le chancelier avoit les maîtres des requêtes à retenir et à consoler, qui se plaignoient moins de d'Emery que de celui qui gouvernoit, mais qui, n'osant pas fulminer d'abord contre le cardinal, attaquoient fortement le surintendant, et jetoient sur lui toute leur colère. Ainsi, par la quantité des matières, le conseil fut long ce jour-là, et les opinions y furent fort contestées. On manda le premier président et les gens du Roi. La résolution fut de donner des arrêts fulminans contre les uns et les autres; puis, le soir venu, M. le prince et le cardinal allèrent souper chez le duc d'Orléans, pour ensevelir dans la bonne chère et le jeu le commencement de ces désordres, qui ne donnoient pas tant d'inquiétude aux princes qu'à notre ministre. Il commença de voir alors qu'il étoit l'objet de la haine publique, et que cette haine en même temps devoit remplir les princes du sang de ces douces chimères qui plaisent aux grands, en leur faisant espérer que, par le trouble et le changement, leur autorité s'augmenteroit à mesure que celle du Roi et de la Reine diminueroit; car, comme dit l'espagnol : *Rio turbio ganancia de pescadores*. (L'eau trouble fait gagner les pêcheurs.)

La nuit du 10 au 11, les bourgeois continuant dans leur mauvaise humeur tirèrent incessamment; et le lieutenant civil ayant envoyé par les quartiers de la ville pour en savoir la cause, ils répondirent qu'ils essayoient leurs armes pour le service du Roi, et disoient tous librement que si on leur demandoit de l'argent, ils étoient résolus de suivre l'exemple des Napolitains. On m'assura même qu'il y avoit eu des hommes qui avoient été par les maisons, toute la nuit, dire aux bourgeois qu'ils fissent provision de pain. Cela se faisoit par des cabales contraires à la cour, par le parlement, par les maîtres des requêtes, et par cet esprit de révolte que quelque démon, visible ou invisible, commençoit d'inspirer dans l'ame de chaque particulier. Ce démon a produit ensuite tout ce que nous avons vu dans nos discordes civiles : elles nous ont causé beaucoup de misères, et nous ont mis en état de ne pouvoir jamais dans notre vieillesse ressembler à nos pères, dont la coutume a toujours été de louer le temps de leur jeunesse, et de le préférer au présent.

Le matin du 11, la Reine allant à la messe à Notre-Dame (ce qu'elle faisoit régulièrement tous les samedis), il y eut environ deux cents femmes qui la suivirent jusque dans l'église, criant et demandant justice. Elles se voulurent mettre à genoux devant elle pour lui faire pitié ; mais les gardes les empêchèrent de l'aborder, et la Reine passa sans écouter leurs clameurs. Elle nous dit à son retour qu'elle avoit été tentée de leur parler. Vraisemblablement les paroles d'une Reine aussi aimable que celle-là l'étoit devoient être bien puissantes sur tous ces esprits ; mais elle nous avoua qu'elle avoit appréhendé les insolences de cette canaille. Elle trouva donc plus à propos de ne pas entrer en matière avec de telles gens, qui n'écoutent jamais la raison, qui ne la comprennent point, qui n'ont dans la tête que leur petit intérêt, et qui par conséquent ne peuvent approuver les causes qui forcent les rois à leur demander de l'argent, quelque justes qu'elles puissent être.

Après midi, on tint conseil sur les affaires présentes, où se trouva le premier président ; et, après avoir bien consulté sur les remèdes du mal, il fut conclu que la Reine ordonneroit aux gens du Roi qui furent mandés pour cela de s'appliquer à maintenir l'autorité du Roi. Le soir on fit commandement au régiment des

Gardes de se tenir sous les armes : on posa des sentinelles et des corps-de-garde dans tous les quartiers. Le maréchal de Schomberg fut commandé pour faire le même des Suisses; et Paris, cette nuit, fut pareil à un camp d'armée. Le bruit des armes à feu fut grand; et ces petites apparences de guerre ressembloient déjà à quelque révolte de conséquence, qui, selon les apparences et la mauvaise disposition des esprits, devoit avoir une mauvaise suite.

Le 12 au matin, le Roi alla entendre la messe à Notre-Dame, pour faire de sa première sortie une action de grâces et de reconnoissance envers celui qui lui avoit redonné la vie. Il y avoit plus de huit jours que la Reine avoit témoigné désirer que le Roi fît ce petit voyage : ainsi on ne voulut pas en différer l'exécution, de peur de montrer quelque crainte à ceux qui, par les tumultes populaires, en vouloient inspirer à elle et à son ministre. Mais au lieu de n'avoir que sa garde ordinaire pour de telles occasions, il y fut ce jour-là avec toutes les précautions nécessaires. Il fut suivi de tout ce qui pouvoit servir à l'augmentation de la majesté royale, afin d'exciter par cette voie, dans l'esprit des peuples, le respect que ces sortes de choses produisent d'ordinaire dans les ames foibles. Quantité des principaux officiers étoient à cheval, et quasi toute la cour lui fit escorte avec toutes ses gardes ordinaires. Pendant que le Roi fut à Notre-Dame, on tint conseil chez la Reine, où il fut résolu que Leurs Majestés iroient une seconde fois au parlement pour y faire passer l'édit de création des maîtres de requêtes mutinés, et les autres dont on avoit murmuré, afin de ne pas montrer de se relâcher des premières résolutions qui avoient été prises, et faire voir que la résistance des officiers et du peuple n'étoit comptée pour rien.

Selon cette résolution, le Roi alla au parlement [le 15 janvier], non pas avec la même beauté qu'il avoit la dernière fois qu'il y fut, mais avec les mêmes cérémonies. Le chancelier fit une longue harangue : il représenta les nécessités de l'Etat, le besoin que le Roi avoit que ses peuples lui donnassent le moyen de subvenir aux frais de la guerre, afin que par la guerre on pût avoir une bonne paix. Il parla fortement de la puissance des rois ; il tâcha d'établir pour loi fondamentale l'obéissance des sujets envers leurs princes, et fit paroître la nécessité de l'union entre le chef et les membres, et dit que sans elle il n'y avoit point de royaume qui pût jouir d'aucun véritable bonheur.

Le premier président, quoique habile homme, et pour l'ordinaire fort éloquent, voulant flatter la cour, fit une harangue qui parut foible à sa compagnie, et qui ne fut pas même louée dans le cabinet. Celle de l'avocat général Talon fut forte et vigoureuse. Il représenta la misère du peuple, et supplia la Reine de s'en souvenir dans son oratoire, lui disant qu'elle devoit considérer qu'elle commandoit à des peuples libres, et non pas à des esclaves ; et que néanmoins ces mêmes peuples se trouvoient si accablés de subsides et d'impôts, qu'ils pouvoient dire n'avoir plus rien à eux que leurs ames, parce qu'elles ne se pouvoient vendre à l'encan ; que les lauriers et les victoires qu'on remportoit sur les ennemis, et dont on payoit toutes leurs nécessités, n'étoient point des viandes qui les pussent nourrir ni vêtir. Il dit, outre cela, quelques paroles qui marquoient les plaintes universelles de tous les

Français sur la longueur de la paix. Cette hardiesse ne fut pas approuvée du ministre.

Le soir il fit la guerre à la Reine de ce que Talon l'avoit renvoyée dans son oratoire. Il fut secondé par les serviteurs familiers de cette princesse, qui trouvoient qu'elle n'y demeuroit que trop long-temps, et qui, par l'intérêt de leur plaisir, lui en faisoient de continuels reproches. Ainsi les plus sérieuses leçons faites aux rois ne font dans leurs âmes nulle bonne impression ; car on leur donne pour l'ordinaire un tour de raillerie qui en chasse les pensées vertueuses qu'elles y pourroient faire naître. Les princes rencontrent rarement des gens qui leur parlent fortement ; et ces gens-là sont le plus souvent traités de ridicules par leurs courtisans. C'est pourquoi leur raison étant affoiblie par le soin qu'on a de leur déguiser la vérité, ils ne s'appliquent point à discerner le vrai d'avec le faux ; et laissant aller leur esprit à la paresse, et passant légèrement sur le bien et sur le mal, ils vont presque toujours où il plaît à leurs ministres de les mener. La Reine, naturellement équitable, pieuse et bien intentionnée, par ces mêmes raisons tomba souvent dans ce malheur ; et ne voulant point connoître à fond et avec application la cause des malheurs qu'elle voyoit devant ses yeux, elle ne put réussir à y donner remède : par conséquent, ils devinrent extrêmes, et la mirent en état de tout craindre. Pour maintenir la puissance royale, dont elle avoit une haute idée, il auroit été à souhaiter pour son bonheur qu'agissant selon les lois que sa couronne lui prescrivoit, elle eût fait voir clairement par elle-même qu'elle ne vouloit pas que les sujets du Roi fussent opprimés ;

ni désobéissans envers elle. En ces deux points consiste la justice des rois envers leurs sujets, et celle des sujets envers leur souverain.

La Reine, comme je l'ai déjà dit, avoit l'ame assez enrichie des dons de Dieu pour bien gouverner l'Etat, puisque ses ministres disoient que ses avis dans toutes les affaires de conséquence, et ses premiers sentimens, étoient toujours dans la raison et la justice : au lieu que ceux de son ministre n'avoient rien qui parût procéder d'une ame élevée. Ce même jour, quelques conseillers du parlement m'étant venus voir m'avouèrent qu'ils avoient été touchés de la présence de la Reine. Ils demeurèrent d'accord avec moi qu'elle avoit le don de plaire, et me dirent que la France auroit été trop heureuse si elle eût voulu la gouverner, ou du moins ne la pas trop abandonner à son ministre.

Les édits furent assez modérés ; car on fut au Palais plus pour maintenir l'autorité royale que pour augmenter les demandes. L'édit de création de douze offices de maîtres de requêtes en avoit été la principale cause, parce qu'on avoit jugé qu'il ne falloit pas souffrir leur révolte ; mais comme cette affaire, dans l'ordre des destinées, devoit être la cause et le commencement de beaucoup de grands événemens, ce petit remède, bien loin de guérir le mal, l'aigrit entièrement, et eut des suites qui nous firent voir que Dieu, quand il lui plaît, donne à la fourmi la force de l'éléphant.

Le peuple croyoit avoir sujet de crier contre ceux qui vouloient fouler le peuple, et prétendoit voir que plus on levoit de deniers, et plus les coffres du Roi se fermoient. On entendoit dire à tous que les gages des officiers de la couronne et des premiers de la cour étoient retranchés, que les petits n'étoient point payés, que les grâces tarissoient, et que la Reine avoit perdu cette belle qualité de libérale qu'elle tenoit de son illustre naissance, quoique les revenus de la France fussent encore assez bien payés. La cour, en effet, commençoit à paroître dans une nécessité honteuse. Le ministre vouloit persuader par ses discours (et je pense qu'il disoit vrai) que le duc d'Orléans et M. le prince dissipoient les finances du Roi, et qu'il étoit hors de son pouvoir de faire des grâces. Tubeuf, alors encore employé dans les affaires, me dit un jour que les comptes de l'épargne de l'année passée [1647] avoient monté à cent quarante-deux millions. On accusoit facilement le cardinal d'en usurper pour lui une bonne partie; mais sa modestie étoit encore renfermée dans des bornes bien étroites. Les deux princes, en prenant beaucoup d'argent, l'empêchoient d'en user à sa fantaisie; il n'étoit alors que le corsaire, et les princes étoient les grands voleurs qui ressembloient à Alexandre.

Pour crier contre le ministre, on se servoit du prétexte de la guerre. Il étoit suffisant pour le faire haïr des peuples, qui d'ordinaire sont aisés à émouvoir par des raisons aussi plausibles que le pouvoit être celle du bien public, et qui d'ordinaire sont charmés par les beaux mots de repos et de paix. Il me souvient qu'alors un de mes amis, venant de Rome, me conta qu'ayant eu ordre de dire au Pape qu'on la désiroit infiniment, et que pour l'avoir on sacrifieroit toujours au bonheur public les espérances qu'on avoit des heureux succès qu'apparemment nous pouvions espérer, Sa Sainteté lui dit d'un ton moqueur qu'elle ne se mêloit point des affaires de la paix, mais qu'elle voyoit bien que pour l'avoir, *voi altri Francesi*, lui dit-il, *non volete donare che quel che non havete*. (Pour avoir la paix, vous autres Français, vous ne voulez donner que ce que vous n'avez pas.)

Le lendemain, la Reine manda les maîtres des requêtes. Elle les reçut dans son grand cabinet, accompagnée du duc d'Orléans, de M. le prince, de son ministre, du conseil du Roi et de toute la cour. Le chancelier leur fit une sévère réprimande, que la Reine interrompit de son pur mouvement, pour leur dire qu'ils étoient de plaisantes gens de vouloir borner l'autorité du Roi ; et qu'elle leur montreroit bien qu'il pouvoit créer de nouveau telles charges qu'il lui plairoit. Le chancelier, continuant ensuite sa harangue, les interdit tous de leurs charges, et leur ordonna de rapporter à la Reine le papier qu'on disoit qu'ils avoient signé entre eux, où ils se promettoient un secours mutuel ; ou bien de signer tous qu'ils ne l'avoient point fait.

Quand ils eurent entendu ce discours et ce commandement, sans considérer le respect qu'ils devoient à la Reine, quelques-uns d'entre eux hochèrent la tête avec beaucoup de hardiesse, et tous montrèrent qu'ils n'étoient pas résolus d'obéir. Après avoir fait une profonde révérence, ils s'en allèrent mal contens, et dans le dessein de se bien défendre. Ils sentoient qu'il y avoit des nuages dans l'air, que le temps étoit mauvais pour la cour, et qu'ils étoient en état de pouvoir résister : c'est pourquoi cette sévérité n'eut aucun bon succès.

Le jour d'après [le 20 janvier], ils se présentèrent au parlement en corps, afin de s'opposer à l'enregistrement de leur édit. Se présentant comme parties, ils se mirent dans le parquet; et quoique cet édit eût passé en présence du Roi, le premier président ne laissa pas de les recevoir en leur opposition. La cour en fut mal satisfaite, et le ministre lui en fit de grandes plaintes; mais il fut assez habile pour ne se pas étonner, et réussit à lui persuader que cela étoit dans l'ordre.

Il lui dit que les ordonnances lui permettoient de les recevoir; que le parlement avoit le pouvoir de s'assembler pour délibérer des affaires qui même étoient passées en la présence du Roi, et qu'ils étoient en droit de lui en faire des remontrances. Sa réponse obligea la Reine de mander le parlement en corps pour leur dire qu'elle avoit d'abord trouvé leur procédé blâmable, recevant l'opposition des maîtres des requêtes comme ils avoient fait; mais qu'ayant ensuite appris que, par leurs ordonnances, ils étoient en pouvoir de le faire, elle les excusoit, et qu'elle consentoit que, selon leurs états, ils s'assemblassent, comme ils avoient déjà fait, pour en conférer, et même d'en venir jusques aux remontrances; mais qu'elle leur ordonnoit de ne pas passer outre, et de plus s'assembler à l'avenir. Le parlement répondit par de belles protestations de fidélité; et, sans avoir nul égard au commandement de la Reine, ils s'assemblèrent tout autant de fois qu'ils le trouvèrent à propos pour satisfaire à leur fantaisie. Nous allons voir de pareils commandemens souvent réitérés, et souvent aussi fort peu considérés.

L'état des affaires de Naples n'étoit pas bon : le peuple avoit élu le duc de Guise duc de la République; mais Gennare Annèse, qui en avoit eu le commandement jusques alors, quoiqu'il ne fût de soi qu'un bon vendeur de bierre, n'en fut pas content ; et il falloit que ce prince le recherchât, parce qu'il n'étoit pas assez fort pour le détruire. Notre armée, dont nous espérions de si grands efforts, avoit été battue de la tempête une seconde fois, étoit arrivée à la vue de Naples le jour de Noël, et ne combattit celle d'Espagne que le jour des Innocens, parce que don Juan d'Autriche, qui la commandoit, envoya dire au général, le duc de Richelieu (1) ; qu'il le prioit de laisser passer le jour de la fête, et qu'après avoir rendu le respect qui étoit dû à la sainteté du jour, il lui donneroit toute sorte de satisfaction. Les relations qu'en apporta un exprès du duc de Richelieu [le 21 janvier] étoient capables de contenter la Reine. Il mandoit qu'il avoit battu les ennemis, et cette nouvelle donna une grande réjouissance à toute la cour. D'abord qu'elle fut sue, quoiqu'il fût déjà tard, la Reine l'envoya dire au duc d'Orléans au Luxembourg, comme une chose de grand poids et avantageuse à l'Etat ; mais peu après ces nouvelles se trouvèrent fausses, et la vérité étoit qu'après un combat l'armée espagnole demeura dans le port de Naples, et que celle du Roi fut obligée de se retirer à l'île de Sainte-Marguerite. Le duc de Turcy, de la maison Doria, qui commandoit l'escadre des galères d'Espagne, fut trompé par le peuple de Naples. Ils lui firent croire qu'ils vouloient le rendre maître

(1) *Le duc de Richelieu* : Armand-Jean de Vignerot, petit-neveu du cardinal de Richelieu.

d'un certain poste dans un des ports de la ville, et qu'ils se rendroient à lui pourvu qu'il y vînt seul. Il fut assez simple pour se livrer à ce peuple, et fut arrêté prisonnier, lui et un neveu qu'il avoit auprès de lui, fils unique; et on conta à la Reine que ces prisonniers avoient été maltraités par cette canaille.

Le duc d'Orléans, dans le commencement des troubles de Paris, se tenoit uni aux intérêts de la Reine, et il appuyoit son autorité en tout ce qu'il pouvoit. Il n'étoit peut-être pas fâché de voir un peu de désordre, parce que cela le rendoit plus nécessaire; mais il ne faisoit point de brigues pour l'augmenter, et ses intentions paroissoient droites et tout-à-fait dans l'équité et la justice. Son favori le portoit toujours à la paix par tempérament, par intérêt et par raison; et, se laissant flatter de l'espérance de se voir cardinal à la première promotion, il rendoit à la Reine et à son ministre les services qu'il croyoit leur être utiles et agréables. Les brouillons et les mal contens en étoient au désespoir, parce que, souhaitant les troubles et le changement, ils voyoient qu'il étoit impossible qu'il en arrivât qui fût considérable, si Monsieur, oncle du Roi, demeuroit attaché aux intérêts de la Reine. Ce qui pouvoit s'appeler bonté en la personne du duc d'Orléans étoit attribué par eux à foiblesse; ce qui dans l'ame des gens de bien étoit estimé une vertu, ils le méprisoient, et disoient que si le maître manquoit de cœur, son favori l'abbé de La Rivière en étoit la cause; et que, par un lâche intérêt, il l'empêchoit d'acquérir de la gloire et de la grandeur.

Le prince de Condé, de son côté, agissoit de la même manière, et son avantage se rencontroit entièrement à demeurer dans la cour avec les bonnes grâces de la Reine. Le duc d'Orléans ne lui faisoit pas un si grand ombrage pour que sa grandeur en fût obscurcie : la réputation de ce prince n'étoit pas si éclatante que la sienne; et la qualité de lieutenant général du royaume et des armées du Roi, qui l'élevoit au-dessus de lui, aussi bien que celle de fils et d'oncle de roi, ne lui ôtoit pas la gloire d'avoir déjà gagné deux batailles. Par toutes ces raisons, il régnoit dans le cabinet quasi aussi souverainement que s'il eût été le seul prince du sang : et Monsieur n'ayant point de fils, toute la grandeur de la seconde branche de la maison royale regardoit ce prince; et sa cour étoit beaucoup plus grosse que celle de Monsieur, à qui néanmoins il rendoit beaucoup de respects et d'hommages, pour le tenir satisfait par des apparences, pendant qu'il jouissoit en effet des avantages solides de la puissance, et qu'il faisoit donner à ses créatures et à ses amis tout ce qu'il lui plaisoit.

Les jours gras de cette année se passèrent sans aucune fête extraordinaire : il n'y eut qu'un ballet que dansa le duc de Joyeuse (1) [le 23 janvier], dont étoient les ducs de Candale, de Damville, de Roanets et plusieurs autres, qui fut assez beau. Les plaisirs de la cour étoient modérés, et convenables à la gravité et au sérieux de la Reine ; elle ne les aimoit pas plus qu'elle ne devoit. Le soir, qui est l'heure des divertissemens, la presse la quittoit, et elle demeuroit chez elle solitaire, tranquille et contente. Tous les courtisans alloient chez le cardinal ; et la Reine le vouloit ainsi, ne désirant rien tant au monde que de

---

(1) *Le duc de Joyeuse :* Louis de Lorraine.

lui communiquer toute sa puissance, étant persuadée que celle de son ministre fortifioit la sienne propre. De plus, je puis dire avec vérité que son indifférence naturelle la mettoit au-dessus des sentimens que l'amour-propre et l'ambition produisent d'ordinaire dans le cœur humain. Elle méprisoit trop sans doute le seul avantage des rois, qui est de commander et de pouvoir contribuer par leur autorité et par leurs bienfaits au bonheur des hommes, participant en quelque façon au suprême pouvoir de Dieu même ; mais ce défaut en elle procédoit en partie d'une belle cause, qui méritoit plus de louange que de blâme. L'effet néanmoins en étoit si contraire à ses intérêts, qu'elle auroit bien fait de s'en corriger ; et par cette même raison je n'ose presque en publier le mérite.

J'ai remarqué que le murmure étoit grand contre le ministre de ce qu'il n'avoit pas fait la paix. Chacun, dans ces premières brouilleries, par l'appréhension de quelque guerre civile, contribuoit à le blâmer de la même chose, et d'avoir dit quelquefois assez publiquement qu'elle avoit été entre ses mains. Les peuples crioient contre lui, et les esprits disposés à la révolte ne lui pardonnoient pas cette faute. Les Hollandais, sur le point du retour du duc de Longueville, avoient désiré qu'il retardât quelque temps à Münster : ce qui avoit fait espérer que, par leur entremise, l'Espagnol vouloit peut-être entrer en quelque traité avec nous ; mais le roi d'Espagne, qui commençoit à voir du changement dans le bonheur de la France par l'état où elle étoit, vouloit alors qu'on lui accordât toutes ses demandes, et disoit hautement que, sans de grands avantages, il renonçoit à la paix.

Ses propositions étoient si fortes, qu'il fut impossible de penser à aucun accommodement. Ainsi les Hollandais, qui avoient voulu nous quitter, ayant signé leur traité, le duc de Longueville se vit entièrement inutile au bien public. Il voulut aussi penser au sien particulier, et demanda la permission de revenir en France : elle lui fut accordée facilement ; et il parut à la cour avec ce seul avantage d'avoir vu faire la paix des Hollandais avec l'Espagne, qui apparemment nous devoit être dommageable. Le ministre lui fit recevoir de la Reine des marques évidentes de sa bonne volonté ; et je me souviens que le soir du jour qu'il arriva, comme elle se déshabilloit, elle nous dit beaucoup de bien de ce prince, le traitant quasi de père de la patrie, quoique déjà, sans compter l'avenir, il eût été deux fois de parti contraire au Roi. On le fit entrer au conseil : ce qui n'étoit pas en ce temps-là une grâce aussi facile à obtenir qu'elle l'a été depuis. Cette prérogative lui avoit été accordée avant qu'il partît pour Munster, et les seuls princes du sang jusqu'alors avoient joui de ce privilége. Les malicieux disoient que toutes ces caresses n'étoient que pour l'obliger à garder le secret de la rupture de la paix, et des difficultés qui avoient été produites par le ministre pour empêcher sa conclusion.

Ce ministre mit pour lors ses nièces auprès de madame de Senecay. Elle les désira, et les reçut avec des marques d'une grande satisfaction, quoique jusque là elle en eût été maltraitée ; car, comme je l'ai dit, il faisoit profession de mépriser les personnes attachées à la Reine. Il y en a peu dans le monde qui aient l'ame assez forte pour regarder la faveur avec des yeux indifférens ; et tel paroît vaillant contre le favori, qui, au moindre adoucissement de sa part, devient poltron : et d'ordinaire cette hauteur se termine à une véritable bassesse, que la rage d'en avoir été méprisé lui a fait colorer de générosité, de vertu, et d'amour du bien public. Cette dame, naturellement glorieuse, avoit reçu dans tous les temps beaucoup de petits chagrins à la cour. Elle étoit dévote, elle avoit beaucoup d'esprit, et même de belles qualités qui sembloient l'élever au dessus de son sexe. Sa vertu avoit éclaté par un long veuvage, ayant donné toute sa vie des marques de sa modestie, et de l'affection qu'elle avoit eue pour son mari ; mais comme elle étoit passionnée et d'humeur inégale, elle avoit des momens où elle adoroit la faveur, et ses humiliations étoient aussi extrêmes que sa hauteur. J'ai toujours remarqué en elle et en beaucoup d'autres combien le charme de l'ambition a de pouvoir sur nos ames, combien le désir des moindres faveurs qui nous conduisent à quelque élévation a de pouvoir de nous rabaisser, et combien les agrémens que cette furieuse passion nous fait trouver dans les caresses des rois nous sont dangereux. C'est pour cela aussi que nous les devons craindre ; et notre ame devroit être, ce me semble, continuellement occupée à considérer les maux qu'elle nous cause. Il parut qu'en prenant les nièces du ministre auprès d'elle, cette dame se faisoit tort. Ceux qui tournent en railleries les meilleures choses disoient qu'elle étoit devenue leur gouvernante, et qu'elle estimoit plus cette qualité que celle qu'elle avoit eue de gouvernante du Roi.

Enfin on ne l'épargna pas. Ce fut pourtant avec injustice ; car, après avoir ardemment recherché de les avoir, elle les traita si mal, que le même cardinal n'en fut pas content, et les retira d'auprès d'elle ; mais comme l'ombre des favoris est toujours salutaire, il arriva qu'enfin elle en profita, et que cela fut cause que la comtesse de Flex sa fille reçut pour quelque temps les avantages qu'elle prétendoit, comme princesse de Navarre de la maison de Foix.

Le parlement incommodoit la cour par ses longueurs. Quelques-uns d'entre eux commençoient à parler fort haut ; et la Reine, qui naturellement n'aimoit pas à trouver de l'obstacle à sa puissance quand l'autorité du Roi s'y trouvoit intéressée, s'ennuyoit de la lenteur de leur procédé. Elle leur envoya demander s'ils prétendoient avoir droit de borner les volontés du Roi. Ils opinèrent là-dessus, et quelques-uns furent d'avis de visiter leurs registres, afin de faire à la Reine une réponse autorisée des exemples des siècles passés : ce qui sans doute auroit infiniment déplu au ministre. Mais le plus grand nombre étant d'opinion contraire, ils députèrent vers la Reine leur premier président, pour l'assurer de leur obéissance et de leur fidélité, et pour lui faire savoir que ce qu'ils en avoient fait en modifiant les édits que le Roi avoit été porter au parlement, et ce qu'ils avoient fait en faveur des maîtres des requêtes, n'avoit été que sous le bon plaisir du Roi, et sans avoir aucun dessein de manquer au respect qu'ils lui devoient comme bons et fidèles sujets.

Ces protestations n'eurent aucune suite : cette compagnie ne laissa pas, continuant ses assemblées, de différer l'effet des édits nécessaires au service du Roi, et avantageux au ministre. Leur conduite obligea la Reine de mander le parlement pour lui faire savoir ses résolutions. Elle vouloit lui faire connoître qu'ils n'avoient aucun droit, après leurs remontrances faites au Roi et à elle, de s'opposer à la vérification des édits. Elle vouloit aussi leur ordonner d'apporter la feuille où leur arrêté avoit été enregistré, qui contenoit que leurs modifications auroient lieu; et son dessein étoit de la faire déchirer en leur présence. Mais eux, s'étant assemblés, envoyèrent à la Reine, la supplier de trouver bon qu'ils n'y vinssent point, en l'assurant qu'ils étoient résolus de lui rendre tout le respect qui lui étoit dû.

La Reine, qui s'étoit levée plus matin pour les recevoir, tint conseil pour savoir ce qu'elle leur répondroit. Il y fut conclu qu'ils seroient mandés tout de nouveau, et qu'ils seroient reçus après son dîné. Le procureur général, qui les alla trouver pour leur porter les ordres de la Reine, ne les trouva plus assemblés; ils s'étoient lassés d'attendre, et s'étoient séparés : ce qui fut trouvé peu respectueux par ceux qui savent quel doit être le respect des sujets envers leur souverain. On les manda pour le lendemain : et afin que cette action fût plus solennelle, on assembla, pour les recevoir, les ducs et pairs de France; et ce qui se trouva de grands seigneurs à la cour y furent aussi conviés. Comme on vouloit leur faire une sévère et publique réprimande, ils vinrent avec humilité en faire des excuses à la Reine par la bouche du premier président, dont la harangue fut toute pleine de soumission, de respect et de promesses de lui obéir : si bien qu'au lieu de châtiment ils reçurent un favorable accueil de la Reine, joint au commandement qu'elle leur fit de travailler incessamment aux affaires du Roi, sans y apporter aucun retardement. Elle leur dit qu'elle ne leur donnoit que huit jours pour cette occupation.

La Reine prit ce temps-là [le 23 mars] pour aller faire un petit voyage à Notre-Dame de Chartres, où elle avoit fait vœu d'aller lors de la maladie du Roi. En partant de Paris, elle réitéra au premier président le même commandement qu'elle avoit fait à sa compagnie, et l'assura qu'elle ne seroit que cinq jours à son voyage. Elle y passa le jour de la Notre-Dame avec le Roi qu'elle y mena, et Monsieur aussi, à qui on ôta les femmes en cette occasion; et on lui donna pour gouverneur le maréchal Du Plessis-Praslin (1), grand et heureux capitaine qui avoit acquis beaucoup de réputation par les batailles qu'il avoit gagnées et les villes qu'il avoit prises. Il commandoit encore l'armée du Roi en Italie, où le cardinal Mazarin avoit connu son mérite.

Pendant cette petite absence, les maîtres des requêtes interdits vinrent en corps trouver le cardinal, pour le supplier de les protéger auprès de la Reine, et de les faire rétablir. Ils lui firent des excuses de leur révolte, et lui demandèrent pardon et grâce tout ensemble. Il les reçut avec un visage grave et sévère; et néanmoins il leur répondit doucement que s'ils vouloient s'humilier et obéir aux volontés de la Reine, il les serviroit auprès d'elle. Cette action donna de la

---

(1) *Le maréchal Du Plessis-Praslin* : César de Choiseul. Ses Mémoires font partie de cette série.

joie au ministre. Il dépêcha un courrier à la Reine pour lui apprendre cette nouvelle. Il crut que cette visite vouloit dire que les maîtres des requêtes étoient résolus de souffrir cette création d'offices qui avoit fait leur résistance ; mais eux, qui n'avoient fait cette avance que pour parvenir à leurs fins et pour donner lieu au cardinal de se flatter de la gloire de leur rendre service, ne furent point satisfaits de sa réponse, et demeurèrent dans la même résolution qu'ils avoient prise auparavant : de sorte qu'il fut conclu au conseil d'ordonner aux conseillers d'Etat de rapporter les procès des particuliers, afin de faire connoître aux maîtres des requêtes que le Roi se pouvoit passer de leur corps. Par ce châtiment, beaucoup de familles dans Paris demeurèrent dans l'affliction et dans l'inquiétude de perdre leurs charges. Comme dans la robe ce sont pour la plupart toutes personnes liées de parenté les unes aux autres, cette affaire leur parut de grande conséquence, car elle regardoit toutes les cours souveraines. Ils voulurent donc faire connoître qu'ils ne souffriroient pas que, sous le nom du Roi, les favoris et les ministres pussent anéantir des officiers si considérables ; et ils se réunirent tous ensemble pour les soutenir, prétendant par là se sauver eux-mêmes d'un semblable péril.

Le prince de Condé commença sa campagne cette année par un séjour de huit jours à Chantilly, où il alla passer la semaine sainte avec toute sa cour ; et le duc d'Orléans fut destiné pour être le soutien de la Reine, dans les affaires qu'on prévoyoit qui devoient arriver du côté du parlement. Ces deux princes alors paroissoient avoir de bonnes intentions pour bien servir le Roi, soit dans la paix, soit dans la guerre. La Reine passa ces jours saints à son ordinaire; et, pour les employer dignement, elle fit faire des prières publiques pour la paix générale qui ne furent pas efficaces, parce que tous les hommes ne sont pas dignes du présent que Dieu, par son Evangile, fit dans ce même temps [Pâques 22 avril] à ses apôtres, en leur disant quand il s'apparut à eux : « Paix vous « soit! »

Après le retour du duc de Longueville, le comte d'Avaux (1) eut ordre de revenir aussi, et de laisser en Allemagne Servien (2), seul plénipotentiaire. Ces deux hommes avoient toujours été ennemis pendant toute cette négociation; et, dans toutes les propositions qui s'étoient faites depuis l'assemblée de Munster, leurs avis avoient de même été incessamment contraires. Le ministre avoit souvent interposé son autorité pour les rendre amis, et la présence du duc de Longueville avoit été un souverain remède pour empêcher les mauvais effets de leur désunion; mais étant demeurés seuls, leur guerre s'augmenta de telle sorte qu'il avoit paru nécessaire au cardinal de les séparer. Le sort tomba sur d'Avaux, quoique ce fût le plus sage et le plus modéré, parce que Servien avoit un neveu nommé de Lyonne en faveur auprès du ministre, qui, par les artifices que les honnêtes gens pratiquent injustement à la cour, avoit soutenu son oncle avec tant de force, et su tellement gâter les affaires du comte d'Avaux, que le cardinal peu de

---

(1) *Le comte d'Avaux*: Claude de Mesmes, l'un des plus habiles négociateurs de son temps. — (2) *Servien*: Abel. Il passoit, dans les négociations de Munster, pour avoir seul le secret du cardinal Mazarin,

jours avant son retour, étant au conseil, se déclara son ennemi. Il se plaignit de lui, disant qu'il avoit écrit des lettres qui avoient été publiées partout; que par elles il blâmoit sa conduite, et l'accusoit d'avoir été l'obstacle de la paix. Il dit qu'il ne pouvoit lui pardonner cet outrage, et supplia la Reine d'avoir agréable qu'il ne le vît point. La Reine s'engagea aussitôt de le bannir de sa présence; Monsieur, oncle du Roi, en fit de même; et le cardinal, pour se justifier de ce procédé, vit le président de Mesmes (1) son frère. Il lui fit ses plaintes, et l'assura qu'en son particulier il ne laisseroit pas de bien vivre avec lui et d'être son ami. Ce grave magistrat, le voulant obliger à lui parler plus positivement, le supplia de lui expliquer si son mécontentement seroit assez grand pour empêcher que son frère M. d'Avaux ne pût exercer ses charges; car il avoit été nommé surintendant des finances et ministre d'Etat avant qu'il partît pour la paix. Le cardinal Mazarin lui répondit toujours qu'il ne pouvoit rien dire, sinon qu'à son retour il ne le verroit point : ce qui, en termes assez intelligibles, signifioit une disgrâce tout entière. Le président en fut fort surpris et bien mortifié, aussi-bien que son frère, lequel n'ayant rien à se reprocher, et sachant que M. de Longueville avoit été fort bien reçu, croyoit qu'on seroit content de lui. Cette sévérité n'empêcha point ce magistrat de bien servir le Roi quand son devoir l'y obligea.

A Naples, l'armée navale de France n'avoit paru que pour laisser voir au duc de Guise qu'il n'en pou-

---

(1) *Le président de Mesmes* : Henri. Moins intrépide que Molé, il montra autant de fidélité à la cause royale.

voit espérer de secours ; car, après avoir été à la vue de cette grande ville, elle s'étoit retirée avec aussi peu de profit que peu de gloire. Il étoit venu à la cour depuis peu un moine déguisé, de la part d'Annèse, ce général artisan dont l'autorité étoit étouffée par celle du duc de Guise. Cet homme, né dans la boue, étoit capable d'ambition de même que les plus nobles, et voulut ressusciter sa puissance, en donnant à la France du soupçon de ce prince. Il écrivit au ministre qu'il avoit des intelligences secrètes avec l'Espagne, et lui promit par cet envoyé que s'il vouloit le laisser seul, qu'il feroit de grands services à la couronne. On ne crut pas lui devoir donner aucune créance, et on jugea facilement que ces accusations étoient fausses, et ne procédoient que d'envie ; mais on ne le rebuta pas entièrement, et le cardinal le renvoya avec de belles paroles qui ne vouloient rien dire. Ce ridicule capitaine, qui prétendoit commander des armées, voyant que sa trame étoit découverte, voulut persuader au peuple ce qu'il avoit envoyé dire inutilement en France. Il fit semer des billets dans Naples qui contenoient ces mêmes faussetés ; il fit parler et crier quelques gens qu'il paya, et sut si bien tromper les esprits de cette populace facile à persuader, qu'il les fit résoudre à perdre le duc de Guise ; et dans les rues on disoit publiquement qu'il le falloit mettre dans une barque et le renvoyer en son pays. Ce prince, qui ne connoissoit point la peur, sachant ce qui se disoit de lui, monta à cheval, se montra au peuple, les caressa tous d'une manière haute et libre ; et criant lui-même : « Liberté ! vive la république ! » il ramena beaucoup de ces gens-là entièrement à lui. Deux compagnies de la ville, et beaucoup de cette populace, allèrent pour enfoncer le quartier d'Annèse au Torion, lieu qu'il avoit gardé pour lui à l'arrivée du duc de Guise : ce qui d'abord l'incommoda, parce que ce prince, qui hasardoit toutes choses, réussissoit souvent au dommage de son ennemi. Annèse pensa périr alors ; mais comme il demeura libre, et qu'il avoit du crédit dans les esprits de ses semblables, il donna peu après un retour au duc de Guise, qui pourroit faire murmurer les hommes contre cette volage qu'on appelle la fortune, si nous n'étions obligés de croire que ses légèretés procèdent de la volonté immuable du Tout-Puissant, et que nous devons révérer ses ordres en les recevant avec la soumission et le respect que nous devons. Voilà ce que la Reine même nous fit l'honneur de nous dire des aventures de ce prince. Je ne sais si l'éloignement du lieu où il étoit n'en avoit point banni la vérité en quelques circonstances.

Pendant que le duc de Guise donne des marques à toute l'Europe de sa valeur, il en donna de son amour à mademoiselle de Pons d'une manière tout-à-fait indigne de lui. Aussi doit-on dire que, par la différence de l'estime et du blâme qu'il en reçut, on peut juger de la différence qu'il y a de la force à la foiblesse, de la raison à l'égarement, et du vice à la vertu : aussi est-il juste de lui donner l'avantage qu'elle mérite sur cette passion qui rend les hommes méprisables, lors même qu'ils pourroient prétendre à la gloire des César et des Alexandre. Le duc de Guise, ayant appris à Naples que la Reine avoit obligé mademoiselle de Pons à se mettre dans une maison religieuse plus régulière que celle où il l'avoit laissée, en fut sensiblement touché. Il se fâcha de ce qu'elle étoit en lieu de sûreté; il s'affligea avec elle de ce qu'elle ne pouvoit plus se divertir avec ses rivaux; et, sans se soucier beaucoup des malheurs qu'il avoit sujet de craindre à la guerre de Naples, ni des infidélités que cette fille lui préparoit, il se laissa entièrement occuper des chagrins de cette fille. Pour montrer à la Reine l'excès de sa douleur, il lui écrivit cette belle lettre que j'ai voulu mettre ici, afin de faire voir quel étoit le génie de ce prince sur la galanterie, combien son esprit étoit romanesque et frivole, et combien son ame étoit inconstante, puisque déjà il en étoit à sa troisième femme, sans croire d'en avoir encore épousé aucune. Il avoit raison de se vanter d'être peut-être le seul au monde qui auroit osé entreprendre l'aventure de Naples; et par la lettre qu'il écrivit aussi au cardinal Mazarin, que j'ai voulu joindre à celle qu'il envoya à la Reine, il paroît assez qu'il étoit le seul homme au monde qui pût se laisser emporter à des sentimens tels que les siens. Mais s'il manquoit de sagesse, il ne manquoit pas de belles paroles pour soutenir une mauvaise cause.

Lettre du duc de Guise à la Reine, prise sur l'original.

« Madame,

« J'avois toujours espéré de Votre Majesté que, hasardant ma vie pour son service, lui conquérant des royaumes, lui assujétissant des provinces, et maintenant par ma seule résolution des peuples dans la fidélité sans argent et sans pain, comme la guerre sans poudre et sans soldats ; exposant ma personne dans les périls continuels où je me trouve tous les jours et de trahison et de poison, et ne prétendant pour récompense de mes travaux que de pouvoir, après tant de peines, passer heureusement ma vie avec mademoiselle de Pons, elle la considéreroit, pour me témoigner avoir quelque satisfaction des soins que je prends ici de lui rendre des services si périlleux, étant trahi et abandonné de tout le monde ; de telle sorte que je puis dire être le seul qui eût osé penser entreprendre rien de pareil. J'avoue, madame, que j'ai appris avec un regret extrême la rigueur dont Votre Majesté a usé envers elle ; je la supplie très-humblement de vouloir, en considération de tout ce que j'ai fait et de tout ce que je prétends faire pour le service de la couronne, m'accorder pour récompense qu'elle soit traitée et considérée d'une autre façon : ce que j'espère de sa bonté, si elle veut conserver la vie de la personne du monde qui est plus véritablement et avec plus de respect, de Votre Majesté, le très-humble, très-obéissant, très-fidèle et très-obligé sujet et serviteur,

« LE DUC DE GUISE. »

Lettre du duc de Guise à M. le cardinal Mazarin.

« MONSIEUR,

« Si la passion que j'ai toujours eue et que je conserve plus violente et plus fidèle que jamais pour mademoiselle de Pons n'étoit assez connue à Votre Eminence, elle pourroit s'étonner que, dans l'état où je me trouve, je me remisse sur ce qu'elle pourra apprendre de M. le marquis de Fontenay des affaires d'ici, et je ne l'entretinsse que de mes malheurs. C'est un effet du désespoir où je suis, qui fait que je ne puis avoir de sentiment pour quoi que ce puisse être, lui faisant une confession très-véritable que ni l'ambition, ni le désir de m'immortaliser par des actions extraordinaires, ne m'a embarqué dans un dessein si périlleux que celui où je me trouve; mais la seule pensée que, faisant quelque chose de glorieux, de mieux mériter les bonnes grâces de mademoiselle de Pons, et d'obtenir, par l'importance de mes services, que, la Reine considérant davantage et elle et moi, je pusse, après tant de périls et de peines, passer doucement avec elle le reste de mes jours. Mes espérances sont bien trompées, et je me plains avec raison de me voir abandonné de la protection de Votre Eminence dans le temps où, en ayant le plus de besoin, je m'en tenois le plus assuré. J'ai hasardé ma vie dans le passage sur la mer; j'ai réduit dans ce parti quasi toutes les provinces de ce royaume; j'ai maintenu la guerre quatre mois sans poudre et sans argent, et réduit dans l'obéissance un peuple affamé, sans lui avoir pu donner en tout ce temps que deux jours de pain. J'ai cent fois évité la mort et par le poison et par les révoltes. Tout le monde m'a trahi : mes domestiques mêmes ont été les premiers à tâcher de me détruire. L'armée navale n'a paru que pour m'ôter la créance parmi le peuple, et par conséquent le moyen de réussir; et parmi tous ces embarras, ne subsistant que par mon cœur, au lieu de m'en savoir gré, et me donner courage de continuer ce que j'ai si heureusement commencé, et où je puis dire sans vanité que tout autre que moi auroit échoué, l'on me persécute en ce qui m'est de plus cher et de plus sensible. On tire avec violence une personne que j'aime d'un couvent où je l'avois priée de se retirer; et, durant le temps que je hasarde ma vie, on m'ôte la seule récompense que je prétends de tous mes travaux. On la renferme, on la maltraite, et l'on me donne le plus grand et le plus sensible témoignage de haine que l'on me peut donner. Ah! monsieur, si Votre Eminence a quelque sentiment de l'amitié qu'elle m'a promise et du service que je lui ai voué, remédiez à ce déplaisir, faites-moi connoître en ce point quelle est son amitié et son estime pour moi. En tout autre chose, je lui ferai voir que jamais homme ne lui fut si véritablement acquis. Sans cela, ni fortune, ni grandeurs, ni même la vie ne me sont pas considérables. Je m'abandonne tout-à-fait au désespoir; et si je vois qu'il ne me reste plus d'espérance d'être quelque jour heureux, renonçant à tout sentiment d'honneur et d'ambition, je n'aurai de pensée au monde que celle de périr et de ne pas survivre à une telle affliction, qui me fait perdre et le repos et la raison. J'ose me promettre que ma conservation est assez chère à Votre Eminence pour ne pas voir avec plaisir la perte de la personne du monde qui, malgré les justes sujets qu'il a de se plaindre, ne laisse pas d'être le plus véritablement, monsieur, votre très-humble et très-obéissant serviteur,

« LE DUC DE GUISE. »

Je suis assurée qu'en pareille occasion les aïeux de ce prince n'auroient point renoncé à la gloire, à la fortune ni à l'ambition pour une fille; que leurs plaintes auroient été fondées sur des sujets plus solides; que leurs chagrins auroient été causés par ce qui les auroit empêchés de conquérir le royaume de Naples; qu'ils auroient sans doute cru par eux-mêmes, et sans couronne, mériter les bonnes grâces de mademoiselle de Pons, et que le trône leur eût paru plus nécessaire pour eux que pour elle. Mais enfin, puisque cette passion peut sans honte troubler la raison des plus grands hommes, il faut faire cette grâce au duc de Guise de lui pardonner en sa faveur toutes ses foiblesses, et demeurer d'accord qu'il avoit assez d'autres belles qualités qui, avec justice, pouvoient forcer son siècle de l'estimer. Il fut véritablement malheureux, en ce que la France, ne le pouvant secourir, fut obligée de l'abandonner; et, pour colorer cette impuissance, peut-être que la Reine et le cardinal Mazarin firent des plaintes contre lui, et publièrent qu'il avoit refusé les secours qu'on lui avoit voulu envoyer, parce qu'il avoit voulu être le seul maître de ses desseins, afin de se pouvoir faire roi s'il réussissoit dans ses entreprises. D'autre côté, Gennare Annèse, n'ayant pu donner à notre ministre d'assez puissans dégoûts du duc de Guise pour l'obliger à le protéger contre lui, se résolut, pour le perdre entièrement, de traiter avec son ancien maître le roi d'Espagne. Il lui envoya faire des propositions avantageuses, et lui promit de faire changer de face les affaires de ce royaume. Ses propositions furent reçues avec joie; et ces habiles politiques, pour les faire réussir à leur avantage, obligèrent le Pape, d'inclination fort espagnole, à faire publier un jubilé à

Naples, afin de commencer par la dévotion à disposer les esprits à l'obéissance à leur Roi et au désir de la paix. Le cardinal Filomarini, archevêque de cette ville, en donnant les missions nécessaires aux curés et aux confesseurs, leur ordonna d'exhorter les peuples au repentir de leurs révoltes, et à reconnoître, par l'état où ils étoient, l'avantage qu'ils trouveroient en se remettant à leur devoir, par une véritable soumission à la volonté de leur souverain. En second lieu, le comte d'Ognaste, ambassadeur du roi d'Espagne à Rome, se servit d'une de ses créatures, qu'il fit envoyer à Naples de la part de celui de France, qui, trompé par Andrea Bicci, confident d'Ognaste, et persuadé par les intrigues des Espagnols qui étoient attachés aux intérêts de la France, lui donna commission pour aller trouver le duc de Guise, et demeurer auprès de sa personne en qualité de mestre de camp de la marine. Cet homme étant arrivé se découvrit à Annèse, lui promit, de la part du Roi son maître, toute sûreté pour le crime de sa révolte, et de plus un grand établissement en son pays, s'il pouvoit contribuer à remettre les choses en bon état, et raccommoder ce que lui et un Joseph Palombo avoient gâté. L'Annèse reçoit le pardon avec joie, et, pour se défaire du duc de Guise, hasarde de se confier aux Espagnols, qui sont en réputation de ne pardonner jamais de telles offenses. Le comte d'Ognaste fut déclaré vice-roi de Naples, exprès pour travailler à ce dessein. Il arrive à Naples, il négocie avec le nonce; et, par le moyen d'un capucin, traite avec le cardinal Filomarini. Cette négociation étant demeurée secrète, et les confesseurs pendant le jubilé ayant fait leur devoir, le jeudi-saint, à neuf heures du matin, leur entreprise étant en bon état, ils firent chanter une messe du Saint-Esprit dans leur quartier. Ensuite de cela, ils ordonnèrent des gardes pour défendre contre le peuple le port Saint-Sébastien qui étoit à eux, et firent entrer par cet endroit quatre compagnies espagnoles, qui, étant passées sans aucun obstacle, s'acheminèrent vers le Torion del Carmen où commandoit l'Annèse, criant partout : *Pace, pace.* En ce même temps le cardinal Filomarini partit de son archevêché pour aller au même lieu, donnant sa bénédiction au peuple; et ceux qui le suivoient, soit ses domestiques ou des Espagnols, crioient aussi : *Pace, pace.* Le peuple, qui à ce bruit s'étoit ému et assemblé dans les rues, ignorant toutes ces nouveautés, et ne pouvant deviner la cause de ce qu'il voyoit, demeuroit confus, ne sachant que faire ni à quoi se résoudre ; et tous les hommes paroissoient, par leur étonnement, être devenus des statues. Le cardinal archevêque étant arrivé au Torion del Carmen, il y trouva don Juan d'Autriche, qui étoit arrivé secrètement en ce lieu, par ordre du roi d'Espagne. Le nonce et le comte d'Ognaste s'y trouvèrent aussi, lesquels y étoient allés déguisés, conduits et reçus par l'Annèse, l'auteur de toute cette trame. Aussitôt qu'ils furent arrivés, l'Annèse se jetant à genoux devant don Juan, lui présenta les clefs de ce fort, et lui demanda pardon de son crime : ce qu'il obtint assez facilement, cette grâce lui ayant déjà été accordée avec récompense. Ils firent entrer ensuite deux compagnies espagnoles, et don Juan reçut le serment de fidélité de Gennare Annèse, de son compagnon, et de quelques autres personnes des plus considérables du peuple, qu'ils avoient gagnés. Ce prince promit entre les mains du nonce de faire observer tous les articles qui leur étoient accordés en leur faveur, et du peuple en général; et ensuite ils allèrent tous ensemble à l'archevêché faire chanter le *Te Deum,* pour rendre grâces à Dieu d'un si heureux commencement.

En même temps une partie des soldats espagnols et leurs adhérens allèrent piller le palais du duc de Guise, qui étoit allé dehors, vers la porte Capuana, visiter quelques forts qu'il avoit eu peur que les ennemis ne voulussent attaquer. Ce prince alors n'avoit que trente personnes avec lui; et comme il revenoit pour rentrer dans la ville, il entendit le bruit que le peuple, réveillé de son étourdissement, commençoit à faire, et vit beaucoup d'hommes sortir hors la porte de la ville, criant tous : *Salva, salva, tradimento!* Jugeant de là qu'il étoit perdu, il donna des éperons à son cheval, et lui troisième se voulut sauver vers Bonnavente. Étant arrivé dans un bois où il crut pouvoir trouver quelque sûreté, il y fut pris par une troupe de soldats qui étoient en embuscade dans ce lieu, exprès pour l'arrêter. Comme ses ennemis étoient habiles gens, ils avoient si bien donné ordre à leurs affaires, qu'il étoit quasi impossible que ce prince leur échappât, car ils avoient mis des embuscades par toutes les avenues de cette ville, afin que s'il ne pouvoit pas être pris ou tué dans sa maison, qu'ils avoient résolu d'attaquer, ils le pussent avoir par d'autres voies (1). Etant pris, il fut maltraité et mené en Espagne prisonnier, où il demeura long-temps dans

(1) J'ai pris cette narration dans les gazettes qui nous vinrent alors de

la croyance qu'on lui feroit couper la tête. Son palais, qui n'étoit pas assurément rempli de grands trésors, fut pillé; et ses domestiques, qui voulurent faire quelque résistance, furent tous tués. Beaucoup de ceux de Naples demeurèrent sans prendre le parti d'Espagne, et il leur resta une grande douleur d'avoir été surpris et trompés. Cela donna lieu au ministre de croire que si le Roi vouloit secourir ces peuples irrités, en leur envoyant des troupes et un autre général, la révolte seroit plus grande que jamais. Quelques-uns de ce pays, affectionnés à la France, mandèrent qu'il ne falloit pas abandonner l'entreprise, et qu'elle étoit encore en état d'en espérer une bonne issue. On y envoya Lambert, mestre de camp, avec une armée assez médiocre, et pour général le prince Thomas, frère du feu duc de Savoie, pour la commander, qui, n'étant pas né heureux, ne fit rien en cette occasion de considérable.

Aussitôt que madame de Guise sut le malheur qui étoit arrivé au duc de Guise son fils, elle, le duc de Joyeuse son second fils, le chevalier de Guise et mademoiselle de Guise sa fille, vinrent supplier la Reine de secourir ce prince malheureux, dont le courage étoit la cause de sa perte. La Reine trouva leur demande juste, et envoya aussitôt un courrier en Espagne, pour avouer le duc de Guise de tout ce qu'il avoit fait contre le service du Roi son frère, afin qu'il fût traité en prisonnier de guerre. Elle disoit qu'on pouvoit, sans injustice, lui faire couper la tête à Naples, avant que le courrier y arrivât, parce qu'il

---

Naples; et comme c'est une chose empruntée, je ne réponds pas de sa vérité en toutes ses circonstances : mais le succès en gros est véritable.

n'avoit pas voulu prendre commission du Roi ; et par là elle vouloit blâmer son procédé, et montrer qu'elle n'étoit pas obligée d'envoyer un secours que lui-même n'auroit peut-être pas voulu trop grand. Quand on sut qu'on le menoit prisonnier en Espagne, on jugea qu'il étoit seulement réservé à la prison, et que le duc de Lorraine, chef de sa maison, et qui servoit l'Espagne, le pourroit préserver de cette infortune. Par sa prison, le duc de Turcy et son neveu, que les Napolitains tenoient prisonniers, furent délivrés ; et le duc de Guise demeura dans la sienne, malheureux et maltraité de ses ennemis.

De tous les maux qui arrivèrent au duc de Guise, celui qui lui dut être le plus sensible selon son humeur fut qu'enfin mademoiselle de Pons, étant sortie des filles de Sainte-Marie, lui fit sentir à son tour les infidélités qu'il avoit faites à la princesse Anne de Gonzague, et à la comtesse de Bossu. Elle lui fut elle-même infidèle, en souffrant la galanterie de quelques autres ; et, par un échange honteux pour elle, l'écuyer de ce prince prit enfin dans son cœur la place de son maître : si bien que l'histoire de ses amours eut pour conclusion, au retour de ses voyages et de sa prison, un procès qu'il fit à cette fille, prétendant qu'elle lui avoit volé ses pierreries et ses meubles, sans se contenter des grands présens qu'il lui avoit faits pendant qu'il l'aimoit. Malicorne, qu'elle avoit préféré à ce prince, la quitta de même ; et elle fut contrainte enfin, par ses mauvaises aventures, de se sauver en Flandre, pour tâcher d'y faire quelque nouvelle conquête : et peut-être que la comtesse de Bossu et elle se consolèrent ensemble, en donnant des rivaux au duc de Guise, qui les avoit aimées l'une et l'autre.

Il faut quitter Naples pour la France et pour la cour, où nous allons voir une grande princesse bien en peine. Sur la fin d'avril on arrêta prisonnier un gentilhomme qui étoit à Mademoiselle, nommé Saujeon, dont la sœur étoit fille d'honneur de Madame, et que le duc d'Orléans ne haïssoit pas ; mais l'inclination qu'il avoit pour la sœur n'empêcha pas la disgrâce du frère, parce que les raisons en étoient grandes, et sur une matière qui paroissoit délicate. D'abord on fit un grand secret de cette affaire : la Reine seule, son ministre, Monsieur et son favori, la surent ; et les gens de la cour employèrent quelques jours au soin d'en savoir les raisons, parce que les aventures qu'on croit procéder du cabinet donnent d'ordinaire plus de curiosité aux spectateurs que les affaires d'une autre nature. Le prisonnier fut interrogé secrètement pendant un petit voyage que le duc d'Orléans alla faire à Limours ; et quoique ces quatre personnes eussent observé religieusement le silence, Cominges, parent de Saujeon, et qui étoit de mes amis, m'apprit cette histoire ; et, me faisant le récit de son interrogatoire, il me pria de la tenir secrète pour quelque temps. Chacun commençoit à soupçonner le vrai, et personne ne le savoit encore entièrement. Nous en vîmes l'éclat un jeudi au soir, sur la fin du conseil, qui se tint ce jour-là dans la petite galerie de l'appartement de la Reine. Le duc d'Orléans fit appeler Mademoiselle dans ce lieu, où ils étoient restés seuls, la Reine, Monsieur, le cardinal Mazarin et l'abbé de La Rivière. Comme elle entra, ce favori de Monsieur, qu'elle haïssoit, lui dit tout bas en passant qu'elle alloit recevoir une réprimande de Monsieur, son père, et que le seul moyen de se sauver étoit de s'humilier à lui et à la Reine. Le fond de cette affaire étoit que Saujeon, peut-être du consentement de Mademoiselle, l'avoit voulu marier à l'archiduc. Son crime étoit d'avoir eu intelligence avec un bourgeois de Furnes, et ce bourgeois en avoit eu avec une personne de qualité qui étoit à la cour de ce prince. Cette personne, au lieu de travailler à faire réussir cette affaire, soit que ce fût du consentement de son maître, soit comme espion payé de la France pour le trahir, avertit le cardinal de la négociation; et le ministre n'étant pas content de Mademoiselle, l'avoit noircie à la Reine, et lui avoit parlé de cette intelligence comme étant quasi criminelle et digne de sa colère. La Reine, en effet, trouva que Mademoiselle étoit coupable, et en parla à Monsieur avec tant de ressentiment, que Monsieur, malgré la qualité de père, ne l'osa jamais excuser. Cette jeune princesse, qui avoit senti cet orage, avoit cru qu'il falloit cacher son inquiétude, et paroître ne rien craindre; de sorte que le jour précédent (le dernier avril), entrant dans le Luxembourg et dans la chambre de Madame, sa belle-mère, elle dit tout haut, en riant, qu'on disoit que Saujeon étoit prisonnier pour elle, et pour l'avoir voulu marier avec l'archiduc; qu'elle trouvoit cela plaisant, mais qu'au moins elle n'en savoit rien, et qu'ainsi elle n'y prenoit nulle part que celle de la compassion. Cependant la voilà appelée au conseil, et fort troublée de l'avis que lui donna l'abbé de La Rivière. Elle trouva la Reine irritée, qui l'accusa d'avoir des intelligences avec les ennemis de l'État, d'avoir voulu se marier sans sa permission ni celle de son père, d'avoir manqué de respect à elle et à lui; et, après l'avoir rigoureusement traitée, elle l'abandonna au duc d'Orléans, qui confirma le ressentiment de la Reine par le sien, et n'oublia rien à dire de tout ce qui pouvoit servir de châtiment à cette faute.

Mademoiselle se voyant attaquée avec tant d'éclat, tirant des forces de sa propre foiblesse, se soutint courageusement contre ces deux personnes, que par tant de raisons elle devoit craindre. Elle maintint toujours hardiment qu'elle n'avoit point failli, et n'avoit rien su de cette négociation. Au contraire, elle reprocha à Monsieur que s'il avoit voulu il l'auroit mariée à l'Empereur; et lui sut marquer qu'il lui étoit honteux de n'être pas son protecteur dans cette occasion, où il sembloit que sa gloire étoit attaquée. La Reine, qui entendit ces paroles avec étonnement, me fit l'honneur de me dire le soir que si elle avoit eu une fille qui l'eût traitée de même manière que Mademoiselle avoit traité son père, elle l'auroit bannie de la cour pour jamais, et l'auroit enfermée dans un couvent. Nous entendîmes le bruit des accusations et de la défense; et quoiqu'il n'y eût que trois personnes qui parlassent, le ministre n'ayant point voulu montrer en cette rencontre qu'il eût part à la réprimande, le vacarme fut si grand, que nous, qui étions dans le cabinet voisin, demeurâmes occupés du désir de savoir le succès et le détail de cette querelle. Mademoiselle sortit de ce lieu avec un visage plus altier que honteux, et ses yeux paroissoient plus remplis de colère que de repentir. En passant, elle s'arrêta un moment à l'abbé de La Rivière, puis s'en alla chez elle, touchée d'une vive douleur de se voir abandonnée de celui de qui elle devoit espérer de l'appui et de la consolation. Le lendemain, l'abbé de La Rivière l'alla trouver de la part de son maître, pour lui défendre de voir qui que ce fût, qu'elle n'eût confessé tout ce qu'elle savoit de cette affaire. Lui, qui peut-être n'auroit pas été fâché de plaire au ministre en confondant cette criminelle dont il croyoit être haï, fit tout ce qu'il put pour l'obliger à lui avouer la vérité de cette intrigue; mais elle demeura toujours ferme et constante dans la négative. Elle eut un sensible déplaisir de tant de choses fâcheuses : ce déplaisir lui donna la fièvre; et même elle s'évanouit une fois de douleur de ce qu'on lui ôta une de ses femmes qu'on soupçonnoit d'avoir servi à lui faire avoir de longues conversations avec Saujeon. Ce gentilhomme avoit voulu servir une princesse qui méritoit d'être servie : mais il étoit au Roi, et par conséquent blâmable. Sa faute néanmoins étoit plus imprudente que criminelle, puisque le motif en étoit tout-à-fait innocent. Mademoiselle apparemment avoit voulu se marier [1], et sans doute que dans son intention elle n'avoit pas eu le dessein de manquer au respect qu'elle devoit à la Reine et à Monsieur; mais sa conduite étoit blâmable, quand on la regardoit du côté des maximes de l'État, qui lui défendoient tout commerce particulier avec les ennemis et les étrangers. En mon particulier, je n'avois alors nul sujet de me louer de cette princesse que par la part qu'elle me donnoit à la civilité

---

(1) *Mademoiselle apparemment avoit voulu se marier* : Cette affaire est racontée avec beaucoup de détails dans les Mémoires de Mademoiselle.

qu'elle avoit pour tout le monde, et je ne puis être soupçonnée de passion sur ce que je pourrai dire d'elle; mais comme je fais profession d'une sincérité tout entière, je suis obligée de lui rendre ce témoignage. J'eus même assez d'équité, sans qu'elle l'ait jamais su, pour soutenir à la Reine, le jour même de ce désordre, que Mademoiselle avoit raison de ne point avouer qu'elle eût voulu chercher un mari par des intrigues secrètes; et je lui dis que je trouvois, soit que cela fût vrai ou qu'il ne le fût pas, que Monsieur avoit tort de l'abandonner, et de vouloir qu'elle confessât publiquement une chose qu'il étoit plus honteux d'avouer que de faire : car une fille n'est point blâmable de penser à son établissement; mais il n'est pas honnête qu'on le sache, ni qu'elle paroisse y avoir travaillé. « Les pères, lui dis-je, Madame, ont accou-
« tumé, dans les propositions de mariage, de garder
« certaines bienséances pour sauver la gloire des filles,
« qui semble être toujours blessée en recherchant ce
« qui leur est loisible de souhaiter. » La Reine, qui m'a toujours fait l'honneur de recevoir avec bonté ce qui pouvoit procéder d'un cœur qu'elle a reconnu lui être fidèle, me sut mauvais gré des sentimens que j'avois sur cette affaire, parce qu'en effet elle l'avoit tout-à-fait désapprouvée; et cela fut cause que dans son chagrin elle le dit au duc d'Orléans, qui, sans considérer le motif qui m'avoit fait parler, se plaignit de moi, et me dit qu'il étoit étonné de ce que je blâmois son procédé, vu qu'il me croyoit plus son amie que de sa fille. Au lieu de me justifier là-dessus, je fis part de mes sentimens à son favori, qui étoit quelquefois assez raisonnable pour les bien recevoir. Je lui conseillai de

travailler à raccommoder ce désordre, et lui dis que je comprenois assez que Monsieur avoit raison de se plaindre qu'une princesse eût voulu se marier sans la participation d'un père comme lui, et que la Reine, comme il étoit vrai, avoit sujet aussi de se fâcher contre elle. Mais je lui soutins que Monsieur ne devoit point la forcer à confesser une chose de cette nature, ni lui aussi ne devoit point par complaisance l'aigrir contre elle : et que s'il ne travailloit à finir cette querelle, il seroit blâmé de tout le monde, ne faisant pas connoître à son maître les intérêts véritables de la réputation de Mademoiselle ; car, étant sa fille, ils devenoient les siens propres : et je conclus notre conversation en lui disant, en présence de mademoiselle de Beaumont qui étoit suivante de cette princesse, qu'il étoit vrai qu'elle avoit tort, et qu'elle avoit peut-être trop hasardé ; mais qu'enfin sa faute étoit légitime, et que la vieillesse de l'archiduc, ses grandes oreilles et sa sévère dévotion la devoient justifier devant tout le monde. Cette petite harangue eut son effet : peu de temps après, Monsieur connut la vérité. Mademoiselle fit parler au cardinal, et le fit prier de travailler à changer l'esprit de la Reine sur l'accusation qu'elle faisoit contre elle. Chacun pressa Monsieur de devenir bon père, et de lui pardonner. Plusieurs personnes parlèrent à l'abbé de La Rivière de la part de Mademoiselle ; et le ministre, qui étoit bien aise de se faire un mérite envers elle, témoigna désirer de la servir. Le favori de Monsieur suivit ce même exemple ; et, comprenant qu'il étoit juste que son maître prît le parti de la pitié, il oublia ses petits ressentimens pour la servir aussi : de sorte que l'onzième jour de sa captivité, après de grandes conférences qu'il fallut avoir avec la Reine, de la part de Monsieur, l'abbé de La Rivière alla porter à Mademoiselle quelques paroles de douceur, qui furent accompagnées de grandes leçons, et de respectueuses réprimandes sur sa conduite. Cette princesse donnoit quelques sujets de chagrin à Monsieur; et la comtesse de Fiesque (1) sa gouvernante, sur plusieurs articles, faisoit alors de grandes plaintes contre elle, l'accusant d'imprudence en beaucoup de ses actions, et particulièrement de ne se pas appliquer avec soin à conserver les bonnes grâces du ministre. Elle la blâmoit d'être trop emportée pour ses amis et contre ses ennemis; et, par ses sages et politiques harangues, elle lui attiroit souvent quelque petit châtiment paternel doux ou sévère, selon l'esprit où ce prince se trouvoit, qui, après tout, aimoit tendrement Mademoiselle. Il a toujours bien vécu avec elle : il la traitoit avec bonté, et plusieurs fois je lui ai ouï dire que sa fille alors le nourrissoit; qu'il étoit un gueux, qu'elle étoit riche, et que sans elle il n'auroit pas eu quelquefois du pain. Il disoit vrai; car Mademoiselle ayant le bien de madame sa mère, qui étoit héritière de la maison de Montpensier et de Joyeuse, il en avoit toujours joui, sans lui donner que ce qu'il lui plaisoit pour l'entretien de sa maison. Ce qu'il a payé depuis par les procès qu'il a eus avec elle, quand devenant âgée elle s'est vengée de lui, et a voulu avoir son bien, avec des marques d'une ame un peu trop dure à l'amitié.

(1) *La comtesse de Fiesque* : Anne Le Veneur, veuve de François, comte de Fiesque.

Dès le même jour de cet adoucissement, Mademoiselle vint voir la Reine, qui la reçut froidement. Elle lui dit qu'elle ne devoit pas se glorifier d'avoir tenu bon contre son père et contre elle, n'avouant point les fautes qu'elle avoit faites; que ceux qui l'avoient conseillée lui en donneroient sans doute de grandes louanges, mais qu'elle ne devoit point se laisser flatter par eux, qui ne la conseilloient pas bien; et qu'elle devoit croire que sa faute étoit grande, puisqu'elle la voyoit désapprouvée par un aussi bon père que le sien, et par elle, qui l'avoit toujours traitée comme sa propre fille. Quelques jours après, la paix se fit entièrement, par une visite qu'elle eut permission de rendre à M. le duc d'Orléans, qui, après une conversation particulière, lui pardonna ces petites fautes. Ensuite de cela, la cour s'occupa de quelque nouvelle matière, celle-là étant déjà trop vieille pour en parler davantage; et Saujeon fut envoyé prisonnier à Pierre-Encise, d'où il sortit bientôt après [le 11 mai]. Peu après, Monsieur, frère unique du Roi, fut baptisé et nommé Philippe, par la reine d'Angleterre, et par Monsieur, oncle du Roi et de lui.

Ce qui fit oublier l'aventure de Mademoiselle fut un courrier que M. le prince envoya à la Reine, pour lui mander qu'il commençoit de marcher vers les ennemis avec une fort belle armée. Cette nouvelle fit résoudre le ministre de mener la cour sur la frontière, pour être plus en état de travailler à la grandeur de la France par l'abaissement des ennemis : ce qui se pouvoit espérer facilement avec de bonnes troupes et un général tel que M. le prince; mais la Reine fut arrêtée à Paris par un nouvel embarras qui arriva aux affaires du Roi, dont la suite ne fut pas de petite conséquence à l'État.

On avoit redonné la paulette (1) à toutes les compagnies souveraines, à condition de leur retrancher quatre années de leurs gages; et, pour contenter le parlement en son particulier, comme le corps du royaume le plus considérable et par conséquent le plus à craindre, on la leur avoit redonnée sans leur rien retrancher. La chambre des comptes, la cour des aides, le grand conseil, et tous les officiers de France, qui se trouvèrent incommodés par ce traitement, firent leurs plaintes au parlement, et demandèrent leur assistance pour soutenir leur droit contre l'oppression qu'ils disoient leur avoir été faite. Ils remontrèrent à cette compagnie qu'elle devoit craindre d'avoir part quelque jour à cette ordonnance ; que par leur abaissement ils devoient appréhender eux-mêmes de diminuer de puissance, et que, ne se soutenant point les uns les autres, ils étoient tous menacés d'une ruine totale, parce que les favoris n'ayant point d'obstacle plus redoutable que celui de la puissance du parlement, quand il subsisteroit seul il seroit facile de diminuer celle qui lui resteroit, et de le mettre au rang des autres compagnies du royaume.

Le parlement fut touché de leurs raisons : il fut animé par la crainte d'un pareil traitement, et par le

(1) *La paulette* : Droit que les officiers de judicature et de finances payoient aux parties casuelles du Roi au commencement de l'année, afin de conserver leurs charges à leurs héritiers; sans quoi elles étoient vacantes au profit du Roi, en cas de mort. Le nom de *paulette* vient de Charles Paulet, secrétaire de la chambre du Roi, qui fut l'inventeur et le premier fermier de ce droit, établi par un édit de 1604.

désir de s'élever, qui dominoit alors les principaux esprits de cette grande compagnie. Elle s'assembla, et murmura : ils dirent quasi tous que s'ils abandonnoient leurs confrères, ils auroient sujet de se plaindre d'eux, et qu'étant maltraités ils devoient croire qu'ils auroient bientôt leur part des maux ; de sorte que le 13 de mai, les chambres assemblées, ils donnèrent un arrêt où la jonction fut accordée avec les autres compagnies, et où il fut dit : Qu'ils défendoient de recevoir aucuns officiers nouveaux, dans le temps où la paulette n'étant point accordée à tous, les offices sont acquis au Roi, que premièrement la veuve et les héritiers ne fussent contens. Sur leur arrêt, la Reine ordonne au chancelier de mander le parlement, et leur déclarer de sa part que les ayant gratifiés en leur particulier, Sa Majesté avoit cru qu'ils lui en seroient obligés ; mais qu'ayant reconnu par leur procédé qu'ils prenoient cette grâce d'une autre manière, qu'elle leur promettoit de ne plus demander les quatre années de gages qu'elle avoit cru pouvoir retenir sur tous les officiers des autres compagnies ; qu'elle laisseroit les choses en même état qu'elles étoient avant cela ; mais qu'aussi elle les prioit de considérer la nécessité des affaires du Roi, et d'aviser à quelques autres moyens d'avoir de l'argent.

Cette réponse étoit trop douce pour un maître offensé : elle paroissoit venir du génie du ministre, qui étoit de s'abaisser toujours quand on lui résistoit, et de trop entreprendre quand il croyoit pouvoir tout faire ; mais elle avoit un double sens, et la pensée du cardinal alloit à laisser le parlement dans l'état où il étoit, et s'en venger en le laissant languir dans l'incertitude que chaque particulier pouvoit avoir, que lui mourant il perdroit sa charge.

La Reine envoya au greffe défendre de recevoir l'argent d'aucun du parlement, révoquant le don qu'elle leur avoit fait de la paulette, et les remettant dans la même égalité des autres officiers. Cette conduite fut approuvée des habiles gens, et auroit peut-être réussi si le ministre eût pu la soutenir; mais comme le parlement se vit engagé à cette grande entreprise, il crut qu'il devoit pousser sa résistance plus loin, et que pour se tirer de cette affaire il en falloit faire naître au cardinal Mazarin qui le pussent embarrasser. Ils en cherchèrent les moyens avec soin; et la mauvaise disposition des esprits de la cour, la misère de toute la France, et la haine publique qui commençoit à se déclarer contre lui, leur en donnèrent de tels que, sans une protection toute particulière de Dieu sur ce royaume, il est à croire qu'il en pouvoit arriver le renversement de la monarchie.

La Reine, qui n'avoit pas gratifié le parlement de bon cœur, disoit, en parlant de cette affaire, qu'elle croyoit bien qu'il se repentiroit de ce qu'il avoit fait, et qu'elle n'étoit pas fâchée d'avoir été contrainte de révoquer la grâce qu'elle lui avoit accordée malgré elle, le traitant plus favorablement qu'il ne méritoit. Comme le sang de Charles-Quint lui donnoit de la hauteur, elle ne croyoit pas qu'aucune créature pût ou dût oser se défendre contre la volonté du Roi; de sorte que dans toutes les affaires du parlement, dont elle n'entendoit point l'ordre ni la chicane, elle vouloit toujours le terrasser, et que tout ce qui étoit ordonné dans son conseil s'exécutât dans cette compagnie. Mais comme ils sentoient en eux les premières impulsions de la révolte, ils se défendoient méthodiquement, et se servoient en habiles gens des hauteurs de la Reine et des bassesses de celui qui la conseilloit, pour le faire tomber dans des fautes qu'il avoit après bien de la peine à réparer. Cela étoit cause que cette princesse a souvent paru plus colère qu'elle ne l'étoit, et plus sévère que douce, quoiqu'en effet dans les matières qui étoient de sa connoissance elle fût la plus raisonnable et la plus modérée de toutes les femmes.

Le premier président, qui ne vouloit pas se déclarer contre la cour, balançant entre elle et sa compagnie, agissoit de sorte que, sans beaucoup travailler pour arrêter le cours de la révolte, on ne pouvoit pas néanmoins se plaindre de lui. Le chancelier étoit habile homme, et auroit pu, selon ses lumières, donner de bons conseils qui auroient peut-être pu soutenir les intérêts du Roi; mais il étoit si soumis et si timide à l'égard du ministre, qu'il approuvoit toujours tout ce qui venoit de lui, sans jamais y apporter aucune résistance, ni même sans oser dire son avis. Cette condescendance à la fin fut si extrême, que souvent le cardinal Mazarin se plaignoit de lui de ce qu'il le laissoit embarrasser dans de mauvaises affaires; et il souhaitoit qu'il voulût lui donner des avis contraires aux siens, qui pussent servir de remède aux fautes qu'il pouvoit faire à l'égard du parlement. Ce ministre n'aspiroit pas à la gloire de ne rien ignorer : il vouloit seulement avoir de la puissance, donnoit souvent cette excuse qu'il ne savoit pas les lois ni les coutumes du royaume. Par cette honteuse raison, il se garantissoit des reproches qu'on lui faisoit d'avoir entrepris quelquefois des choses contre l'ordre et le droit des gens.

Environ ce même temps [en mai], le duc d'Yorck, âgé de douze ou treize ans, se sauva d'Angleterre par les ordres que la Reine sa mère lui en avoit donnés, et s'en alla en Hollande. Il m'a depuis conté lui-même qu'il avoit gardé ce dessein dans son cœur un an tout entier, sans le pouvoir exécuter. Il se servit pour cela d'un de ses serviteurs, que la Reine sa mère lui avoit envoyé. Son gouverneur avoit déjà eu ce dessein, et l'avoit pensé exécuter plusieurs fois ; mais il avoit répondu de lui au parlement d'Angleterre, lequel s'en étant aperçu, l'avoit souvent menacé, s'il y pensoit jamais, de le faire enfermer dans la tour de Londres : ce que ce jeune prince avoit toujours souffert, sans faire paroître avoir aucun désir d'y penser jamais. Enfin, un jour qu'il vit ses gardes s'amuser à jouer, il sortit par une petite porte de derrière ; et s'en allant dans le parc, où celui qui le servoit pour cela tenoit un habit de femme, il le prit, et s'en alla dans une maison de Londres, où il demeura quelques jours habillé en fille. Puis il s'embarqua avec son écuyer, dans un vaisseau qui passoit en Hollande ; et comme il étoit beau, les matelots le soupçonnèrent souvent d'être une fort peu honnête fille. Lorsqu'on s'aperçut à Londres de sa fuite, il fut poursuivi d'un vaisseau anglais, et pensa être pris à la vue de Flessingue. Le port où il voulut descendre étoit dangereux par le vent qu'il faisoit alors : si bien que ce prince devinant que ce vaisseau qui les suivoit de près lui en vouloit, quitta son sexe emprunté pour menacer le pilote ; et le forcer de le mettre à terre au hasard de périr ; et sur la résistance du maître du vaisseau, qui ne vouloit point aborder, il prit l'épée de celui qui étoit auprès de lui, et la lui voulut passer au travers du corps, afin de le presser d'aborder au lieu où il désiroit aller. Cet homme lui obéit par force ; et de cette sorte il échappa les persécutions que lui vouloient faire les barbares sujets du Roi son père. Il vint en France, où le Roi et la Reine le reçurent avec bonté, et avec l'affection que méritoit le petit-fils de Henri IV et le fils d'un grand roi malheureux. Il laissa, entre les mains du duc de Northumberland son gouverneur, le duc de Glocester son jeune frère, et une princesse sa sœur, d'environ onze ou douze ans. Ces deux enfans eurent seuls la bénédiction du Roi leur père, quand quelques mois après on le fit mourir. Puis le parlement renvoya à la Reine leur mère ce petit prince qui leur étoit resté, qu'ils ne traitèrent point en prince le temps qu'ils l'eurent en leur pouvoir ; et la fille mourut, qui montra de paroître sentir infiniment le malheur du Roi son père.

Le 18 de mai, on déclara au conseil d'en haut que la volonté du Roi étoit de nommer cardinal l'abbé de La Rivière, avec résolution d'envoyer à Rome toutes les dépêches nécessaires à cet effet. Ce favori augmenta de crédit par cette nomination : on le regarda comme un homme que la fortune alloit élever bien haut, et qui pouvoit faire jouer de grands ressorts, avec le prince qu'il gouvernoit, et sous une régente qui étoit servie par un ministre haï, et qu'on croyoit peu habile. On disoit tout haut qu'il en donnoit une marque certaine, mettant dans cet état un homme dont la grandeur pouvoit étouffer la sienne; mais le cardinal fit voir ensuite qu'il faisoit semblant fort habilement de n'être pas habile, car son dessein étoit fort éloigné de se faire à lui-même ce préjudice. Il voulut seulement par cet éclat éblouir l'abbé de La Rivière; et, par l'espérance prochaine d'un si grand bien, le tenir toujours dans ses chaînes, et l'empêcher de former des desseins contre lui. Il crut que, quand même il auroit été capable de prendre des mesures avec le parlement ou avec ses ennemis particuliers, il ne penseroit jamais à faire de grands coups qu'il ne fût cardinal; et que le laissant voir de près ce morceau friand dont il étoit affamé, et ne le lui donnant point, il seroit incessamment occupé du désir de l'avoir, et ne feroit rien qui pût lui faire perdre la bonne volonté de la Reine et la sienne, puisque sans cela il ne pouvoit contenter son appétit.

L'abbé, de son côté, se figuroit quelquefois que sa fortune n'étoit qu'apparente : il craignoit, en servant fidèlement, de n'être pas servi de même par le cardinal; mais comme il étoit plein de la confiance qu'il avoit en son bonheur, il croyoit qu'il attraperoit le plus fin, et que la fortune même n'osoit lui faire de mal. Il espéroit en l'argent qu'il enverroit à Rome pour donner à la signora Olympia, parente du Pape, qui avoit du crédit auprès de lui. Il croyoit que la haine qu'on avoit à Rome contre notre ministre hâteroit son chapeau; et il se flattoit de mille manières, à la mode des gens de la cour, dont le bonheur consiste beaucoup plus dans les desseins et les chimères que dans les biens effectifs : si bien que nous l'avons vu passer plusieurs années, croyant que tous les jours de courrier il devoit être cardinal, sans jamais le pouvoir être. Cependant la raison le devoit persuader de l'impossibilité de la chose, puisqu'il n'étoit pas avantageux au cardinal de le faire si grand, et qu'il étoit à croire qu'un premier ministre, dont la plus grande habileté consistoit dans l'intrigue, ne se laisseroit point prendre pour dupe en une occasion de cette importance.

Le soir même de ce jour, il arriva des nouvelles de M. le prince à la Reine, qui lui mandoit qu'il alloit assiéger Ypres. Cette ville est grande, mais elle n'est point forte, et il falloit beaucoup de forces pour la garder. On en désiroit la prise, parce qu'on la trouvoit nécessaire pour mieux garder Courtray, qu'on avoit fortifié d'une citadelle; mais peu de jours après il en arriva d'autres, qui apprirent à la Reine et à son ministre que ce même Courtray avoit été surpris des ennemis en trois heures de temps par l'armée de l'archiduc, et que la citadelle, où s'étoient retirés le peu de gens de guerre qui s'y trouvèrent, tiendroit bon encore quelque temps. Cette place est à sept lieues d'Ypres, où étoit notre armée : elle nous étoit de grande conséquence, et pour la conserver on y avoit tenu des troupes depuis long-temps en assez bon nombre. Paluau (1), qui en étoit gouverneur, y étoit demeuré tout l'hiver pour la garder, et résister aux ennemis, au cas qu'ils eussent eu le dessein de l'attaquer. Mais comme les Français perdent toujours aussi aisément par leur imprudence ce que volontiers ils prennent par leur valeur, Paluau, sans plus penser aux

(1) *Paluau* : Philippe, marquis de Clérembault. Il fut fait maréchal de France en 1651.

ennemis, qui sont d'ordinaire d'aussi mauvaise volonté
en été qu'en hiver, dès le commencement de la campagne laissa dégarnir sa place; et au lieu de quatre
mille hommes qui étoient dedans, il n'en resta pas
cinq cents. Ce gentilhomme, qui avoit un grand désir
d'être maréchal de France, et qui l'a été depuis sous
le nom de Clérembault, demanda instamment au cardinal de servir de lieutenant général dans l'armée de
M. le prince : ce qu'on lui accorda ; et, pendant qu'il
étoit au siége d'Ypres, on lui prit Courtray, qui lui
valoit cinquante mille écus de rente. Il fut blâmé
de n'avoir pas aperçu le danger où il avoit mis cette
place en la quittant, et de l'avoir laissée avec si peu
de troupes; mais M. le prince, le voulant justifier, dit
publiquement qu'il n'avoit dégarni Courtray que malgré lui, et par les ordres exprès du ministre. Ce prince,
pour consoler la Reine et le cardinal de cette perte,
lui manda qu'il croyoit prendre Ypres dans trois jours;
et que, cela étant, il espéroit secourir la citadelle de
Courtray, que Le Rale, qui la commandoit, avoit promis de défendre pour le moins encore quinze jours.
Cependant l'armée ennemie qui étoit commandée
par l'archiduc, et remplie des excellentes troupes du
duc de Lorraine et de sa personne, fit sa circonvalla-
tion de telle sorte qu'au jugement de tous, et de
M. le prince même, il parut ou difficile ou entièrement impossible de les forcer. Ce fut un mauvais commencement de campagne que cette perte ; mais la
Reine, le soir que cette nouvelle étoit arrivée, dit
gaiement, parlant de cette affaire, qu'elle ne s'étonnoit pas de cela ; qu'il n'étoit pas juste de prendre
toujours sur les ennemis ; que ce seroit plutôt un lar-

cin qu'une guerre, si quelquefois ils n'avoient leur tour; et, selon cet équitable arrêt, quelques jours après les nouvelles arrivèrent de la prise de la citadelle : ce qui fut aussi récompensé par celle d'Ypres par M. le prince, dont le gouvernement fut donné à Paluau. Il y eut aussi une défaite de quelques troupes de l'armée impériale par M. de Turenne, dont l'armée étoit composée de Suédois et de troupes hessiennes et bavaroises. Cette défaite fut petite; mais on la célébra beaucoup, pour la réputation et le bien des affaires du Roi.

La Reine [le 25 mai], voyant la résolution que le parlement avoit prise de tenir bon contre elle et de favoriser le droit commun, lui envoya ordonner de la venir trouver. Le chancelier leur parla de sa part, et leur parla fortement. Ensuite de ce discours, elle leur fit elle-même une rude réprimande, leur disant que, puisque leur compagnie abusoit des favorables intentions qu'elle avoit eues de leur faire du bien, elle protestoit qu'à l'avenir elle ne feroit plus de grâces, et qu'elle leur défendoit absolument de s'assembler, et de ne plus communiquer entre eux que par députés. Le premier président voulut lui répondre; mais elle, d'un visage sévère et menaçant, lui défendit de parler. Deux jours après on manda aussi toutes les compagnies souveraines, chambre des comptes, grand conseil et cour des aides. On leur en dit autant, et avec plus de marques de rigueur, parce qu'on les consideroit bien moins que le parlement; et comme le ministre jugea qu'il étoit nécessaire de faire craindre la colère de la Reine par des marques plus fortes que des paroles, qui ne font point de mal, on chassa quelques conseillers du grand conseil, et huit de la cour des aides, qu'on exila en plusieurs endroits différens du royaume. Le parlement témoigna beaucoup de ressentiment de cette petite rigueur, et tous résolurent de s'assembler malgré le commandement de la Reine.

Le jour de la Pentecôte, 1er du mois de juin, le duc de Beaufort, prisonnier depuis cinq ans dans le bois de Vincennes, s'échappa de sa prison environ sur le midi. Il trouva le moyen de rompre ses chaînes par l'habileté de ses amis et de quelques-uns des siens, qui en cette occasion le servirent fidèlement. Il étoit gardé par un officier des gardes du corps, et par sept ou huit gardes qui couchoient dans sa chambre et qui ne l'abandonnoient point. Il étoit servi par des officiers du Roi, n'ayant auprès de lui pas un de ses domestiques; et, par dessus tout cela, Chavigny étoit gouverneur du bois de Vincennes, qui n'étoit pas son ami. L'officier qui le gardoit, nommé La Ramée, avoit pris avec lui, à la prière d'un de ses amis, un certain homme qui, sous prétexte d'un combat qui le mettoit en peine, à cause des édits du Roi qui défendoient les duels, avoit témoigné désirer cet asyle pour s'en sauver. Il est à croire néanmoins qu'il étoit conduit en ce lieu par les créatures de ce prince, et peut-être du consentement de l'officier; mais j'ignore cette particularité, et n'en suis persuadée que par les apparences. Cet homme d'abord, pour faire le bon valet, et montrer qu'il n'étoit pas inutile, s'ingéroit plus que tout autre à bien garder le prisonnier; et même on dit à la Reine, en lui contant cette histoire, qu'il alloit jusqu'à la rudesse. Soit qu'il fût là pour servir le duc de Beaufort, soit qu'alors il se laissât gagner par ce prince, il s'en servit enfin pour communiquer ses pensées à ses amis, et pour prendre connoissance des desseins qui se faisoient pour sa liberté. Le temps venu pour l'exécution de toutes leurs méditations, ils choisirent exprès le jour de la Pentecôte, parce que la solennité de cette fête occupoit tout le monde au service divin. A l'heure que les gardes dînoient, le duc de Beaufort demanda à La Ramée de s'aller promener en une galerie, où il avoit obtenu permission d'aller quelquefois se divertir. Cette galerie est plus basse que le donjon où il étoit logé, mais néanmoins fort haute, selon la profondeur des fossés, sur quoi elle regarde des deux côtés. La Ramée le suivit à cette promenade, et demeura seul avec lui dans la galerie. L'homme gagné par le duc de Beaufort fit semblant d'aller dîner avec les autres ; mais, contrefaisant le malade, il prit seulement un peu de vin, et sortant de la chambre ferma la porte sur eux, et quelques portes qui étoient entre la galerie et le lieu où ils faisoient leurs repas. Il alla ensuite trouver le prisonnier et celui qui le gardoit ; et entrant dans la galerie il la ferma aussi, et prit les clefs de toutes les portes. En même temps le duc de Beaufort, qui étoit d'une taille avantageuse, et cet homme qui étoit de son secret, se jetèrent sur La Ramée et l'empêchèrent de crier ; et sans le vouloir tuer, quoiqu'il fût périlleux de ne le pas faire s'il n'étoit point gagné, ils le baillonnèrent, le lièrent par les pieds et par les mains, et le laissèrent là. Aussitôt ils attachèrent une corde à la fenêtre, et se descendirent l'un après l'autre, le valet le premier, comme celui qui eût été puni très-rigoureusement s'il eût manqué de se sauver. Ils se laissèrent tous deux couler jusque dans le fossé, dont la profondeur est si grande qu'encore que leur corde fût longue, elle se trouva trop courte de beaucoup ; si bien que, se laissant choir de la corde en bas, le prince s'exposa au hasard de se pouvoir blesser : ce qui en effet lui arriva. La douleur le fit évanouir, et il demeura long-temps en cet état sans pouvoir reprendre ses esprits. Etant revenu à lui, quatre ou cinq hommes des siens qui étoient de l'autre côté du fossé, et qui l'avoient vu presque mort avec une terrible inquiétude lui jetèrent une autre corde qu'il s'attacha lui-même autour du corps; et, de cette sorte, ils le tirèrent à force de bras jusqu'à eux : le valet qui l'avoit assisté étant toujours servi le premier, selon la parole que le prince lui en avoit donnée, et qu'il lui garda ponctuellement. Quand il fut en haut, il se trouva en mauvais état; car, outre qu'il s'étoit blessé en tombant, la corde qu'il avoit liée autour de son corps pour monter lui avoit pressé l'estomac, par les secousses qu'il avoit endurées dans cette occasion; mais ayant repris quelques forces par la vigueur de son courage, et par la peur de perdre le fruit de ses peines, il se leva, et s'en alla hors de ce lieu se joindre à cinquante hommes de cheval qui l'attendoient au bois prochain. Un gentilhomme des siens, qui étoit à cette expédition, m'a depuis conté qu'aussitôt après avoir vu cette troupe l'environner de tous côtés, la joie de se voir en liberté et parmi les siens fut si grande, qu'en un moment il se trouva guéri de tous ses maux, et, sautant sur un cheval qu'on lui tenoit tout préparé, il s'en alla, et disparut comme un éclair, ravi de respirer l'air sans contrainte, et de pouvoir dire comme le roi François 1er, dans le moment qu'il mit le pied en France en revenant d'Espagne : « Ah! je suis libre. » Une femme qui cueilloit des herbes dans un jardin au bord du fossé, et un petit garçon, virent tout ce qui se passa en ce mystère ; mais ces hommes qui étoient en embuscade les avoient tellement menacés pour les obliger à se taire, que, n'ayant pas beaucoup d'intérêt d'empêcher que ce prince ne se sauvât, elle et son fils étoient demeurés avec eux fort paisiblement à regarder tout ce qu'ils avoient fait. Aussitôt qu'il fut parti, la femme alla le dire à son mari qui étoit un jardinier du lieu, et tous deux allèrent avertir les gardes. Mais il n'étoit plus temps : les hommes ne pouvoient plus changer ce que Dieu avoit ordonné, et les étoiles, qui semblent quelquefois marquer les arrêts du souverain, avoient appris déjà à beaucoup de personnes, par un astrologue nommé Goïsel, que le duc de Beaufort devoit sortir ce même jour. Cette nouvelle surprit d'abord toute la cour, et particulièrement ceux à qui elle n'étoit pas indifférente. Le ministre en fut sans doute affligé ; mais, à son ordinaire, il ne le témoigna pas. La Reine, qui avoit autrefois regardé ce prince comme un ami, et qui étoit accoutumée à le haïr plutôt par raison d'Etat que par inclination, se consola aisément d'un peu de dépit que cette aventure lui donna ; et sans doute que beaucoup de personnes en sentirent une grande joie : car, outre qu'il étoit aimé, et qu'il avoit une grande cabale qui prenoit part à ses intérêts, les ennemis du cardinal espérèrent que ce prince étant libre pourroit faire un parti en France, et apporter quelque nouveauté au gouvernement. On ne doutoit pas qu'il n'eût de grands désirs de se venger de son ennemi, et que la mauvaise disposition des esprits ne lui en fît facilement trouver les moyens.

La Reine et le cardinal Mazarin en parlèrent fort honnêtement, et ne firent qu'en rire, disant que M. de Beaufort avoit bien fait. Chavigny seul fut accusé de n'avoir pas pris assez de soin de bien garder ce prisonnier, et la Reine le blâma hautement d'avoir laissé les dehors du donjon sans des sentinelles qui auroient pu apercevoir cette supercherie; mais Chavigny, qui avoit été chassé du conseil par le duc de Beaufort et sa cabale, et qui avoit vu ce prince dans le bois de Vincennes avec joie, n'étant plus alors si bien traité du cardinal Mazarin qu'il avoit eu lieu de l'espérer après la déroute des importans, ne se souçioit plus de garder cet ennemi, dont la perte ne lui avoit point fait de bien, et qui l'étoit alors d'un ami qui ne le consideroit pas assez pour s'intéresser dans ses passions. Quand ce prisonnier s'échappa, Chavigny étoit allé passer la fête dans les Chartreux, où il alloit souvent chercher la consolation, au défaut de la faveur humaine: et, pour sa justification envers la Reine et le cardinal, il n'allégua point d'autres raisons, sinon qu'il avoit cru devoir laisser ce soin aux officiers du Roi qui en devoient répondre, et non pas lui, qui n'avoit nul ordre particulier pour y veiller. Le duc de Beaufort avoit vécu dévotement dans sa prison; car c'est l'ordinaire des hommes de chercher Dieu pendant le malheur, et de l'oublier dans la prospérité. Il en arriva autant à ce prince, qui, pénitent au bois de Vincennes, ne songea plus qu'à se venger et à se divertir dès qu'il en fut dehors.

Avant que ce bonheur arrivât au duc de Beaufort, le cardinal fut averti qu'il se tramoit quelque dessein pour le mettre en liberté. Il envoya querir La Ramée, et lui en parla, lui ordonnant d'avoir un soin particulier d'empêcher que cela n'arrivât. Cet homme lui répondit qu'à moins que ce prince ne devînt petit oiseau, capable de voler par la fenêtre, il étoit impossible qu'il se pût sauver ; et la chose étant arrivée, le cardinal Mazarin montra la lettre au maréchal d'Estrées, oncle du duc de Beaufort, qui fut étonné de voir qu'un ministre tout puissant, et si bien averti, n'eût pu détourner les effets de la destinée de ce prisonnier, qui devoit sortir pour l'accomplissement des grands événemens qui devoient arriver, et où il eut beaucoup de part.

Le cardinal Mazarin fut en quelque inquiétude du lieu de la retraite du duc de Beaufort. Il eut peur qu'il ne s'en allât en Bretagne, où sont leurs principales terres, et qu'il n'y fît quelque rumeur et quelque faction ; mais un de mes amis [1], à qui le cardinal communiqua ses pensées sur ce sujet, le rassura entièrement, et lui dit que ce prince n'ayant point de places fortes ni d'argent, il ne pouvoit rien faire contre l'Etat ni contre lui : contre l'Etat, à cause de son impuissance ; contre sa personne, à cause qu'il pouvoit mieux payer ceux qui le garderoient, que l'autre ne pouvoit récompenser ceux qu'il voudroit employer contre lui. La Reine, me faisant l'honneur de m'en parler, me dit aussi que le duc de Beaufort n'étoit point en état de faire un parti en France ; et à l'égard de la personne du cardinal, elle ajouta que ce prince avoit commu-

---

[1] M. de Seneterre.

nié trop de fois dans sa prison pour avoir pu conserver dans son ame le dessein d'un assassinat. Et sur ce que je lui dis que peut-être il demanderoit à se raccommoder avec son ministre, et le prieroit de le remettre bien auprès d'elle, elle me répondit que M. le cardinal seroit bien fou de le faire, et qu'elle ne lui conseilleroit pas, sachant bien que M. de Beaufort n'étoit pas capable d'en bien user.

Le 3 juin, la Reine alla visiter la reine d'Angleterre, qui, de Saint-Germain, étoit venue à Paris passer quinze jours en intention de gagner le jubilé. Notre Régente, après avoir aussi visité le duc d'Orléans qui avoit la goutte, commença les stations ordonnées pour jouir de cette sainte libéralité du Pape, qui avoit été accordée aux chrétiens par de bons motifs, mais qui avoit servi à Naples aux intérêts du roi d'Espagne. La France y prit sagement une part toute spirituelle, qui étoit beaucoup préférable à celle que les étrangers y avoient eue. La Reine visita trente-sept églises, quoiqu'elle ne fût obligée essentiellement qu'à une; et, par cette exemplaire piété, elle nous convia d'en faire autant, et de quitter le repos pour le travail, afin d'acquérir par ce travail un repos véritable. Le soir de ce jour où elle avoit eu autant de fatigues et dévotes et civiles, pour se rafraîchir du chaud qu'elle avoit senti dans les rues, elle alla se promener dans le jardin du Palais-Royal, et y passa une bonne partie de la nuit; car elle avoit une santé qui ne pouvoit souffrir d'altération, ni par le serein, ni par les veilles. Cinq personnes, à savoir mademoiselle de Beaumont, mademoiselle Bertaut ma sœur, vulgairement nommée Socratine à cause de sa sagesse, M. de Chandenier, M. de Comminge et moi, eûmes l'honneur de l'accompagner en cette promenade. La conversation y fut agréable et libre, et nous pouvoit apporter quelque profit. Nous parlâmes de ce que l'on doit à Dieu par obligation, et de ce que l'on donnoit aux créatures par inclination. Nous considérâmes à combien de grandes choses ce devoir nous engage, et à combien de maux cette inclination nous expose. Après avoir examiné ces deux chapitres, nous trouvâmes que nous ne donnions rien à qui nous devions tout, et que nous donnions tout à qui nous ne devions rien.

Les deux hommes qui se trouvèrent de cette petite troupe avouèrent, par équité et par un sentiment de justice, une partie de leurs crimes, et en reconnurent le dommage; et nous, par sincérité, nous avouâmes librement, au nom du sexe, que le trop grand amour que nous avions pour nous-mêmes nous en donnoit trop pour les louanges et l'applaudissement; que souvent la flatterie, que nous devions haïr, nous rendoit trop sensibles à l'amitié des créatures : et nous conclûmes à notre honte que la plus sage et la plus honnête femme, dans l'âge qu'elle se plaît à elle-même et qu'elle désire de plaire aux autres, a des momens où elle n'est ni chrétienne ni sage; car, au lieu de rendre à Dieu l'hommage qu'elle lui doit, elle désire d'être adorée de tous, et voudroit avoir sur les hommes l'empire que le seul Créateur y doit avoir. Elle n'est pas sage non plus, parce que la véritable vertu procède du cœur et des sentimens de l'ame, et qu'il est plus facile de conserver le corps exempt de corruption, que l'ame sans déréglement, sans vanité et sans foiblesse. Enfin nous jugeâmes le genre humain sur ce fondement, que les défauts de l'esprit sont pires de beaucoup que les fautes extérieures qui paroissent aux yeux des hommes; et qu'ainsi les plus vertueux, tant hommes que femmes, qui s'appellent des sages mondains, ne le sont guère. Après cette confession générale, nous suivîmes la Reine, qui alla se coucher; et quand nous la quittâmes, l'aurore commençoit déjà à nous montrer que bientôt, comme disent les poètes, elle nous vouloit enrichir de ses perles : et cela nous obligea d'être fort paresseuses le lendemain.

Le lundi 5 juin, le parlement s'assembla, contre les ordres de la Reine; mais le premier président, voulant quelquefois faire son devoir, les empêcha de parler, et ne voulut point donner audience : si bien qu'après avoir été tous assemblés dans la grand'chambre jusqu'à dix heures sans dire mot, il fallut qu'ils se séparassent. Mais ce ne fut pas sans faire de grandes plaintes contre le chef de leur compagnie, et sans murmurer hautement contre lui.

Le lendemain ils en firent autant; et le président de Mesmes, après que le premier président eut parlé, leur dit qu'ils avoient quelque tort de montrer tumultuairement si peu de respect aux ordres de la Reine; qu'il falloit toujours que les sujets témoignassent de l'obéissance et de la soumission à leur souverain; que néanmoins il leur avouoit librement qu'il trouvoit qu'ils avoient sujet d'appréhender des chaînes bien dures, par les fers qu'ils voyoient donner aux autres; et qu'il étoit d'avis que la compagnie s'employât à y chercher quelque remède. Que, pour cet effet, il blâmoit l'insensibilité de la grand'chambre, comme il trouvoit à redire à l'impétuosité des enquêtes; et qu'il étoit d'avis qu'on s'assemblât le lundi ensuivant pour aviser aux moyens de satisfaire la Reine, et d'empêcher que leur robe ne pût être déchirée comme celles de leurs voisins et de leurs confrères, qui commençoient à être fort maltraités: ce qui leur devoit être une marque que bientôt il leur en arriveroit autant.

Ce discours fut blâmé par le ministre; et la Reine en parla le soir en se déshabillant à mademoiselle de Beaumont, amie de madame de Mesmes. Elle se plaignit de ce président comme d'un homme qui paroissoit avoir de mauvaises intentions, et dit qu'en parlant de respect et de soumission il avoit eu sans doute le dessein de fomenter l'esprit de sédition et de révolte dans l'ame de ses confrères, et qu'elle voyoit bien qu'il se vouloit venger de ce que le cardinal s'étoit déclaré ennemi de d'Avaux son frère. Ces sentimens lui avoient été inspirés par son ministre afin de les publier devant cette personne, pour les faire savoir par cette voie au président de Mesmes, afin qu'il se corrigeât à l'avenir et qu'il changeât de conduite.

Le 8 juin on manda les gens du Roi, auxquels le chancelier parla dans le conseil, en présence de la Reine, de la résolution que le parlement avoit prise de s'assembler malgré sa défense. Il leur dit que la Reine, en leur défendant de s'assembler, n'avoit point eu dessein de parler contre les priviléges de leur corps, mais seulement d'empêcher l'union des autres compagnies avec la leur; et ensuite il s'étendit amplement sur leur rebellion, sur leur peu de respect, et sur ce que le Roi prétendoit qu'il ne leur appartenoit pas de protéger les autres contre ses volontés.

Le cardinal, de son côté, envoya chercher quelques particuliers du grand conseil et de la cour des aides. Il leur parla humainement, à ce qu'ils dirent, mais avec beaucoup de foiblesse. Il les assura qu'il les vouloit obliger, leur dit qu'il trouvoit leurs raisons fort bonnes, et meilleures qu'il ne les avoit crues; qu'il les conseilloit de s'adresser à lui, comme les dévots font aux saints à l'égard de Dieu, afin d'impétrer de même leur grâce de la Reine, tant pour eux tous en général que pour ceux qui, en leur particulier, avoient été bannis; qu'il leur promettoit de s'y employer, et que cependant il les prioit d'obéir au Roi, et qu'il le falloit ainsi pour l'ordre des choses. Ces douces paroles, dans un temps de révolte, ne firent aucun effet que celui de causer beaucoup de mépris pour le ministre, et produire une grande raillerie contre sa mollesse et l'inégalité de sa conduite, qui étoit quelquefois trop haute, puis tout d'un coup trop basse. Ce conte alla jusque dans les ruelles des dames : ce qui donna sujet à toute la France de dire qu'il étoit incapable de la gouverner et de la conduire.

Ce ministre, pour continuer dans sa manière ordinaire, fit donner un arrêt au conseil d'en haut, qui cassoit celui du parlement, appelé *l'arrêt de jonction*, donné en faveur des autres compagnies. On manda aussi les gens du Roi, qui, par l'ordre de la Reine, portèrent cet arrêt d'en haut au parlement. On y fit de nouvelles délibérations; et les gens du

Roi rapportèrent à cette princesse de vieux registres, par où ils lui faisoient voir, et à ceux de son conseil, des exemples, comme en d'autres occasions les compagnies souveraines avoient fait le semblable. Mais cela ne put rétablir leur innocence; car il étoit aisé de les juger coupables par l'intention, et par leur conduite toute factieuse et pleine de rebellion. Ils avoient en quelque façon un juste sujet de travailler à secourir tous les officiers, et de compatir à leur malheur, par les supplications et les remontrances qu'ils avoient droit de faire à la Reine; mais la manière n'en étoit pas bonne, et il étoit aisé de voir que la mauvaise disposition qui commençoit à paroître dans les esprits venoit des cabales qui se fomentoient dans l'Etat contre la puissance du ministre.

Le 12 du mois de juin, la Reine, dont la piété étoit toujours saintement occupée, pour honorer la fête du très-saint Sacrement de l'autel, fit faire en ce saint jour un reposoir dans la première cour du Palais-Royal, où elle fit mettre les plus belles tapisseries du Roi et les plus riches ornemens qu'une grande reine peut avoir. Elle fit, à ce même dessein, une couronne fermée, pour mettre sur l'autel à l'endroit où l'on devoit poser le Saint des Saints, faite de toutes les plus belles pierreries de la couronne, si riche et si admirable, que si on avoit voulu l'estimer, il auroit été difficile de la pouvoir mettre à prix.

Après avoir adoré Notre Seigneur en ce lieu où elle attendit la procession, elle l'alla conduire à pied jusques à Saint-Eustache, par un grand chaud. Elle mena avec elle le Roi et Monsieur; et le peuple, la regardant passer, lui donnoit mille bénédictions, quoique déjà il parût un peu aliéné de l'amour qu'il avoit accoutumé d'avoir pour elle. Le soir, cette princesse manda le lieutenant-criminel, et lui commanda de faire sortir des prisons un homme que le président de Mesmes avoit fait arrêter prisonnier, à cause qu'il l'avoit trouvé devant sa porte écrivant les noms de ceux qui entroient chez lui. Cet homme avoit néanmoins déclaré qu'il travailloit à ce mémoire par ordre de la cour, et appartenir au prévôt de L'Isle. Le lendemain ce garçon sortant de prison vint trouver la Reine, et lui fit des plaintes contre le président de Mesmes, disant qu'il avoit reçu de grands outrages de ses gens; et la Reine, en se couchant le soir, nous dit en riant qu'elle le vouloit venger des maux qu'il avoit soufferts. Elle le vengea si bien en effet, qu'elle commanda au grand prévôt de l'hôtel d'aller arrêter les domestiques de ce président, dont l'homme se plaignoit.

Le président de Mesmes ayant vu clairement qu'il n'étoit pas trop bien à la cour, crut être obligé d'agir avec prudence : il quitta la partie, et dès le lendemain il envoya faire ses excuses à sa compagnie, et leur manda qu'il étoit malade et qu'il avoit besoin de prendre l'air. Il s'absenta pour quelque temps, afin d'éviter les deux extrémités où il se voyoit réduit, qui étoient d'être accusé de foiblesse s'il parloit dans le parlement en faveur du Roi : ce qu'il avoit accoutumé de faire autant que son devoir l'y obligeoit; ou de vouloir se venger, s'il parloit le moins du monde contre ce qui auroit pu paroître contraire à son service. Il fut blâmé par tous ceux qu'il vouloit satisfaire : on murmura contre lui à la cour, et ses amis disoient qu'il avoit grand tort d'avoir abandonné sa compagnie en cette conjoncture, où elle entroit en dispute avec son Roi, et où par conséquent elle avoit un grand besoin d'une assistance aussi forte que celle qu'elle pouvoit recevoir d'un homme comme lui.

On mit en prison cinq trésoriers de France qui avoient écrit des lettres circulaires à leurs confrères, les exhortant à ne rien payer des taxes que le Roi leur demandoit, et de se payer eux-mêmes sur les deniers qui leur passoient par les mains. Celui qui avoit fait la lettre étoit un nommé Frotté, homme de bien, et zélé pour le bien public. Quand il apprit ce qui étoit arrivé à ses confrères, dont ses amis, sans lui en parler, l'avoient sauvé, il alla se présenter à d'Emery, et se plaignit à lui de ce qu'on ne l'avoit pas pris avec les autres, comme si c'eût été l'offenser, et ternir sa gloire et son honneur que de l'en avoir séparé. Il demeura constamment dans ses sentimens; et peu de temps après on fit sortir ces prisonniers, parce qu'en effet le ministre se portoit toujours de lui-même à la douceur et au pardon.

Le 15 de juin, le parlement s'assembla tout de nouveau, sur la protection qu'il vouloit et prétendoit pouvoir donner aux autres compagnies souveraines. Il voulut délibérer aussi sur la cassation de leur arrêt de jonction, par celui qui leur avoit été porté de la part du Roi; et tous ceux de cette compagnie conclurent enfin que leur arrêt seroit maintenu par eux, malgré celui du conseil du Roi qui le cassoit; que le lendemain ils s'assembleroient dans la chambre de Saint-Louis pour en délibérer amplement, et que les députés des autres compagnies y seroient reçus. Plusieurs, dès ce jour, firent de belles harangues pour soutenir leurs opinions, qui toutes alloient à déchirer le gouvernement et blâmer la conduite du ministre, accusant publiquement le surintendant d'Emery de concussion et de volerie. Ce coup fut mortel à la prospérité de la France, et fit espérer à ses ennemis que ces brouilleries intestines les alloient remettre dans le bel état dont ils étoient déchus par l'habile conduite du cardinal de Richelieu, et par les heureux succès de la régence. Si cette hardiesse déplut à la Reine et à son ministre, c'est de quoi il est impossible de douter. Après le conseil tenu dans le cabinet sur cette affaire, il fut résolu qu'on casseroit tout de nouveau ce dernier arrêt du parlement. La Reine commanda à Du Plessis (1), secrétaire d'Etat, suivi de Carnavallet et de quelques gardes du corps, d'aller au Palais, et d'apporter au Roi cet arrêt si pernicieux au repos public; mais les clercs du Palais s'assemblèrent, et crièrent de telle sorte contre lui et ceux de sa compagnie qu'il les falloit tuer, qu'il fut contraint de revenir sans rien apporter.

Le 16, on manda le parlement en corps. Il vint à pied au Palais-Royal, selon la coutume ordinaire. Pour les recevoir authentiquement, on assembla les ducs et pairs, les maréchaux de France et tous les officiers de la couronne. On mit un dais dans le grand cabinet, avec une estrade dessous; et le Roi et la Reine étoient sur cette espèce de trône, environnés de tout ce qu'il y avoit de grands seigneurs à la cour. Le visage de la Reine étoit sévère, et plein d'une grave majesté qui marquoit une colère menaçante. Le chance-

---

(1) *Du Plessis* : Henri Du Plessis-Guénégaud.

lier leur fit un grand discours tirant à la réprimande, sans néanmoins leur rien dire qui les pût offenser; puis, ayant fait lire leur arrêt de jonction, leur remontra la faute qu'ils avoient faite, de se joindre comme gens factieux aux autres compagnies. Il leur fit voir combien par là ils avoient fomenté la rebellion et la désobéissance parmi les sujets du Roi, qu'ils étoient obligés au contraire de maintenir dans le respect et dans l'ordre des lois. Il fit lire tout haut l'arrêt du conseil d'en haut qui cassoit le leur, et leur prouva que le Roi, pour maintenir son autorité, avoit été forcé de faire ce qu'il avoit fait; et venant à celui qu'ils avoient donné le jour précédent, où, sans avoir égard au commandement du Roi, ils maintenoient cette jonction, il s'étendit là-dessus, leur représentant les grandes et nuisibles conséquences qui suivoient leur action; et dit que quand elle auroit pu être accompagnée de bonnes et innocentes intentions, elle ne pouvoit que produire beaucoup de mal à l'Etat, de très-mauvais effets pour la France, et donner de grandes espérances aux ennemis. Il conclut enfin par la lecture d'un autre arrêt donné par le Roi ce même jour: et ce dernier contenoit un grand raisonnement sur toutes les choses présentes et passées, et cassoit non-seulement celui qu'ils avoient donné en faveur de la jonction de toutes les compagnies, mais encore celui qu'ils avoient donné le jour précédent 15 du mois; avec défenses expresses de s'assembler avec les députés des autres compagnies. Il leur ordonna de la part du Roi de s'employer seulement à rendre la justice à ses sujets, sans se plus mêler des affaires de l'Etat. Il leur dit que le Roi seul prétendoit y avoir droit comme son propre héritage, et le pouvoir de gouverner à sa volonté, ou par lui, ou par ses ministres; que les voix dans leurs assemblées avoient été comptées, et non pas pesées; que dans la compagnie il y en avoit eu de sages; que Sa Majesté étoit fâchée de ne les pouvoir séparer des autres, pour les pouvoir dignement récompenser et les louer publiquement en cette occasion; mais qu'elle en feroit la différence quand il seroit temps de le pouvoir faire; et, à l'heure même, fit commandement au greffier d'apporter à la Reine la feuille du dernier arrêt avant les vingt-quatre heures passées.

Le premier président voulut répondre; mais la Reine l'interrompit, et lui dit qu'elle ne vouloit point de réponse; qu'en son particulier elle connoissoit ses bonnes intentions, que cela suffisoit; et qu'à l'égard des factieux qui troubloient le repos de l'Etat, elle les assuroit, s'ils n'obéissoient aux commandemens du Roi, de les punir en leur personne, en leurs biens et en leur postérité.

Malgré cette cérémonie, aussitôt qu'ils furent retournés ils s'assemblèrent après midi, et défendirent tous d'une voix au greffier de porter la feuille de leur arrêt à la Reine, selon qu'elle leur avoit commandé. Ils mandèrent de plus aux députés des autres compagnies, qui étoient dans la chambre de Saint-Louis, qu'ils ne pouvoient s'assembler alors avec eux, que premièrement ils n'eussent délibéré entre eux sur ce qui leur avoit été ordonné de la part du Roi. Les politiques, qui raisonnoient dans le cabinet sur les affaires présentes, disoient tous que le peu de cas que le parlement faisoit des défenses de la Reine devoit obliger le ministre à le punir, se servant contre lui, pour soutenir l'autorité du Roi, des moyens qu'une juste vigueur peut fournir en de telles occasions; mais outre que beaucoup de gens, à qui la puissance du favori déplaisoit, ne désapprouvoient pas tout-à-fait ce que faisoit le parlement, ceux mêmes qui paroissoient conseiller le châtiment n'auroient pas souhaité que le cardinal eût suivi leur avis. Si cette voie eût été un remède assuré à ce mal, ils ne l'auroient pas enseigné, parce que tous vouloient sa perte, et eussent été au désespoir qu'il eût fait ce qu'il falloit faire pour empêcher les malheurs qui la leur pouvoient faire espérer; de sorte que ce ministre manquant de bons conseils et, à ce qu'on a cru, de fermeté, il laissa passer les occasions d'arrêter ce torrent dans le commencement de son cours; et cette tolérance augmentant de beaucoup l'audace du parlement, les jours suivans il continua de s'assembler, et témoigna dans son unité une grande et ferme résolution de soutenir ses intérêts contre le Roi.

Le ministre, qui ne voulut point pousser les choses à l'extrémité, prit le parti de la douceur et de l'humilité, comme les autres prenoient celui de la force et de la fierté. Les choses ne pouvoient pas subsister, les uns menaçant sans faire de mal, et les autres offensant sans rien craindre: il falloit nécessairement que leur hardiesse donnât de la crainte au ministre, ou que lui, n'en voulant point avoir, leur fît naître la terreur dans l'ame par les effets de la puissance souveraine. Mais il ne prit pas cette voie : il rendit les armes, et suivit, malgré les maximes ordinaires de la politique, celles de la tolérance et de la douceur.

Le parlement, de son côté, n'envoya point la feuille qu'on leur avoit ordonné d'apporter à la Reine : tous opinèrent hautement que leurs arrêts auroient lieu, et que celui du Roi seroit nul ; et fut arrêté qu'ils s'assembleroient, malgré les défenses de la Reine, dans la chambre de Saint-Louis. Ils murmurèrent fortement, et firent connoître par leurs harangues que non-seulement leurs intérêts, le droit annuel pour eux et celui des officiers les animoient avec justice, mais ils déclarèrent qu'outre cela ils vouloient prendre connoissance de l'administration des finances, et se mêler de réformer l'Etat, qu'ils soutenoient n'être pas bien gouverné. L'avocat général, voulant un peu s'acquitter de son devoir, et, comme l'homme du Roi, représenter au parlement l'excès de leur hardiesse, leur dit qu'ils en étoient venus si avant, qu'il falloit que l'autorité royale fût dégradée, ou que celle de leur compagnie fût anéantie ; et leur conseilla, en homme sage, d'apporter quelque modération à leur emportement. Il fut traité de ridicule par toute la jeunesse des enquêtes, comme s'il eût dit les plus grandes impertinences : et celui qui en tant d'occasions avoit montré tant de partialité pour les intérêts du parlement et du public, au premier mot qu'il voulut dire en faveur de l'autorité du Roi, fut maltraité et forcé de se taire. Tous lui répondirent qu'il avoit tort de leur faire des remontrances ; qu'ils étoient tous bons serviteurs du Roi aussi bien que lui ; que ce qu'ils faisoient n'étoit que pour son service, et qu'ils vouloient seulement réformer les abus de l'Etat, et particulièrement le mauvais usage des finances.

Le ministre, voyant donc que ces mutins tenoient

ferme contre lui, se résolut d'aller à eux, et de regagner ces esprits farouches par la facilité et l'intérêt. La Reine, qui les avoit menacés en souveraine qui n'appréhendoit rien, et qui croyoit, avec beaucoup d'apparence de raison, que l'exil et la prison pourroient remédier à ces désordres, eut de la peine à se résoudre de suivre les sentimens du cardinal. Elle disoit à ceux qu'elle croyoit de ses amis qu'il étoit trop bon, et qu'il gâteroit tout en voulant acquérir les bonnes grâces de ses ennemis. Elle avoit un grand mépris pour la robe, et ne pouvoit pas s'imaginer que cette portion des sujets du Roi pût l'incommoder, ni apporter du changement dans ses affaires. Elle ignoroit les grands événemens qui, par des commencemens bien moindres, ont renversé les royaumes les plus puissans, et ruiné les empires les plus affermis ; de sorte que ne connoissant que sa grandeur et le faste extérieur qui environne les rois par tant de gardes et de suite, quoique sa vertu lui en fît mépriser l'éclat, cet éclat la rendoit incapable de concevoir que sa régence, qu'elle voyoit accompagnée de tant de gloire, pût recevoir quelque révolution par cette voie. C'est pourquoi elle proposoit le châtiment comme un remède qui devoit indubitablement arrêter la révolte dans sa source ; et ce sentiment étoit tout-à-fait selon le bon sens et l'avis des plus habiles de la cour. Souvent elle disoit à ses familiers qu'elle ne consentiroit jamais que cette canaille (voulant parler des gens de robe) attaquât l'autorité du Roi son fils : si bien que son ministre, qui n'avoit pas cru que leur audace pût arriver au point de se voir contraint de céder, fut enfin fâché d'avoir aigri l'esprit de la

Reine contre le parlement. Cette princesse, qui avoit de la douceur et de la bonté, avoit néanmoins une fermeté nonpareille qui marquoit assez que, pour peu qu'elle eût été soutenue, elle auroit suivi les maximes de la sévérité avec assez de force et de vigueur dans cette rencontre, où il s'agissoit de punir la hardiesse des sujets du Roi, qui vouloient s'opposer à son autorité. Elle étoit excusable d'avoir ce sentiment et cette sévérité bien conduite et bornée de la raison et de la douceur, qui paroissoit en elle dominer quasi toujours ses qualités contraires. Il est à croire que quelques exilés l'auroient sauvée de beaucoup de maux; car sans doute que leur disgrâce eût été suivie des effets de sa bonté, qui l'obligeoit à ne faire tort à personne, et à laisser jouir les officiers de leurs biens et de leurs charges, comme par le passé. Mais elle étoit destinée à suivre souvent les volontés de son ministre, et il fallut qu'elle consentît à ce qu'il désiroit de faire en cette occasion. Il résolut donc, avec le duc d'Orléans et le prince de Condé, de faire offrir au parlement tout ce qu'il demandoit. Il comprit alors qu'il avoit trop poussé les compagnies souveraines, et il voulut que sa douceur en fût le remède. Les princes et le cardinal Mazarin se trouvèrent de même avis sur ce chapitre : et comme un jour ils parloient ensemble de la Reine et de sa fermeté, le ministre leur dit qu'il désiroit fort de pacifier toutes choses, et que la Reine étoit vaillante comme un soldat, qui a du courage lorsqu'il ne connoît pas le péril. Selon cette dernière résolution, l'on fit assembler chez le duc d'Orléans tous les doyens de chaque chambre. Ce prince leur parla cordialement, les assura de sa protection auprès de la Reine, leur promit d'intercéder pour eux, et leur fit espérer qu'on leur donneroit tout de nouveau le droit annuel gratis. On leur demanda de ne plus protéger les maîtres des requêtes, et on leur fit entendre que s'ils vouloient seulement faire semblant d'être sages, on leur promettoit tout bas à l'oreille qu'ils seroient bientôt rétablis ; que de même, abolissant ce nom de jonction, on leur promettoit de ne rien demander aux autres compagnies dont ils prenoient la défense, et de faire rappeler les exilés. Le chancelier les exhorta de tout son pouvoir à recevoir de bonne grâce les faveurs que la Reine leur accordoit par l'entremise de Monsieur, oncle du Roi. Le cardinal leur fit aussi un grand discours qui contenoit la même chose, et qui concluoit à les prier de considérer que, leur offrant tout ce qu'ils pouvoient désirer de la bonté de la Reine, ils seroient coupables envers les peuples, en refusant ces grâces, de tous les maux qui pouvoient arriver ; et qu'ils en répondroient devant Dieu et les hommes, et en porteroient le blâme dans la postérité. Cela fait, on espéra que les affaires s'accommoderoient ; car les présidens, qui sont toujours plus de la cour que les conseillers, avoient fait espérer au cardinal Mazarin que, moyennant cette douceur, la compagnie deviendroit sage ; mais ils ne se trouvèrent pas véritables dans leurs jugemens, ni la politique du ministre avantageuse à l'État : ce qui nous marque fortement que la corruption des hommes est telle que, pour les faire vivre selon la raison, il ne faut pas les traiter raisonnablement, et que, pour les rendre justes ; il faut les traiter injustement. Jusque là le parlement avoit eu quelque droit de s'opposer à ce qu'on avoit voulu faire aux compagnies souveraines ; et, dans le vrai, le public a besoin de cette protection contre la souveraine puissance, laquelle seroit quelquefois à craindre entre les mains des ministres, si elle n'avoit les bornes que les rois mêmes ont voulu y mettre par l'entremise des parlemens. Si cette célèbre compagnie eût seulement pris soin d'accompagner ses actions et ses paroles d'une plus grande soumission pour les ordres du Roi et de la Reine, leurs intentions pouvoient être louables, et leurs très-humbles remontrances pouvoient trouver leur justification dans les lois de l'équité, dans celles de l'Etat, et dans l'opinion des gens de bien; mais, en méprisant la bonté que la Reine consentit d'avoir pour eux dans cette occasion, ils devinrent criminels, et firent clairement voir que la passion, l'injustice et l'intérêt des cabales où ce corps étoit entré les faisoient agir, et non pas le bien public. On peut dire de plus que le cardinal fut blâmé d'en avoir usé de cette manière, parce que le succès le fit attribuer à foiblesse. Il auroit fait honte aux tyrans par cette action, s'il eût rencontré des hommes vertueux dont l'intention eût été droite ; et bien loin d'en être méprisé, il en eût mérité des louanges éternelles, puisque la rigueur est de soi mauvaise, et que si la malice des inférieurs n'obligeoit ceux qui les gouvernent à s'en servir, ceux qui seroient les plus opposés à ces maximes seroient sans doute les plus dignes de respect, et ceux dont la gloire seroit la plus estimable. Cette journée déshonora le ministre, parce qu'il avoit été prodigue des faveurs de son Roi, et que par cette profusion il avoit attiré, par le refus de ceux du parlement, une grande diminution à la puissance royale ; mais, dans le vrai, elle leur étoit plus honteuse qu'à lui, puisqu'elle étoit une marque certaine de l'iniquité de cette compagnie.

Avant cette conférence si remarquable en ses circonstances, la Reine, par l'avis du cardinal, voulut voir et entretenir Châteauneuf, et l'envoya querir à Montrouge, pour prendre son avis sur les affaires présentes. Les politiques de la cour, qui trouvèrent cette action étonnante, et qui en voulurent pénétrer le fond, crurent qu'alors le ministre balançoit entre la rigueur et la clémence ; et que, dans cette pensée, il voulut, par la visite d'un homme dont l'esprit avoit toujours paru hardi, persuader au public que ce qui se feroit pour châtier le parlement venoit de ses conseils. Mais lui, craignant quelque finesse de cette nature, parla à la Reine selon ses soupçons, lui disant toujours, sur toutes les questions qu'elle lui fit, que, ne connoissant point le fond des affaires, il étoit impossible qu'il pût lui donner aucun conseil.

Le lendemain [les 22 et 23 juin], les chambres s'assemblèrent à l'ordinaire ; et, bien loin de se tenir pour contentes, leurs délibérations allèrent à remercier le duc d'Orléans du soin qu'il prenoit de leurs intérêts. Ils témoignèrent vouloir refuser les grâces que la Reine leur avoit offertes, et demandèrent que remontrances lui fussent faites, pour lui témoigner que ce n'étoit point pour leur intérêt qu'ils prétendoient s'assembler ; mais que, comme bons serviteurs du Roi, ils désiroient travailler à réformer les abus de l'Etat, et la supplier que pour cet effet Sa Majesté ne trouvât point mauvais qu'ils suivissent leur première résolution. Ils demandèrent, outre cela, que l'arrêt qui avoit été prononcé contre eux fût annulé, et le leur tenu bon et valable. Cette hardiesse donna un sensible déplaisir au ministre, qui, s'étant mis au lit ce jour-là de meilleure heure qu'à l'ordinaire, outre le dépit de toutes ces mauvaises aventures dit à un de ses amis, avec beaucoup de chagrin, que le chancelier et le surintendant l'avoient laissé tomber en confusion, et qu'ils s'en repentiroient.

On reçut alors la nouvelle de la mort du roi de Pologne, qui ne causa nul déplaisir à la Reine que celui de prendre le deuil. Elle n'étoit pas assez satisfaite de sa veuve, à qui elle avoit mis la couronne sur la tête, pour s'inquiéter de sa fortune; et quand elle auroit voulu prendre part à ses intérêts, il y auroit eu plus de quoi se réjouir avec elle que de sujet de la plaindre. Elle avoit perdu un mari qui ne l'avoit pas bien traitée, qui étoit haïssable de sa personne, et qui, selon les apparences, laissoit pour roi un de ses frères qui ne la haïssoit pas. Il avoit dessein de l'épouser, au cas qu'il pût être élu roi à la place de son aîné pour commander ces peuples. Sa naissance, ses amis et l'assistance de la reine de Pologne, qui avoit de l'argent et du crédit, lui donnoient lieu d'espérer ce bonheur; et toutes ces choses arrivèrent en effet quelque temps après au contentement de l'un et de l'autre.

La veille de la Saint-Jean, le Roi, pour attirer par les yeux l'amour et le cœur de ses sujets, prit la place du duc de Montbazon, gouverneur de Paris. Il se trouva à la cérémonie du feu de la Grève, que la ville fait faire en ce jour. Il l'alluma lui-même; et la

Reine lui tint compagnie en cette incommode fête, qui lui coûta bien du chaud et de la fatigue. Pour montrer plus de confiance au peuple, il y fut sans gardes ni grand appareil.

Le cardinal, pour continuer de marcher dans la route qu'il avoit choisie, fit offrir aux maîtres des requêtes que s'ils vouloient faire supplier la Reine par le chancelier de les rétablir, il leur promettoit qu'ils le feroient aussitôt. Mais ils le refusèrent, et lui répondirent, après l'avoir très-humblement remercié, qu'ils ne pouvoient se départir du parlement, qui avoit voulu prendre leur protection.

Pour revenir au parlement, dont les démarches faisoient alors toute l'occupation de la cour, après avoir fait plusieurs délibérations, leur dernier arrêté fut de remercier Monsieur, de députer vers la Reine pour justifier leur arrêté du 13 mai et la sincérité du parlement, se plaindre des paroles injurieuses qu'on leur a dites en sa présence des arrêts du conseil, en demander la suppression et la liberté des prisonniers, et assurer Sa Majesté qu'il ne se passera rien dans la chambre de Saint-Louis que pour le bien de son service.

La crainte qu'on avoit de pis fit trouver cette conclusion supportable. On crut qu'ils viendroient faire des protestations de fidélité et de service à la Reine, qui pourroient porter les affaires à quelque accommodement. Le lendemain, elle les reçut dans sa petite galerie. Auprès d'elle étoient le duc d'Orléans, le cardinal et les autres ministres, selon l'ordre accoutumé : et comme on espéroit quelque douceur de leur part, on les reçut les portes ouvertes ; mais il arriva le contraire de ce qu'on avoit espéré. La remontrance du premier président fut si forte et si hardie qu'elle surprit tous les auditeurs, et la Reine en parut offensée. Je l'ai voulu insérer ici, afin de mieux faire connoître à ceux qui liront ces Mémoires quel étoit l'esprit de cette compagnie, et l'audace de leur entreprise. En voici les principaux points, que j'ai remarqués moi-même pour l'avoir entendue prononcer.

Sommaire de la harangue du premier président.

Son discours roula sur ce que les souverains devoient plutôt régner par amour que par crainte, et que la justice étoit le principal lien entre le souverain et le peuple. Que cette justice rendue par le ministère des officiers, lesquels la distribuoient aux peuples, se voyoit aujourd'hui vexée de tous les côtés. Que l'on avoit toujours cru que le temps étoit le souverain remède à tous maux ; mais qu'au contraire ceux dont ils se plaignoient empiroient par le temps, et qu'il falloit croire que la continuation iroit bientôt à miner l'autorité du Roi et le bien de son Etat. Qu'il ne restoit plus que le parlement à servir de barrière pour empêcher les désordres dans lesquels cette autorité étoit tombée. Qu'on avoit persuadé à Sa Majesté qu'il ne leur étoit pas permis de s'assembler, quoique ce fût chose ordinaire ; et que ce mot d'*union* avoit tellement choqué l'esprit de ceux qui lui donnoient ces pernicieux conseils, dont le contre-coup sembloit frapper l'autorité royale, qu'on avoit voulu les faire passer pour des personnes factieuses et séditieuses. Que ces accusateurs méritoient bien mieux ce titre, que ceux qui n'avoient jamais eu d'autres intentions que celles que leur innocence et le respect qu'ils devoient au Roi leur pouvoient inspirer. Qu'ils étoient obligés de faire entendre à Sa Majesté que ces mêmes personnes lui avoient célé l'exemple de 1618, où ils s'étoient assemblés pour les affaires publiques, même pour les rentes des aides; que le prince alors avoit approuvé tout ce qui s'y étoit fait, ayant connu que toutes les choses s'y étoient passées pour le bien de son service. Que quand il pensoit à cette élévation de trône devant lequel, depuis peu de jours, le premier parlement de France avoit fait amende honorable, où leurs arrêts du 3 mai et 15 juin avoient été lus publiquement, et cassés par celui du conseil, et diffamés par des accusateurs coupables, contre des innocens accusés de divers crimes, et d'autant d'injures qui avoient été publiques, ils étoient obligés de faire entendre à Sa Majesté qu'ils étoient bien instruits que cette injure ne procédoit pas de sa part; qu'ils n'étoient que trop certains de sa vertu, de sa piété, et des extraordinaires sentimens de sa bonté. Aussi, qu'ils ne doutoient point qu'elle ne fût bientôt désabusée des mauvaises impressions que ces personnes lui avoient données, et que dans peu de temps elle auroit sujet de le croire. Et conclut qu'il avoit charge du parlement de lui faire entendre la justice de leur arrêté; la supplier très-humblement de vouloir faire la suppression de l'arrêt du conseil du 8 juin 1648, donné contre eux; trouver bon que les leurs subsistassent en leurs registres, comme ayant été donnés *avec pouvoir et justice;* et qu'il lui plût donner une déclaration de l'innocence du parlement, qui avoit été accusé et injurié sans juste cause. Qu'il ne se feroit rien dans leurs assemblées qui ne fût pour le bien du service du Roi, pour celui du public, et repos de son Etat. Qu'il la conjuroit très-ardemment de leur continuer l'honneur de sa bienveillance, avec protestation qu'ils étoient ses très-humbles et très-obéissans et très-fidèles serviteurs.

Après que cette harangue fut finie, la Reine, tout interdite, fit approcher les gens du Roi, et leur dit que dans peu de jours elle feroit savoir ses volontés au parlement.

L'état de la France étoit tel, qu'il n'étoit plus temps de se porter à la rigueur sans la hasarder à de grandes révolutions. Le parlement avoit trop usurpé d'autorité. En refusant les grâces qu'on leur avoit offertes, ils avoient montré au peuple qu'ils ne demandoient que le bien public, et le remède des désordres de l'Etat. Ce même peuple étoit accablé de taxes et de tailles : le royaume étoit appauvri par les longues guerres ; tout le monde étoit mal content. Les courtisans haïssoient le ministre : tous vouloient le changement, par déréglement d'esprit plutôt que par raison. Le ministre étant méprisé, chacun prenoit la liberté de suivre son caprice : si bien qu'il leur paroissoit très-juste de crier contre les partisans, qui en effet sembloient être les seuls qui triomphoient des misères publiques. Les gens de bien, sans considérer que c'est un mal quelquefois nécessaire, et que tous les temps à cet égard ont été quasi égaux, espéroient par le désordre quelque plus grand ordre ; et ce mot de *réformation* leur plaisoit autant par un bon principe, qu'il étoit agréable à ceux qui souhaitoient le mal par l'excès de leur folie et de leur ambition; de sorte que tous, par différens motifs, s'emportoient à pester contre la Reine et contre son ministre, sans considérer qu'il n'étoit pas juste de souffrir que le parlement prît l'autorité de réformer l'Etat à sa voonté, et que cette réformation portoit en conséquence la destruction de la monarchie, par le bouleversement qu'un mélange si monstrueux, si opposé à nos lois, et si funeste à la royauté, devoit causer à l'Etat. Ces lois contiennent en elles sans doute les règles nécessaires à la conduite des peuples et à leur bonheur : elles sont équitables, la justice en est le fondement, et l'autorité royale en est et en doit être le soutien ; mais il faut aussi comprendre en les observant, selon que nous le devons faire, qu'elles nous soumettent, par l'ordre de Dieu, à la puissance suprême et unique de nos rois, sans qu'il nous soit loisible, sous aucun prétexte, d'y pouvoir jamais manquer. Si les parlemens avoient eu le pouvoir de corriger leurs fautes et celles de leurs ministres, nous ne savons pas si ceux qui les composeroient n'en feroient pas de plus grandes; s'ils ne banniroient point la vertu de dessus le trône pour y placer le vice, et si l'ambition et les passions de plusieurs ne seroient pas beaucoup plus dangereuses que celles d'un seul.

Par la docilité du cardinal Mazarin, et par les offres qu'il avoit faites à cette compagnie, elle avoit dû voir que si de bonne foi ils eussent aperçu quelque désordre dans les finances, et qu'alors ils en eussent demandé modestement la réformation, elle leur auroit été accordée. Si par leur fidélité ils avoient servi le Roi utilement, et que par leurs très-humbles remontrances les peuples eussent pu recevoir du soulagement, ils auroient acquis cette réputation d'être des juges et des sujets sans reproche : ils auroient pu mériter cette gloire, que les rois mêmes à l'avenir auroient dû estimer en eux la probité, qui les auroit fait agir adroitement pour le bien du public et le bonheur de l'Etat. Mais ils étoient fort éloignés de ces sentimens, et leur audace démesurée fit croire au ministre que le meilleur parti étoit celui de la dissimulation. Il se résolut donc de faire cette réponse au parlement, qui fut infiniment blâmée par les deux partis. Le 29 de juin au soir, on leur manda par les gens du Roi : Que la Reine a si bonne opinion de leur fidélité, qu'elle ne peut croire que leurs assemblées puissent être par leur volonté en aucune façon préjudiciables au service du Roi; que cela étant, elle leur permet de s'assembler, pourvu que toutes leurs délibérations aient à finir dans la semaine.

Le soir du 30 de juin, le cardinal dit à la Reine, devant toute la cour, qu'il venoit de recevoir des lettres de Flandre, par lesquelles on lui mandoit que les ennemis prenoient cœur sur les nouvelles qu'ils avoient du procédé du parlement; et qu'on avoit tellement commenté sur l'histoire, qu'ils croyoient Paris en armes; que cela, quoique faux, faisoit un mauvais effet pour les affaires du Roi, et animoit les étrangers à tout entreprendre. Comme il se sentoit alors battu par la tempête, il affectoit tellement l'humilité, qu'il dit ce même soir à madame de Senecay, qui lui parla de ses nièces qui étoient encore auprès d'elle, qu'il la prioit de les nourrir en simples demoiselles; qu'il ne savoit encore ce qu'elles deviendroient, non plus que lui. Et comme il savoit qu'on l'accusoit de prendre de l'argent, il montroit, autant qu'il lui étoit possible, de n'être point intéressé, et disoit qu'il ne souhaitoit de la fortune et du bien que pour en faire part à ses amis.

Les députés du parlement et des autres compagnies souveraines s'assemblèrent dans la chambre de Saint-Louis, selon leur volonté et le consentement de la Reine. Ils lui avoient extorqué cette permission malgré elle, dont ils faisoient peu de cas, aussi bien que de ses grâces, et des douceurs de son ministre. Les premières propositions qu'on y fit furent hardies, séditieuses, et toutes en faveur du public et du peuple, afin de s'en faire aimer, et de se donner de la force par ce qui fait la force même des rois.

I. La première proposition fut de remettre au peuple le quart des tailles qui se donnoient aux partisans.

II. De donner au peuple ce qu'ils devoient des dernières années, lesquelles ils ne pouvoient payer par leur insolvabilité.

III. De révoquer entièrement les intendans des provinces, qui profitoient, à la foule du peuple, de tels emplois; et rendre responsables des deniers du Roi les trésoriers de France, les élus, et les autres officiers commis à cet effet.

IV. Que nulle personne ne pourra être mise en prison, que passé vingt-quatre heures il ne soit interrogé par le parlement, qui à l'avenir doit prendre connoissance de la cause pour laquelle il y sera mis.

V. Que nulles impositions ni taxes ne pourroient être mises sur le peuple, sans que les édits en fussent dûment vérifiés.

VI. Qu'il se fera une chambre de justice composée des quatre compagnies souveraines, pour juger souverainement des abus et malversations qui se sont faites dans les finances.

Voilà les principales propositions qui se firent dans cette assemblée, qui ne devoit travailler que pour le service du Roi. La Reine, dans cette extrémité, pour éviter que le parlement ne rétablît les maîtres des requêtes de sa propre autorité, leur fit ce bien sans qu'ils le lui demandassent. Après les avoir interdits et condamnés de sa propre bouche, elle fut forcée, malgré le mépris qu'ils avoient fait de ses grâces, de les remettre dans leur premier état; et, pour couvrir la honte de la royauté, on se servit de l'entremise de Monsieur, oncle du Roi, qui, sur un compliment que quelques-uns de leur compagnie lui firent pour le remercier de ce qu'il avoit témoigné les vouloir favoriser, leur offrit encore tout de nouveau d'y travailler; et eux, après en avoir eu la permission du parlement, l'acceptèrent volontiers. Ils commençoient à n'être pas si contens de ce que cette compagnie vouloit retrancher les intendans, parce que ces emplois paroissoient leur appartenir, et qu'ils y faisoient leurs affaires.

Les jours suivans [4 juillet], on continua les délibérations commencées, et le rapport s'en faisoit à la grand'chambre, où se donna un arrêt, le 4 du mois, qui révoquoit les intendans des provinces, comme gens qui ruinoient le peuple par leurs voleries; et les maîtres des requêtes y signèrent les premiers, comme amateurs de la chose publique, ainsi que de véritables Romains. Cela se fit sans faire aucune mention, dans cet arrêt, de la volonté ni du consentement du Roi.

Le 6 de juillet, le duc d'Orléans alla au parlement; et, par un grand discours qu'il leur fit, il tâcha de leur montrer combien leur procédé donnoit de fausses espérances aux ennemis, qui enfin se pourroient rendre véritables, contre leurs intentions, s'ils ne prenoient le parti du Roi aussi bien que celui du public; que, nonobstant les dangereuses conséquences de leur conduite, la Reine ne trouvoit point mauvais la volonté qu'ils avoient de remédier aux désordres de l'Etat; mais qu'elle désiroit que ce fût sans blesser la grandeur et le bonheur de la France; que, pour cet effet, elle les prioit de surseoir l'exécution de l'arrêt qu'ils avoient donné contre les intendans des provinces; et Monsieur leur offrit pour conclusion une conférence sur toutes leurs propositions, dans laquelle il leur promit sa protection et une entière sincérité pour toutes les choses qu'on y traiteroit, comme un prince qui, n'ayant trompé personne, ne voudroit pas commencer par une compagnie pour laquelle il avoit beaucoup d'affection, et finit par quelques paroles de compliment.

Ce même jour, les maîtres des requêtes vinrent au Palais-Royal en corps remercier la Reine de la grâce qu'elle leur avoit faite de les rétablir. Sa Majesté les reçut dans son grand cabinet avec sa compagnie ordinaire, qui étoit le duc d'Orléans, le cardinal, le chancelier, et les quatre secrétaires d'Etat. Leur harangue fut humble et pleine de reconnoissance. Ils allèrent aussi chez Monsieur, oncle du Roi, et finirent par le cardinal Mazarin.

En même temps arriva un courrier de Catalogne, qui apprit à la Reine que le maréchal de Schomberg, qui commandoit les armées du Roi en qualité de vice-roi dans ce pays de conquête, étant dans le commencement de l'entreprise de Tortose, qu'il avoit assiégée depuis peu, fut averti que les ennemis, avec plus de forces que lui, alloient assiéger Flix; qu'il avoit été ravitailler cette place et y jeter des hommes, puis étoit revenu achever son entreprise avec espoir d'y réussir.

De Naples, on sut que les Espagnols ayant appris que Gennare Annèse vouloit encore leur faire quelque trahison, ou feignant de le croire pour avoir un prétexte d'en user selon leurs maximes, le firent arrêter prisonnier. Comme cette nation est accoutumée à ne pas pardonner, on crut alors qu'ils le feroient mourir, et vengeroient par là le duc de Guise, qui étoit toujours dans leurs fers. Un peu après arrivèrent des nouvelles que le maréchal Du Plessis, qui commandoit les troupes du Roi en Italie sous le duc de Modène, avoit défait le marquis de Caracène, qui étoit général de celles d'Espagne; mais, pour tribut de cet honneur, il y perdit un fils qu'il regretta beaucoup.

A l'égard du parlement, le 7 et le 8 se passèrent en conférences au Luxembourg. Ils témoignèrent tous beaucoup de satisfaction du duc d'Orléans, et de la douceur qu'il avoit pour eux dans leurs conférences. Les députés de toutes les chambres des enquêtes et les compagnies souveraines y assistoient, et on y traita de toutes les affaires qu'ils avoient proposées à la chambre de Saint-Louis. Le cardinal Mazarin, parlant à eux, loua leur zèle pour le service du Roi ; et ceux même qui, peu de jours auparavant, avoient été traités de rebelles en présence de la Reine, et qui, dans le vrai, anéantissoient quasi l'autorité royale, furent alors appelés par le ministre les restaurateurs de la France et les pères de la patrie. Cette inégalité de conduite donnoit aux espions de ses défauts une grande matière de se railler de lui, de le mépriser, de le traiter de foible, et de lui reprocher de n'avoir point les vertus héroïques que les grands hommes doivent pratiquer dans la conduite des grands Etats ; car, selon les maximes générales, il faut gouverner un royaume par les lois, et les maintenir avec de la fermeté et une conduite plus uniforme.

Pendant que ces conférences se faisoient, quelques personnes du parlement travailloient à fomenter des intrigues contre le surintendant d'Emery ; et sa place, qu'ils désiroient, étoit la véritable source des plaintes qui éclatèrent contre lui. Ils firent semblant de ne pouvoir souffrir que celui qui les avoit attaqués demeurât dans les finances. Ainsi ils proposèrent au ministre de l'éloigner. Tous s'animèrent à sa perte, les uns par intérêt et les autres par fantaisie. Cet homme parut chargé de toute la haine publique, et les intéressés firent espérer au cardinal que, moyennant son éloignement, toutes choses se rendroient plus faciles. Ses amis de la cour, qui voyoient de loin l'orage se préparer à tomber sur lui, travailloient à le soutenir de toutes leurs forces ; car, comme il les payoit bien, ils le servoient de même. Mais le cardinal, s'imaginant qu'il pouvoit acheter son repos par sa perte, se résolut de le sacrifier au bien public, et au sien en particulier. Dans ces mêmes jours que la destinée de cet homme étoit incertaine, qu'il y avoit des momens favorables pour lui dans l'esprit de celui qui en étoit le maître, et quelquefois de fort mauvais, où il regardoit le malheur de ce surintendant comme la source de son propre bien, il arriva qu'un des amis de d'Emery proposa, dans la chambre de Saint-Louis, de faire recherche des deniers qui avoient été transportés hors de France. Quelques amis du ministre l'en avertirent, et plusieurs de ceux du parlement détournèrent cette proposition, parce qu'ils voyoient qu'elle alloit directement à sa personne. Ils ne l'aimoient pas; mais ils l'avoient trouvé si doux et si commode, qu'ils jugeoient à propos de se servir alors de sa mollesse prétendue pour mieux parvenir à leurs fins; ils vouloient commencer par le surintendant avant que d'entreprendre tant d'autres ouvrages. Le cardinal, sachant que celui qui avoit proposé la recherche des deniers transportés étoit des amis de d'Emery, crut que ce surintendant avoit inspiré cette pensée pour l'embarrasser lui-même et l'envelopper dans sa fortune, afin qu'il en fût le défenseur ou le compagnon. Cette proposition n'ayant point eu d'effet contre le ministre, en fit nécessairement un très-mauvais contre le surintendant, et donna lieu au cardinal de l'abandonner plus facilement à la rage publique, et même avec quelque justice, puisqu'il pouvoit l'accuser de l'avoir voulu perdre lui-même. Cette affaire étant en cet état, le soir du 8, au retour de la conférence du Luxembourg, sa disgrâce fut arrêtée entre la Reine, le duc d'Orléans et le cardinal Mazarin; et ils achevèrent de résoudre sur cet article ce qui se traitoit depuis huit jours entre eux.

Le lendemain sur le midi, Le Tellier alla trouver d'Emery de la part de la Reine, et lui commanda de se retirer de la cour dans deux heures. Il est à croire que cette ambassade ne plut point à ce surintendant. Il vit son malheur, non pas sans l'avoir prévu et appréhendé, mais bien sans l'avoir entièrement cru, parce qu'il avoit toujours espéré que ses amis le sauveroient. L'abbé de La Rivière, sur qui beaucoup de choses rouloient, à cause de la grandeur de celui qu'il gouvernoit, lui avoit fait espérer de le servir. Le maréchal de Villeroy et plusieurs autres travailloient pour lui; mais ni l'abbé ni les autres ne purent réussir à le maintenir. Il s'étoit toujours flatté de cette croyance que le ministre ne l'abandonneroit pas, et qu'il ne devoit pas donner cet avantage au parlement, puisque vraisemblablement il en devoit ensuite souffrir lui-même; car, n'ayant plus cet objet devant leurs yeux qui attiroit leurs malédictions, et l'esprit de révolte ne devant pas cesser, selon toutes les apparences, par sa seule perte, il étoit à croire que, lui parti, ils attaqueroient le ministre même, et qu'ainsi son intérêt l'obligeoit à le maintenir. Il se trompa dans son raisonnement; mais il ne s'en faut pas étonner: on pense pour l'ordinaire différemment sur les mêmes sujets, parce que les hommes ont souvent différentes lumières et différens intérêts. Le gouverneur du Roi alla visiter d'Emery un quart d'heure après qu'il eut reçu cet ordre. Il ne savoit rien de ce changement, et il fut aussi surpris de voir son ami exilé, qu'il fut honteux de son ignorance. Deux jours auparavant la Reine m'avoit traitée avec plus de confiance, car elle me fit l'honneur de me dire, parlant du surintendant, qu'il étoit vrai qu'il étoit fort haï, et qu'il sembloit que, chacun voulant sa perte, il étoit nécessaire qu'elle arrivât. Je jugeai par là qu'il étoit mal dans ses affaires, et que ce gros pourceau spirituel (1) et vicieux qui nous méprisoit, parce que les gens d'affaire ne considéroient que ceux qui avoient du crédit auprès du ministre; je jugeai, dis-je, que cet homme, que le monde regardoit avec quelque envie à cause de ses richesses et des délices de sa vie, alloit devenir un objet de compassion, un exemple agréable de la vicissitude des choses de cette vie, et par qui nous apprendrions fortement que *la figure de ce monde passe* (2).

On envoya querir aussitôt après le maréchal de La Meilleraye, grand maître de l'artillerie. On lui donna la surintendance comme à un homme dont le cœur paroissoit au-dessus de l'avare convoitise des richesses, et qui, par les grands établissemens de sa fortune, n'en avoit nul besoin. Ce seigneur, qui du temps du cardinal de Richelieu avoit montré son courage dans beaucoup d'occasions signalées, avoit l'ame noble, et faisoit profession d'aimer la vertu et l'honneur; mais, avec toutes ses belles qualités, il fut jugé mal propre à cette charge, parce que sa santé étoit mauvaise, qu'il se connoissoit mieux à la guerre qu'aux finances, et que de son naturel il étoit violent. Mais de plus il étoit soupçonné de vouloir faire épouser à son fils unique une des nièces du cardinal, et

---

(1) D'Emery avoit de l'esprit, et il étoit fort gros. — (2) Saint Paul.

cette raison suffisoit pour être haï de la sotte populace. Comme il étoit honnête homme, et qu'il étoit estimé, toute la cour en eut de la joie, et les gens d'honneur crurent qu'ils y trouveroient de l'appui, et qu'il considéreroit le mérite des personnes plutôt que leur faveur. En effet, le peu de temps qu'il y demeura, quoique mauvais et plein de misères, il contenta un chacun par l'honnête manière de son procédé, et conserva ses amis; au lieu que les voleurs les perdent, parce qu'ils prennent tout pour eux, au contraire de celui-là qui, ne prenant rien pour lui et donnant le peu qu'il y avoit dans les coffres du Roi, attiroit les bénédictions de tous ceux qui virent son intégrité. Aussitôt qu'il fut dans cette place, il envoya dire au parlement, par le procureur général, que son intention étoit de les satisfaire par sa conduite; qu'étant désintéressé et fidèle à son maître, il croyoit pouvoir espérer de leur plaire en le servant bien, et que volontiers il y vouloit employer le reste de sa vie. Mais ceux de cette compagnie, qui n'avoient plus de bornes dans leur hardiesse et leur déréglement, se moquèrent de lui et le traitèrent de foible. Véritablement il le méritoit, leur ayant fait une soumission qu'il ne leur devoit pas. Il fut blâmé d'avoir forcé son naturel pour mal faire, car il n'étoit pas soupçonné d'être trop humble. On lui donna Morangis et d'Aligre, qui sous lui devoient signer toutes les expéditions, gens de probité qui ne pouvoient être soupçonnés de péculat, ni même capables de le souffrir en la personne des autres, et qui apparemment haïssoient autant les partisans que les plus zélés du parlement, mais gens en effet qui avoient plus de vertu que de capacité : je veux dire de cette capacité qui trouve les moyens d'enrichir les rois sans appauvrir leurs sujets.

Le surintendant d'Emery dehors, il parut que les troubles devoient s'apaiser, que le sort étoit tombé sur lui, et que le salut du public se trouveroit en sa perte; mais les esprits n'étoient pas satisfaits par cette seule victoire. Cette facilité du ministre augmentoit beaucoup l'espoir des révoltés; et le parlement dès lors commença de s'attribuer une puissance si excessive, qu'il donnoit lieu de craindre que le mauvais exemple qu'il voyoit en celui d'Angleterre ne leur fît quelque impression, et que ceux qui dans cette compagnie avoient de bonnes intentions ne fussent trompés par les autres. Le royaume s'appauvrissoit chaque jour, la paix du dedans en étoit troublée, et la France étoit en état de craindre la guerre civile. La Reine fut contrainte d'emprunter de l'argent de quelques particuliers, et de mettre les pierreries de la couronne en gage. La cuisine du Roi se vit renversée; et pour payer les Suisses, qui ne voulurent rien prendre, il fallut que le ministre mît de gros diamans en pension, et que quelques-uns de ses amis lui prêtassent ce qu'il fallut de reste pour cet effet. Madame la princesse prêta à la Reine 100,000 livres; la duchesse d'Aiguillon lui offrit de l'argent, et beaucoup d'autres en firent autant. Ainsi, pour mettre l'ordre dans l'État, on ne voyoit que désordre; et le pire de tout étoit que la plus grande partie des sujets du Roi n'auroient pas voulu que ce mal eût cessé. Le peuple, par l'espérance de se sauver des taxes et des impôts, ne respiroit que le trouble et le changement, et il paroissoit se confier à ceux du parlement comme à leurs protecteurs. Chaque conseiller leur paroissoit un ange descendu du ciel pour les sauver de la prétendue tyrannie du cardinal Mazarin, qu'ils s'imaginoient plus grande qu'elle ne l'étoit en effet.

Toutes les conférences des ministres et du parlement, chez Monsieur au Luxembourg, se terminèrent à résoudre que le Roi donneroit une déclaration qui porteroit la même chose que l'arrêt donné au parlement contre les intendans des provinces, afin de sauver par cette ruse (1) l'autorité royale, et que cela parût venir de la volonté de la Reine. Par cette déclaration, le Roi excepta seulement trois intendances de justice, dont le parlement murmura hautement; car il ne vouloit point qu'il y eût aucune exception. Le duc d'Orléans fit plusieurs visites au parlement, dans lesquelles on fit toujours en sa présence quelques propositions nouvelles. Il s'en fit une qui dans la nécessité présente fut trouvée commode pour le Roi, qui étoit de ruiner les partisans, et d'arrêter l'argent des prêts des particuliers. Ils l'avoient prêté au Roi sous la foi des gens d'affaires et des surintendans, dont ils tiroient un grand intérêt; et quasi toutes les familles de Paris s'étoient enrichies par cette voie. Elle n'étoit pas légitime. Les casuistes sévères prétendent qu'elle est défendue par l'Evangile; elle est de plus connue depuis long-temps pour être très-dommageable à l'Etat et aux affaires du Roi, parce que cette grande usure consomme son revenu et vide les coffres de son épar-

---

(1) Ce mot de *ruse*, que le cardinal en parlant prononçoit en italien *rouse*, et qu'il pratiquoit alors en France avec peu de succès, devint le mot de la raillerie publique.

gne. Il lui étoit donc avantageux d'avoir un prétexte pour faire banqueroute à tant de personnes de toutes conditions qui avoient mis leur bien dans les prêts; mais comme toutes les familles, tant de la cour que de la ville, y avoient intérêt, il se fit une grande crierie par Paris de cette proposition. Elle parut injuste, et déplut autant aux particuliers qu'elle fut agréable au ministre, qui voyoit par cette voie le Roi utilement soulagé d'un grand fardeau. Le président de Mesmes, qui étoit de retour, alloit souvent aux avis les plus sévères, mais toujours au vrai bien de l'Etat; de sorte qu'il y eut des jours et des instans où le cardinal crut que peut-être ce désordre serviroit à mieux ordonner les affaires du Roi, et qu'il en tireroit de l'avantage. Sa politique alloit à ne rien hasarder, pour ne se pas hasarder lui-même, et tâcher de tirer quelque avantage des entreprises du parlement par la ruine des partisans; mais en même temps on jugeoit bien qu'il seroit enfin contraint de changer de méthode, et qu'il étoit impossible que celle-là lui pût réussir.

Le duc d'Orléans retourna au parlement le 13 juillet; et parce que la première déclaration qui exceptoit trois intendances n'avoit point été agréable à la compagnie, on jugea à propos d'y en porter une seconde, portant établissement d'une chambre de justice, selon qu'ils l'avoient demandée, où il leur étoit permis de travailler à la réformation des abus qui s'étoient commis dans les finances. Le parlement, à son ordinaire, fit ses délibérations; et, sur la première et sur la seconde déclaration, il fut ordonné que Monsieur seroit très-humblement supplié d'obtenir de la

Reine qu'elle envoyât une révocation des intendans, à cause que celle qui avoit été envoyée ne comprenoit que l'étendue du ressort du parlement de Paris, à condition tacite qu'on enverroit de par le Roi des commissions particulières pour les intendances de Lyon, Champagne et Picardie, dans les termes de la déclaration, qui n'étoient que pour assister les gouverneurs, et pour les passages des gens de guerre, et non pour aucune fonction de justice contentieuse, ni pour prendre connoissance des tailles ; qu'elles seroient vérifiées, et que toutes commissions extraordinaires seroient généralement révoquées ; que, pour le regard des tailles, la Reine remettoit au peuple tous les arrérages des années précédentes, jusques y compris l'année 1646 ; et, pour celles de 1647, 1648 et 1649, la Reine seroit suppliée, si ses affaires le lui permettoient, d'en remettre le quart ; que la déclaration de la chambre de justice seroit vérifiée, et que Sa Majesté seroit suppliée par M. le duc d'Orléans qu'il n'y pût avoir d'autres commissaires que du parlement, chambre des comptes et cour des aides, et que les amendes et confiscations qui seroient par elle ordonnées ne pourroient être diverties ni données, mais seulement employées aux dépenses les plus urgentes de l'Etat.

Le soir de ce même jour, la Reine nous dit, en parlant de ses affaires, que ce qui s'étoit passé le matin n'étoit pas un grand bien, puisque c'étoit des marques du pouvoir que le parlement s'attribuoit dans l'Etat ; mais que néanmoins, ayant montré quelque désir de parvenir au dessein qu'ils avoient de le réformer sans choquer directement le Roi, elle espéroit qu'il se pourroit faire quelque accommodement avantageux à l'égard de ses finances, et que ce qu'ils faisoient alors faisoit revenir plusieurs millions à l'épargne.

Rien n'étoit comparable à la satisfaction que le parlement témoignoit avoir du procédé et des belles qualités du duc d'Orléans. Il parloit de bonne grâce et avec éloquence dans leurs conférences publiques et particulières; il témoignoit toujours agir de jugement, répondoit à toutes leurs difficultés avec de l'esprit et de la douceur; et quasi toutes ces choses étant produites par l'occasion, on ne pouvoit les attribuer qu'à lui-même. La Reine avoit sujet d'en être satisfaite. Elle l'étoit en effet, et paroissoit lui être obligée de ses soins et de l'affection qu'il témoignoit pour le bien et la paix de l'Etat, et pour son repos particulier.

Le 14 de juillet, ce prince retourna au parlement. Leurs délibérations ne s'y passèrent pas à l'avantage du Roi, et les courtisans disoient que la maladie de l'Etat étoit tombée en fièvre tierce. Ce même jour la Reine nous dit, et avec assez de chagrin, qu'elle n'y entendoit plus rien, que c'étoit toujours à recommencer, et qu'elle étoit lasse de dire tous les jours : *Nous verrons ce qu'ils feront demain.* Certainement cette grande princesse sentoit bouillonner dans ses veines le sang illustre de ses aïeux, et ne pouvoit souffrir l'empire que prenoit peu à peu cette troupe de mutins; et je sais qu'un jour au conseil, en présence du duc d'Orléans, elle parut vouloir blâmer son ministre, et lui dit qu'elle n'approuvoit pas sa conduite. Ensuite de cela, ce prince étant sorti, et le cardinal étant demeuré seul avec elle selon sa coutume, après avoir reçu avec humilité apparente tout ce qu'il plut à la Reine de lui dire, pressé de douleur et peut-être de crainte, il lui répondit : « Enfin, « madame, je vois bien que j'ai déplu à Votre Ma- « jesté. J'ai mal réussi dans le dessein que j'ai toujours « eu de la bien servir. Il est juste que ma tête en ré- « ponde. » Sur quoi la Reine, qui étoit douce et qui avoit de la bonté pour lui, persuadée de ses bonnes intentions et de son désintéressement, lui dit qu'elle ne le puniroit pas de son malheur, et qu'il devoit être assuré qu'il ne perdroit jamais par là ni son affection ni sa confiance. Une autre fois, environ dans ces mêmes jours, nous voulant exagérer le bon naturel du Roi, elle nous fit l'honneur de nous conter que le cardinal, le soir précédent, l'avoit avertie de prendre garde à sa santé, et qu'elle avoit mauvais visage; que lui ayant répondu qu'elle ne se soucioit pas de mourir, vu le mauvais état de ses affaires, le Roi, touché de douleur, s'étoit mis à pleurer fort tendrement, et qu'elle avoit eu beaucoup de peine à l'apaiser. Cette indifférence pour la mort étoit en la Reine une marque de son déplaisir, et ses sentimens donnoient de la consolation à tout le monde; car il sembloit alors qu'il eût été avantageux pour elle et pour l'Etat qu'elle se fût plus inquiétée, et que, voyant le mal, elle eût travaillé à y remédier. Ce remède devoit être de se laisser moins gouverner, et d'agir davantage selon ses sentimens et ses premières lumières, qui paroissoient être naturellement opposées à la politique de son ministre.

Le cardinal, dans ce temps-là [14 juillet], eut des momens où il eut peur. Ceux qui exagéroient devant la Reine le mal que le parlement faisoit à l'Etat furent soupçonnés par lui de vouloir le brouiller avec elle, et d'avoir dessein de lui rendre de mauvais offices. Les amis de d'Emery en furent plus taxés que les autres, et furent accusés d'avoir parlé de cette sorte avec des intentions malicieuses et contraires à ses intérêts. Le maréchal de Villeroy en souffrit beaucoup; et, comme il étoit habile, il étouffa le bruit qui courut alors de sa défaveur avec tant de belles apparences soigneusement affectées, qu'il se sauva nonseulement du mal, mais aussi des mauvaises lueurs qui déplaisent à de telles gens. Le cardinal s'en plaignit au marquis de Seneterre, qui me le conta quelques heures après. Il lui dit exprès, pour lui faire en sa personne, à ce qu'il crut, le même reproche, que tous les amis de d'Emery avoient blâmé sa conduite et mendié la protection de La Rivière, ne croyant pas la sienne assez suffisante pour le sauver. Sur quoi il lui répondit qu'il étoit vrai que d'Emery avoit recherché l'amitié de cet homme pour unanimement le servir avec ses autres amis auprès du duc d'Orléans; mais qu'ils n'avoient point eu de dessein en cela de cabaler contre lui, ni de le soutenir sans lui; qu'ils étoient trop habiles courtisans pour avoir de telles chimères, et que s'ils avoient voulu attaquer son autorité, ils avoient eu de plus beaux moyens que celui-là qu'ils n'avoient pas recherchés, qui auroient été de faire écouter au duc d'Orléans, par leur ami La Rivière, les propositions qu'on avoit faites, et qu'on faisoit tous les jours à ce prince, de le faire régent. Mais qu'au contraire il étoit si bien servi par eux tous, que Monsieur, à l'exemple de Germanicus, avoit déchiré ses vêtemens sur de telles propositions.

L'étoile étoit alors terrible contre les rois : en voici une preuve authentique. Ce même jour [14 juillet], mademoiselle de Beaumont et moi allâmes voir la reine d'Angleterre, qui s'étoit retirée aux Carmélites pour quelques jours, afin d'adoucir un peu le chagrin qu'elle avoit d'avoir vu partir d'auprès d'elle le prince de Galles son fils. Il étoit allé à Calais, dans le dessein de passer en Ecosse, espérant de toucher les cœurs de ses sujets par sa présence. Nous la trouvâmes seule dans une petite chambre, qui écrivoit et faisoit des dépêches, à ce qu'elle nous dit, de grande importance. Comme elle les eut finies, elle nous conta les vives appréhensions qu'elle ressentoit du succès de ce voyage, et nous fit part de l'état présent de sa nécessité, qui augmentoit infiniment par celle où étoit le Roi et la Reine. Elle nous montra une petite coupe d'or dans quoi elle buvoit, et nous jura qu'elle n'avoit d'or, de quelque manière que ce pût être, que celui-là. Elle nous dit de plus que, quand le prince de Galles étoit parti, tous ses gens lui étoient venus demander de l'argent, et lui avoient dit qu'ils la quitteroient si elle ne leur en bailloit : ce qu'elle n'avoit pu faire, et avoit eu ce déplaisir de se voir hors d'état de remédier au besoin de ses officiers, qui l'accabloient de leurs misères. Elle ajouta que les officiers de la reine Marie de Médicis sa mère avoient fait bien pis, et qu'étant en Angleterre dans le commencement de leurs troubles, elle et le Roi son mari ne pouvant pas si ponctuellement lui donner son argent, ses officiers présentoient souvent des requêtes contre elle au parlement d'Angleterre, et que cela lui avoit causé de grands chagrins. Cette description nous toucha d'une sensible compassion; et nous ne pouvions assez admirer cette mauvaise influence qui dominoit sur les têtes couronnées qui étoient alors les victimes des deux parlemens de France et d'Angleterre : le notre étant, grâces à Dieu, bien différent de l'autre en ses intentions, et différent aussi en ses effets. Mais pour lors il incommodoit le Roi, et les apparences en étoient mauvaises.

Les 16 et 17 de juillet, le duc d'Orléans retourna à son ordinaire porter au parlement les déclarations du Roi, qui contenoient ce que le parlement avoit demandé. Il y eut beaucoup de disputes sur le plus et le moins ; mais tout fut conclu sous le bon plaisir de la compagnie, et le Roi s'estima trop heureux qu'ils voulussent, sous l'apparence de son nom et de son autorité, recevoir ce qu'ils avoient premièrement ordonné par celle qu'ils se donnoient dans son Etat. Les jours suivans ils mirent d'autres questions en avant, entre autres celle-ci : qu'étant de notoriété publique que les fermes du Roi étoient données à vil prix, et que les enchères n'avoient point été reçues, ni les adjudications faites dans les formes, l'on procéderoit à nouvelles enchères; et la cour de parlement ordonna que le présent article seroit compris dans les remontrances par écrit qu'on devoit faire à la Reine.

Les parlemens ont en effet le pouvoir de faire des remontrances à nos rois, leur disant la vérité de la plus forte manière qu'ils la peuvent expliquer, sans manquer au respect que des sujets doivent à leur souverain. Ce sont, après les Etats, les plus violens remèdes que jusqu'ici les compagnies souveraines aient pu et osé apporter aux maladies de l'Etat. Mais, grâces à Dieu, nous vivions alors dans un siècle où, par les vertus de la Reine, par sa bonté et ses droites intentions, nous n'avions point besoin de ces réformations que l'excès du mal et du péril rendroient utiles ou nécessaires. Sa conduite, toute fondée sur de bons désirs pour le bien des peuples, ne les devoit point obliger à se plaindre. Elle vouloit que sous son règne tous pussent jouir d'une douce tranquillité, et ne fussent occupés qu'à servir Dieu et le Roi. Ce que le ministre avoit voulu faire contre les maîtres des requêtes et les parlemens les avoient alarmés avec quelque sujet ; mais la clémence de la Reine sur leurs premières instances, et leur douleur publique, auroit été facilement disposée à leur faire un meilleur traitement ; et le cardinal Mazarin fit assez connoître en cette occasion, comme je l'ai déjà remarqué, qu'il n'étoit pas incapable, se faisant une leçon à lui-même, de préférer le bien public à ses sentimens propres. C'est pourquoi tant de remontrances et de bruits n'étoient plus nécessaires ni justes, depuis que la Reine, par un esprit de sagesse et de piété, préférant la douceur à la sévérité, et le soulagement des peuples au plaisir d'être pleinement obéie, avoit suivi les conseils de son ministre et les favorables dispositions qu'elle avoit toujours eues à rechercher, autant qu'il lui étoit possible, le bonheur des sujets du Roi, quoique cette dernière indulgence qui avoit été pratiquée, pouvant passer pour foiblesse, lui avoit dû causer beaucoup de peine. Elle n'en faisoit pas un secret ; elle en demeuroit d'accord elle-même. Nous devons avouer aussi, à la honte de notre nation, et pour la corriger de ses fautes, que les révoltes que les peuples ont faites en ce royaume ont été presque toutes injustes et mal fondées. Nos rois, issus de la plus grande race du monde, et devant qui les Césars, et la plus grande partie des princes qui jadis ont commandé tant de nations, ne sont que des roturiers, nous ont donné des saints de leur sang; mais aucun d'eux ne peut mériter le nom de très-méchant, comme nous en voyons dans les autres monarchies, qui dans leur siècle ont été en exécration à leurs peuples, et qui sont encore l'objet de la colère et de l'horreur de ceux qui en lisent la vie. Ces grands monarques ont eu des défauts, et quelques-uns ont fait des crimes qui ont dû être blâmés selon leur grandeur, ou excusés selon qu'ils ont mérité de l'être; mais nous ne voyons point en France un Christiern II comme en Danemarck, un don Pedro-le-Cruel comme en Espagne, un Henri VIII comme en Angleterre, avec tant d'autres qui se sont déshonorés par leurs abominables actions; et nous avons vu Charles V, le plus sage prince qui ait jamais été, qui, étant dauphin, pensa être accablé sous l'injuste rebellion des peuples. Henri III en a souffert une qu'il ne méritoit pas à son égard, car il étoit vaillant, bon, savant et habile; et si, comme homme, il a été pécheur en voulant paroître dévot, Dieu seul, et non pas ses sujets, en devoit être le juge, pour l'en punir ou lui pardonner.

Je ne parle point de la guerre qui, après la mort de ce prince, se fit encore sous Henri-le-Grand: nous devons plus de fidélité à Dieu qu'au Roi; et ceux qui, par un véritable motif de conscience et

de religion, furent de ce parti, étoient excusables en refusant pour roi un hérétique. Il faut seulement blâmer l'ambition des chefs de la Ligue, qui, sous un beau prétexte, parurent visiblement vouloir usurper la couronne; mais Dieu sans doute se servit de leur injuste désir pour préserver la France du malheur de l'hérésie. La guerre que les princes et les grands du royaume firent sous Louis XI, qu'ils appelèrent faussement du Bien public, ne regardoit que les intérêts des grands. Ils réussirent à se venger du Roi ; car il avoua depuis lui-même, à Philippe de Commines, qu'il avoit eu tort de les maltraiter. Mais en cet endroit ce célèbre auteur fait une grande leçon aux peuples, qui les devroit détromper pour jamais de ceux que leur ambition conduit à la révolte, et qui, en les dupant toujours, les y engagent sous l'apparence de la réforme de l'Etat. Ce sage politique, en parlant de la conversation qui se fit entre le roi Louis XI et le comte de Charolais, dans laquelle il fallut satisfaire les prétentions des intéressés, dit :
« Là fut demandé la duché de Normandie pour le
« duc de Berri, et les villes de la rivière de Somme
« pour ledit comte; et plusieurs autres demandes
« pour chacun, avec autres ouvertures qui jà pieçà
« avoient été faites pour le bien du royaume. Mais
« en ces derniers articles ne consistoit pas la ques-
« tion, car le bien public étoit converti en bien par-
« ticulier. » Et cependant Philippe de Commines dit encore que si le Roi, après le combat de Montlhéry, ne fût venu à Paris, déjà les Parisiens, enchantés de ce beau mot de bien public, étoient prêts d'ouvrir leurs portes au comte de Charolais, et qu'ils lui don-

noient des bénédictions comme au restaurateur de la patrie.

Dieu menaça les premiers hommes de son peuple qui voulurent créer des rois sur eux, et leur apprit toutes les misères qu'ils souffriroient sous leur domination. Quand même nous en aurions qui pourroient faire des fautes en nous commandant, il est assez raisonnable que nous recevions avec patience ce que nous avons souhaité sans sagesse. Nous devons croire aussi que ce même Dieu, après les avoir établis sur nous, n'épargnera pas dans ses jugemens les rois injustes et paresseux, qui manquent à l'observation de ses lois. Notre devoir nous lie à nos souverains par des chaînes de fidélité, d'obéissance et d'amour; mais celles qui les engagent à nous bien traiter ne sont pas moindres envers nous. Ils doivent agir avec droiture, avoir de la vertu et de la bonté; ils doivent aimer l'ordre, et travailler incessamment à s'instruire de leurs obligations afin d'y satisfaire; ils doivent être les espions de leurs défauts, et, sans écouter les flatteurs qui les environnent, examiner sévèrement leurs sentimens, de peur que l'amour-propre ne leur en cache la laideur, et ne les change en des passions injustes et criminelles. Car Dieu leur a donné les mêmes lois qu'aux autres hommes, et leur a commandé d'être les pères de leurs peuples aussi bien que les maîtres, et d'employer leurs soins au bien public, et au bien de chaque particulier. Les rois, selon cette obligation indispensable qui leur est imposée d'en haut, doivent vouloir que leurs sujets trouvent de la protection auprès d'eux, par les officiers et les juges de leurs royaumes. Tous les sages princes doivent désirer que les bons ne soient point opprimés, et que les méchans soient punis. Les parlemens en France sont institués pour travailler à ce grand ouvrage, et quelquefois les rois même ont trouvé par leurs réglemens du secours contre leurs propres désordres. Mais il est injuste, et contre la raison, que les sujets commandent lorsqu'ils devroient obéir, et qu'ils le fassent avec un esprit de révolte, par des motifs de passion et d'intérêt, et avec peu de respect pour leur souverain. Un royaume dont le chef manque de puissance, à qui les sujets osent refuser l'obéissance qui lui est due, est un navire sans pilote : et c'est le plus grand malheur qui puisse arriver aux hommes raisonnables, qui aiment la justice et la paix ; car ceux-là désirent que les rois soient les maîtres, qu'ils soient équitables, qu'ils soient bons, et que de même ils soient respectés et fidèlement servis. Comme le parlement anticipoit sur la puissance royale ; qu'il vouloit faire ce que le Roi seul auroit eu droit d'ordonner ; que le nôtre par sa jeunesse n'étoit pas en pouvoir de le faire, et que le ministre, sous une minorité, n'avoit pas assez de puissance, il étoit impossible que ce déréglement apportât un bon ordre à la France. Car enfin ces réformations étoient faites par des brouillons qui regardoient seulement la perte du cardinal Mazarin, la grandeur des princes par l'attachement que plusieurs de ce corps avoient à eux, et l'élévation de quelques particuliers. Il est donc aisé de juger par toutes ces choses que tout ce qui se faisoit alors iroit à la ruine de l'Etat, et que Dieu ne béniroit pas le travail de ces hommes, dont l'iniquité étoit visible ; car *la sapience de l'homme reluit en son visage, et la méchanceté ne sauvera point celui qui est méchant* (1).

Les autres parlemens, à l'exemple de celui de Paris, se révoltoient aussi. Le nôtre de Normandie demandoit la révocation du semestre, qu'ils prétendoient avoir été injustement établi du temps du feu Roi et du cardinal de Richelieu, qui ne leur laissoit pas lever la tête si haut. Ainsi toutes choses, au dedans de la France, étoient en mauvais état.

Le prince de Condé, impatient de se voir à l'armée sans rien faire, et peut-être un peu jaloux de la réputation du duc d'Orléans, voulut avoir part aux affaires du parlement. Il en parla au maréchal de Gramont, qui étoit de ses amis, et le pria de venir à la cour proposer secrètement son retour. Le ministre, qui étoit bien aise de balancer la puissance entre ces deux princes, y consentit volontiers, à condition qu'il surprendroit la Reine, et qu'elle ne paroîtroit point avoir écouté cette proposition.

Aussitôt après ce consentement, qui fut le 20 du mois de juillet, on sut que le prince de Condé alloit arriver de l'armée, et son retour étonna toute la cour. La Reine, Monsieur, oncle du Roi, et le cardinal Mazarin, avoient souvent déterminé ensemble que si on se voyoit contraint d'en venir à la force ouverte contre le parlement, alors on manderoit M. le prince; mais comme de telles résolutions étoient indécises, et que jusque là le ministre avoit tenu une conduite toute pleine de douceur et d'humilité, le retour de ce prince avoit été différé, et le duc d'Orléans se trouva surpris de voir qu'il revenoit. Il ne put pas

(1) *Ecclésiaste,* chap. XIV.

croire que la Reine et le cardinal eussent ignoré ce dessein : c'est pourquoi il se fâcha, et dit tout haut qu'il avoit sujet de se plaindre de la Reine, qui, sans lui en rien dire, appeloit un autre à son secours, qui ne la pouvoit pas servir mieux que lui, ni avec plus d'affection. L'abbé de La Rivière, de qui je sus toutes ces particularités, vint trouver la Reine, et lui fit les plaintes de son maître, promettant qu'il tâcheroit de l'adoucir, mais protestant aussi qu'il étoit fort en colère, et qu'il doutoit de le pouvoir apaiser. La Reine et son ministre lui dirent qu'ils n'avoient point su le retour de M. le prince, et que le maréchal de Gramont, sur des paroles légèrement dites, lui avoit sans doute, et peut-être sans y penser, fait naître le désir de revoir la cour. A cela l'abbé répondit que son maître désiroit que le prince de Condé, qui devoit arriver une heure après, fût donc renvoyé, puisqu'il venoit sans ordre. Le cardinal, troublé de ce petit orage, se mit dans le carrosse de l'abbé, et alla trouver le duc d'Orléans au Luxembourg. Il lui protesta son ignorance, et tâcha de guérir son chagrin par toutes les plus belles paroles que son éloquence lui put fournir. Le duc d'Orléans ne se laissant point apaiser par cette voie, le cardinal revint trouver la Reine, pour chercher avec elle quelque voie de satisfaire ce prince, à qui véritablement elle étoit obligée par sa fidélité ; car on peut dire que jusque là il avoit vécu avec elle d'une manière tout-à-fait louable. Pour trouver un remède à la plainte du duc d'Orléans, il fut conclu, après une longue conférence faite entre la Reine, le cardinal et l'abbé de La Rivière, que la Reine enverroit prier Monsieur de trouver bon qu'elle reçût M. le prince, avec promesse de le renvoyer commander l'armée le plus tôt qu'elle pourroit.

Le prince de Condé fut reçu de la Reine avec un visage riant : et lui dans son cœur étoit satisfait et content; car il ne manqua pas d'être bien averti de ce petit dépit de Monsieur, dont il eut de la joie, l'émulation étant naturelle entre des personnes de cette naissance. Il demeura une heure enfermé avec la Reine et le ministre, puis il s'en alla chez lui, où toutes les personnes de qualité lui allèrent rendre hommage. Le lendemain, Monsieur et lui dînèrent ensemble chez le cardinal, où ils parurent bons amis, et, selon les apparences, ne pensèrent qu'à rire et à faire bonne chère.

Le même jour, par un bonheur tout particulier qui donna lieu à la Reine de dégager la parole qu'elle avoit donnée à Monsieur, oncle du Roi, on reçut nouvelle que l'armée des ennemis faisoit mine de marcher, et montroit d'avoir quelque dessein sur nous : si bien que le lendemain, jour de Sainte-Madeleine, M. le prince prit congé de la Reine, et s'en retourna bien vite. Cette campagne jusque là n'avoit pas été heureuse à ce prince. Il avoit eu trente-cinq mille hommes à commander; et, avec cette armée, il n'avoit pas empêché la prise de Courtray, place très-importante. Pour tout exploit de guerre, il avoit pris Ypres en huit jours, grande ville dont la prise nous étoit de peu d'importance. Son armée, depuis ce médiocre exploit, étoit diminuée. Ce général, qui étoit destiné à faire toujours de belles actions, n'ayant pas eu la liberté d'agir à sa fantaisie, avoit été contraint par les ordres de la Reine de ne rien entreprendre; et de cette sorte il falloit qu'il consentît que la diminution de l'autorité royale le privât de quelques victoires que, sans les troubles de Paris, il eût sans doute remportées sur les ennemis.

Le maréchal de Schomberg (1), n'étant pas bien à la cour, avoit été contraint de prendre le commandement de l'armée de Catalogne, que le cardinal de Sainte-Cécile, frère du cardinal Mazarin, avoit quittée par dédain de cet emploi. Il y étoit allé avec peu d'argent, peu de faveur et peu d'hommes; et ceux qui sont du métier de faire rire les autres disoient, par raillerie, que celui qui voudroit aller en lieu périlleux devoit suivre ce maréchal. Ils vouloient qu'on crût que toutes ces aventures se termineroient à donner des sérénades aux dames espagnoles; car, quoiqu'il ne fût pas jeune, il étoit galant. Mais, outre le secours qu'il avoit été donner à Flix, il arriva un courrier de sa part le 26 de juillet, qui apprit à la Reine la prise de Tortose, qu'il tenoit assiégée depuis peu. Comme il sut que les ennemis venoient en grande hâte pour la secourir, il la prit d'assaut, et tailla tout en pièces. Une tuerie générale s'y exerça avec tant de résistance de la part des ennemis, que l'évêque du lieu y fut trouvé des premiers tués sur la brèche, avec une demi-pique à la main. Ce prélat avoit été à la défense de ses murailles accompagné des prêtres et des religieux de la ville, qui avoient suivi son exemple dans cette périlleuse occasion. Le maréchal de Schomberg reçut toute la gloire qu'il méritoit d'une si heureuse, si hardie et si

---

(1) *Le maréchal de Schomberg* : Charles de Schomberg, duc d'Halluin. Il avoit épousé en secondes noces mademoiselle d'Hautefort.

belle entreprise ; mais sa faveur n'en fut pas plus grande : ce n'est pas toujours la vertu ni les belles actions qui la donnent. Le marquis de La Trousse (1) fut tué dans cette occasion, qui étoit estimé brave, honnête homme, et si civil que même quand il se battoit en duel (ce qui lui arrivoit souvent), il faisoit des complimens à celui contre qui il avoit affaire. Lorsqu'il donnoit de bons coups d'épée, il disoit à son ennemi qu'il en étoit fâché ; et, parmi ces douceurs, il donnoit la mort aussi hardiment et avec autant de rudesse que le plus brutal de tous les hommes. Le comte d'Harcourt, qui n'avoit pas été si heureux que M. de Schomberg, loua infiniment ce qu'avoit fait ce maréchal, et dit au cardinal Mazarin que cette place, quoiqu'elle ne fût pas si forte que Lerida, étoit plus utile étant située sur la frontière du royaume de Valence, et qu'elle ouvroit le chemin pour entrer en Espagne quand on voudroit. Le 28 de juillet, la Reine en fit chanter le *Te Deum* à Notre-Dame. Le Roi y alla à cheval avec un petit collet de buffle ; et toute la cour le suivit en bon ordre, avec beaucoup de broderies, de plumes et de rubans.

Les ennemis profitèrent du petit voyage que M. le prince avoit fait à Paris : ils assiégèrent Furnes en son absence, place qui n'étoit nullement forte, que M. le prince deux ans auparavant avoit prise en trois heures; mais qui nous étoit de grande conséquence étant proche de Dunkerque, qu'apparemment les ennemis avoient dessein d'attaquer, parce qu'ils avoient eu

(1) *Le marquis de La Trousse* : François Le Hardi, marquis de La Trousse. Il avoit épousé Henriette de Coulanges, sœur de la mère de madame de Sévigné.

beaucoup de regret de sa perte. La Moussaye en vint apporter la nouvelle à la cour, et charger le maréchal de Rantzau de n'y avoir pas pris assez de soin, l'ayant négligée pour conserver un petit fort appelé la Knoque, entre Ypres et Furnes, que l'on avoit choisi comme un poste nécessaire à la conservation d'Ypres; et de n'avoir pas observé les ordres qu'il avoit reçus de M. le prince, quand il étoit parti pour son petit voyage de la cour. Pour finir les nouvelles de la guerre, le maréchal Du Plessis, qui étoit toujours en Italie avec les troupes du Roi et celles du duc de Modène, assiégea Crémone.

Le 29, les députés du parlement vinrent faire leurs remontrances à la Reine, sur les désordres du gouvernement dont ils se plaignoient, et sur le reste des propositions faites à la chambre de Saint-Louis. On vouloit la faire finir; mais, malgré les trois déclarations que le duc d'Orléans leur avoit portées, ils la continuèrent par de nouvelles propositions. Ils s'arrêtoient particulièrement à vouloir régler le fait des finances, ôter aux partisans le profit qu'ils font sur le Roi, et aux particuliers le profit qu'ils avoient en s'intéressant avec eux : et quoique le ministre goûtât toujours avec joie, comme je l'ai déjà dit, tout ce qui s'appelle prendre et retenir, l'état nécessiteux des affaires du Roi rendoit ce remède bien violent et incommode à ses besoins présens, parce qu'il l'empêchoit de trouver de l'argent pour le secourir des nécessités de l'Etat et des siennes particulières.

Après plusieurs conseils tenus pour cet effet, la résolution de la Reine fut de mener le Roi au parlement, afin de finir toutes ces contestations, en leur accordant tout ce qu'ils demandoient. Elle voulut même leur donner quelque chose de plus pour acquérir le peuple, et le gagner pour le Roi. On dressa donc une déclaration par où elle le combloit de grâces ; et en même temps on leur défendoit de s'assembler, avec dessein d'user de la dernière rigueur s'ils contrevenoient à cet ordre : la Reine le disant à un chacun, afin qu'on le publiât par Paris, et que ceux du parlement ne le pussent ignorer. Elle nous dit à nous qu'elle y alloit pour leur jeter des roses à la tête ; mais qu'après cela, s'ils n'étoient sages, elle sauroit bien les punir : et ajouta que si on l'avoit crue dès le commencement de leur révolte, elle ne seroit plus en peine d'en chercher les moyens, et qu'elle leur auroit appris leur devoir dès le premier jour qu'ils en étoient sortis ; qu'enfin elle l'avoit emporté sur la douceur du cardinal, l'ayant fait résoudre en plein conseil de n'en plus endurer. Elle nous dit de plus qu'elle se moquoit des suites qu'on en vouloit toujours appréhender ; que les révoltes n'étoient pas si faciles à faire dans Paris ; que le régiment des Gardes suffisoit pour réprimer les premières émotions du peuple ; qu'au pis aller, vingt ou trente maisons pillées seroient le sacrifice de leur désobéissance ; qu'elle en seroit bien fâchée, mais que ce mal étoit moindre que celui de la perte de l'Etat ; que dans le conseil tous lui avoient fait la guerre de la joie qu'elle avoit d'être à la veille de punir ces mutins ; et qu'on lui avoit dit qu'elle avoit peur d'être obéie, à cause du déplaisir qu'elle auroit de perdre ce plaisir. Elle nous montra véritablement un grand désir de se venger de ceux qui avoient attaqué son autorité. Elle étoit touchée du rabaissement de la dignité royale, et sentoit le mépris que le parlement avoit fait de la douceur que, par raison et par bonté, elle avoit voulu avoir en sa faveur.

La Reine alla donc au parlement le 30 du mois, selon l'ordre ordinaire, pour faire des grâces à tous, ou pour châtier ceux qui ne les recevroient pas avec la reconnoissance et le respect qu'ils devoient. On avoit résolu au conseil, pour acquérir la bienveillance des peuples, au lieu du demi-quartier qu'on leur avoit relâché sur les tailles par ordre du parlement, qu'on leur donneroit le quartier tout entier, afin que cette libéralité leur parût venir de la seule volonté du Roi. Voici les propres termes de la déclaration que j'ai voulu insérer ici : on connoîtra, par les effets qu'elle doit produire dans la suite des temps, les raisons que la Reine a eues de vouloir punir l'ingratitude du parlement et du peuple.

« Louis, par la grâce de Dieu, etc., salut. Comme il n'y a rien qui maintienne et conserve davantage les monarchies en leur perfection que l'observation des bonnes lois, il est du devoir d'un grand prince de veiller, pour le bien et le salut de ses sujets, à ce qu'elles ne soient corrompues par les abus qui se glissent insensiblement dans les Etats les plus parfaits, afin d'en éviter la ruine qui en peut arriver, si, par négligence, les maux se rendoient incurables. Aussi les rois nos prédécesseurs, pour prévenir ces mouvemens qui causent souvent la ruine des plus puissantes monarchies, ont de temps en temps ordonné des assemblées, pour voir et connoître les imperfections et désordres qui s'étoient formés dans leur Etat, et aviser aux moyens les plus convenables pour les retrancher; et les assemblées, soit de notables, soit des Etats, ont toujours été réglées par eux : chacun corps ne pouvant, par la loi du royaume, être établi pour prendre connoissance du gouvernement et administration de la monarchie qu'avec l'autorité et la puissance des rois. Aussi ces assemblées, comme elles sont convoquées par le souverain, après qu'elles ont connu les abus auxquels il étoit nécessaire de pourvoir, et qu'elles ont avisé des moyens les plus convenables pour les corriger, elles ont toujours présenté aux rois les cahiers de leurs remontrances pour leur servir de matière à faire des lois et des ordonnances, ainsi qu'ils le jugent pour le mieux, qui sont envoyées ensuite dans les compagnies souveraines, établies principalement pour établir la justice des volontés des rois, et la faire recevoir par les peuples avec le respect et la vénération qui leur est due; et comme nous n'avons pas moins d'amour que es rois nos prédécesseurs pour la conservation de notre Etat, le bien et le repos de nos peuples, nous avons jugé à propos de pourvoir aux désordres que nous aurions été avertis s'être formés dans notre royaume, et qui pourroient enfin corrompre sa bonne constitution s'il n'y étoit pourvu. A cette fin nous avons envoyé deux déclarations en notre cour de parlement : une portant réglement des impositions et levées de nos deniers qui se doivent lever par chacun an sur nos sujets, et l'autre qui déclare notre volonté sur la recherche et la punition des malversations commises au fait de nos finances, qui sont les deux principaux auxquels il étoit nécessaire d'apporter présentement du remède. Mais afin de faire connoître que nous ne désirons rien tant que de mettre un bon ordre dans le public, qui affermisse notre autorité et donne commencement à la félicité de nos peuples, nous avons jugé à propos de faire quelque réglement sur la distribution de la justice et la disposition de nos finances, attendant que l'état de nos affaires nous permette d'en faire un réglement général.

« A ces causes, de l'avis de la Reine régente notre très-honorée dame et mère, et de notre très-cher et très-amé oncle le duc d'Orléans, et de notre certaine science, pleine puissance et autorité royale, nous avons statué et ordonné, statuons et ordonnons ce qui s'ensuit.

« I. Premièrement, que les réglemens sur le fait de la justice, portés par nos ordonnances d'Orléans, Moulins et Blois, seront exactement exécutés et observés suivant les vérifications qui en ont été faites en nos compagnies souveraines; avec défenses, tant à nos cours de parlemens qu'autres juges, d'y contrevenir. Ordonnons à notre très-cher et féal chancelier de France de né sceller aucune lettre d'évocation que dans les termes de droit, et après qu'elles auront été résolues sur le rapport qui en sera fait en notre conseil par les maîtres des requêtes ordinaires de notre hôtel qui seront en quartier, parties ouïes en connoissance de cause.

« II. Nous avons confirmé et confirmons la disposition par nous faite par la déclaration du 18 du présent mois, tant à l'égard des remises par nous accordées à nos sujets du demi-quartier des tailles, taillon et subsistance, que de l'ordre que nous voulons ci-après être observé pour le paiement desdites impositions. Mais afin de faire connoître à nos sujets combien nous désirons leur soulagement, et de rendre, autant qu'il nous sera possible, les impositions mises sur eux plus faciles à supporter, nous avons ordonné et ordonnons que dorénavant, à commencer du 1er de janvier 1649, au lieu de la remise du demi-quartier de la taille, taillon et subsistance, nos sujets qui sont dans les pays d'élection seront déchargés d'un quartier desdites tailles, taillon et subsistance, pour lesdites années 1649 et les suivantes, les charges ordinaires assignées sur lesdites tailles et taillon préalablement déduites, à la charge de payer le surplus desdites impositions dans le mois de février de l'année 1650, et ainsi des autres années suivantes : autrement ils demeureront déchus de ladite remise.

« III. Et comme il y a d'autres impositions dont il est nécessaire de régler la levée, et empêcher qu'elles ne soient augmentées à la foule de nos sujets, nous voulons et ordonnons, conformément à notre déclaration du présent mois de juillet, qu'aucunes nouvelles impositions ne puissent être faites à l'avenir qu'en vertu d'édits bien et dûment vérifiés ; et, à l'égard des impositions qui ont été levées et se lèvent encore à présent dans l'étendue de notre royaume, nous voulons qu'elles soient continuées jusques à ce que nos affaires nous permettent d'y apporter quelque diminution : à la réserve de l'imposition de vingt-un sols pour muid de vin entrant en notre bonne ville de Paris, que nous avons supprimée et supprimons, sans qu'elle puisse à l'avenir être rétablie pour quelque cause et occasion que ce soit; et afin qu'il ne soit commis aucun abus en la levée des droits que nous voulons qui soient continués, nous voulons que le tarif desdits droits soit arrêté en notre conseil, et affiché ensuite partout où il appartiendra, avec défenses, à peine de la vie, contre les contrevenans à icelui. A cette fin, nous commettrons personnes de probité pour tenir la main à ce qu'il ne soit fait aucune contravention; et seront à l'avenir les termes desdits droits et impositions avancés à notre conseil, suivant les formes portées par nos ordonnances.

« IV. Voulons à l'avenir que nos officiers et autres nos sujets, auxquels les gages et droits ont été entièrement retranchés, jouissent et soient payés d'un quartier l'année présente, d'un quartier et demi la prochaine 1649, et deux quartiers de l'année 1650, attendant que l'état de nos affaires nous permette de leur en payer davantage.

« V. Et d'autant qu'au moyen des décharges accordées à nos sujets, et du rétablissement des gages de nos officiers, qui diminuent notablement nos revenus, nous ne pouvons supporter les dépenses de nos armées sans nous servir des assignations données à ceux qui nous ont ci-devant secourus, nous voulons que lesdites assignations soient reculées autant que le bien de nos affaires le permettra.

« VI. Et d'autant que nous avons reçu de grandes plaintes des abus qui se commettent au paiement des rentes de notre bonne ville de Paris, attendant que l'état de nos affaires nous permette de faire un plus grand fonds, nous voulons que celui que nous avons destiné soit employé au paiement desdites rentes, et qu'à cet effet les receveurs et payeurs d'icelles mettent entre les mains du prévôt des marchands et échevins un bordereau des deniers qu'ils recevront, pour être par eux, avec les conseillers et autres notables bourgeois qui seront à cet effet assemblés, pourvu d'un bon réglement sur la distribution d'iceux, en la meilleure forme qu'ils aviseront bon être.

« VII. Et, pour témoigner à notre bonne ville de Paris l'affection que nous lui portons, nous avons dès à présent révoqué et révoquons l'édit de l'abonnement de notre domaine, du mois de septembre 1645, et la déclaration du mois de mai 1646, ensemble les arrêts donnés en notre conseil sur le sujet du traité des maisons, faisant main-levée des saisies faites en conséquence, avec très-expresses inhibitions et défenses d'en faire aucunes poursuites, ni d'user d'aucunes contraintes pour le paiement des taxes ordonnées en suite des édits, déclarations et arrêts sur ce intervenus.

« VIII. Le transport de l'or et de l'argent monnoyé et non monnoyé (1) hors de notre royaume ayant été défendu par nos ordonnances faites sur ce sujet, nous voulons qu'elles soient exactement observées ; faisant défenses à tous nos sujets, à peine de confiscation de corps et de biens, de transporter ni faire transporter hors de notre royaume l'or et l'argent et billon, monnoyé et non monnoyé, sans notre permission expresse. Ordonnons qu'à la requête de notre procureur il soit informé des transports qui pourroient en avoir été ci-devant faits. Et, d'autant que nous avons

(1) Ceci est dit pour le cardinal, pour montrer qu'il ne craint point les recherches.

reçu diverses plaintes sur les abus des taxes qui se commettent aux ports des lettres et paquets, nous voulons et ordonnons que les réglemens ci-devant faits, concernant les lettres et paquets, soient exécutés selon leur forme et teneur ; et défenses aux fermiers de rien exiger au-delà d'iceux, sur peine de punition.

« IX. La nécessité de nos affaires nous ayant obligé ci-devant de faire plusieurs créations d'offices, entre autres des maîtres des requêtes ordinaires de notre hôtel, ayant considéré les services qui nous ont été rendus par lesdits maîtres des requêtes, dont nous avons une satisfaction singulière, joint le grand nombre d'offices qui est présentement, nous avons jugé à propos, ayant égard aux instances qui nous ont été faites, de supprimer lesdits offices des maîtres des requêtes créés par notre édit du mois de décembre dernier. A cette fin, nous avons révoqué et révoquons ledit édit des créations de douze maîtres des requêtes, vérifié, nous y séant à notre lit de justice ; et iceux offices avons supprimés et supprimons, sans qu'en conséquence il puisse être ci-devant pourvu.

« X. Comme aussi nous avons révoqué et révoquons les offices créés tant en notre grande chancellerie que chancelleries qui sont près nos cours de parlement, cours des aides et présidiaux, en vertu d'édits qui n'ont été vérifiés, et auxquels nous avons attribué nouveaux droits à prendre sur les lettres scellées en nosdites chancelleries ; déclarant néanmoins que notre intention est que les droits qui leur ont été attribués, et qui ont été imposés, soient continués d'être levés, pour être employés au remboursement de la finance payée en notre épargne, avec les intérêts des sommes, à raison de l'ordonnance ; après lequel remboursement, tant du principal que des intérêts, et non autrement, lesdits offices et droits demeureront et seront actuellement supprimés.

« XI. Et comme il est impossible de pourvoir présentement à tous les désordres qui se sont formés dans notre État, afin de faire connoître que nous ne désirons rien tant que les retrancher, nous déclarons que notre volonté est d'assembler, au plus tôt que nous pourrons, un conseil auquel seront appelés les princes de notre sang, et autres princes, ducs et pairs, et autres officiers de notre couronne, les gens de notre conseil, et les principaux officiers de nos cours souveraines étant à Paris ; afin que, par leurs avis, nous puissions pourvoir d'un si bon réglement, tant sur le fait de la justice que de nos finances, que nos sujets en puissent recevoir un grand soulagement.

« XII. Cependant, pour de grandes considérations importantes au bien de notre service, nous voulons que les députés des quatre compagnies cessent présentement de s'assembler. Ordonnons qu'à l'avenir aucunes assemblées ne pourront être faites à la chambre de Saint-Louis, que lorsqu'elles seront ordonnées par notre parlement, avec notre permission. Voulons que les officiers de notredite cour de parlement de Paris vaquent incessamment à rendre la justice à nos sujets, dont l'exercice a été interrompu plus longtemps que nous n'avons pensé. Si donnons en mandement à nos amés et féaux conseillers les gens tenant notre cour de parlement à Paris, que ces présentes ils aient à faire lire, publier et registrer, et le contenu en icelles garder et observer inviolablement de point en point, selon leur forme et teneur, sans permettre qu'il y soit contrevenu en aucune sorte et manière que ce soit ; car tel est notre plaisir, etc.

« En témoin de quoi nous avons fait mettre notre scel à cesdites présentes. Donné à Paris, le dernier jour de juillet l'an de grâce 1648, de notre règne le sixième. Louis; *et plus bas* : La Reine régente sa mère, présente. »

Cette déclaration lue, le procureur général Talon fit sa harangue, qui fut belle. Le chancelier ensuite prenant les voix, il y eût des conseillers assez insolens pour lui répondre qu'ils aviseroient le lendemain à ce qu'ils auroient à faire. Enfin ladite déclaration étant reçue et passée avec fort peu de ressentiment des grâces qu'on leur accordoit par elle, le chancelier revint à la Reine. Il parla à elle, à Monsieur et au cardinal Mazarin, puis se rassit, et publia derechef à la compagnie le don que la Reine leur faisoit du droit annuel, sans aucune condition, à savoir les quatre compagnies souveraines, la cour de parlement, chambre des comptes, grand conseil et cour des aides, durant neuf années. Il n'avoit point accoutumé de se donner par le Roi aux officiers, quand une fois il étoit fini, qu'à des conditions avantageuses, et qui alors, selon son besoin présent, lui eussent été commodes ; mais les affaires étant aussi embrouillées qu'elles l'étoient, il fallut tout accorder sans aucune condition ; et le Roi s'estimoit trop heureux qu'ils le voulussent recevoir de sa main avec quelque soumission de leur part.

La Reine, en sortant de la grand'chambre, dit au

premier président qu'elle attendoit de lui qu'il obéiroit aux ordres du Roi, et empêcheroit que désormais le parlement ne s'assemblât pas davantage. Elle dit aussi au président de Bellièvre que c'étoit à lui à commencer et à tenir sa chambre de la Tournelle. Ils répondirent avec respect qu'ils obéiroient; mais ils ne le purent faire.

Ce jour, le Roi parut plus beau que la dernière fois qu'il fut dans le parlement. La rougeur de son visage étoit passée : il étoit désenflé ; mais il n'avoit plus cette beauté délicate qui le faisoit admirer de tout le monde : et les roses et les lis avoient quitté son teint, pour lui en laisser un qui étoit plus convenable à un guerrier qu'à une dame, mais qui étoit encore assez beau pour plaire aux plus belles, si son âge lui eût permis d'en avoir le désir. On remarqua pour lors que le peuple ne cria pas à son ordinaire *vive le Roi*, et qu'il continuoit à se refroidir pour lui.

Le soir, la Reine, parlant de tout ce qui s'étoit passé, nous dit qu'elle attendoit avec impatience ce qui se feroit le lendemain, qui se trouva pareil à beaucoup d'autres jours ; car ils demandèrent tous à s'assembler, et le firent tumultuairement, grondant contre le Roi de ce qu'il leur avoit défendu une chose qu'ils maintenoient être dans leur pouvoir. Ils ne parlèrent toutefois point de la chambre de Saint-Louis, qui étoit le chapitre délicat; et le premier président, voulant un peu satisfaire la cour, les fit attendre si long-temps qu'enfin l'heure sonna, qui les sépara malgré eux; mais ce fut en criant tout haut qu'ils vouloient délibérer sur la déclaration du Roi, et que si on les en empêchoit, ils ne le souffriroient pas.

Le ministre, à qui toutes ces brouilleries déplaisoient infiniment, eût fort souhaité qu'ils n'eussent point forcé la Reine d'en venir aux extrémités ; et malgré les impatiences de cette princesse, qui ne pouvoit souffrir ce qui alloit au mépris de la royauté, il la retenoit pour voir si premièrement il n'y auroit point de moyen de porter ces farouches esprits à quelque accommodement. Cette modération étoit du génie du cardinal : il ne vouloit rien hasarder, et désiroit éviter par les négociations la guerre civile, qu'il craignoit pour l'Etat, et beaucoup plus pour lui en son particulier. Malgré toute sa prudence, le mal ne put finir : cette race libertine voulut s'assembler, et, le 4 août, Monsieur fut contraint d'y aller. Ils opinèrent tous hardiment devant lui, et témoignèrent n'être point contens, et se soucier fort peu des ordres de la Reine. Ils déclamèrent contre leur premier président, de ce qu'il les empêchoit de s'assembler et de délibérer à leur gré sur cette déclaration ; et ce prince revint trouver la Reine assez mal satisfait. Leurs opinions de ce jour furent à demeurer toujours assemblés jusqu'à ce que cette chambre de justice qu'ils demandoient fût établie, et délibérer incessamment tant sur le reste des propositions faites à la chambre de Saint-Louis, que sur la déclaration. Ils ne parlèrent plus de continuer cette chambre de Saint-Louis que la Reine avoit défendue ; mais l'autre étoit de la même conséquence : sur quoi nous ne manquâmes pas de voir beaucoup de conseils au Palais-Royal, qui tous ne produisoient rien qui parût un remède efficace, et tel que l'état de ces désordres le demandoit.

A toutes ces mauvaises dispositions se mêla une

petite affaire de peu d'éclat, et qui étoit fâcheuse à cause de ses suites. Le duc de Beaufort étoit à l'une des maisons du duc de Vendôme son père. Il faisoit bonne chère à ses amis, attendant avec impatience que les brouilleries fussent assez fortes pour en profiter; et quand il savoit qu'il y avoit autour de lui des espions du ministre, il les faisoit chasser hardiment. Le duc de Vendôme avoit envoyé dans Paris un des siens, pour offrir aux parlementaires ses services et son assistance. Cet homme avoit été arrêté par les ordres de la Reine; et, pour augmenter les chagrins du jour, en la présence même de Monsieur, oncle du Roi, on apporta une requête au nom de ce prisonnier, qui demandoit d'être élargi et interrogé, selon les volontés du parlement. Cette compagnie avoit paru vouloir à l'avenir prendre connoissance de ceux que le Roi feroit arrêter, selon qu'on l'avoit proposé à la chambre de Saint-Louis: et le soir il fallut vitement le faire transférer de la Bastille au bois de Vincennes, de peur que le Roi n'en pût pas être le maître.

Monsieur retourna au parlement le 5 du mois d'août, pour assister à leurs délibérations. Comme ils virent qu'ils alloient entièrement aigrir l'esprit de la Reine s'ils ne lui obéissoient, et leur destinée n'étant pas encore dans le temps de s'accomplir, leur arrêt de ce jour fut d'obéir au Roi, et de travailler jusques après la mi-août aux affaires des particuliers. Ils députèrent quatre commissaires pour examiner les points de la déclaration, avec dessein de s'assembler et d'en délibérer tout de nouveau, quand bon leur sembleroit. Voilà donc le duc d'Orléans qui revient trouver la Reine, fort content d'avoir obtenu de cette compagnie une suspension d'armes, avec espérance que tout ira bien, et qu'ils se contenteront du passé. Mais, pour les rendre raisonnables, il avoit fallu que Monsieur eût protesté tout haut qu'il lui étoit impossible de souffrir qu'en sa présence on manquât de respect aux ordres de la Reine. Il fut contraint de leur dire que s'ils ne vouloient au moins lui obéir pour quelque temps, et remettre par cette voie les affaires du Roi en réputation, il alloit quitter la partie, et qu'en ce cas il leur déclaroit qu'il seroit mal satisfait de la compagnie. Le premier président le supplia très-humblement de ne s'en point aller, et lui dit que les avis pourroient peut-être changer; et, retournant aux voix, ils étoient en effet revenus à cette obéissance de dix ou douze jours. Elle faisoit espérer que la fin du parlement étant proche, peut-être qu'ils ne recommenceroient pas leurs assemblées. Voilà l'état du dedans du royaume plein de mille maladies intestines. Le cardinal se raccommoda avec le président de Mesmes, et témoigna se repentir d'avoir traité le comte d'Avaux si durement. La crainte fit naître alors la justice dans son ame, et ces deux frères rentrèrent par cette voie dans ses bonnes grâces; par elle aussi la porte des bienfaits leur fut ouverte tout de nouveau, et peu de temps après ils en reçurent des marques publiques, mais qui ne leur durèrent pas long-temps.

Le Roi ayant fait la même grâce au parlement de Rouen qu'à celui de Paris, lui redonnant gratuitement la paulette, il la reçut avec tant de mépris, qu'au lieu d'enregistrer la déclaration ils la mirent au greffe, et l'y laissèrent sans en faire nulle mention : ce qui fut remarqué avec colère par la Reine, et avec honte pour son ministre, qui se voyoit méprisé de tous côtés, et qui en ressentoit beaucoup de déplaisir.

Le parlement d'Aix en Provence, que notre Régente avoit fait semestre par l'avis de d'Emery, en fit autant et plus que les autres. Les anciens se transportèrent en une autre ville, et chassèrent les officiers nouveaux. Toutes choses se brouilloient dans les provinces aussi bien qu'à Paris, et l'on voyoit partout un déchaînement horrible de malédictions contre le gouvernement, et une liberté effrénée de médire du ministre. On murmuroit contre la Reine: elle étoit attaquée ouvertement; on la haïssoit à cause de celui dont elle soutenoit la grandeur. Et, dans leur aveuglement et leur ignorance, la vérité étoit étouffée; car enfin, ni le cardinal ne méritoit point cette grande haine, ni la Reine ne méritoit pas non plus d'être blâmée au point qu'elle l'étoit. Elle devoit sa protection à un ministre établi auprès d'elle par une puissance légitime, qu'elle devoit respecter. Et comme elle l'avoit affermi par son choix dans le ministère où le feu Roi l'avoit laissé, elle fut persuadée qu'il lui falloit donner de la force pour soutenir les fâcheux événemens qui pourroient arriver pendant le cours d'une longue régence. Voyant en elle la source de cette autorité dont elle le vouloit revêtir, elle s'imagina qu'elle la pourroit reprendre facilement, et qu'elle ne pouvoit diminuer la sienne par la part qu'elle lui en faisoit, puisqu'elle ne lui en étoit libérale que pour le mettre en état de la mieux servir. Selon ce qu'il a paru de cette conduite, il semble que la Reine se trompa, et que par cette voie (ainsi que je l'ai remarqué) elle s'attira le mépris des peuples et le blâme de ceux qui envièrent l'excessive puissance de ce ministre, qui en effet avoit paru trop grande. Mais quand elle se crut obligée de le maintenir, elle regarda premièrement la gloire de la couronne, qui paroissoit diminuée par les attaques du parlement; elle se fortifia par leur opposition dans le désir de leur résister, et nous la verrons aussi marcher dans ce chemin d'un pas égal, sans qu'aucun obstacle ait eu le pouvoir de l'en détourner. Elle ne croyoit pas que le ministre fût la cause véritable de leur révolte; elle ne pouvoit pas non plus accuser entièrement sa conduite des malheurs de sa régence, quoiqu'elle la trouvât souvent trop foible. Sa douceur, qu'elle jugeoit en être le fondement, lui paroissoit louable : elle ne pouvoit comme chrétienne blâmer en lui le désir qu'il avoit de pouvoir réussir à contenter tous les partis différens qui s'opposoient à sa faveur, et voyoit clairement que si ces sentimens avoient trouvé des ames remplies de raison, elles en auroient connu le prix. Elle étoit aussi trop équitable pour oublier cette heureuse bonace qui, dans les premières années de sa régence, faisoit dire aux gens de la cour qu'ils étoient las de voir tant de bonheur; et quoiqu'elle sût tout ce que la malice des peuples inventoit contre ses droites intentions et contre l'innocence de sa vie, la connoissance qu'elle avoit d'elle-même lui donnoit la force de le souffrir sans inquiétude, et la confiance qu'elle avoit en Dieu lui faisoit espérer sa protection. Elle agissoit selon ses sentimens et ses lumières, comprenant que, quoi qu'elle fît, elle ne seroit jamais exempte des mauvaises interprétations qui se font d'ordinaire de toutes les actions des princes, ni de la haine que les peuples ont accoutumé d'avoir contre leurs ministres.

La nouvelle arriva le 6 d'août de la prise de Furnes par les ennemis ; dont la Reine fut fâchée, parce qu'en l'état où étoient les affaires, les moindres pertes étoient d'une grande conséquence. Mais comme elle recevoit toutes choses de la main de Dieu, les afflictions augmentoient plutôt sa dévotion qu'elles ne la diminuoient. Ce même jour fut employé par elle à suivre une procession que fit le curé de Saint-Sulpice, pour un sacrilége qui avoit été commis dans son église. Un voleur qui voulut voler le ciboire avoit jeté les saintes hosties par terre, et la piété de la Reine et des peuples fut saintement occupée à la réparation de ce sacrilége. J'ai toujours remarqué en cette princesse une grande dévotion au Saint-Sacrement de l'autel. Ces sentimens étoient nés avec elle ; et le sang de la maison d'Autriche, qui couloit dans ses veines, l'obligeoit de suivre l'exemple du grand comte d'Absbourg (1), dont les empereurs ses pères ont tiré leur naissance, et qui ont quasi tous montré d'avoir ce même zèle.

La piété de la Reine en tous les temps a été remarquable. Je sais de la marquise de Seneçay, sa dame d'honneur, qui me l'a dit en mon particulier, et qui me l'a conté encore en la propre présence de la Reine, qu'étant fort jeune et dans le temps de sa plus grande beauté, comme elle n'avoit pas assez d'argent pour subvenir à toutes les aumônes qu'elle vouloit faire,

(1) *Le comte d'Absbourg* : Rodolphe, comte d'Absbourg, tige de la maison d'Autriche, élu empereur au mois de septembre 1273.

elle se déroboit à elle-même des pierreries, rompant ses chaînes comme si elle les avoit perdues par hasard, afin de les donner aux pauvres. Elle se cachoit de madame de Seneçay, alors sa dame d'atour ; puis quand elle la voyoit en peine de les chercher, et qu'elle ne la pouvoit apaiser en lui disant qu'elle ne s'en mît point en peine, et qu'elle les avoit perdues, enfin elle lui avouoit de les avoir prises, et données à ceux qu'elle n'avoit pu secourir par d'autres voies ; mais avec une honte aussi grande que si elle avoit fait une mauvaise action : et ensuite elle la prioit instamment de n'en parler à personne. Pendant sa régence, son cœur a dû recevoir quelque satisfaction pour les bonnes œuvres qu'elle a faites dans toute la France ; et même les chrétiens répandus par toute la terre ont tous reçu quelque portion de ses libéralités. Il est arrivé néanmoins, comme elle ne jouissoit pas des trésors du Roi, et qu'elle les avoit mis en dépôt entre les mains du cardinal, que dans les temps les plus heureux, lorsqu'elle pouvoit être maîtresse de toutes les grâces, et que le ministre, le surintendant et les gens de finance en faisoient profusion à leur profit, elle a été quasi toujours dans un état de nécessité qui ne lui permettoit pas de faire tout le bien qu'elle auroit désiré de faire. Elle ne paya point ses dettes, et n'eut jamais de quoi satisfaire sa générosité, tant à l'égard des pauvres que de ceux qu'elle affectionnoit. Elle étoit persuadée qu'il n'y avoit presque jamais d'argent à l'épargne ; et quoiqu'elle eût auprès d'elle des personnes assez hardies et assez fidèles pour lui dire le contraire, son indifférence, qui la faisoit trop négliger la connoissance de la vérité, la privoit de cet avantage de pouvoir exercer utilement les vertus chrétiennes et morales dont son ame étoit remplie : le seul bonheur qui peut rendre les couronnes estimables.

Le jour de Notre-Dame d'août, le Roi alla entendre vêpres aux Feuillants, et le cardinal étoit avec lui. C'est l'ordre que dans le lieu où est la personne du Roi, le capitaine de ses gardes en doit avoir les clefs : il est encore de l'ordre que, hors les gardes du corps, les autres gardes n'y peuvent entrer en fonction. Dans le cloître, on devoit faire une procession où le Roi devoit aller : si bien que le marquis de Gesvres(1), son capitaine des gardes, en étoit le maître. On vint lui dire qu'il y avoit des gardes du grand prévôt qui étoient dans ce lieu avec un de ses exempts. Comme je l'ai déjà dit, les capitaines des gardes prétendent que ceux-là ne devoient être qu'autour des lieux où est le Roi, pour en chasser les inutiles, les coupeurs de bourses, ou autres gens de soupçon, et jamais dans le lieu où est la personne du prince. Le marquis de Gesvres alors commanda à son lieutenant, nommé de L'Ile, de les aller chasser. Il y alla ; et d'abord, comme sage et retenu, il leur remontra qu'ils n'avoient point de droit d'être en ce lieu, et qu'ils devoient s'en aller, parce que autrement il avoit ordre de les en faire sortir. Ces gardes lui répondirent insolemment qu'ils ne sortiroient pas : et leur aigreur fut si grande contre de L'Ile, qu'il jugea qu'il falloit user de violence ; mais, avant que de l'entreprendre, il retourna trouver son capitaine pour recevoir un nouvel ordre. Il le reçut, et le marquis de Gesvres lui dit de les faire sortir de quelque façon que ce

(1) *Le marquis de Gesvres*: Léon Potier.

pût être. De L'Ile retourne; et, voulant obéir, il fut contraint par la résistance des gardes du grand prévôt de mettre l'épée à la main. Dans ce désordre, deux de ces gardes furent maltraités : l'un fut tué, et l'autre blessé. De L'Ile, qui étoit honnête homme, fit ce qu'il put pour empêcher ce malheur ; mais il ne lui fut pas possible d'en être le maître, parce que les Suisses secondèrent les gardes du corps, et tous ensemble firent ce désordre. C'est un crime de lèse-majesté de mettre l'épée à la main dans la maison du Roi ou dans le lieu où il est; à plus forte raison quand, si près de lui, il survient de telles aventures. A cette rumeur tout le monde se troubla. Jarzé (1), ami du grand prévôt, prit la parole contre le marquis de Gesvres, et le taxa de trop de promptitude. Le cardinal Mazarin trouva mauvais dans son ame qu'il eût donné ces ordres en sa présence, sans lui demander son avis sur ce qu'il avoit à faire ; néanmoins il ne le montra pas à l'heure même, et dissimula son dépit. Le Roi étant de retour au Palais-Royal, il accorda la querelle émue entre Gesvres et Jarzé, et envoya aussitôt à la Reine, qui étoit allée coucher au Val-de-Grâce pour y passer la fête, lui faire part de cette aventure. Le lendemain matin, à cause que le marquis de Gesvres avoit été cause du sang répandu en présence du Roi, ou plutôt parce qu'il n'avoit pas porté assez de respect au cardinal, on lui envoya Le Tellier lui commander de quitter le bâton, et de le remettre entre les mains du comte de Charost (2), capitaine des gardes comme lui.

(1) *Jarzé* : Du Plessis, marquis de Jarzé.— (2) *Du comte de Charost* : Louis de Béthune.

Le comte de Trêmes, père du marquis de Gesvres, alla trouver le ministre, se plaignit à lui du traitement que recevoit son fils, dit qu'il n'a point failli, et qu'il a maintenu les droits de sa charge; mais qu'enfin s'il sort du service, ce n'est point au comte de Charost à servir en sa place, et que c'est à lui, puisque son fils ne servoit le Roi que comme reçu en survivance; que c'est lui qui est véritablement le capitaine des gardes, et qu'on ne sauroit lui ôter le bâton qu'avec la tête. Outre cela, il témoigna au comte de Charost qu'il le désobligeroit s'il recevoit l'ordre du Roi, et lui dit que, se devant assistance les uns aux autres, il le prie de ne point accepter ce commandement.

Le cardinal s'étoit déclaré avoir sujet de se plaindre du marquis de Gesvres d'avoir donné ses ordres en sa présence sans les lui communiquer, et avoit dit qu'étant premier ministre et maître de l'éducation du Roi, il avoit manqué à ce qu'il lui devoit. Par le ressentiment qu'il avoit contre le fils, il ne voulut point considérer les prières et le droit du père, et fit que la Reine persista toujours à vouloir que le comte de Charost prît le bâton. Elle disoit que le commandement étoit fait, qu'il falloit qu'il obéît, et que si d'abord elle avoit cru que le comte de Trêmes eût été à Paris, elle lui auroit peut-être commandé de le prendre; mais qu'alors, s'opposant à ses ordres et à ses volontés, elle ne le vouloit point écouter. Elle dit tout haut qu'elle vouloit que Charost servît, quand ce ne seroit que pour deux heures, afin de satisfaire seulement à l'obéissance qu'elle prétendoit lui être due. Beringhen, premier écuyer, homme sage et prudent, exhorta le comte de Charost à faire ce que la Reine désiroit, et le fit résoudre à obéir. Le ministre même l'en pressa ; il usa de prières pour l'y obliger, et Charost lui promit d'accepter le bâton. Dans ce dessein, il descend dans la chambre du capitaine des gardes où étoit le comte de Trêmes, qui s'étoit saisi du bâton et l'avoit pris de son fils, disant qu'il le garderoit jusqu'à ce que la Reine fût revenue du Val-de-Grâce, et qu'il vouloit recevoir l'ordre de sa propre bouche. Charost, qui venoit de quitter le cardinal Mazarin, lui dit qu'il venoit de s'engager à recevoir le bâton, et le lui demanda. Le comte de Trêmes lui répondit qu'il ne le lui pouvoit donner, qu'il y alloit de son honneur de le voir entre les mains d'un autre, pendant qu'il n'avoit fait nul crime qui méritât d'en être privé. Le comte de Charost, vrai homme de bien, qui approuvoit assez la résistance de son confrère, et qui sentoit qu'il en auroit fait autant s'il eût été en sa place, lui répondit que ce n'étoit point son dessein de lui ôter l'honneur, que c'étoit par force qu'il s'étoit résolu de l'accepter, et que le voyant dans le dessein de ne lui point donner le bâton, à la bonne heure il le gardât, puisque son intention étoit, tant qu'il lui seroit possible, de ne jamais faire de mal à personne. Alors Charost, n'osant revoir le cardinal, s'en alla chez lui sans lui rendre compte de la résistance du comte de Trêmes, aimant mieux la lui laisser apprendre par d'autres que par lui.

La Reine avoit su au Val-de-Grâce qu'enfin Charost s'étoit résolu de servir, et le reste de la journée se passa sans qu'elle ni le cardinal sussent le contraire. Le soir, au retour de la Reine, le Roi ayant couru bien loin au devant d'elle pour l'embrasser, elle s'aperçut

aussitôt qu'il étoit sans capitaine des gardes; elle en
demanda la cause. On lui dit que le comte de Trêmes
n'avoit point voulu souffrir que Charost servît selon
qu'il avoit résolu de le faire; et que, voyant cette
résistance, il avoit eu quelque peine à s'y opposer,
et s'en étoit allé chez lui. La Reine, surprise d'une
petite émotion de colère, et touchée d'un vif ressentiment de l'état de ses affaires dont cette hardiesse la
faisoit ressouvenir, dit tout haut : « Ho, Dieu merci,
« je suis arrivée à ce point que chacun tient à hon-
« neur de me désobéir : » voulant citer par ces paroles
le parlement et les gens de la cour. Le cardinal la
vint trouver aussitôt, et ensuite elle commanda qu'on
fît venir les quatre capitaines des gardes, à la réserve
de Villequier (1), qui pour lors n'étoit pas à Paris: c'est-
à-dire le comte de Trêmes, le comte de Charost et le
marquis de Chandenier; car le marquis de Gesvres,
reçu en survivance de son père, et qui étoit le coupable, ne paroissoit point. Elle leur fit une réprimande sur leur désobéissance, qui d'abord fut assez
douce, voulant par cette conduite les porter au repentir de leur faute. Mais lorsqu'ils voulurent représenter leurs raisons, et qu'ils témoignèrent être dans
le dessein de se soutenir les uns les autres, elle se
fâcha contre eux, et les chassa de son cabinet, leur
disant qu'elle ne les vouloit plus voir, et qu'elle
trouveroit des gens qui lui obéiroient mieux. Voilà
toute la cour partagée sur cette affaire. Les uns ap-
prouvoient le procédé de la Reine, en un temps où
son autorité n'étoit que trop abattue; les autres le

(1) *De Villequier :* Antoine d'Aumont, marquis de Villequier. Il fut
depuis maréchal de France.

désapprouvoient, disant qu'elle n'avoit pas eu assez d'égard au droit du comte de Trêmes ; et ceux-là disoient peut-être la vérité. Aussi la Reine, par son inclination, n'auroit sans doute nullement résisté à lui accorder de servir, si elle n'avoit été menée à cela par la passion du cardinal. Pour continuer donc à lui sacrifier ses propres sentimens de bonté, après lui avoir parlé, elle commanda qu'on lui fît venir Chandenier, malheureux reste des importans, qu'elle avoit toujours considéré et traité comme un de ses plus fidèles serviteurs. Il ne subsistoit que par une tolérance forcée du côté du ministre : par conséquent il fut choisi par lui en cette occasion pour être alors la victime de sa politique. Déjà le comte de Charost avoit déplu à la Reine, et la résolution étoit prise de l'exiler. On vouloit le punir de la condescendance qu'il avoit eue en faveur du comte de Trêmes, et donner un exemple de sévérité qui passât du cabinet jusqu'au parlement. Il avoit quelque péché originel à l'égard de la fausse divinité qu'on adoroit à la cour, qui le rendoit suspect au ministre. Il étoit frère du comte de Béthune, grand suppôt des importans, et ami du duc de Beaufort qui commençoit à revivre par sa sortie de prison, et à redonner quelque lustre à cette cabale anéantie. Chandenier étoit dans un pire état, et le ministre avoit plus de sujet de le haïr ; car, outre ce que je viens de dire, il se trouva dans le commencement de la régence parent de des Noyers, ennemi du cardinal Mazarin, qui du temps du feu Roi avoit chassé ce ministre de la cour ; et lorsqu'il eut du pouvoir auprès de la Reine, il avoit fait donner sa charge de secrétaire d'Etat à Le Tellier son ami.

Chandenier, n'ayant donc eu de protection que celle que la Reine devoit à son innocence, s'étoit confié en elle; et d'abord qu'il vit le cardinal dans une situation à se faire craindre, il l'avoit suppliée de prendre la peine elle-même de le mettre dans les bonnes grâces de celui qu'elle avoit élevé à la puissance de conserver et de détruire. Elle en eut d'abord l'intention; mais, soit qu'elle y travaillât foiblement, où que son ministre ne pût souffrir de demi favori, il étoit enfin arrivé que Chandenier avoit été disgracié, au lieu d'être bien traité. Comme il avoit connu qu'il falloit s'aider par d'autres voies, il avoit fait parler de lui au cardinal, et par là il étoit revenu à la cour; mais il n'y demeura guère, car le ministre sentoit bien qu'il en étoit haï. Chandenier d'ailleurs manqua de conduite pour se conserver dans une amitié qui, étant foiblement donnée, demandoit de grands soins pour devenir plus forte; et la défiance naturelle du ministre ne put enfin souffrir un homme qu'il n'avoit pas sujet d'aimer, et qu'il avoit assez maltraité pour avoir lieu de le craindre. Quoi qu'il en soit, il est certain que jamais depuis il ne lui avoit témoigné de bonne volonté, et qu'il étoit demeuré à la cour bien traité de la Reine, mais mal satisfait de son ministre, et en petite considération; car il n'étoit pas cru aussi habile qu'il étoit estimé homme d'honneur et de probité: blâmable seulement en cela qu'il en faisoit un peu trop d'ostentation. La solide vertu qu'un homme doit avoir est ennemie du faste et du bruit; et celui qui la possède, pour en recevoir une véritable louange, n'en doit point demander. Comme de telles gens sont d'ordinaire trop impatiens contre les défauts d'autrui, il s'étoit emporté à blâmer ceux du ministre; et quand on sut que la Reine l'avoit mandé, on ne douta point qu'ayant été du complot avec ses confrères, et l'un d'eux ayant refusé de servir, qu'il n'en fît autant, et que sa révolte ne fût un prétexte au ministre de le perdre. Il étoit de mes amis, et je fis ce que je pus pour l'obliger à bien penser à sa réponse avant que de paroître devant la Reine, puisque de ce moment dépendoit toute sa fortune; mais connoissant l'engagement où il étoit, qui l'obligeoit à une grande fidélité pour les intérêts de ses confrères, et m'ayant avoué que lui-même les avoit engagés à cette résistance, je fus réduite avec ses autres amis à le plaindre, et à souhaiter qu'il pût heureusement sortir de cette aventure, sans pourtant deviner de quelle manière il pourroit se sauver de ce péril. Il parut donc devant la Reine; et, à la vérité, il y parut avec une contenance fort tranquille. Comme elle le vit, elle lui dit que, l'ayant toujours cru plus affectionné à son service que beaucoup d'autres, elle l'avoit jugé aussi plus capable de lui obéir; que c'étoit pour cela qu'elle l'avoit envoyé querir; que le Roi étoit sans service, et qu'enfin elle désiroit de lui cette preuve de sa fidélité. Il lui répondit qu'il la supplioit très-humblement de considérer l'engagement où il étoit avec ses confrères; que s'il obéissoit à ses commandemens, il les déclaroit coupables, et se rendoit lui-même le plus infâme de tous les hommes; qu'il avoit sujet de se plaindre d'elle de ce qu'étant son serviteur, et l'ayant toujours été, elle l'eût choisi en cette occasion pour lui commander une chose qui le perdoit de réputation s'il obéissoit, ou attiroit sur sa tête toute sa colère s'il ne lui obéissoit pas. Sur cela la Reine, qui ne le vouloit point perdre, lui offrit, pour satisfaire à cette chimère d'honneur, de lui en faire le commandement tout haut, et devant tout le monde. Mais voyant qu'il persistoit à la refuser, elle éleva sa voix devant nous qui étions présens à cette conversation, et lui dit assez sévèrement : « C'est assez, Chan-« denier, c'est assez ! » Il se retira, et le lendemain on envoya commander à Charost et à lui de se retirer de la cour, et d'aller dans leurs maisons. On fit le même commandement au comte de Trêmes ; et le jour même on donna leurs charges. La première qui fut acceptée fut celle du comte de Charost, qui fut donnée à Jarzé. Il avoit de la naissance, et il étoit bien à la cour ; mais il avoit un esprit plus brillant que prudent, dont la légèreté, en plusieurs rencontres de sa vie, fera voir combien la sagesse est nécessaire à l'homme. Il en prêta le serment entre les mains de la Reine, et on promit au comte de Charost de le rembourser de sa charge. Le lendemain on fit le même traitement à Chandenier ; et sans doute que, dans l'intention du ministre, il étoit fort différent de l'autre. On donna sa charge au comte de Noailles (1), qui déjà lui avoit ôté un grand bien, ayant, par la faveur du cardinal Mazarin, épousé mademoiselle Boyer, fille fort riche que Chandenier avoit recherchée. Il fit de même son serment de fidélité ; et comme il y a des personnes qui sont nées pour le malheur des autres, il la garda plus long-temps que Jarzé ne con-

---

(1) *Au comte de Noailles :* Anne de Noailles jouit d'une grande faveur, et fut le premier duc de ce nom. Son épouse, Louise Boyer, devint dame d'atour d'Anne d'Autriche.

serva celle du comte de Charost. La marquise de Seneçay, tante du marquis de Chandenier, fit tout ce qu'elle put pour adoucir la disgrâce de son neveu; mais le ministre ne se laissa point fléchir à ses prières, parce qu'il étoit bien aise d'éloigner d'auprès du Roi ceux qui lui étoient suspects. Pour faire bonne mine, il visita cette dame, lui dit qu'il étoit fâché de ce que M. de Chandenier avoit attiré sur lui la colère de la Reine; qu'il le croyoit de ses amis, puisqu'il lui avoit promis de l'être; et lui fit mille protestations de la vouloir servir et lui aussi. De cette sorte, on vit en un jour chasser de la maison du Roi trois de ses plus considérables officiers, sans qu'en apparence le ministre y eût aucune part, la Reine s'étant chargée de toute la haine de cette action pour l'ôter à son ministre. Il semble que ces capitaines des gardes devoient obéir au Roi, et qu'ils avoient tort d'abord de s'opposer avec tant d'opiniâtreté aux volontés de leur souveraine; car enfin il est juste que nos maîtres soient obéis, même dans les choses où ils pourroient n'avoir pas toute la raison de leur côté. En vain seroient-ils appelés de ces grands noms de monarques, de rois et de tout puissans, si on pouvoit leur résister dans les moindres occasions. Mais il est bien juste aussi que ces mêmes rois entrent dans les intérêts des particuliers, qu'ils entendent leurs raisons, et qu'ils prennent le soin de les satisfaire, quand avec respect ils leur demandent d'être traités par eux équitablement. La Reine n'a jamais manqué de suivre ces belles maximes; et ces vertus sont celles qui ont paru en elle avec le plus d'éclat, et qui ont le plus attiré sur elle l'admiration publique. Ses oreilles ne se lassoient jamais d'entendre les plaintes des malheureux. Son cœur a toujours reçu sans dégoût les importunités qui lui ont été faites par ceux qui souffroient quelque oppression ; elle y étoit incessamment exposée par sa douceur et par son humanité ; et sa volonté, toujours disposée à bien faire, n'a jamais refusé de rendre justice à ceux qui la lui ont demandée. Mais en cette occasion, où la corruption de l'air la rendoit plus sensible à la désobéissance, elle ne put souffrir celle-ci, d'autant plus que l'animosité du cardinal lui fut cachée sous le voile de la conséquence et de la politique ; et, par cette raison, elle contribua sans dessein au malheur de Chandenier son ancien serviteur, l'abandonnant par cette voie au ressentiment de son ministre, de qui elle savoit qu'il étoit haï. Mais il faut dire aussi qu'encore qu'elle vît l'aversion que le cardinal avoit contre Chandenier, elle ne le croyoit pas impeccable, et connoissoit qu'il étoit entier dans ses sentimens, et capable de prendre la générosité de travers. Il avoit empêché les autres d'obéir, et il fut puni peut-être avec justice ; car quand le comte de Trêmes auroit consenti que Charost eût servi deux heures, selon que la Reine l'avoit dit, il semble que leur soumission n'auroit pas dû être préjudiciable à leur honneur, et que c'étoit sacrifier peu de chose à leur repos et au respect qu'ils devoient à la Reine.

La fête passée, on commença [le 16 août et suivant] tout de nouveau à délibérer au parlement sur la déclaration que le Roi leur avoit apportée. Ils l'examinèrent par articles. Sur aucuns on ordonna des remontrances ; sur d'autres on donna des arrêts. Ils se plaignirent qu'elle étoit toute captieuse, dirent qu'on ne leur avoit fait grâce qu'à demi, et avec de très-mauvaises intentions. La principale de leurs plaintes étoit sur le chapitre des tailles qu'ils maintenoient n'être pas expliqué, et demandèrent pour le peuple que le quart accordé par le Roi fût exempt de tous frais.

Le 20 [d'août], Monsieur étant allé au parlement, tout se conclut à demander une conférence au Luxembourg. Elle se fit le 21, avec le même succès qu'à l'ordinaire. Monsieur, à son retour, dit à la Reine que tout alloit assez bien, qu'ils avoient réglé le tarif, qui étoit le nombre des impôts que le parlement consentoit qui se levassent, et qui devoit être affiché dans les rues, afin que le peuple ne pût être trompé, ni forcé de payer plus qu'il ne devoit. Cependant ils ne finissoient point leurs assemblées : de sorte qu'à proprement parler, ils se moquoient du nom du Roi, de l'autorité de la Reine et de celui qui gouvernoit l'État, dont les forces commençoient à diminuer à mesure que celle de cette compagnie s'augmentoit.

Ce même jour, voici une nouvelle incertaine qui vient donner à la Reine une joie capable, étant vraie, de la guérir de tous ses maux, ou du moins de l'en consoler pour quelque temps. Il arrive un homme d'Arras, qui assure qu'il y a une bataille donnée, et qu'ils l'ont entendue par le bruit des canons. Il disoit qu'il n'étoit revenu personne ; mais que c'étoit une marque du gain de la bataille, puisqu'il n'y avoit point eu de fuyards sur la frontière, et qu'apparemment ils devoient avoir été occupés à poursuivre et à dépouiller les ennemis. Cette nouvelle arriva le matin à huit heures; elle fut agréablement reçue du cardinal. Il envoya le maréchal de Villeroy éveiller la Reine pour la lui apprendre : et quoiqu'elle n'en fût pas tout-à-fait certaine, elle ne laissa pas de lui donner un grand plaisir ; et même elle ne douta pas qu'elle ne fût véritable, parce qu'elle la voyoit nécessaire. On savoit déjà que M. le prince, ayant appris que les ennemis marchoient devers Lens, avoit envoyé tout le bagage de l'armée dans Arras et les autres villes frontières, avec une ferme résolution de donner bataille. Il croyoit, avec raison, qu'une célèbre victoire seroit une parfaite réparation de la langueur de sa campagne, et du mauvais état des affaires du Roi ; et il ne doutoit pas qu'il ne battît les ennemis, s'il pouvoit venir aux mains avec eux. Son cœur, amoureux de la gloire et ennemi de la crainte, le forçoit, par ses sentimens héroïques, à se croire invincible, particulièrement quand son roi avoit besoin qu'il le fût. L'audace des Espagnols étoit telle alors, qu'ils avoient fait mettre dans les gazettes d'Anvers, par dérision, qu'ils étoient résolus de faire jeter des monitoires pour savoir ce qu'étoit devenue l'armée de France ; qu'ils l'avoient cherchée partout où elle devoit être, sans l'avoir jamais pu trouver. Mais à leur dommage elle se fit voir et sentir à eux par un combat (1) le plus sanglant et le plus opiniâtre qui se fût donné depuis long-temps. La Reine passa toute cette journée dans l'impatience de savoir ce qui étoit arrivé ; et le soir à minuit, comme elle se déshabilloit pour se mettre au lit, arriva le comte de Châtillon (2), que M. le prince

---

(1) *Par un combat* : La bataille de Lens fut livrée le 20 août 1648. —
(2) *Le comte de Châtillon* : Gaspard IV de Coligny, comte de Châtillon. Quelque temps après il fut fait duc.

avoit fait partir aussitôt après la bataille. L'on sut ensuite que ce noble courrier y avoit fait des merveilles dignes de lui et de sa race. Il assura la Reine de son bonheur, et lui apprit que tout ce qu'elle auroit pu désirer sur ce sujet étoit arrivé; que la victoire étoit demeurée aux Français, après l'avoir disputée aux ennemis aux dépens de leur vie et de leur sang, avec la prise du canon des ennemis; que le général Bec et son fils étoient prisonniers, le prince de Ligne, le comte de Saint-Amour, général de l'artillerie, trois mille morts sur la place, et cinq mille prisonniers, sans un nombre incroyable de blessés.

Cette bataille avoit été désirée des deux partis. L'archiduc avoit eu ordre du roi d'Espagne de la donner à quelque prix que ce fût, croyant avec raison que s'il la gagnoit, la France, vu l'état où elle étoit, seroit devenue la proie de son ambition. Et pour cet effet l'archiduc avoit envoyé son bagage se reposer dans les villes de Flandre, comme de son côté M. le prince en avoit fait autant; et ces deux grands princes avoient chacun le même dessein, qui étoit de combattre à outrance. Aussi tous deux y firent-ils de grandes choses.

TABLE DES MATIÈRES

CONTENUES

DANS LE TRENTE-SEPTIÈME VOLUME.

MÉMOIRES DE Mme. DE MOTTEVILLE.

SECONDE PARTIE.

RÉGENCE de la Reine.   Page 1
ABRÉGÉ des révolutions d'Angleterre.   89

FIN DU TOME TRENTE-SEPTIÈME.

Paris, Imprimerie de A. BELIN, rue des Mathurins S.-J., n°. 14.

NOTES *qui peuvent être utiles pour l'intelligence de quelques passages de ce volume.*

(Le texte auquel elles se rapportent est en caractère romain, et ce qui est en italique constitue les notes.)

Pages. Lignes.
18 — 23. Une de ses amies : *La maréchale d'Estrées.*
83 — 27. Un de nos rois : *Henri III.*
86 — 18. M'en a appris : *C'est elle-même qui m'a conté ce que je vais insérer dans les remarques que je fais.*
102 — 5. Whitehall : *Palais du Roi à Londres.*
115 — 32. La princesse d'Angleterre : *Anne-Henriette.*
122 — 14. Son beau-père : *Philippe III.*
146 — 13. Un des amis du comte de Chabot et des miens : *M. de Seneterre.*
185 — 12. Cette sage personne : *Mademoiselle d'Epernon.*

www.ingramcontent.com/pod-product-compliance
Lightning Source LLC
Chambersburg PA
CBHW070214240426
43671CB00007B/654